绿色航运

陶学宗　主编

上海浦江教育出版社

图书在版编目(CIP)数据

绿色航运/陶学宗主编. —上海：上海浦江教育出版社有限公司，2022.10(2024.6 重印)

ISBN 978-7-81121-771-1

Ⅰ.①绿… Ⅱ.①陶… Ⅲ.①航运—绿色经济—高等学校—教材 Ⅳ.①F550

中国版本图书馆 CIP 数据核字(2022)第 184642 号

LÜSE HANGYUN

绿色航运

上海浦江教育出版社出版发行

社址：上海海港大道 1550 号上海海事大学校内　邮政编码：201306

电话：(021)38284910(12)(发行)　38284923(总编室)　38284910(传真)

E-mail：cbs@shmtu.edu.cn　URL：http://www.pujiangpress.com

上海商务联西印刷有限公司印装

幅面尺寸：185 mm×260 mm　印张：17.5　字数：371 千字

2022 年 10 月第 1 版　2024 年 6 月第 2 次印刷

责任编辑：佟　金　封面设计：黄骏宇

定价：49.80 元

内容提要

本书按照教育部一流本科课程建设和国家工程教育专业认证相关要求，结合航运高质量发展实践和绿色航运学科发展动态，聚焦港口之间及港口自身的作业活动，基于P-C-D-A(现象-原因-危害-防治措施)逻辑框架，融专业教育和思政教育于一体，系统介绍航运环境污染现象、原因、危害、防治措施等理论知识和科学技术。全书共8章，内容包括绿色航运概论、航运大气污染及防治、航运水污染及防治、航运固废污染及防治、航运噪声污染及防治、航运环境管理、航运环境评价、绿色航运发展趋势。

本书主要作为高等院校水运特色交通运输专业的本科教学用书，也可作为交通管理(原国际航运管理)、海事管理、港口航道与海岸工程等专业学生学习和航运污染防治相关工作人员培训的教材，还可供航运环境保护领域的科研人员、管理人员和决策人员参考。

前言 Preface

航运业是现代综合交通运输体系的重要组成部分，承担了世界90%的货物运输，在促进我国贸易、经济和社会发展中发挥着重要作用。与此同时，航运生产活动排放的废气、废水、固体废物和产生的噪声等给自然环境、人类健康、生态系统带来了不同程度的危害。未来，随着经济发展和贸易增长，航运物流量将持续攀升。在此背景下，如果不做或做不好环境保护工作，自然环境、人类健康、生态系统面临的危害将更为严重。

作为水运特色类交通运输专业的学生，面对新时代航运高质量发展的大形势，很有必要了解航运业各类环境污染现象(Phenomena，P)，理解航运环境污染现象产生的原因(Cause，C)及其对环境和人类的危害(Damage，D)，进而掌握各种防治措施(Action，A)的适用性和选择依据，为未来从事航运污染防治和环境保护相关工作奠定专业基础。另一方面，《教育部关于一流本科课程建设的实施意见》要求，深入挖掘各类课程和教学方式中蕴含的思想政治教育元素，建设适应新时代要求的一流本科课程。普通高等学校本科工程教育认证标准也明确要求，交通运输专业学生应能够理解和评价针对复杂工程问题的交通运输工程实践对环境、社会可持续发展的影响。鉴于此，本书基于P-C-D-A这一逻辑框架，融思政教育和专业教育于一体，针对当前航运业普遍存在的环境污染问题，着重揭示污染问题的产生背景和原因，阐述污染问题可能导致的危害，提出有效的污染防治措施。在此过程中，培养学生分析、解决航运环境污染问题的专业能力，以及知法、懂法、守法、用法和勇于担负历史责任的政治素质。

本书由上海海事大学陶学宗策划和主编，全书共8章，内容依次为绿色航运概论、航运大气污染及防治、航运水污染及防治、航运固废污染及防治、航运噪声污染及防治、航运环境管理、航运环境评价、绿色航运发展趋势。

本书在编写过程中，先后得到了上海海事大学施欣教授、南开大学鞠美庭教授、交通运输部水运科学研究院彭传圣研究员、大连海事大学吴宛青教授、上海海事大学孙永明教授和周在青副教授的技术指导，借鉴了一些业界专家学者的研究成果，得到了上海浦江教育出版社佟金老师的鼎力帮助。在此，谨向各位前辈专家学者、参考文献作者们和编辑老师表示诚挚的感谢和敬意。同时，还要感谢硕士生王谦益、许冬原坊、张康、李汉卿、朱子豪、孙静、闫庚瑶、张展鹏等对本书资料收集、文字校对等工作作出的贡献。

受出版时间和编者水平所限，本书不足之处在所难免，敬请各位专家、同行和广大读者批评指正。

编者

2022 年 3 月

目录
Contents

第一章　绿色航运概论

1.1　绿色航运相关概念

1.1.1　*航运与环境*

1）航运

航运是指依托港口、航道、船舶等设施设备，实现人员、货物空间位移的活动。以集装箱航运为例，其典型活动包括堆场作业、水平运输、船边装卸、船舶运输。航运活动以满足经济社会发展需要为目的，因资源分布不均、运输成本不同等原因而产生，依靠航运生产系统来完成。其中，航运生产系统由港航设施、运输船舶、能源资源、信息系统、管理制度、港航物流工作人员等组成。

2）环境

广义环境是指影响某一中心事物的所有外部事物，即主体周围的客体。狭义环境是指影响人类生存和发展的各种外部因素的总和，包括大气、水、海洋、土地、湿地、自然保护区、风景名胜区、城市和乡村等。本书主要聚焦狭义环境。环境的功能主要体现在 3 个方面：①提供空间场所，保障人类生存和繁衍；②提供资源和能源，支撑经济社会发展；③通过物理、化学和生物作用净化污染物，使受到污染的环境得到恢复。

3）航运对环境的影响

正常的航运活动需要消耗资源和能源，同时会排放废气、粉尘、废水、固体废物、噪声等，可能引发大气污染、水污染、固废污染、噪声污染等航运污染问题，进而导致环境质量下降、生态系统失衡、人体健康受损等负面现象，不利于经济社会的可持续发展。以航运活动排放的废气为例，香港港 2012 年船舶排放的 PM_{10}、NO_x 和 SO_2 在全港相应三类排放物总量中的占比分别为 37%、32%和 50%，是香港最大的排放源，直接影响空气质量。不仅如此，船舶排放的废气主要是通过硫和氮化合物的沉积影响生态系统。例如，船舶废气中的氮和硫沉降引起的酸化反应加剧会导致对酸敏感的鱼类和植物种群的减少，水体富营养化会导致有毒藻类大量繁殖和鱼类死亡、改变物种间的竞争关系，臭氧超标会破坏植被和生态系统、减少作物产量。此外，船舶和港口作业设备的废气排放（主要是柴油发动机的尾气）可导致人类过早死亡以及其他严重的健康问题。例如，香港大学一项研究发现，2008 年远洋船和内河船舶排放的 SO_2、NO_2、O_3 和 PM_{10}，仅在香港就造成约 1 202 人过早死亡，而在珠三角地区造成的过早死亡人数超过1 600人。

如果发生航运事故，造成的危害将更为严重。例如，2010年7月16日，一艘利比里亚籍30万t原油船“宇宙宝石”号在大连新港卸油时，辉盛达公司和祥诚公司工作人员因违规操作（在“宇宙宝石”油船已暂停卸油作业的情况下，向输油管道中注入含有强氧化剂的原油脱硫剂——双氧水）造成输油管道内发生化学爆炸，引发大火和原油入海，溢油总量达到了1 500 t，受污染海域430 km^2，其中重度污染海域约为12 km^2，一般污染海域约为52 km^2，给当地环境和经济社会发展造成了重大影响，具体包括：①接近事故现场10 km范围内的空气中弥漫着类似轮胎燃烧的气味，靠近现场5 km的地方气味愈发刺鼻，附近山头被黑雾笼罩，周围山上的植被全带着黑点印迹；②溢油污染养殖海域，破坏鱼类、藻类等水生生物的生存条件，造成的生态危害可能持续10年左右；③金石滩附近有近300家水产养殖公司受影响，河咀子村收获的牡蛎、夏夷贝有2/3没有成活，海参收成基本为零，海蜇更是直接绝收，出口日本的裙带菜订单被取消，经济损失3 500万元左右；④码头关闭4～5天，可能会导致其他港口码头堵塞，进而影响航运周转效率，推动运费上涨；⑤赴大连的游客量大幅减少30%～40%，金石滩海滨浴场退团量高达80%，旅游业提前进入淡季；⑥事故造成作业人员1人轻伤、1人失踪，灭火过程中有1名消防战士牺牲、1名消防战士重伤。

1.1.2 绿色航运

绿色是自然界中常见的一种颜色，也是红绿蓝三原色之一，跟春天的绿叶、嫩草颜色相似，在日常生活中有很多含义。例如，在交通运输领域，信号灯显示绿色表示允许通行，船舶设备信号灯显示绿色表示设备处于安全运行状态；在中国文化领域，绿色具有生命的含义，可代表自然、生态、环保等；在性格色彩领域，绿色代表和平、友善、善于倾听、不希望发生冲突的性格；在新发展理念领域，绿色发展注重的是解决人与自然和谐问题，它要求坚持节约资源和保护环境的基本国策，把生态文明建设融入各方面建设的全过程。

专栏一：新发展理念

中共十八大（2012年11月召开）以来，在深刻总结国内外发展经验教训、分析国内外发展大势的基础上，针对中国发展中的突出矛盾和问题，习近平总书记提出了创新、协调、绿色、开放、共享的新发展理念。中共十九大（2017年11月召开）把坚持新发展理念作为新时代坚持和发展中国特色社会主义的基本方略。2018年3月，“贯彻新发展理念”正式写入中国宪法。“十四五”规划和2035年远景目标纲要明确：“十四五”时期推动高质量发展，必须立足新发展阶段、贯彻新发展理念、构建新发展格局，强调贯彻新发展理念为把握新发展阶段、构建新发展格局提供了行动指南。

创新、协调、绿色、开放、共享的新发展理念，相互贯通、相互促进，是具有内在联系的集合体。创新是引领发展的第一动力，创新发展注重的是解决发展动力问题，要把创新摆在国家发展的核心位置,贯穿党和国家一切工作。协调是持续健康发展的内在要求,协调发展注重的是解决发展不平衡问题,要正确处理发展中的重大关系,不断增强发展整体性。绿色是永续发展的必要条件和人民对美好生活追求的重要体现,绿色发展注重的是解决人与自然和谐问题,要实现经济社会发展和生态环境保护协同共进,为人民群众创造良好生产生活环境。开放是国家繁荣发展的必由之路,开放发展注重的是解决发展内外联动问题,要发展更高层次的开放型经济,以扩大开放推进改革发展。共享是中国特色社会主义的本质要求,共享发展注重的是解决社会公平正义问题,要坚持全民共享、全面共享、共建共享、渐进共享,不断推进全体人民共同富裕。

新发展理念传承中国共产党的发展理论,坚持以人民为中心的发展思想,进一步科学回答了实现怎么样的发展、怎样实现发展的问题,深刻揭示了实现更高质量、更有效率、更加公平、更可持续发展的必由之路,集中体现了中国共产党对新发展阶段基本特征的深刻洞察和科学把握,标志着中国共产党对经济社会发展规律性认识达到了新的高度。按照新发展理念推动经济社会发展,是当前和今后一个时期中国发展的总要求和大趋势。

来源：学习强国

绿色航运指航运活动贯彻绿色发展理念,在追求经济效益的同时,积极采取有效措施缓解航运对环境和社会可持续发展的消极影响,最终实现航运经济效益和环境效益相互协调的一种可持续发展模式,它遵循公平性、持续性和共同性原则。其中,公平性原则包括同代内区际间的均衡发展和代际间的均衡发展,前者要求一个地区的航运发展不应以损害其他地区发展为代价,后者要求当代的航运发展不以损害后代发展为代价;持续性原则要求航运发展不能超越资源与环境的承载能力;共同性原则要求各个国家和地区必须联合起来实现全球航运可持续发展的共同目标。

与传统航运发展模式相比,绿色航运在发展理念、设施设备、能源类型、运营策略、监管方式等方面存在明显差异,绿色航运与传统航运发展模式比较见表 1－1。

表 1－1　绿色航运与传统航运发展模式比较

对比维度	传统航运	绿色航运
发展理念	经济效益最大化	追求经济效益;兼顾环境效益
设施设备	不太关注节能环保性能	重视节能环保性能,甚至将其作为强制性指标
能源类型	普通燃料油、柴油;靠港辅机发电	低硫油、清洁能源;靠港使用岸电
运营策略	独立运营、速度较快	联盟运营、适当减速
监管方式	对燃油质量、尾气排放、生活污水、船舶垃圾等监管不到位	重视并加强对燃油质量、尾气排放、生活污水、船舶垃圾等监管;设立排放控制区

1.2 绿色航运发展背景

1.2.1 应对全球气候变化的要求

2020 年全球平均地表温度已经比工业革命前升温超过了 1.2 ℃，预计未来 20 年全球温升将达到或超过 1.5 ℃，这将对陆地和海洋生态系统、人类健康、食品和水安全、经济社会发展等造成诸多风险和影响。例如，全球温升 1.5 ℃时，热浪将增加，暖季将延长，而冷季将缩短；气候变化将加剧水循环，带来更强的降雨和洪水，但在许多地区则意味着更严重的干旱；沿海地区的海平面将持续上升，导致低洼地区发生更频繁和更严重的沿海洪水，使海岸受到侵蚀。另一方面，2018 年全球航运业的温室气体排放量达到 10.76 亿 t，比 2012 年增加了 9.6%。与此同时，航运排放在全球人为排放量中所占份额已从 2012 年的 2.76%上升到 2018 年的 2.89%。未来，如果不采取更多的减排措施，预计到 2050 年航运领域的温室气体排放量将在 2018 年基础上增长 50%，这将增加温升达到或超过 1.5 ℃的风险。

为应对全球气候变化，联合国先后主导实施了《联合国气候变化框架公约》(UNFCCC，1992 年通过，1994 年生效)、《京都议定书》(1997 年通过，2005 年实施)和《巴黎协定》(2015 年通过，2016 年实施)。其中，UNFCCC 是联合国应对气候变化的第一份国际协议，要求各国为应对气候变化采取行动，确立了发达国家与发展中国家“共同但有区别责任”的原则，鼓励发达国家率先采取减排行动；《京都议定书》是 UNFCCC 的补充，是第一个具有法律约束力的协定，强制要求发达国家减排，提出 2008—2012 年发达国家在 1990 年排放量的基础上减排 5.2%，并确立了联合履约、排放贸易、清洁发展机制；《巴黎协定》是 UNFCCC 的补充，也是继《京都议定书》后第二个具有法律约束力的协定，其长期目标是将全球平均气温较前工业化时期上升幅度控制在 2 ℃以内，并努力将温度上升幅度限制在 1.5 ℃以内。上述行动要求包括航运业在内的各行各业积极采取减排行动，以应对全球气候变化。

1.2.2 航运业高质量发展的要求

我国经济已由高速增长阶段转向高质量发展阶段。高质量发展是一种立足根本、掌控全局、着眼未来的发展方向和发展目标，是能够体现创新、协调、绿色、开放、共享发展理念，更好满足人民日益增长的美好生活需要的发展，也是生产要素投入少、资源配置效率高、资源环境成本低、经济社会效益好的发展。推动高质量发展是当前和今后一个时期确定发展思路、制定经济政策、实施宏观调控的根本要求。

就航运业而言，高质量发展的内涵可以分别从发展理念、技术手段、效率效益三个维度去理解。从发展理念看，高质量发展是指航运活动应遵循节约能源资源、控制污染排放、保护生态环境等原则；从技术手段看，高质量发展是指航运活动依靠自动化码头、智能船舶、人工智能等先进设施设备和系统；从效率效益看，高质量发展是指以更低消耗、更低排放、更低污染，实现更多产出、更高效益。

航运业高质量发展要求推进船舶港口污染防治，促进可持续发展。具体包括：加强船舶港口能源消耗和污染物排放管理；创新发展模式，优化运力、设备和能源结构；推动节能减排技术和清洁能源在航运业的推广应用。

1.2.3　港航企业健康发展的需要

降低成本。据统计，燃油费占航运企业运营成本的30%左右，而影响燃油费的因素主要是价格和燃油消耗量。考虑到价格因素受市场波动影响较大，燃油消耗量一般可以通过船舶能效管理、船舶减速航行、靠港使用岸电等手段加以控制。例如，在装载、交货时间不紧时，航运企业可采用经济航速以降低油耗，同时还可以避免提前到达港口等待装卸，减少港使费成本；进出港减速航行，可以获得港使费优惠；靠港时用岸电，可以获得政府补贴。

便于融资和保险。2019 年 6 月，以美国花旗银行、法国兴业银行和挪威 DNB 银行牵头的 11 家大型航运银行发起了一项名为《波塞冬原则》的全球倡议，旨在建立一个全球框架，量化评估和披露金融机构的融资组合方案是否符合国际海事组织（IMO）设定的气候目标。《波塞冬原则》把环保因素作为航运贷款/融资的决策条件之一，通过发放激励性贷款鼓励船东购买或建造低碳排放的船舶，并试图对那些不愿购买或建造船舶的船东施加压力。至2021 年底，签约金融机构达到 29 家，代表了超过 1 850 亿美元的银行贷款组合，占全球船舶融资组合的近 50%。此外，2021 年 12 月 15 日，瑞士再保险公司、Gard、Hellenic Hull Management、SCOR、Victor International 和 Norwegian Hull Club 等 6 家海上保险公司发起了一项开创性的倡议《海上保险波塞冬原则》，以提高碳排放的透明度、支持绿色航运发展。

提升品牌价值。绿色航运有助于港航企业获得环境标准体系认证，实现航运生产活动与经济效益和环境效益的协调，形成高于竞争对手的相对竞争优势，从而提升港航企业的品牌价值和市场占有率。

1.3　绿色航运发展举措

1.3.1　国际组织主要举措

IMO 是联合国负责海上航行安全和防止船舶造成海洋污染的一个专门机构，成立于1959 年 1 月 6 日，原名“政府间海事协商组织”，1982 年 5 月更名 IMO，其组织构架为大会、理事会以及海上安全、法律、海上环境保护、技术合作、便利运输 5 个委员会和一个秘书处，总部设在英国伦敦，现任秘书长林基泽。IMO 的作用是创建一个公平、有效、普遍采用的航运业框架，涵盖船舶设计、施工、设备、人员配备、操作和处理等领域，确保这些领域的安全、节能、环保；其宗旨是促进各国间的航运技术合作，鼓励各国在促进海上安全、提高船舶航行效率、防止和控制船舶对海洋污染方面，采取统一的标准处理有关法律问题。海洋环境保护委员会（MEPC）是 IMO 的一个内部机构，1985 年被赋予完整的宪法地位，它由 IMO 所有成员国组成，负责审议 IMO 职权范围内有关防止和控制船舶造成污染的任何事宜，特别是有关公约和其他规则的通过和修正，以及保证其有效实施的措施，确保其执行。迄今为止，由

IMO制定的涉及航运污染防治的公约有防止船舶污染技术标准、污染干预和应急响应、污染损害责任和赔偿三大类、20多个公约和议定书，其中最为著名的当属《国际防止船舶造成污染公约》(MARPOL 73/78)。

MARPOL 73/78包含6个附则，按顺序依次为附则Ⅰ(防止油类污染规则)、附则Ⅱ(控制散装有毒液体物质污染规则)、附则Ⅲ(防止海运包装有害物质污染规则)、附则Ⅳ(防止船舶生活污水污染规则)、附则Ⅴ(防止船舶垃圾污染规则)、附则Ⅵ(防止船舶造成空气污染规则)。其中，最为热门的两个话题分别为“限硫令”和“减排计划”。前者是指MEPC 70次会议于2016年10月对附则Ⅵ硫排放控制要求的修订，即自2020年1月1日起，船舶必须使用硫含量(质量分数)不超过0.5%的燃料，或者是通过安装洗涤器或使用其他新型燃料达到同等的低硫排放目标。后者是指MEPC针对船舶能效和减排目标制定的计划，即MEPC 62次会议(2011年7月)修正附则Ⅵ，首次纳入强制性GHG减排措施，对新造船的能效设计指数(EEDI)作出了强制性规定；MEPC 72次会议(2018年4月)通过了远期减排目标，即与2008年相比，计划2030年将国际航运业碳排放强度降低40%，2050年将国际航运业碳排放强度降低70%、碳排放总量降低50%；MEPC 75次会议(2020年11月)提出船舶要满足现有船舶能效指数(EEXI)要求，还要满足碳排放强度指标(CII)要求，对5 000总吨(GT)及以上船舶强制实行A～E评级系统，2023年生效，D和E评级须制定改正计划并纳入船舶能效管理计划(SEEMP)。

1.3.2 各级政府主要举措

国家层面主要是制定法律法规、标准和政策体系。例如，《中华人民共和国水污染防治法》(2017年6月27日修正、2018年1月1日施行)第四章第五节规定了船舶水污染防治要求，《中华人民共和国海洋环境保护法》(2017年11月4日第三次修正、2017年11月5日施行)第八章规定了防治船舶及有关作业活动对海洋环境的污染损害要求；《防治船舶污染海洋环境管理条例》(2018年3月19日第六次修订)进一步细化了防治船舶污染海洋环境管理要求；《船舶水污染物排放控制标准》(2018年7月1日起实施)规定了船舶含油污水、生活污水的污染物排放控制要求和监测要求，含有毒液体物质的污水和船舶垃圾的排放控制要求，以及标准的实施与监督，明确了岸上接收为主和船上处理为辅、大船严于小船和商船严于渔船、内河严于外海和近海严于远海的三大原则；《船舶水污染防治技术政策》(2018年1月11日发布)明确了预防优先、分类管控、船岸并用、以岸为主、强化监管的综合防治原则，以及源头预防、船上处理与回用、船上收集与转运、岸上接收与处理、鼓励研发和推广新技术等主要防治要求和发展方向；《船舶大气污染物排放控制区实施方案》(2018年11月30日发布)，明确了排放控制区的范围和控制要求。除此以外，与绿色航运相关的规范性文件还包括《400总吨以下内河船舶水污染防治管理办法》(2020年8月20日发布)、《关于推进长江经济带绿色航运发展的指导意见》(2017年8月4日发布)、《港口岸电布局方案》(2017年7月20日发布)、《绿色港口等级评价指南》(2020年5月7日发布)、《关于进一步共同推进船舶靠港使用岸电工作的通知》(2019 年 1 月 28 日发布)、《港口和船舶岸电管理办法》(2019 年 12 月 9 日发布)。

地方层面主要是出台地方部门规章和政策文件。以上海为例,2015 年 4 月 2 日发布了《上海港船舶污染防治办法》,规定了船舶污染物排放控制、船舶有关作业活动污染防治、船舶污染事故应急处置等基本要求;2015 年 7 月 2 日发布了《上海市绿色港口三年行动计划(2015—2017 年)》,明确了以节能降耗工作为基础,以大气污染防治为重点,以加快构建绿色、集约、清洁港口为主要任务的绿色港口建设方案;2018 年 8 月 27 日发布了《关于上海港提前实施在航船舶排放控制措施的通告》,从燃油标准、岸电使用、替代措施等方面规定了船舶排放控制要求。此外,自 2015 年以来,上海市先后出台了《上海港靠泊国际航行船舶岸基供电试点工作方案》(2015 年 7 月 13 日发布)、《上海市港口岸电建设方案》(2019 年 6 月 4 日发布)、《上海市港口和船舶岸电管理办法实施细则》(2020 年 3 月 24 日发布)、《关于进一步规范本市港口和船舶岸电设施建设使用工作的通知》(2021 年 5 月 13 日发布)等一系列文件,为岸电建设和使用提供了行动指南。

1.3.3　港航企业主要举措

1) 港口企业

2020 年,全球港口完成集装箱吞吐量 8.16 亿标准箱(TEU),前 100 个港口合计完成 6.32 亿 TEU。中国是世界上最大的港口国,有 25 个港口排名进入前 100 位,共完成集装箱 2.5 亿 TEU,占比 39.5%。上海港是世界上第一大集装箱港口,2021 年集装箱吞吐量突破 4 700 万 TEU,连续 12 年位居全球第一。上海国际港务(集团)股份有限公司(简称“上港集团”,SIPG)是上海港公共码头运营商,2006 年 10 月 26 日在上交所上市,成为全国首家整体上市的港口股份制企业,主营集装箱码头业务、散杂货码头业务、港口物流业务和港口服务业务,目前已形成包括码头装卸、仓储堆存、航运、陆运、代理等服务在内的港口物流产业链。其中,集装箱码头主要分布于洋山、外高桥、吴淞三大港区,共有泊位 49 个,桥吊 176 台,堆场面积 758 万 m^2。

上港集团在绿色发展方面的主要行动如下。

制订实施绿色发展规划。制订了《上港集团创建绿色港口三年行动计划(2015—2017)》《上港集团创建绿色港口主题性项目重点支撑项目》《建设绿色循环低碳港口节能减排专项规划(2015—2020)》等绿色发展规划,明确了绿色发展目标、路径和支撑项目等,为集团绿色发展提供了有力支撑。

建设环境管理体系。能源预算管理与考核方面,将能源消耗纳入年度预算目标中,设定严格的能源管理考核机制,成立预算领导小组和工作小组,定期评价预算执行情况,确保预算目标的实现;油品集中采购方面,2013 年全面实现油品集中采购,不断加强油品集中管控和用油管理信息化,实现对主要装卸设备的实时管控,有效保障港口油品质量、控制能源使用;港口人员培训方面,培训专兼职人员负责能源统计工作,使能源管理队伍的专业化水平进一步提高；节能减排管理方面，落实一系列节能减排项目计划，包括内集卡油改气、淘汰黄标车、LED照明改造、混合动力拖船研发、混合动力轮胎式门式起重机(轮胎吊)改造等。

升级改造场内设备。一是推进轮胎吊油改电，2007年至2013年，完成了241台轮胎吊的高架滑触线供电改造节约柴油4.88万t，节省成本4.12亿元，减少CO_2排放15.55万t。二是推进内集卡油改气，投资建设了7座液化天然气(LNG)加气站，2017年LNG集卡达到870台，占72%；2018年LNG集卡占比达90%；每TEU能耗成本可以节省2.091元，碳排放量减少0.157 kg。三是推进LED绿色照明，于2017年完工，有利于节能降耗。

推动船舶使用岸电。2020年，上海港已有68个专业化岸电泊位，覆盖率达到79%。其中有集装箱泊位31个、覆盖率为74%，客货滚装泊位20个、覆盖率为87%，邮轮泊位3个、覆盖率为60%，3千吨级以上客运泊位3个、覆盖率为100%，5万吨级以上干散货泊位11个、覆盖率为85%。各类泊位共使用岸电1 168次，累计用电量1 545万kW·h。

大力发展绿色运输。一是鼓励客户优先采用水水转运的方式，2020年水水中转比例达到51.6%。二是积极发展海铁联运，2020年达到26.8万TEU，同比增长80.08%，增幅排全国第一。三是实施集卡一拖二(包括港区内场一拖二和洋山深水港区至临港物流园区社会道路一拖二)项目，每小时运箱量提高60%，集卡百公里单箱油耗下降26%。

建设自动化码头。洋山深水港区四期码头是当今世界上单体规模最大的自动化码头，2017年12月10建成运营，拥有集装箱泊位7个、岸线长度2 350 m，配备26台桥吊、130台自动导引车，120台自动化轨道吊，设计通过能力630万TEU，岸桥单机最高台时量57.17自然箱，单船平均台时量最高47.33自然箱，昼夜最高吞吐量20 823.25 TEU，劳动生产率为传统码头的213%，码头作业实现零排放。

2) 航运企业

截至2020年底，全球100 GT及以上船舶达到99 800艘，运力相当于21.3亿载重吨(DWT)，完成国际货物运输量107亿t。以集装箱为例，全球100大航运企业运营了6 150艘船舶，箱位数为2 413.52万TEU，运输能力为2.91亿DWT。其中，马士基是全球最大的集装箱承运人，成立于1904年，通过收购与自建子公司的方式布局集运、物流、港口、拖船等业务板块，拥有包括马士基航运、Seago Line、Sealand、Safmarine、汉堡南美在内的品牌业务，共运营694艘集装箱船，箱位数为405.87万TEU。

马士基航运在绿色发展方面的主要行动如下。

研发和生产绿色燃料。一是于2020年6月在丹麦哥本哈根成立马士基·麦克-凯尼·穆勒(Maersk Mc - Kinney Moller)零碳航运中心，研究加速发展脱碳燃料和动力技术，助力航运业脱碳。二是于2020年5月启动氢气工厂建设计划，计划在哥本哈根建设一座氢气工厂，到2030年全面扩大规模后每年可为公共汽车、卡车、海上船舶和飞机提供超过25万吨的可持续燃料，减少85万t碳排放。三是在2021年8月与丹麦可再生能源公司——欧洲能源的子公司REintegrate合作，在丹麦新建一个年产量为1万吨级的碳中和电制甲醇生产设施，为全球首艘使用碳中和甲醇的集装箱船舶生产绿色燃料。四是于 2021 年 9 月先后投资了一家主要生产绿色生物甲醇燃料的废物燃料公司 WasteFuel 和一家主要生产电燃料(electrofuels)的初创公司 Prometheus Fuels，以帮助马士基实现脱碳目标。

推动船舶升级改造。一是于 2019 年 12 月在 4 500 箱集装箱船“Maersk Cape Town”号上安装集装箱式 600 kW·h 船用电池储能系统，旨在提高船舶性能及可靠性，同时减少 CO_2 排放。二是安装脱硫塔，截至 2020 年 11 月底，马士基旗下已有 97 艘船舶安装了脱硫塔，相当于该公司总运力的 29.7%，排在集装箱航运公司的第二位。三是在油船 Maersk Pelican 上安装 Rotor Sails 旋筒风帆，一年节省了 8.2%的燃油，相当于减排 1 400 t CO_2。四是于 2021 年 7 月订购了第一艘绿色燃料的支线集装箱船，2 个月后又订购了 8 艘大型绿色燃料集装箱船，5 个月后再追加订造 4 艘大型绿色燃料集装箱船。

实施清洁能源替代。一是 2010 年 9 月率先在香港实施燃油转换，最低可减少 80%对人体健康有害的 SO_x 和 PM 排放，但每年会因此增加 100 万美元的燃油成本。二是于 2021 年底完成了由 30%的脂肪酸甲酯(FAME)与极低硫燃油合成的燃料在成品油船“Maersk Cirrus”号和“Maersk Navigator”号的试验，证明了生物燃料可作为一种“替代燃料”用于减少碳排放。三是将于 2023 年在波罗的海航线运营的全球首艘绿色燃料船舶上使用甲醇燃料，可减少 99%的 SO_x 排放、80%的氮氧化物(NO_x)排放，最多可减少 25%的 CO_2 排放。

采取减速航行策略。一个不超过 6.9 万 DWT 的集装箱船减速 50%，可降低油耗 3 500 t、节省燃油成本 100 万美元，减排 CO_2 1 万 t。马士基自 2009 年初开始实行减速航行政策，每艘集箱船减速 20%，可节省 40%的燃料开支，每 TEU 的 CO_2 排放量平均减少约 7%。减速航行后通过加派集箱船营运航线，既可消化不断上升的船队运力，亦可增加船舶配置的灵活度，改善班轮到港的准点率(平均达到 77%，高于市场平均的 50%准点率)。

成立新数字公司。2019 年 6 月，ZeroNorth 从马士基油船公司分拆出来成为一家独立的新数字公司，向船东和运营商提供软件 Optimise(以前称为 SimBunker)，通过使用市场价格、燃油价格、天气和船舶性能等多个数据点来确定每艘船的最佳航速，从而减少燃油消耗。马士基油船船队在使用的第一年就节省了 800 万美元。至 2021 年 3 月，全球已有 1 500 艘船舶使用 Optimise 平台，如果使用规模达到 6 000 艘，每年有望减排 CO_2 900 万 t。

1.4　本书主要内容

1.4.1　航运四大污染及防治

航运污染主要包括大气污染、水污染、固废污染、噪声污染，本书总体上将按照“现象-原因-危害-防治措施”框架(PCDA)分别对四大航运污染及防治问题进行阐述。

第二章为航运大气污染及防治，内容包括航运大气污染概述、航运大气污染防治要求、航运大气污染防治措施。其中，航运大气污染概述分析航运大气污染现象、原因和危害，航运大气污染防治要求从燃油质量、船舶能效、排放控制方面进行分析，航运大气污染防治措施则分为6个专题进行讲解。前5个专题聚焦动力装置废气污染防治,包括排放控制区、碳排放交易、清洁能源替代、废气排放控制、船舶减速航行。除废气排放控制专题按废气类别讲述外,其余4个专题将按照“是什么-为什么-怎么做”框架(What - Why - How,2W1H)逐一进行探讨。最后一个专题为其他大气污染防治,主要阐述干散货粉尘污染防治、液体货物蒸气污染防治、消耗臭氧物质污染防治。

第三章为航运水污染及防治,内容包括航运水污染概述和航运水污染防治。其中,航运水污染概述分析航运水污染现象、原因和危害,航运水污染防治则分为5个专题进行讲解。含油污水污染防治、有毒液体物质污染防治、船舶压载水污染防治、船舶生活污水污染防治等4个专题,将按照排放控制要求、相关处罚规定、污染防治措施逐一进行探讨,溢油污染防治专题主要阐述溢油发生原因、溢油运动过程、溢油防治措施。

第四章为航运固废污染及防治,主要内容包括航运固废污染概述和航运固废污染防治。其中,航运固废污染概述介绍航运固废污染现象、原因和危害,航运固废污染防治则分为2个专题进行讲解。船舶垃圾污染防治专题主要阐述船舶垃圾排放控制要求、船舶垃圾相关处罚规定、船舶垃圾污染防治措施,垃圾处置常用方法专题主要介绍垃圾回收利用、垃圾焚烧发电、垃圾填埋。

第五章为航运噪声污染及防治,内容包括航运噪声污染概述、航运噪声污染防治。其中,航运噪声污染概述分析航运噪声污染现象、原因和危害,航运噪声污染防治主要阐述航运噪声排放控制要求、航运噪声污染防治思路、航运噪声污染防治措施。

1.4.2 航运环境管理与评价

航运环境管理与评价包括航运环境管理和航运环境评价两部分内容。

第六章为航运环境管理,内容包括航运环境管理概述和航运环境监管。航运环境管理概述介绍航运环境管理内涵、航运环境管理主体、航运环境管理策略,航运环境监管则分为2个专题进行讲解。港口国监督专题重点介绍港口国监督依据、港口国监督权限、港口国监督程序,远程监管专题则按照2W1H进行阐述。

第七章为航运环境评价,内容包括环境影响评价、环境空气质量评价、排放清单估算、节能减排评价和绿色港口评价。其中,环境影响评价和环境空气质量评价按照2W1H框架进行阐述,排放清单估算、节能减排评价和绿色港口评价则按照概述、评价方法和评价实践进行讲解。

1.4.3 绿色航运发展趋势

第八章为绿色航运发展趋势,从实践和研究两方面加以分析。绿色航运实践发展趋势以航运大气污染防治为例,重点分析政策、技术、碳交易和金融等实践发展趋势;绿色航运研究发展趋势同样以航运大气污染防治为例,重点分析政策设计、政策评估、能源相关技术、设施建设和设备制造技术、现代信息技术、优化、评估等研究发展趋势。

本章小结

（1）绿色航运相关概念：航运，环境，绿色航运。

（2）航运四大污染：航运大气污染，航运水污染，航运固废污染，航运噪声污染。

（3）绿色航运发展背景：应对全球气候变化的要求，航运业高质量发展的要求，港航企业健康发展的需要。

（4）绿色航运发展举措：国际层面，签署国际公约；政府层面，制定法律法规、标准和政策体系；企业层面，自动化码头建设、设备升级改造、清洁能源替代、运营模式创新等。

（5）本书主要内容：航运四大污染及防治，航运环境管理与评价，绿色航运发展趋势。

（6）逻辑框架：PCDA，现象-原因-危害-防治措施；2W1H，是什么-为什么-怎么做。

思考题

（1）航运污染问题主要有哪些？对环境有何影响？

（2）与传统航运相比，绿色航运有哪些特点？

（3）国际海事组织还有哪些与绿色航运相关的举措？

（4）我国国家层面和地方层面还有哪些与绿色航运相关的举措？

（5）上港集团、马士基还有哪些举措来发展绿色航运？

（6）除国际海事组织外，请选择一个你感兴趣的国际组织，对其在绿色航运方面所做的工作进行总结，并提炼 2～3 个关键词加以概括。

（7）除我国外，请选择一个你感兴趣的国家或地方政府，对其在绿色航运方面所做的工作进行总结，并提炼 2～3 个关键词加以概括。

（8）除上港集团、马士基外，请选择一个你感兴趣的港口企业或航运企业，对其在绿色航运方面所做的工作进行总结，并提炼 2～3 个关键词加以概括。

第二章　航运大气污染及防治

2.1　航运大气污染概述

2.1.1　航运大气污染现象

1）大气与污染

大气（atmosphere）是指环绕地球的全部空气的总和，环境空气（ambient air）是指人类、植物、动物和建筑物暴露于其中的室外空气。可见，“大气”与“空气”是作为同义词使用的，其区别仅在于“大气”所指的范围更大些，“空气”所指的范围相对小些。航运大气污染防治的研究内容和范围，基本上都是环境空气的污染与防治，而且更侧重于和人类关系最密切的近地层空气。大气是由干洁空气、水汽、固体杂质组成的混合物。干洁空气的主要成分为氮、氧、氩、CO_2 等，其容积含量占全部干洁空气的 99.99%以上。其中，氮是构成生物体的基本要素；其次为氧，氧是维持生物活动的必要物质；第三为氩，氩是地壳含量中最丰富的惰性元素；第四为 CO_2，不仅能起到保温作用，还是绿色植物进行光合作用的原料。水汽和固体杂质是成云致雨的必要条件。典型干洁空气的主要成分见表 2-1。

表 2-1　典型干洁空气的主要成分

成分	相对分子质量	体积比	成分	相对分子质量	体积比
N_2	28.010	(78.084 0±0.004 0)%	CH_4	16.040	1.2×10^{-6}
O_2	32.000	(20.946 0±0.002 0)%	Kr	83.800	0.5×10^{-6}
Ar	39.940	(0.934 0±0.001 5)%	H_2	2.016	0.5×10^{-6}
CO_2	44.010	(0.033 0±0.001 0)%	Xe	131.300	0.08×10^{-6}
Ne	20.180	18.0×10^{-6}	NO_2	46.050	0.02×10^{-6}
He	4.003	5.2×10^{-6}	O_3	48.000	$(0.01\sim0.04)\times10^{-6}$

根据大气层温度分布和大气组成在垂直距离的变化，从下至上将其分为对流层、平流层、中间层、热层、散逸层等 5 层，大气圈的垂直分层见图 2-1。其中，对流层（12 km 以下）是指空气发生大量对流现象的大气层，它位于最底层，空气密度最大，直接与水圈、生物圈、土壤圈、岩石圈相接触，是大气圈中最活跃的一层。在这一层，气温随高度的增加而降低，大约每升高 1 000 m，温度就下降 5～6 ℃，空气由上而下进行剧烈的对流，天气复杂多变，云、

雾、霜、雷、电、雨、雪、冰、雹等各种天气现象都发生在这一层，动植物的生存、人类的绝大部分活动和大气污染也主要发生在这一层，尤其在近地面 1～2 km 范围内的对流下层更为明显。平流层(12～55 km)空气比较稳定，尤其在 30 km 以下只有水平流动，而无垂直对流，且天气大多晴朗无云，很少发生天气变化，适合于飞机航行。在 20～50 km 处，氧分子在紫外线作用下，形成臭氧层，吸收太阳辐射的紫外线，保护地球上的人类和动植物免遭紫外线的伤害。中间层(55～85 km)空气垂直对流强烈，最低温度可达－100 ℃，是大气圈中温度最冷的一层。热层(85～800 km)又称电离层，强烈的紫外线辐射使 N_2 和 O_2 分子发生电离，成为带电离子或分子，能使无线电波反射回地面，这对远距离通信极为重要。散逸层(800 km 以上)又称外层、逃逸层，由于空气密度极其稀薄，且地球引力的作用大为减弱，导致大气物质不断向星际空间逸散。

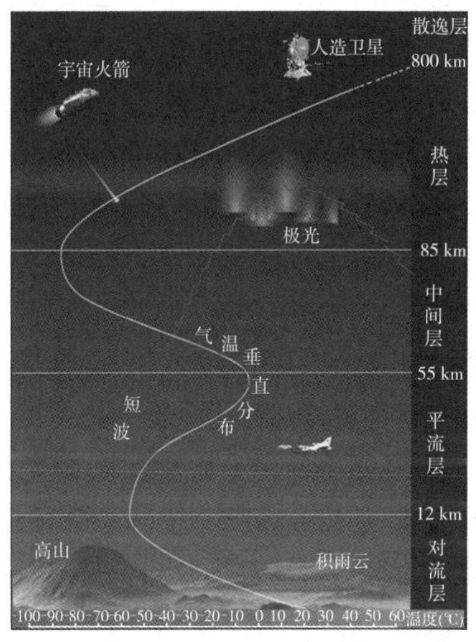

图 2－1　大气圈的垂直分层

污染是指自然环境中混入了对人类或其他生物有害的物质，其数量或程度达到或超出环境承载力，从而改变环境正常状态的现象。污染源是指造成环境污染的污染物发生源，通常指向环境排放有害物质或对环境产生有害影响的场所、设备、装置或人体。污染物是指任何以不适当的数量、浓度、速度、形态和途径进入环境系统并对环境产生污染或破坏的物质或能量。环境承载力又称环境承受力或环境忍耐力，是指在某一时期的某种环境状态下，某一区域环境对人类社会、经济活动的支持能力的限度，它反映了环境与人类的相互作用关系，并会随着时间、空间和生产力水平的变化而变化。现象是指事物表现出来的、能被人感觉到(看到、听到、闻到、触摸到)的一切情况，常见的污染现象有大气污染、水污染、固废污染、噪声污染等。

污染物可分为一次污染物和二次污染物。一次污染物又称“原生污染物”，是指由污染源直接排入环境且物理和化学性状未发生变化的污染物，例如化石燃料燃烧生成的 SO_x、NO_x、PM 等是造成大气污染的主要因素。二次污染物又称“次生污染物”，是指一次污染物在物理、化学因素或生物的作用下发生变化，或与环境中的其他物质发生反应所形成的新污染物，其物理、化学性状与一次污染物不同，如一次污染物 SO_2 在空气中氧化成硫酸盐气溶胶，汽车排气中的 NO_x、HC 在日光照射下发生光化学反应生成的 O_3、过氧乙酰硝酸酯(PAN)、甲醛(CH_2O)和酮类等二次污染物。

2）大气污染与航运大气污染

大气污染是指由于人类活动或自然过程引起某些物质进入大气中，呈现出足够的浓度，达到足够的时间，并因此危害了人体的舒适、健康或环境的现象。其中，人类活动主要包括发电、工农业生产、城乡建设、交通运输等生产活动和烹饪、清洁、取暖、娱乐等生活活动，自然过程包括火山爆发、森林灾害、岩石风化等，某些物质主要指燃料燃烧产生的废气。

航运大气污染是指航运活动产生的某些物质进入大气中，呈现出足够的浓度，达到足够的时间，并因此危害了人体舒适、健康或环境的现象。其中，航运活动主要包括两部分，一部分主要是船舶航行和停泊，另一部分主要是港口建设和运营。某些物质主要包括船舶和港口设备排放的含有 SO_x、NO_x、PM 等污染物的废气，以及干散货粉尘、液体货物蒸气和消耗臭氧物质。

2.1.2 航运大气污染的原因

1）大气污染源及其分类

大气污染要素包括污染源、污染物、传播介质、承受体。

大气污染源是指造成大气环境污染的污染物发生源，通常指向大气排放足以对环境产生有害影响物质的生产过程、设备、物体或场所，例如干散货装卸过程、货运车辆和装卸搬运设备、货运场站等。大气污染源可分为自然污染源和人为污染源，前者是由于自然原因（如火山爆发，森林火灾等）而形成，后者是由于人们从事生产和生活活动而形成，是大气污染防治的关注重点。在人为污染源中，按活动类型可分为工业污染源、农业污染源、交通污染源、生活污染源；按污染源位置变化可分为固定源（发电厂、钢铁厂等）、移动源（船舶、车辆等）；按预测模式的模拟形式可以将大气污染源分为点源（如港区锅炉房）、线源（如进出港船舶）、面源（如港口贮罐区）、体源（如焦炉炉体）；按发生源高度可分为低源（源高≤10 m，如不到 1 m 的机动车排气筒）、高源（源高≥30 m，如源高超过 45 m 的 28 MW 锅炉）、中源（源高 10～30 m，如烟囱不低于 25 m 的化工厂排放）；按排放时间可分为连续源（发电厂）、间歇源/时有时无（厨房）、瞬间源（爆破、事故等）；按排放形式可分为有组织排放（经排气筒有规律集中排放，排放位置高、浓度低，相对容易扩散）、无组织排放（不经过排气筒或烟囱，从露天作业场所、废物堆放场所等扩散出来）等。

大气污染物主要包括气态污染物和气溶胶污染物，前者是以气体分子状态存在的污染物，总体上可分为 SO_x、NO_x、CO_x、有机化合物和卤素化合物等五类；后者是指在大气中以固体或液体颗粒存在的污染物，因此又称颗粒物（PM），根据粒径大小可将其分为总悬浮颗粒物（粒径≤100 μm、能悬浮在空气中的颗粒物总和）和可吸入颗粒物（即 PM_{10}，是指悬浮在空气中、粒径≤10 μm 的颗粒物的总和，人的鼻毛、分泌物和黏膜可以将大多数粒径>10 μm 的颗粒物过滤掉），其中粒径≤2.5 μm 的颗粒物（即 $PM_{2.5}$）又称细颗粒物，可通过呼吸道吸入肺泡，危害更大。

传播介质主要指大气运动产生的风和湍流。风是指大气水平气压差引起的空气水平运动，对大气污染物起到整体输送（从上风向向下风向）和冲淡稀释的作用。湍流是指空气在水平运动过程中，由于风和地表的摩擦或表面空气受热不均而产生的不规则的上下、左右随机运动，前者被称为机械湍流，后者被称为热力湍流。湍流起着混合大气污染物和清洁空气、进而将大气污染物从高浓度区输送到低浓度区的作用。污染物的扩散主要靠大气湍流，其扩散能力与风力和湍流的强度有关。随着离地高度、地表粗糙度和垂直温差的增大，风力和湍流亦随之增强，污染物扩散的速度和范围也就越大。

承受体是指受污染的人体、动植物和环境。人体、动植物有一定的抵抗能力，环境有一定的承载能力，一旦大气污染物的浓度和持续时间超过动人体、动植物的抵抗能力或者超过环境的承载能力，就会给人体、动植物或环境带来损害。

2）航运大气污染源分类

根据污染物性质和产生方式，将航运大气污染源分为燃料燃烧废气污染源、干散货粉尘污染源、液体货物蒸气污染源、消耗臭氧物质污染源四大类。其中，燃料燃烧废气污染源主要是排放 SO_x、NO_x、CO_x、HC、PM 等废气的船舶和港口作业设备，以及排放 SO_x、CO_x、H_2S、PM、重金属等废气的锅炉房、焚烧炉。干散货粉尘污染源主要是煤炭、矿石、水泥等散货船和堆场，液体货物蒸气污染源主要是排放挥发性有机物（VOCs）的液货船、堆场、熏蒸车间，消耗臭氧物质污染源主要是排放氟氯烃（CFCs）、卤代烃（halohydrocarbons）的冷藏箱、冷藏船、制冷设备和消防设备。

2.1.3 航运大气污染的危害

1）燃料燃烧废气的危害

根据 IMO 第四次温室气体研究，2018 年全球航运业燃料消耗量约为 3.39 亿 t 重燃料油当量（HFOe，约占全球石油消费量的 4%）。其中，重燃料油（HFO）约为 2.23 亿 t HFOe，船用柴油（MDO）约为 1.02 亿 t HFOe，LNG 约为 0.11 亿 t HFOe，甲醇约为 16 万 t HFOe。这些燃料都属于化石燃料，主要成分为碳、氢和少量的硫（LNG 和甲醇除外），燃烧后共排放了 1 100 万 t SO_x、2 200 万 t NO_x、10.56 亿 tCO_2（约占全球 CO_2 排放量的 2.89%）、84.4 万 t CO、157.3 万 t $PM_{2.5}$、8.9 万 t 黑炭（BC）、6.3 万 t CH_4。

SO_2 是最常见的 SO_x，是一种无色透明且具有刺激性的气体，对人体的危害主要是刺激上呼吸道黏膜，浓度高时，对呼吸道深部也有刺激作用。人们长期暴露在低浓度的 SO_2 环境中会发生慢性中毒，使嗅觉和味觉减退，诱发萎缩性鼻炎、慢性支气管炎、结膜炎和胃炎。当人体吸入较高浓度的 SO_x 时，会诱发急性支气管炎、哮喘和意识障碍等症状，有时还会引起喉头痉挛而窒息。SO_2 排放后，在大气中会进一步氧化，与云中的水雾结合形成酸雨，对植物生长将产生严重危害，还会腐蚀物料表面，使其变脆、褪色、失去光泽、强度降低等。船舶若使用劣质燃油，将会加重这种污染。

NO_x 是柴油机燃烧过程中产生氮的各种氧化物的总称，其主要成分是 NO。NO 是一种无色并具有轻度刺激性的气体，在低浓度时对人体健康无明显影响，高浓度时会造成人与动物中枢神经系统障碍。NO 的直接危害不大，但在大气中可以被臭氧氧化成 NO_2。NO_2 是一种赤褐色并带有刺激性的剧毒气体，进入人体后会造成血液的输氧能力下降，而且人在 NO_2 含量超标的环境中停留时间过长可能会因肺气肿而死亡。NO_2 与空气中的水发生反应后会形成酸雨，引起植物枯萎或死亡，危害土壤、建筑物等。同时，NO_x 可能与空气中的 HC 发生光化学反应，形成有害的浅蓝色烟雾（通常被称为光化学烟雾），损害人和动物健康、影响植物生长、破坏建筑材料。历史上最早的光化学烟雾事件于 1943 年发生于美国的洛杉矶，致使远离城市 100 km 外海拔 2 000 m 高山上的大片松林枯死、柑橘减产。1955 年和 1970 年洛杉矶又两度发生光化学烟雾事件，前者造成 400 多位 65 岁以上的老人因呼吸系统衰竭死亡，后者造成 75%以上的市民患上红眼病。

CO_x 主要成分是 CO 和 CO_2。CO 无色、无味，但有毒，对人体呼吸道无直接作用，但被吸入人体后，能以比氧强 210 倍的亲和力同血液中的血红蛋白结合，形成碳氧血红蛋白，阻碍血液向心、脑等器官输送氧分，使人恶心、头晕、疲劳，严重时造成窒息死亡。CO 会使人慢性中毒，主要表现为中枢神经受损，造成记忆力下降等。CO_2 无色、无味，没有毒性，是温室气体的主要成分(约占 77%)，CO_2 让太阳短波辐射自由通过，同时强烈吸收地面和大气中释放的长波(红外线)辐射。随着大气中 CO_2 含量的不断增加，地球大气层就会像覆盖了一层日益增厚的透明薄膜一样，太阳的辐射热透进来容易，反射出去却很难，形成温室效应。2020 年，全球排放的 CO_2 约为 340 亿 t，比 1850 年(约 2 亿 t)增加了 169 倍；全球平均气温约为 14.9 ℃，比工业化前上升 1.2 ℃(每累积 10 亿吨 t CO_2 排放，会使全球表面温度升高 0.27～0.63 ℃)，由此导致海平面上升、海岸侵蚀、洪水泛滥、土地干旱、病虫害增加、农作物减产、生态失衡、人类发病率上升和流行病传播等，严重危害人体健康和经济社会发展。

专栏二：温室效应与温室气体

温室效应(greenhouse effect)是指大气通过对辐射的选择吸收而防止地表热能耗散的效应。生活中，人们常使用玻璃或透明塑料薄膜来做温室，是让太阳光能够直接照射进温室，加热室内空气，而玻璃或透明塑料薄膜又可以不让室内的热空气向外散发，使室内的温度保持高于外界的状态，以提供有利于植物快速生长的条件。大气中的水汽、CO_2、CH_4、N_2O 等气体像一层厚厚的玻璃，允许太阳辐射透过，但却阻止地面热量散发，致使地面温度上升，使地球变成了一个大暖房。因其作用类似于栽培农作物的温室，故名温室效应。

温室效应源自温室气体(GHG)。由于这类气体吸收热能的功用和温室玻璃有着异曲同工之妙，都是只允许太阳光进，而阻止其反射，进而实现保温、升温作用，因此被称为温室气体。除对温室效应贡献最大的水汽外，人们常关注的其他 6 类 GHG 包括 CO_2、CH_4、N_2O、HFCs、PFCs、SF_6。

数量最多的 GHG 是 CO_2，主要来自煤、石油、天然气等化石燃料燃烧，全球年排放量约为 60 亿 t，2020 年平均体积分数约为 413×10^{-6}(是 1750 年的 149%)，年均增加 2.4×10^{-6}，其对温室效应的贡献约占 6 类 GHG 的 60% 以上。CH_4、N_2O 等其他 GHG 的作用也不容忽视。例如，CH_4 主要来自自然过程、农业生产和化石燃料燃烧(人类活动排放的占比超过 50%，其中 2/3 来自农业，1/3 来自化石燃料)，全球年排放量约为 5.5 亿 t，2020 年平均体积分数约为 $1\,889\times10^{-9}$(是 1750 年的 262%)，年均增加 8×10^{-9}，其 20 年全球变暖潜能值(GWP)为 CO_2 的 72 倍；N_2O 主要来自海洋、土壤、生物质燃烧、化肥使用和各种工业过程(自然来源与人为来源的比例约为 3∶2)，全球年排放量约为 3 000 万 t，2020 年平均体积分数约为 333×10^{-9}(是 1750 年的 123%)，年均增加 0.99×10^{-9}，其 20 年 GWP 为 CO_2 的 289 倍。

来源：中国气象局、国际气象组织

如今，环境问题越来越受到大家的关注。其中，温室效应更是一个令人担忧的大问题。温室效应是指投射阳光的密闭空间由于与外界缺乏热交换而形成的保温效应。太阳的短波辐射可以透过大气射入地面，地面增暖后放出的长波辐射却被大气中的二氧化碳等物质吸收，使大气变暖。引起温室效应的气体，有二氧化碳、甲烷、各种氟氯烃、臭氧和水蒸气等。温室效应会导致冰川消退、海平面上升、气候带北移，引发生态问题。温室效应还会使局部地区在短时间内发生急剧的天气变化，导致气候异常，造成高温、热浪、热带风暴，龙卷风等自然灾害加剧。此外，温室效应还可导致极热天气出现频率增加，使心血管和呼吸系统疾病的发病率上升，影响人类健康。总体来说，温室效应弊大于利，因此需要人类采取措施积极控制，抑制全球变暖趋势。

PM 对人体健康的危害性与其粒径有关。PM_{10} 可被人体吸入，沉积在呼吸道、肺泡等部位，引发疾病。PM 粒径越小，停滞于人体肺部、支气管的比例越大，对人体的危害就越大。$PM_{2.5}$ 活性强，易附带有毒、有害物质(重金属、微生物等)，停留时间长、输送距离远，因而对人体健康和大气环境质量的影响更大，在实践中通常被认为是造成雾霾天气的“元凶”，容易引发心血管病、呼吸道疾病、肺癌等，还会导致能见度下降、出行条件恶化。0.1～0.5 μm 的微粒可以通过呼吸器官到达肺部并附在肺细胞组织中，某些还会被血液吸收，对人体的危害最大。BC 是燃烧系统微粒排放中粒径最大的颗粒物，主要由直径 1.1～10.0 μm 的多孔性炭粒构成，表面凝结或吸附有未燃烃以及 SO_2 等，悬浮在空气中既影响能见度又污染空气。PM 对患有慢性肺炎、心脏病、感冒或哮喘病患者的老年人及儿童影响最大。

HC 主要包括未燃和未完全燃烧的燃油、润滑油及其裂变产物，简称未燃烃。人体吸入较多的未燃烃，会破坏造血功能，引起贫血、神经衰弱，并降低肺对传染病的抵抗力。HC 的另一大危害是它与 NO_x 在阳光紫外线的作用下，经过光化学反应会产生光化学烟雾。光化学烟雾含有臭氧、过氧酰基硝酸盐及各种醛、酮等物质，会使眼睛和黏膜受刺激，导致头痛、呼吸障碍、慢性呼吸道疾病恶化、儿童肺功能异常等。其中，臭氧具有极强的氧化能力，能使橡胶发裂、植物变黑，甚至引发肺气肿；过氧乙酰硝酸酯的催泪作用极强，相当于甲醛的 200 倍；过氧苯酰硝酸酯对眼的刺激作用比过氧乙酰硝酸酯高 100 倍。

2）干散货粉尘的危害

煤炭、粮食、矿石等干散货（2020 年运输量约为 31.81 亿 t）在装卸、转运和储存过程中易产生粉尘。从起尘原理看，可分为动态起尘和静态起尘，前者主要在取料、卸料、输送、清扫等设备作业时产生，后者则是在堆场储存时因风的作用而产生。干散货起尘量受到货物特性、装卸工艺、气象条件等多种因素影响。一般情况下，粒径小、密度小、含水率低的货物起尘量高于粒径大、密度大、含水率高的货物，货物在开放式工艺条件下的起尘量高于封闭式工艺，货物在晴朗、高温、干燥、大风条件下的起尘量高于阴天、低温、湿润、无风等情况。

干散货粉尘的危害是多方面的。对于港口而言，它会造成港口精密仪器精确度下降，并使港口机械设备的磨损加快、故障增多、工作寿命减少、生产效率降低。其次，粉尘还影响职工的视力范围，不利于管理者的检查和操作者对设备的巡视和监控，导致工作效率下降，甚至引发安全事故。尤其是煤尘具有可燃性，存在爆炸危险，可能造成人员伤亡和财产损失。职工长期接触煤尘易得尘肺病或硅肺病，目前尘肺病为中国九大职业病之首。

对港口周边地区而言，粉尘会使大气变得浑浊，能见度和空气质量下降，甚至导致局部地区温度、湿度和雨量发生变化。其次，粉尘还存在腐蚀和污染文物古迹，影响区域景观，破坏港口周边生态系统等危害。此外，港口受到粉尘污染后，往往需要用水进行冲洗，不仅消耗水资源，而且冲洗污水还会带来二次污染。

3）液体货物蒸气的危害

石油、化学品和液化气等液体散货（2020 年运输量约为 29.18 亿 t）在货物转运和存储过程中，因蒸发作用而产生油化品蒸气，其中大部分为 VOCs。石油包括原油、成品油和油渣，其运输量占整个液体散货运输量的 70%以上；IMO 登记的化学品达 3 万多种，经常进行船舶运输的有 200 多种，最常运输的达数十种；液化气包括液化石油气（LPG）和 LNG。VOCs 是熔点低于室温而沸点为 50～260 ℃的挥发性有机物的总称。液体散货挥发性强，例如石油在 2～3 天内的挥发率可达 20%～70%。VOCs 对人体的危害主要体现在三方面：气体和其他感觉效应（如刺激作用）、黏膜刺激和其他系统毒性导致的病变、基因毒性和致癌性。有研究表明，暴露在高浓度 VOCs 环境中可导致人体中枢神经系统、肝、肾和血液中毒，个别过敏者即使在低浓度下也会有严重反应，通常情况下表现的症状有眼睛不适，感到赤热、干燥、沙眼、流泪；喉部不适，感到咽喉干燥；呼吸疾病，气喘、支气管哮喘；头疼，眩晕、疲倦、烦躁，难以集中精神等。VOCs 还会参与光化学反应，造成光化学污染。

4）消耗臭氧物质的危害

存在于平流层的臭氧（在离地面 20～25 km 高度范围内浓度最高）能有效防止地球上的生物免遭太阳紫外线的侵害，而氯氟烃 CFCs 和卤代烃 Halon 等排放物会消耗臭氧，对臭氧层有极大破坏作用。例如，CFCs 曾大量用作船舶制冷装置制冷剂，泄漏后在高空会分解出氯离子（$CCl_2F_2 \rightarrow Cl^- + CClF_2$），一个氯离子大概会造成数万个臭氧分子的分解（$Cl^- + O_3 \rightarrow ClO + O_2$），对大气中的臭氧具有很强的消耗作用。CFCs 在大气中不易分解，寿命相当长，因而对臭氧层破坏和温室效应的加剧效应都很强，仅 CFC_{12} 占平流层消耗臭氧层物质（ODS）的比例就高达 39.7%，GWP 值更是高达 10 300。卤代烃（如 1301 灭火剂，CF_3Br；1211 灭火剂，CF_2ClBr）灭火剂不仅含氯，而且含溴，溴虽然对灭火十分有效，但它对臭氧的分解破坏作用更甚于氯。一旦平流层内的臭氧层被 CFCs 和 Halon 等污染物破坏（可能会产生臭氧空洞，英国科学家于 1985 年发现南极上空存在臭氧空洞，2000 年 9 月 3 日达到最大值 2 830 万 km^2），太阳紫外线便可能到达地球，将导致人类和动物癌症发病率上升、农作物减产，且会对海底食物链产生负面影响。

5）港区大气污染的危害程度变化

由于水体和陆地对大气运动的热力和动力作用不同，从而形成了水陆交界处特有的局部气流和边界层结构，使得港区大气污染的危害程度发生较大变化。

水陆交界区域最明显的局部气流是海陆风（sea-land breeze），它是指出现于近海和海岸地区、具有日周期的区域性空气运动。白天，风从海上吹来，被称为海风（sea breeze）；到了夜晚，风又从陆地吹向海洋，被称为陆风（land breeze）。这是由于海水与陆地的比热不同，在晴朗的白天随着太阳辐射的日变化，海水吸热慢、温度变化小，陆地吸热快、温度变化大，因此海陆之间形成了一个温差 $\Delta T = T_1 - T_s > 0$。高温的陆地空气因体积变大、密度变小而向上运动，陆地上空气压随之上升，在水平气压梯度力的作用下，上空的空气从陆地流向海洋，然后下沉至低空，又由海面流向陆地，再度上升，遂形成海风环流。夜间，陆地散热快、温差变化大，海水散热慢、温差变化小，因此 $\Delta T = T_1 - T_s < 0$，因而形成陆风环流。海陆风的强弱与 ΔT 成正比，与地面粗糙度成反比。由于海陆的温差白天大于夜晚，故海风强于陆风。以水平范围来说，海风深入大陆在温带约为 15～50 km，热带最远不超过 100 km，陆风侵入海上最远 20～30 km，近的只有几千米。其中，热带地区的海陆风最强，海风风速达 7 m/s，陆风风速 1～2 m/s。

当海陆风强度大于背景风强度时，会使港区的大气污染物在该环流中发生累积而使浓度增加，从而加重港区大气污染的危害程度。在晴朗白天，当海风强度小于背景风强度、且方向相反时，由于下层海风温度低，上层陆风和背景风温度高，在冷暖空气交界处形成一倾斜的逆温层。逆温层上部和下部的风向相反，上部由陆侧吹向海侧，风力较大，下部由海侧吹向陆侧，风力较小。在此条件下，污染源与海岸的距离和高度不同，污染物的扩散路径有明显差异。当污染源离海岸较近，且高度较低时，污染物受海风影响向陆侧扩散；当污染源离海岸较远，且高度较高时，污染物受陆风和背景风作用向海侧扩散。逆温层对污染物扩散的影响见图 2－2。

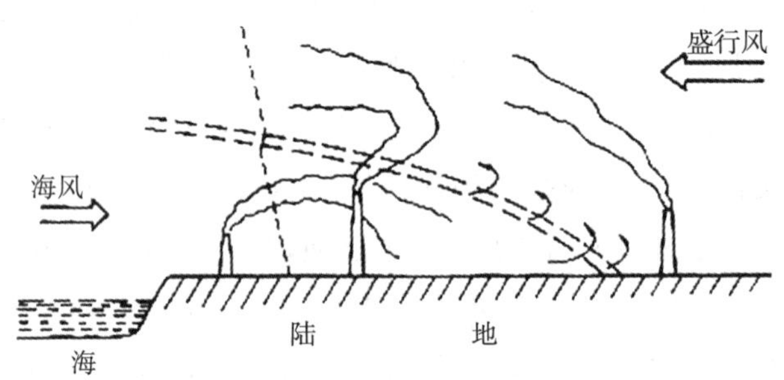

图 2－2　逆温层对污染物扩散的影响

在无背景风的情况下，当海风遇到海岸线时，因下垫面改变而形成以海岸线为起点的内边界层。又因海面温度低于陆地温度，故称热内边界层。热内边界层内部空气干热，呈不稳定状态，而海上冷空气在热内边界层外向陆侧运动，热内边界层顶高随离岸距离的增加而增高。在此情况下，港区近岸高架污染源排放的污染物随着气流向陆地方向输送，稀释扩散缓慢，烟云浓密。随后，污染物进入热内边界层，因受热泡湍流的下沉作用很快被带至地面，进而导致局部地域污染物浓度偏高的现象被称为热内边界层熏烟或海岸带熏烟。与此同时，低架污染源排放的污染物只能在有限的垂直范围内混合，产生比正常情况高的地面浓度。在合适的气象条件下，这两种现象可持续较长时间，从而加剧危害程度。热内边界层对污染物扩散的影响见图 2－3。

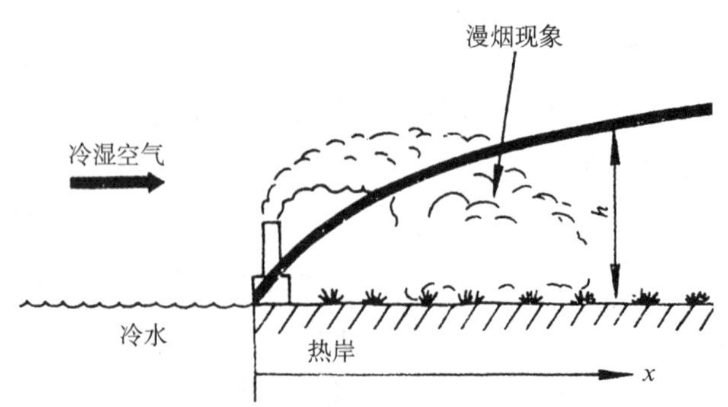

图 2－3　热内边界层对污染物扩散的影响

2.2 航运大气污染防治要求

2.2.1 燃油质量要求

1) IMO相关要求

供给 MARPOL 73/78 附则Ⅵ所适用的船舶，并用于船上燃烧的燃油须符合以下要求：①燃油应为精炼石油产生的烃类混合物，但并不排除加入少量用于改善某些方面性能的添加剂；②燃油应不含无机酸；③燃油应不含有使船舶安全遭受危险或对机械性能有不利影响、对人员造成伤害、从总体上增加空气污染的任何添加物或化学杂质。以石油精炼之外的方法用于燃烧的燃油不应存在以下问题：①超过规定的适用硫含量；②导致发动机超过规定的适用 NO_x 排放极限；③含有无机酸；④使船舶安全遭受危险或对机械性能有不利影响、对人员造成伤害、从总体上增加空气污染。对于所有 400 GT 以上船舶，主管机关在咨询相关国家后可决定采取符合规则要求的等效替代措施。

具体而言，根据 MARPOL 73/78 附则Ⅵ修正案(2016 年 10 月 24 至 28 日召开的 MEPC 第 70 次会议通过)要求，除 6 个排放控制区(ECA)外，自 2020 年 1 月 1 日起，全球其他区域船用燃油硫含量的质量分数不得超过 0.5%。2010 年后国外 6 个 ECA 的燃油质量要求见表 2－2，2010 年之前的相关要求可参考《船舶防污染技术(第 2 版)》(吴宛青主编)第 251 页的表 8－2。

表 2－2　2010 年后国外 6 个 ECA 的燃油质量要求

ECA	实施时间	船用燃油硫含量要求(质量分数)
欧盟海域	2010 年 1 月 1 日	不超过 0.1%(停泊时间超过 2 h)
波罗的海	2010 年 7 月 1 日	不超过 1.0%
	2015 年 1 月 1 日	不超过 0.1%
北海	2010 年 7 月 1 日	不超过 1.0%
	2015 年 1 月 1 日	不超过 0.1%
北美海域	2012 年 8 月 1 日	不超过 1.0%
	2015 年 1 月 1 日	不超过 0.1%
美国加勒比海	2014 年 1 月 1 日	不超过 1.0%
	2015 年 1 月 1 日	不超过 0.1%
美国加利福尼亚海域	2012 年 8 月 1 日	船用轻柴油不超过 1.0% 船用柴油不超过 0.5%
	2014 年 1 月 1 日	船用柴油或轻柴油不超过 0.1%

2) 中国相关要求

《中华人民共和国大气污染防治法》第二章第十三条要求“制定燃油质量标准，应当符合国家大气污染物控制要求，并与国家机动车船、非道路移动机械大气污染物排放标准相互衔接，同步实施”；第六十三条要求“内河和江海直达船舶应当使用符合标准的普通柴油，远洋船舶靠港后应当使用符合大气污染物控制要求的船用燃油”。我国《船用燃料油(GB 17411—2015)》及其第一号修改单分别给出了船用馏分燃料(适用于高速柴油机、中速柴油机)、船用残渣燃料(适用于低速柴油机)及内河船用燃料的相关要求。内河船用燃料油要求见表 2 - 3。

表 2 - 3　内河船用燃料油要求

项目			指标	
			DMA(S10)	DMB(S10)
运动黏度/40 ℃			2～6 mm^2/s	2～11 mm^2/s
密度/20 ℃		≤	886.5 kg/m^3	896.5 kg/m^3
十六烷指数		≥	42	40
硫含量		≤	10 mg/kg	
闪点(闭口)		≥	60 ℃	
酸值(以 KOH 计)		≤	0.5 mg/g	
氧化安定性(以总不溶物计)		≤	2.5 mg/100 mL	
10%蒸余物残炭(质量分数)		≤	0.3%	
残炭(质量分数)		≤		0.3%
冷滤点①			报告	
倾点①	冬季	≤	−6 ℃	0 ℃
	夏季		0 ℃	6 ℃
外观			清澈透明②	
灰分(质量分数)		≤	0.01%	
润滑性：校正磨痕直径(WS1.4)(60 ℃)		≤	520 μm	

注：①买方应确保冷滤点、倾点适合船上设备要求。
②清澈透明是指样品注入 100 mL 量筒中，在 20～25 ℃温度下，在光线好的地方(非强光和黑暗)观察，应无可见沉淀物、杂质和水。

《船舶大气污染物排放控制区实施方案》(交海发〔2018〕168 号)要求，2019 年 1 月 1 日起船舶在 ECA 航行及靠港停泊均应使用质量分数硫含量不超过 0.5%的船用燃油，大型内河船和江海直达船舶应使用符合新修订的船用燃料油国家标准要求的燃油，其他内河船应使用符合国家标准的柴油(硫含量不超过 10 mg/kg)；2020 年 1 月 1 日起，海船进入内河控制区，应使用硫含量质量分数不大于 0.1%的船用燃油；2022 年 1 月 1 日起，海船进入沿海控制区海南水域，应使用硫含量质量分数不大于 0.1%的船用燃油。船舶可使用清洁能源、新能源、船载蓄电装置或尾气后处理等替代措施。

2.2.2　船舶能效要求

1) IMO 相关要求

船舶能效营运指数。2009 年 7 月 13 至 17 日召开的 MEPC 59 次会议通过了《船舶能效营运指数自愿使用导则》，并建议各成员自愿使用该导则。船舶能效营运指数（EEOI）是指船舶单位运输作业所排放的 CO_2 质量[单位为 g/(t · n mile)]，是消耗燃油所排放的 CO_2 与货物周转量的比值。

船舶能效设计指数。2011 年 7 月 11 至 15 日召开的 MEPC 62 次会议对 MARPOL 73/78 公约附则Ⅵ进行修正，新增第四章"船舶能效规则"，增加了船舶能效设计指数（EEDI）强制性要求，自 2013 年 1 月 1 日起实施。根据要求，2013 年 1 月 1 日至 2014 年 12 月 31 日，400 GT 及以上的所有新船或被主管部门视为新船的现有船舶应满足基准线标准 $EEDI_0$（按 $EEDI_0 = a \times b^{-c}$ 计算，各船型 $EEDI_0$ 计算参数值见表 2-4）；2015 年 1 月 1 日起至 2019 年 12 月 31 日将执行 Phase 1 标准，其标准值将在基准线标准值基础上折减 5%～10%；2020 年 1 月 1 日起至 2024 年 12 月 31 日将执行 Phase 2 标准，其标准值将在基准线标准值基础上折减 15%～20%；2025 年 1 月 1 日及以后将执行 Phase 3 标准，其标准值将在基准线标准值基础上折减 30%。EEDI 值越低说明船舶能效水平越高，具体计算方法可参考中国船级社 2016 年发布的《船舶能效设计指数验证指南》。

表 2-4　各船型 $EEDI_0$ 计算参数值

船型	*a*	*b*	*c*
散货船	961.79	DWT(DWT≤279 000) 279 000(DWT>279 000)	0.477
气体运输船	1 120.00	DWT	0.456
液货船	1 218.80	DWT	0.488
集装箱船	174.22	DWT	0.201
杂货船	107.48	DWT	0.216
冷藏船	227.01	DWT	0.244
兼用船	1 219.00	DWT	0.488
LNG 船	2 253.70	DWT	0.474
汽车滚装船	$780.36 \times (DWT/GT)^{-0.7}$ (DWT/GT<0.3) 1 812.63(DWT/GT≥0.3)	DWT	0.471
滚装货船	1 405.15	DWT	0.498
	1 686.17	DWT(DWT≤17 000) 17 000(DWT>17 000)	
客滚船	752.16	DWT	0.381
	902.59	DWT(DWT≤10 000) 10 000(DWT>10 000)	
邮船	170.48	GT	0.214

船舶能效管理计划。MEPC 62 次会议通过了 MARPOL 73/78 附则Ⅵ修正案，新增第四章“船舶能效规则”，要求所有 400 GT 及以上的国际航行船舶必须持有满足公约要求的船舶能效管理计划(SEEMP)。2012 年 2 月 27 至 3 月 2 日召开的 MEPC 63 次会议通过了《2012 船舶能效管理计划制定导则》，可为制定 SEEMP 提供指导。根据导则要求，制定 SEEMP 应充分考虑公司的经营规模、船队规模、船舶的类型、航线、航程、航区、贸易特点、船舶管理人员及实践中可能遇到的情况，并遵循计划、实施、监测与检查、评估与改进的循环改进步骤，其内容应包括基本的能效方针、目标与指标、资源与职责、文件管理与运行控制等要素。

现有船舶能效指数。据统计，2019 年全球航运业 67%的 CO_2 排放量来自 2013 年 1 月 1 日前建造的 400 GT 以上的现有船舶，这些船舶不适用于 EEDI，不利于航运业实现脱碳目标。因此，2020 年 11 月 16 至 20 日召开的 MEPC 75 次会议通过了 MARPOL 73/78 附则Ⅵ的修正案草案，提出了现有船舶能效指数(EEXI)和营运碳强度指标(CII)，2021 年 6 月 10 至 17 日召开的 MEPC 76 次会议通过相关决议，预计自 2023 年 1 月 1 日起对所有适用船舶实施。届时，所有适用船舶的 EEXI 应按 $EEDI_0$ 的 0%～50%折减，2023—2026 年 CII 应分别按 2019 年基线值(按 $CII_0=\alpha\times\beta^{-\gamma}$ 计算，各船型 CII_0 计算参数值见表 2-5)的 5%、7%、9%、11%折减。此外，每年要对适用船舶进行 CII 验证和评级，表现不佳的船舶必须制定改进计划并纳入 SEEMP。MEPC 76 次会议通过了《2021 年达到的现有船能效指数计算方法导则》和《2021 年营运碳强度指数和计算方法导则》，可为计算 EEXI 和 CII 提供指导。

表 2-5　各船型 CII_0 计算参数值

船型	α	β	γ
散货船	4 745	279 000(DWT≥279 000) DWT(DWT<279 000)	0.622
气体运输船	$1.440\,5\times10^{11}$(DWT≥65 000) 8 104(DWT<65 000)	DWT	2.071 0.639
液货船	5 247	DWT	0.610
集装箱船	1 984	DWT	0.489
杂货船	31 948(DWT≥20 000) 588(DWT<20 000)	DWT	0.792 0.389
冷藏船	4 600	DWT	0.557
兼用船	40 853	DWT	0.812
LNG 船	9.827	DWT(DWT≥100 000)	0.000
	$1.447\,9\times10^{14}$	DWT(65 000≤DWT<100 000) 65 000(DWT<65 000)	2.673
汽车滚装船	5 739	GT	0.631

表 2-5(续表)

船型	α	β	γ
滚装货船	10 952	DWT	0.637
客滚船	7 540	GT	0.587
邮船	930	GT	0.383

2) 中国相关要求

中国交通运输部于 2012 年发布了《内河运输船舶标准船型指标体系》,对新建船舶和现有船舶分别提出了强制性指标和引导性指标,且要求配有 SEEMP,自 2012 年 7 月 1 日起施行。其中,强制性指标包括燃料消耗指标和 CO_2 排放指标,前者按《营运船舶燃料消耗限值及验证方法》执行,后者按《内河船舶能效设计指数评估指南》执行。引导性指标包括船舶高效指标和船舶先进指标,前者反映载重量系数、海军系数、阻力系数、钢料系数、容积利用率等设计指标的优化情况,后者反映新材料、新技术、新方法、新设备、新工艺、新能源等先进技术在船上的应用情况。内河运输船舶航行水域指"两横一纵两网十八线",即长江干线、西江干线、京杭运河、长江三角洲和珠江三角洲高等级航道网,以及岷江、嘉陵江、乌江、湘江、沅水、汉江、江汉运河、赣江、信江、合裕线、右江、北盘江—红水河、柳江—黔江、淮河、沙颍河、黑龙江、松花江和闽江等主要干支流高等级航道。

对于新建船舶而言,以柴油机作为主推进动力的适用船舶,其燃料消耗指数应满足《营运船舶燃料消耗限值及验证方法》中的燃料消耗量限值要求;以柴油机、气体燃料发动机作为主推进动力的适用船舶,其 CO_2 排放指标应满足《营运船舶 CO_2 排放限值及验证方法》中的 CO_2 排放指标限值要求。

对于现有船舶而言,应根据实际营运情况提交燃料消耗指标计算值,燃料消耗指标计算值按交通运输部《营运船舶燃料消耗限值及验证方法》执行;以柴油机、气体燃料发动机作为主推进动力的船舶,应根据实际营运情况提交 CO_2 排放指标计算值。

2.2.3 排放控制要求

1) IMO 相关要求

根据 MARPOL 73/78 附则Ⅵ——防止船舶造成大气污染规则规定,船舶使用馏分燃料和残渣燃料时在国外 ECA 内所排放 SO_2 与 CO_2 的体积分数比值不超过 4.3×10^{-6},在 ECA 外所排放 SO_2 与 CO_2 的体积分数比值不超过 21.7×10^{-6}。若使用不符合 MARPOL 73/78 附则Ⅵ要求的燃油,须采用废气清洗系统(EGC),此时洗涤水排放应满足以下要求:①pH 值≥6.5;②浊度≤25 FNU(用福尔马肼散射法测定的单位);③多环芳烃(PAHs)≤2 250 μg/L;④洗涤水排放速率为 45 t/(MW·h)时硝酸盐浓度≤60 mg/L。NO_x 的排放标准与船舶建造日期、船舶柴油机转速有关,MARPOL 73/78 附则Ⅵ要求的 NO_x 排放标准见表 2-6。其中,Tier Ⅲ标准仅适用于国外 ECA,不适用于以下情况:①船长<24 m,经特殊

设计仅用于娱乐的船用柴油机;②主机额定功率之和<750 kW 的船上所有柴油机;③船长≥24 m、经特殊设计仅用于娱乐、2021 年 1 月 1 日后建造且小于 500 GT 的船舶所安装的柴油机。

表 2-6 MARPOL 73/78 附则Ⅵ要求的 NO_x 排放标准(g/kW·h)

船舶建造日期	排放标准	$n<130$ r/min	130 r/min≤n<2 000 r/min	$n≥2\,000$ r/min
2000 年 1 月 1 日—2011 年 1 月 1 日	Tier Ⅰ	17.0	$45.0\times n^{-0.2}$	9.8
2011 年 1 月 1 日或以后	Tier Ⅱ	14.4	$44.0\times n^{-0.23}$	7.7
2016 年 1 月 1 日或以后	Tier Ⅲ	3.4	$9.0\times n^{-0.2}$	2.0

液货船须应备有并实施经主管机关认可的 VOCs 管理计划,同时配备主管机关及《蒸气排放收集系统安全标准》认可的蒸气排放收集系统,并在装载有关货物时使用该系统。港口和装卸站须配备经所在国根据《蒸气排放收集系统安全标准》认可的蒸气排放控制系统,并确保该系统的操作安全,同时防止造成船舶不当延误。

对于消耗臭氧物质(ODS),MARPOL 73/78 附则Ⅵ规定,禁止任何因系统设备维护、检修、修理或处置发生的故意排放;对于 2005 年 5 月 19 日或以后交付和建造的船舶,禁止使用含氢化氯氟烃(HCFCs)以外 ODS 的装置;对于 2020 年 1 月 1 日或以后交付和建造的船舶,禁止使用含 HCFCs 的装置。此外,联合国于 1987 年 9 月 16 日在加拿大蒙特利尔与其所属 26 个会员国签署了《蒙特利尔破坏臭氧层物质管制议定书》(以下简称《蒙特利尔议定书》),要求对 5 种 CFCs 和 3 种 Halon 进行削减,所有国家自 2010 年不再生产和使用 CFCs、Halon 和 CTC。2007 年 9 月,《蒙特利尔议定书》达成加速淘汰含 HCFCs 调整方案,要求发展中国家应于 2013 年将 HCFCs 的生产和使用冻结在基线水平,2015 年、2020 年、2025 年、2030 年分别削减基线水平的 10%、35%、67.5%、97.5%,2030—2040 年可保留 2.5%供维修使用,2040 年全部淘汰 HCFCs,同时要求发达国家到 2030 年全部淘汰 HCFCs。2016 年 10 月,《蒙特利尔议定书》基加利修正案规定了 18 种氢氟碳化物(HFCs)的削减时间表,要求发展中国家从 2024 年起将 HFCs 的生产和使用冻结在基线水平,且 2029 年、2035 年、2040 年和 2045 年的生产和使用量不超过基线的 90%、70%、50%、20%。

对于船上焚烧而言,只允许在焚烧炉中进行,所用焚烧炉应符合《2014 年船上焚烧炉标准技术条件》要求并取得型式认可证书,但船舶正常操作过程中产生的污泥和油渣不可在码头、港口和河口区域使用船用焚烧炉焚烧。此外,下列物质禁止在船上焚烧:多氯联苯(PCBs)、聚氯乙烯(PVCs,已签发 IMO 型式认可证书的船上焚烧炉除外)、含有卤素化合物的精炼石油产品、含有重金属量超过痕迹量的垃圾、MARPOL 73/78 附则Ⅰ至Ⅲ中的物质残余物以及有关被污染的包装材料。

2）中国相关要求

根据《船舶大气污染物排放控制区实施方案》（交海发〔2018〕168 号），对于单台船用柴油发动机输出功率超过 130 kW 的船舶，其 NO_x 的排放控制标准规定如下：①2000 年 1 月 1 日及以后建造或进行船用柴油发动机重大改装的国际航行船舶，应满足 MARPOL 73/78 附则Ⅵ Tier Ⅰ的要求；②2011 年 1 月 1 日及以后建造或进行船用柴油发动机重大改装的国际航行船舶，2015 年 3 月 1 日及以后建造或进行船用柴油发动机重大改装的中国籍国内航行船舶，应满足 MARPOL 73/78 附则Ⅵ Tier Ⅱ的要求；③2022 年 1 月 1 日及以后建造或进行船用柴油发动机重大改装的、进入沿海控制区海南水域和内河控制区的中国籍国内航行船舶，所使用的单缸排量≥30 L 的船用柴油发动机应满足 MARPOL 73/78 附则Ⅵ Tier Ⅲ的要求；④2020 年 1 月 1 日后建造的 150 GT 以上的中国籍内河航行油船进入 ECA 应具备码头油气回收条件。

根据《船舶发动机排气污染物排放限值及测量方法（中国第一、二阶段）（GB 15097—2016）》，船机排气污染物中 CO、HC、NO_x 和 PM 的比排放量，乘以劣化系数（安装排气后处理系统的船机），或加上劣化修正值（未安装排气后处理系统的船机），在第一阶段（2018 年 7 月 1 日至 2021 年 7 月 1 日）不得超过船机排气污染物第一阶段排放限值见表 2－7，第二阶段（2021 年 7 月 1 日或以后）不得超过船机排气污染物第二阶段排放限值见表 2－8。其中，劣化系数和劣化修正值按 GB 15097—2016 附件 BD 确定。

表 2－7　船机排气污染物第一阶段排放限值

船机类型	单缸排量（SV，L/缸）	额定净功率（P，kW）	CO（g/kW·h）	HC+NO_x（g/kW·h）	CH_4^*（g/kW·h）	PM（g/kW·h）
第 1 类	$SV<0.9$	$P\geqslant37$	5.0	7.5	1.5	0.40
	$0.9\leqslant SV<1.2$		5.0	7.2	1.5	0.30
	$1.2\leqslant SV<5.0$		5.0	7.2	1.5	0.20
第 2 类	$5\leqslant SV<15$		5.0	7.8	1.5	0.27
	$15\leqslant SV<20$	$P<3\,300$	5.0	8.7	1.6	0.50
		$P\geqslant3\,300$	5.0	9.8	1.8	0.50
	$20\leqslant SV<25$		5.0	9.8	1.8	0.50
	$25\leqslant SV<30$		5.0	11.0	2.0	0.50

注：* 仅适用于 NG（含双燃料）船机。

表 2－8　船机排气污染物第二阶段排放限值

船机类型	单缸排量（SV，L/缸）	额定净功率（P，kW）	CO（g/kW·h）	$HC+NO_x$（g/kW·h）	CH_4^*（g/kW·h）	PM（g/kW·h）
第1类	$SV<0.9$	$P\geqslant 37$	5.0	5.8	1.0	0.30
	$0.9\leqslant SV<1.2$		5.0	5.8	1.0	0.14
	$1.2\leqslant SV<5.0$		5.0	5.8	1.0	0.12
第2类	$5\leqslant SV<15$	$P<2\,000$	5.0	6.2	1.2	0.14
		$2\,000\leqslant P<3\,700$	5.0	7.8	1.5	0.14
		$P\geqslant 3\,700$	5.0	7.8	1.5	0.27
	$15\leqslant SV<20$	$P<2\,000$	5.0	7.0	1.5	0.34
		$2\,000\leqslant P<3\,300$	5.0	8.7	1.6	0.50
		$P\geqslant 3\,300$	5.0	9.8	1.8	0.50
	$20\leqslant SV<25$	$P<2\,000$	5.0	9.8	1.8	0.27
		$P\geqslant 2\,000$	5.0	9.8	1.8	0.50
	$25\leqslant SV<30$	$P<2\,000$	5.0	11.0	2.0	0.27
		$P\geqslant 2\,000$	5.0	11.0	2.0	0.50

注：* 仅适用于 NG（含双燃料）船机。

根据《非道路移动机械用柴油机排气污染物排放限值及测量方法（中国第三、四阶段）》（GB 20891—2014），非道路移动机械用柴油机排气污染物中的 CO、HC 和 NO_x、PM 的比排放量，乘以劣化系数（安装排气后处理系统的柴油机），或加上劣化修正值（未安装排气后处理系统的柴油机），结果不应超出非道路移动机械用柴油机排气污染物排放限值，见表 2－9。其中，劣化系数和劣化修正值按 GB 20891—2014 附件 BD.2.9 和 BD.2.10 确定。

表 2－9　非道路移动机械用柴油机排气污染物排放限值

阶段	额定净功率（P_{max}，kW）	CO（g/kW·h）	HC（g/kW·h）	NO_x（g/kW·h）	$HC+NO_x$（g/kW·h）	PM（g/kW·h）
第三阶段	$P_{max}>560$	3.5			6.4	0.20
	$130\leqslant P_{max}\leqslant 560$	3.5			4.0	0.20
	$75\leqslant P_{max}<130$	5.0			4.0	0.30
	$37\leqslant P_{max}<75$	5.0			4.7	0.40
	$P_{max}<37$	5.5			7.5	0.60

表 2-9(续表)

阶段	额定净功率 (P_{max},kW)	CO (g/kW·h)	HC (g/kW·h)	NO_x (g/kW·h)	HC+NO_x (g/kW·h)	PM (g/kW·h)
第四阶段	$P_{max}>560$	3.5	0.40	3.5,0.67*		0.100
	$130\leqslant P_{max}\leqslant 560$	3.5	0.19	2.0		0.025
	$75\leqslant P_{max}<130$	5.0	0.19	3.3		0.025
	$56\leqslant P_{max}<75$	5.0	0.19	3.3		0.025
	$37\leqslant P_{max}<56$	5.0			4.7	0.025
	$P_{max}<37$	5.5			7.5	0.600

注：* 适用于可移动式发电机组用 $P_{max}>900$ kW 的柴油机。

根据《内河船舶法定检验技术规则(2019)》,额定净功率小于 37 kW 的船用柴油机的排气污染物排放限值适用于表 2-9。其次,相关油船应配备经认可的蒸气排放收集系统,并实施经批准的 VOCs 管理计划。此外,除 2020 年 1 月 1 日前允许含有 HCFCs 物质的新装置外,所有船舶禁止使用含有消耗臭氧物质的新装置,且消耗臭氧物质从船上卸下后应送到合适的接收设备中。

除上述特定要求外,其他相关污染物排放控制标准主要包括《大气污染物综合排放标准(GB 16297—1996)》和《储油库大气污染物排放标准(GB 20950—2020)》《油品运输大气污染物排放标准(GB 20951—2020)》《挥发性有机物无组织排放控制标准(GB 37822—2019)》《煤炭矿石码头粉尘控制设计规范(JTS 156—2015)》《重型柴油车污染物排放限值及测量方法(中国第六阶段)(GB 17691—2018)》等。其中,《大气污染物综合排放标准》规定了不同排放方式下的最高允许排放质量浓度(mg/m^3)和最大允许排放速率(kg/h)。例如,一般工业区无组织排放矿渣棉尘 PM 质量浓度应不超过 5.0 mg/m^3,通过排气筒排放时其最高排放速率随排气筒高度增加而增大,最大值不超过 25 kg/h。另据《煤炭矿石码头粉尘控制设计规范》规定,当有组织排放时,除尘设备去除效率应大于 98%或排气筒出口粉尘质量浓度不超过 80 mg/m^3;当无组织排放时,监控点与参考点的质量浓度差值不大于 1 mg/m^3。

2.3 排放控制区

2.3.1 什么是排放控制区

1) 概念

排放控制区(ECA)是指为改善沿海和内河港口城市空气质量,遵守国际公约和我国法律标准要求,在一定边界内设立的强制要求各类船舶采取必要减排措施降低主要大气污染物排放的水域。我国 ECA 的设立应遵守的国际公约和我国法律主要为 MARPOL 73/78 附则Ⅵ和《中华人民共和国大气污染防治法》,其边界由交通运输部海事局根据所处空间位置和自然条件划定,各类船舶包括区域内处于航行、停泊和作业状态的所有船舶,必要措施包括使用低硫油、安装脱硫塔、靠港时用岸电等，主要大气污染物包括 SO_x、NO_x、PM、VOCs。

2）分类

根据 ECA 设立主体不同，可分为中国 ECA（空间范围可参考交通运输部 2018 年 11 月发布的《船舶大气污染物排放控制区实施方案》）和国外 ECA。国外 ECA 又可分为 IMO 设立的 ECA（包括波罗的海 ECA、北海 ECA、北美 ECA 和美国加勒比海 ECA）以及欧盟设立的欧盟 ECA、美国设立的加利福尼亚 ECA。国外 ECA 内船用燃油硫含量要求参见表 2-2，中国 ECA 沿海区域内船用燃油硫含量（质量分数）自 2019 年 1 月 1 日起不超过 0.5%，自 2020 年 1 月 1 日起进入内河或 2022 年 1 月 1 日起进入海南水域时船用燃油硫含量不超过 0.1%。ECA 内的 NO_x 排放控制标准参见 2.2.3 节表 2-6 和中国相关要求。

2.3.2 为何要实施排放控制区

1）实施目的

履行国际公约要求。我国最早于 2015 年 12 月 2 日发布《珠三角、长三角、环渤海（京津冀）水域船舶排放控制区实施方案》，要求自 2017 年 1 月 1 日起，船舶在 ECA 内的核心港口区域靠岸停泊期间（靠港后、离港前的 1 h 除外）应使用硫含量的质量分数≤0.5%的燃油，比 MARPOL 73/78 附则Ⅵ要求时间（2020 年 1 月 1 日起）提前了 3 年，体现了中国在履行国际公约要求、促进船舶减排方面做出的巨大努力。

改善区域空气环境。改善中国沿海和内河区域特别是港口城市的环境空气质量。据测算，2013 年我国船舶 SO_2 排放量约占全国排放总量的 8.4%，NO_x 排放量占 11.3%。受船舶污染影响最大的是港口城市，其次是江河沿岸城市。以上海为例，船舶排放的 SO_2、NO_x 和 $PM_{2.5}$ 分别占上海排放总量的 12.4%、11.6%和 5.6%，对当地环境空气质量造成了显著影响。实施 ECA 能有效控制船舶废气排放，缓解区域大气污染，有利于改善区域环境质量。

助推产业结构调整。ECA 实施涉及到燃油供应、清洁能源替代、船舶改造、监督管理等诸多领域，一方面将加速高污染船舶淘汰，另一方面将促进低硫油、绿色能源、绿色船舶、脱硫塔、岸电系统等绿色航运技术的研发和推广应用，助推航运产业结构优化调整和航运经济可持续发展。

2）实施效果

促进了燃油质量提升。我国自 ECA 实施以来，海船燃料油中的硫含量最高限值从 3.5%下降到了 0.5%，下降了约 86%；内河船舶燃料油中的硫含量的质量分数最高限值从 0.035%下降到了 0.001%，下降了约 97%，船舶使用燃油硫含量从源头上得到了明显的控制，进而减少了船舶尾气中硫氧化物和颗粒物的排放数量。

支撑了环境质量改善。2017 年，在长三角、珠三角、环渤海三个 ECA 内，船舶减排 SO_2 约 6.9 万 t、PM 约 0.8 万 t，减排量分别占 ECA 内船舶排放总量的 14%和 11%。2019 年，靠港船舶共使用岸电约 6 万次，总接电时间约 74 万 h，总用电量约 4 500 万 kW·h，合计减

少 NO_x、SO_x 和 PM 排放约 710 多 t。

带动了关联行业发展。根据克拉克森发布的数据，至 2019 年底，安装脱硫塔的船舶数量(包括已改装、在建和待改装船舶)大约 4 000 艘，较 2018 年年初的 400 艘大幅增加；全球从事脱硫装置改装业务最多的 10 家船厂全部来自中国，其中位处上海的中远海运重工、华润大东、中船澄西三家修造船厂分别位列第一位、第三位和第七位。另据交通运输部发布的数据，2019 年底我国建成港口岸电设施 5 400 多套，覆盖泊位 7 000 多个(其中，集装箱、客滚、邮轮、3 000 吨级以上客运和 5 万吨级以上干散货专业化泊位共 787 个，比 2016 年 7 月增加了 744 个)，带动了国内外船舶岸电设施建设、设备制造、软件系统开发等关联行业的发展。

2.3.3　如何实施排放控制区

1) 制定实施方案

我国先后出台了《珠三角、长三角、环渤海(京津冀)水域船舶排放控制区方案》(2015 年 12 月 4 日发布，简称 2015 版方案)和《船舶大气污染物排放控制区实施方案》(2018 年 11 月 30 日发布，简称 2018 版方案)，明确了控制范围和控制要求，为 ECA 实施提供了行动指南。两版 ECA 实施方案对比见表 2 - 10。相比而言，2018 版方案具有“三更”特点，即控制范围更大、控制项目更多、控制标准更高。

表 2 - 10　两版 ECA 实施方案对比

项目	2015 版	2018 版
空间范围	珠三角； 长三角； 环渤海(京津冀)	全国沿海及海南水域； 长江干线； 西江干线
控制项目	SO_x	SO_x、NO_x、VOCs、岸电、油气回收等
控制标准	船用燃油硫含量(质量分数)≤0.5%	沿海船用燃油硫含量(质量分数)≤0.5%，进入内河及南海水域船用燃油硫含量≤0.1%； NO_x 排放限值为 2.0～17.0 g/kW·h； 国际航行船舶应符合 MARPOL 73/78 关于 VOCs 的排放控制要求； 相关船舶应具备受电设备，停泊超过 2 h(内河)或 3 h(沿海)且未使用其他等效替代措施时应使用岸电； 鼓励国内相关油船开展油气回收

2) 加强组织领导

各省级交通运输主管部门、各直属海事管理机构、长江航务管理局、珠江航务管理局要加强组织领导和协调，细化任务措施，明确职责分工，完善保障机制。交通运输部应适时评估前述控制措施实施效果，确定是否调整排放控制区实施方案。

3）注重政策引导

各省级交通运输主管部门、各直属海事管理机构要积极协调地方人民政府出台相关激励政策和配套措施，增加执法装备、人员培训等执法保障方面的投入，对使用低硫燃油、清洁能源、尾气后处理、油气回收、岸电、在线监测、提前淘汰老旧船舶等措施，采取资金补贴、便利通行等鼓励政策和措施。

4）发挥科技支撑作用

各省级交通运输主管部门、各直属海事管理机构、长江航务管理局、珠江航务管理局要积极引导和支持相关科研单位、港航企业和设备厂商等，开展船舶大气污染控制和监管技术研究，组织制定技术标准，促进成果转化。

5）强化联动监管

各省级交通运输主管部门、各直属海事管理机构要认真落实《船用燃料油(GB 17411—2015)》《关于加强船用低硫燃油供应保障和联合监管的指导意见》(交海发〔2017〕163号)、《关于规范实施船舶大气污染物排放控制区监督管理工作的通知》(海危防〔2018〕555号)、《关于修改〈港口和船舶岸电管理办法〉的决定》(交通运输部令2021年第31号)等文件要求，建立联合监管机制，推进信息共享，开展联合执法，保障合规燃油供应，加强船舶大气污染防治监督管理。

专栏三：上海港ECA实施情况

2016年1月23日，上海市人民政府办公厅印发《上海港实施船舶排放控制区工作方案》(沪府办〔2016〕7号)，决定自2016年4月1日起率先施行ECA。根据该方案，上海港ECA内航行、停泊、作业的船舶(军用船舶、体育运动船艇和渔业船舶除外)进入ECA鼓励使用硫含量(质量分数)≤0.5%的船用燃油，靠泊期间(靠港后1 h、离港前1 h除外)应使用硫含量(质量分数)≤0.5%的船用燃油，鼓励使用硫含量(质量分数)≤0.1%的船用燃油；内河船和江海直达船禁止使用船用残渣油，应使用符合《普通柴油(GB 252—2015)》要求的柴油。自2017年1月1日起，本市公务船、黄浦江旅游船、客渡船、港作船、环卫船以及在黄浦江核心区段和苏州河(中环线以内航段)中航行、停泊、作业的船舶使用的柴油的硫含量，应不高于国五标准车用柴油。国际航行船舶应严格执行国际公约规定的大气污染物排放标准，国内航行船舶应严格执行国家和本市规定的排放标准。

2018年8月27日，上海海事局、上海市地方海事局发布《关于上海港提前实施在航船舶排放控制措施的通告》，该通告自2018年10月1日起施行。根据该通告，自2018年10月1日起，国际航行船舶和国内沿海航行船舶在上海港内行驶及靠岸停泊期间，应当使用硫含量(质量分数)≤0.5%的燃油。具备岸电受电设施的船舶在建有岸电设施的码头靠岸停泊期间，应当使用岸电。

至 2021 年 3 月 31 日，上海港实施排放控制区政策已满五年。五年来，船舶大气污染物的控制区域从码头延伸到领海基线以外 12 n mile 的水域，控制时间由靠岸 1 h 后要求船舶使用低硫燃油演变到进入排放控制区即要求使用低硫燃油，污染物控制种类由硫氧化物扩展到氮氧化物、挥发性有机物质等。其中，2016 年 4 月至 12 月，上海市 SO_2 质量浓度同比下降 15%，临近港区的宝山监测站、高桥监测站的 SO_2 质量浓度同比分别下降 30.2%、52%。港区 SO_2 质量浓度的下降速度明显高于全市下降的平均水平，表明 ECA 实施为全市大气环境质量改善作出了较大贡献。

来源：上海市人民政府、上海市交通委、上海海事局

2.4　碳排放权交易

2.4.1　什么是碳排放权交易

1）相关概念

碳排放是指煤炭、天然气、石油等化石能源燃烧活动和工业生产过程以及土地利用、土地利用变化与林业活动产生的 GHG 排放，以及因使用外购的电力和热力等所导致的 GHG 排放。GHG 包括二氧化碳（CO_2）、甲烷（CH_4）、氧化亚氮（N_2O）、氢氟碳化物（HFCs）、全氟化碳（PFCs）、六氟化硫（SF_6）和三氟化氮（NF_3）。碳排放权是指依法取得的向大气排放 GHG 的权利。碳排放权交易（ETS）源于 1990 年代经济学家提出的排污权交易，是联合国政府间气候变化专门委员会（IPCC）为减少全球 GHG 排放所采用的一种市场机制，在《碳排放权交易管理暂行办法》中特指交易主体按照一定规则开展的排放配额和国家核证自愿减排量的交易活动。

我国 ETS 的交易主体初期为发电行业重点排放单位，条件成熟后将扩大至其他高耗能、高污染和资源性行业，并适时增加符合交易规则的其他机构和个人参与交易。交易产品初期为配额现货，条件成熟后将增加符合交易规则的国家核证自愿减排量及其他交易产品。交易平台为全国统一、互联互通、监管严格的碳排放权交易系统，并纳入全国公共资源交易平台体系管理。交易机构由生态环境部负责确定，交易方式采取公开竞价、协议等。

2）基本原理

ETS 的基本原理可用“总量-交易”体系阐释。在该体系内，根据国家、管辖区或行业排放量规定一组实体某时期内的排放上限或“总量”。在排放上限的约束下，参与实体可通过购买或出售排放配额满足其排放需求，使其在各履约期末持有足够配额抵消排放。如果某企业持有的排放配额超过其排放需求，剩余配额可通过交易机制进行出售。相反，如果该企业持有的排放配额不能满足其排放需求，超排部分的排放配额应向参与排放交易体系的其他企业购买，或在政府组织的拍卖上竞投获得。例如，A、B 两家企业的 CO_2 年排放量须由过去的 10 000 t 减少 10%，降至 9 000 t，每家企业获得 4 500 t 排放配额。通过采取技术措

施，A 企业的 CO_2 排放量从 5 000 t 降至 4 000 t。该工厂仅需清缴 4 000 t 配额抵消其排放量，剩余的 500 t 配额可以出售，从减排成果中获益。对 B 企业而言，若减排技术的成本高于碳排放权交易成本，则可以通过在碳排放权交易市场购买配额实现减排目标。碳排放权交易原理示意见图 2 - 4。

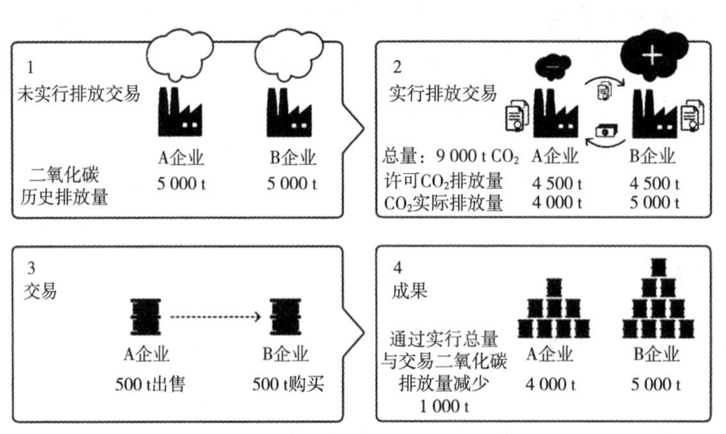

图 2 - 4　碳排放权交易原理示意

因此，限制排放权可对企业投资减排措施产生经济激励。受多种因素影响，某些企业能够立即实现减排，并通过降低生产成本或出售剩余配额获利；另一些企业则购买配额用于其他行业或留待日后使用。因此，碳交易既将排放总量限制在规定范围内，又为企业采用最符合成本效益的方法实现减排提供灵活性。作为市场工具，ETS 对经济活动的外部环境成本负责，是实施“污染者付费原则”的典型范例。

3）欧盟的碳排放权交易

2001 年 10 月，欧盟委员会发布了《排放交易指令》(草案)，旨在利用“限额交易”机制减少温室气体排放。经过两年的讨论和修订，《排放交易指令》(Directive 2003/87/EC，以下简称《指令》)于 2003 年 10 月 13 日正式颁布，《指令》规定从 2005 年 1 月 1 日开始正式实施欧盟碳排放权交易机制(EU ETS)。欧盟排放交易机制是全球第一个国际性的温室气体排放交易机制，到目前为止，它已经发展成为世界上最成熟的排放交易机制，同时也形成了全球最大的碳交易市场。EU ETS 现已覆盖 30 个国家，包括 27 个欧盟成员国以及挪威、冰岛和列支敦士登三个国家；涉及能源和工业行业约 11 000 个排放设施，这些设施排放的温室气体约占欧盟 CO_2 排放总量的一半、GHG 排放总量的 40%。EU ETS 自 2005 年实施以来，成交额一直占到全球碳市场的 3/4 左右，2010 年的成交额高达 1 198 亿美元。

EU ETS 是典型的“限额交易”(cap and trade)机制，实行总量控制与排放交易。欧盟及其成员国设定温室气体排放上限，每个参与主体分配到一定数量的可交易的碳排放许可额度(EUAs)，所有参与主体允许排放的总量不得超过设定的上限。如果参与主体的实际排放量小于分配到的额度，那么它可以将剩余的额度出售获取利润；反之，它就必须到市场上购买不足的额度；否则，将会受到 40 €/t（第一阶段）或 100 €/t（从第二阶段到第四阶段）的处罚。

欧盟排放交易机制经历了三个阶段，目前正处于第四阶段。第一阶段是从 2005 年到 2007 年，称之为“试验期”（trial period），这一阶段的目的不是履行《京都议定书》减排承诺，而是为了收集基础数据和积累经验，覆盖范围包括发电厂、炼油厂、钢铁厂、水泥厂、玻璃厂等 1.1 万多个设施。第二阶段从 2008 年到 2012 年，与《京都议定书》的履约期相一致，因此称为“京都期”，这一阶段成员国将完成京都减排目标，覆盖范围增加了航空部门。第三阶段将从 2013 年开始到 2020 年，欧盟的目标是到 2020 年温室气体排放较 1990 年减少 20％，相当于每年减排 1.74％，覆盖范围扩大至化工、合成氨和炼铝等部门。第四阶段从 2021 年到 2030 年，计划累积减少 5.56 亿 t CO_2，相当于每年减排 2.2％，覆盖范围将增加航运部门。

4）中国的碳排放权交易

2011 年，国家发改委发布《关于开展碳排放权交易试点工作的通知》，确定了北京、天津、上海、重庆、湖北、广东、深圳七省市碳交易试点；2012 年，《温室气体自愿减排交易管理暂行办法》发布，我国的自愿减排项目机制确立。2013 年起，7 个碳排放权交易试点陆续投入运行，国内碳交易市场转变为以试点碳配额＋国家核证自愿减排量（CCER）交易的方式进行。各试点交易机制灵活。各试点碳交易主要依据各地《碳排放权交易管理办法（试行）》进行，在覆盖行业、配额分配、惩罚机制及 CCER 抵消机制等规定上有所不同。从实行配额管理的行业来看，主要包括电力、交通、建筑等高排放行业，同时各省依据地方发展特点对纳入行业进行调整。各地配额分配以免费分配为主，根据不同行业特点采用基准线法、历史强度法等确定配额分配数量。部分省市如深圳、上海、天津预留一定配额用于竞价发放。针对未足额清缴碳配额的企业，各试点确定了罚款及配额扣除两种惩罚机制，其中北京市罚款力度最大，对超额排放量处于市场均价 3～5 倍罚款；广东、天津、湖北、福建均要求在下一年度扣除双倍碳配额。

2016 年国家发改委发布《关于切实做好全国碳排放权交易市场启动重点工作的通知》，明确全国碳市场第一阶段将涵盖石化、化工、建材、钢铁、有色、造纸、电力、航空共八大重点排放行业。2017 年，国家发改委发布《全国碳排放权交易市场建设方案（发电行业）》，提出以发电行业为突破口率先启动全国 ETS，并于 2020 年确定纳入配额管理的发电企业名单及机组类别，区域碳交易试点继续发挥现有作用，在条件成熟后逐步向全国碳市场过渡。2017 年 12 月 19 日，国家发改委组织召开了“全国碳排放交易体系启动工作电视电话会议”，全国 ETS 正式启动，上海牵头承担全国 ETS 系统建设和运维任务。

2020 年 12 月底，生态环境部发布《碳排放权交易管理办法（试行）》，全国碳市场第一个履约周期正式启动。此次履约周期时间为 2021 年 1 月 1 日至 12 月 31 日，根据属于全国 ETS 市场覆盖行业、年度 GHG 排放量达到 2.6 万 t 二氧化碳当量（CO_{2e}）两个原则，共纳入全国 2 225 家发电企业，碳排放配额分配以免费分配为主。2021 年 5 月生态环境部印发《碳排放权登记、交易、结算管理规则(试行)》,明确了登记、交易、结算等规则。2021 年 7 月 16 日,我国碳市场启动上线交易,发电行业成为首个纳入全国碳市场的行业,纳入的发电行业重点排放单位超过 2 000 家,碳排放量超过 40 亿 t CO_2。到 2021 年 12 月底,全国碳市场共运行 114 个交易日,碳排放配额(CEA)累计成交量 1.79 亿 t,累计成交额 76.61 亿元,平均交易价为 42.8 元/t。

2.4.2 为什么要实施碳排放权交易

1) 提高自主减排积极性

20 世纪初,马歇尔和庇古提出了外部性概念。外部性(externality)又称为溢出效应、外部影响、外差效应或外部效应、外部经济,指一个人或一群人的行动和决策使另一个人或一群人受损或受益的情况。外部性分为正外部性(positive externality)和负外部性(negative externality)。正外部性是某个经济行为个体的活动使他人或社会受益,而受益者无须花费成本;负外部性是某个经济行为个体的活动使他人或社会受损,而造成负外部性的人却没有为此承担代价。经济主体在使用化石燃料时会排放 CO_2,而 CO_2 增加导致气候变暖和一系列负外部性。如果经济主体采用减排技术,则会产生正外部性。

随着全球对气候变化日益重视和减排压力的不断增大,减排技术发达的国家、行业、企业等自主减排的正外部性无法实现经济效益,难以实现自主减排。为解决这一问题,IPCC 于 1997 年 12 月在日本东京通过《京都议定书》,首次引入国际排放贸易机制(ET)、清洁发展机制(CDM)、联合履约机制(JI),以国际性法规的形式限制 GHG 排放。其中,ET 机制允许发达国家将其超额完成减排义务的指标,以贸易的方式转让给另外一个未能完成减排义务的发达国家,并同时从转让方的允许排放限额上扣减相应的转让额度。2005 年 2 月 16 日,《京都议定书》正式生效,发达国家可以通过碳交易市场完成减排任务,而发展中国家可以获得相关技术和资金,有效解决了碳排放负外部性和自主减排正外部性之间的矛盾,有利于提高发达国家自主减排的积极性。类似地,发达行业和企业也可以通过自主减排获得收益。对于我国而言,实施 ETS 还有助于碳达峰碳中和目标的实现。

专栏四: 碳达峰、碳中和

碳达峰(carbon peak)是指在某一个时点,CO_2 排放量达到峰值不再增长,之后逐步回落。碳达峰是 CO_2 排放量由增转降的历史拐点,标志着碳排放与经济发展实现脱钩,达峰目标包括达峰年份和峰值。碳中和(carbon neutrality)是指国家、企业、产品、活动或个人在一定时间内直接或间接产生的 CO_2 或温室气体排放总量,通过植树造林、节能减排等形式,以抵消自身产生的 CO_2 或温室气体排放量,实现正负抵消,达到相对"零排放"。碳达峰与碳中和一起,简称"双碳",于 2021 年 12 月 13 日被国家语言资源监测与研究中心选入"2021 年度中国媒体十大流行语"。

2020年9月22日，习近平主席在第75届联合国大会上向国际社会作出碳达峰、碳中和的郑重承诺，并在2020年12月气候雄心峰会上提出CO_2排放力争于2030年前达到峰值，努力争取2060年前实现碳中和(简称“3060”目标或“双碳”目标)。2021年3月15日，习近平总书记主持召开中央财经委员会第九次会议，明确了碳达峰、碳中和工作的定位，尤其是为今后5年做好碳达峰工作谋划了清晰的“施工图”。2021年7月6日，习近平总书记在中国共产党与世界政党领导人峰会上再次强调，实现“双碳”目标既是我国对UNFCCC、《京都议定书》《巴黎协定》规定的一系列国际责任的主动履行，也是我国在构建人类命运共同体中的大国担当，更是我国在工业化发展道路中对绿色低碳方式的重要选择。2021年9月22日，中共中央、国务院发布《关于完整准确全面贯彻新发展理念做好碳达峰碳中和工作的意见》发布，要求把碳达峰、碳中和纳入经济社会发展全局，坚定不移走生态优先、绿色低碳的高质量发展道路，确保如期实现“双碳”目标。2021年10月24日，国务院发布《2030年前碳达峰行动方案》，将碳达峰贯穿于经济社会发展全过程和各方面，重点实施能源绿色低碳转型行动、节能降碳增效行动、工业领域碳达峰行动、城乡建设碳达峰行动、交通运输绿色低碳行动、循环经济助力降碳行动、绿色低碳科技创新行动、碳汇能力巩固提升行动、绿色低碳全民行动、各地区梯次有序碳达峰行动等“碳达峰十大行动”。

目前，全球已经有54个国家的碳排放实现达峰，占全球碳排放总量的40%。1990年、2000年、2010年和2020年碳排放达峰国家的数量分别为18、31、50和54个，其中大部分属于发达国家。这些国家占当时全球碳排放量的比例分别为21%、18%、36%和40%。2020年，排名前15位的碳排放国家中，美国、俄罗斯、日本、巴西、印度尼西亚、德国、加拿大、韩国、英国和法国已经实现碳排放达峰。中国、马绍尔群岛、墨西哥、新加坡等国家承诺在2030年以前实现达峰。届时全球将有58个国家实现碳排放达峰，占全球碳排放量的60%。对于我国而言，实现碳达峰、碳中和已成为一场经济社会领域广泛而深刻的系统性变革，同时也对产业结构、经济增长方式、法律制度保障提出了新的要求，最终将通过全社会的绿色转型推动社会经济高质量发展、可持续发展，以满足人民对美好生活的向往。碳排放权交易作为一种市场化机制，为“双碳”目标的达成提供了重要抓手，是我国实现“双碳”目标不可或缺的有力支撑。

来源：学习强国、中国政府网、江苏生态环境

2）提高资源配置效率

1960年，罗纳德·科斯(Ronald Coase)提出，在某些条件下，经济的外部性可通过当事人谈判得到纠正，从而达到社会效益最大化。1966年，乔治·史提格勒(George Stigler)首次使用“科斯定律”这个术语。关于科斯定律的主流说法有两种。第一种说法为：在交易成本(协商签订契约以及契约签好后付诸实施所需要的成本)为零的理想条件下，不管产权(使用与拥有某种资源的权利)如何安排，市场机制会自动使资源配置达到最优化。第二种说法

为：在交易成本不为零的现实条件下，不同的产权安排则会带来不同成本、不同效益的资源配置。科斯定律的核心贡献在于揭示了交易成本与产权安排的关系，说明了现实条件下产权清晰对减少交易成本、提高资源配置效率具有决定性作用。

例如，一个工厂周围有 5 户居民户，工厂的烟囱排放的烟尘因为使居民晒在户外的衣物受到污染而使每户损失 75 美元，5 户居民总共损失 375 美元。解决方案有 3 种：①在工厂的烟囱上安装一个防尘罩，费用为 150 美元；②每户安装一台除尘机，除尘机价格为 50 美元，总费用为 250 美元；③工厂向每户居民补偿 75 美元，或 5 户居民各自承担损失 75 美元，总费用为 375 美元。当交易成本为零时，如果工厂有排污权，5 户居民会选择方案①，如果居民有清洁权，工厂也会选择方案①。由此说明，当交易成本为零时，产权安排不会影响资源配置效率。如果 5 户居民达成集体购买防尘罩的交易成本为 125 美元，当工厂有排污权时 5 户居民会选择方案②，当居民有清洁权时工厂会选择方案①。由此说明，当交易成本不为零时，产权安排会显著影响资源配置效率，而合理的产权安排有助于提高资源配置效率。

碳排放权实质上是政府赋予排污企业的一种产权，产权的市场可转让性能够提高资源使有效率。碳排放权交易是在设定排放总量目标的前提下，确立排放权稀缺性，通过无偿（政府配额）或有偿（市场拍卖）方式分配碳配额，产生一级市场。依托公开、公平和公正的交易平台，实现碳排放权二级市场交易和环境资源商品化，以发挥市场定价与资源配置，降低减排成本，提高发展效率。

3）推动技术和金融创新

技术方面。我国实施 ETS 以来，随着碳市场履约成本的不断上升，碳资产价值日益凸显，这将引导企业向低碳经济方向发展，有助于减少企业对传统化石能源的依赖、刺激技术创新，增强企业核心竞争力。例如，一些电厂推进城市固体废物、生物质等新燃料耦合发电项目，实现了对城市固体废物、生物质的协同处置，城市固体废物的减量化、资源化和无害化处理的同时，也实现了企业 CO_2 减排，取得经济效益与社会效益双丰收。另一些电厂从优化配风方式、调整配煤方式等方面制定实施细则，通过减少锅炉漏风、降低锅炉火焰中心等一系列措施，取得了各台炉在相同环境温度和工况条件下排烟温度降低 5～8 ℃、供电煤耗降低 0.8～1.2 g/(kW·h)的成效。还有一些电厂提前谋划布局，建立火电机组供电碳排放强度最优模型，结合机组运行数据，运用大数据分析，通过分析负荷和煤质关键影响因子，提出低碳配煤策略，实现机组供电碳排放强度降低 0.5%，机组总排放量降低 0.5%，对应煤质不变条件下，机组供电煤耗下降 0.5%。

金融方面。碳排放权本身既是一种权益，又是一种商品，同时又具有一定的金融属性。ETS 的实施促进了金融市场和碳市场的合作，前期试点交易场所推出了碳基金、碳信托、碳债券、碳抵押贷款等碳金融产品，有力推动了金融创新，为今天全国碳市场的建设和今后的发展都积累了有益的经验。未来，日趋完善的碳排放权交易市场还将促进以碳排放权为基础的各类场外和场内衍生产品（比如碳远期、碳期货、碳期权等）创新和碳金融服务水平提升，有助于增强碳金融市场活力，促进重点行业节能减排发展。

2.4.3　如何实施碳排放权交易

我国坚持将碳市场作为控制温室气体排放政策工具的工作定位，切实防范金融等方面风险。以发电行业为突破口率先启动全国 ETS，培育市场主体，完善市场监管，逐步扩大市场覆盖范围，丰富交易品种和交易方式。逐步建立起归属清晰、保护严格、流转顺畅、监管有效、公开透明、具有国际影响力的碳市场。配额总量适度从紧、价格合理适中，有效激发企业减排潜力，推动企业转型升级，实现控制温室气体排放目标。

1）实施原则

坚持市场导向、政府服务。贯彻落实简政放权、放管结合、优化服务的改革要求，以企业为主体，以市场为导向，强化政府监管和服务，充分发挥市场对资源配置的决定性作用。

坚持先易后难、循序渐进。按照国家生态文明建设和控制温室气体排放的总体要求，在不影响经济平稳健康发展的前提下，分阶段、有步骤地推进碳市场建设。在发电行业率先启动全国碳排放交易体系，逐步扩大参与碳市场的行业范围，增加交易品种，不断完善碳市场。

坚持协调协同、广泛参与。统筹国际、国内两个大局，统筹区域、行业可持续发展与控制温室气体排放需要，按照供给侧结构性改革总体部署，加强与电力体制改革、能源消耗总量和强度“双控”、大气污染防治等相关政策措施的协调。持续优化完善碳市场制度设计，充分调动部门、地方、企业和社会积极性，共同推进和完善碳市场建设。

坚持统一标准、公平公开。统一市场准入标准、配额分配方法和有关技术规范，建设全国统一的排放数据报送系统、注册登记系统、交易系统和结算系统等市场支撑体系。构建有利于公平竞争的市场环境，及时准确披露市场信息，全面接受社会监督。

2）参与主体

重点排放单位。发电行业年度排放达到 2.6 万 t CO_{2e}（综合能源消费量约 1 万吨标准煤）及以上的企业或者其他经济组织为重点排放单位。年度排放达到 2.6 万 t CO_{2e} 及以上的其他行业自备电厂视同发电行业重点排放单位管理。在此基础上，逐步扩大重点排放单位范围。

监管机构。国务院发展改革部门与相关部门共同对碳市场实施分级监管。国务院发展改革部门会同相关行业主管部门制定配额分配方案和核查技术规范并监督执行。各相关部门根据职责分工分别对第三方核查机构、交易机构等实施监管。省级、计划单列市应对气候变化主管部门监管本辖区内的数据核查、配额分配、重点排放单位履约等工作。各部门、各地方各司其职、相互配合，确保碳市场规范有序运行。

核查机构。符合有关条件要求的核查机构，依据核查有关规定和技术规范，受委托开展碳排放相关数据核查，并出具独立核查报告，确保核查报告真实、可信。

3）实施步骤

分 3 个阶段实施。第一阶段为基础建设期，利用一年左右的时间，完成全国统一的数据报送系统、注册登记系统和交易系统建设。深入开展能力建设，提升各类主体参与能力和管理水平。开展碳市场管理制度建设。

第二阶段为模拟运行期。利用一年左右的时间，开展发电行业配额模拟交易，全面检验市场各要素环节的有效性和可靠性，强化市场风险预警与防控机制，完善碳市场管理制度和支撑体系。

第三阶段为深化完善期。在发电行业交易主体间开展配额现货交易，交易仅以履约（履行减排义务）为目的，履约部分的配额予以注销，剩余配额可跨履约期转让、交易。在发电行业碳市场稳定运行的前提下，逐步扩大市场覆盖范围，丰富交易品种和交易方式。创造条件，尽早将国家核证自愿减排量纳入全国碳市场。

4）制度建设

碳排放监测、报告与核查制度。国务院发展改革部门会同相关行业主管部门制定企业排放报告管理办法、完善企业温室气体核算报告指南与技术规范。各省级、计划单列市应对气候变化主管部门组织开展数据审定和报送工作。重点排放单位应按规定及时报告碳排放数据。重点排放单位和核查机构须对数据的真实性、准确性和完整性负责。

重点排放单位配额管理制度。国务院发展改革部门负责制定配额分配标准和办法。各省级及计划单列市应对气候变化主管部门按照标准和办法向辖区内的重点排放单位分配配额。重点排放单位应当采取有效措施控制碳排放，并按实际排放清缴配额（“清缴”是指清理应缴未缴配额的过程）。省级及计划单列市应对气候变化主管部门负责监督清缴，对逾期或不足额清缴的重点排放单位依法依规予以处罚，并将相关信息纳入全国信用信息共享平台实施联合惩戒。

市场交易相关制度。国务院发展改革部门会同相关部门制定碳排放权市场交易管理办法，对交易主体、交易方式、交易行为以及市场监管等进行规定，构建能够反映供需关系、减排成本等因素的价格形成机制，建立有效防范价格异常波动的调节机制和防止市场操纵的风险防控机制，确保市场要素完整、公开透明、运行有序。

5）配额管理

配额分配。按国务院发展改革部门会同能源部门制定的分配标准和方法进行分配。机组配额总量＝供电基准值×实际供电量×修正系数＋供热基准值×实际供热量。按机组2018年度供电（热）量的70％，预分配2019—2020年的配额。完成2019年和2020年度碳排放数据核查后，进行最终核定，多退少补。

配额清缴。重点排放单位向所省级/计划单列市主管部门提交与其当年实际碳排放量相等的配额，富余配额可向市场出售，不足部分需通过市场购买。重点排放单位每年可以使用国家核证自愿减排量抵销碳排放配额的清缴，抵销比例不得超过应清缴碳排放配额的5％。用于抵销的CCER应来自重点排放单位以外的可再生能源、林业碳汇、甲烷利用等领域减排项目，不得来自纳入全国碳排放权交易市场配额管理的减排项目。

6）支撑系统

重点排放单位碳排放数据报送系统。建设全国统一、分级管理的碳排放数据报送信息系统，探索实现与国家能耗在线监测系统的连接。

碳排放权注册登记系统。建设全国统一的碳排放权注册登记系统及其灾备系统，为各类市场主体提供碳排放配额和国家核证自愿减排量的法定确权及登记服务，并实现配额清缴及履约管理。国务院发展改革部门负责制定碳排放权注册登记系统管理办法与技术规范，并对碳排放权注册登记系统实施监管。

碳排放权交易系统。建设全国统一的碳排放权交易系统及其灾备系统，提供交易服务和综合信息服务。国务院发展改革部门会同相关部门制定交易系统管理办法与技术规范，并对碳排放权交易系统实施监管。

碳排放权交易结算系统。建立碳排放权交易结算系统，实现交易资金结算及管理，并提供与配额结算业务有关的信息查询和咨询等服务，确保交易结果真实可信。

7）保障措施

加强组织领导。国务院发展改革部门会同有关部门，根据工作需要将按程序适时调整完善实施方案，重要情况及时向国务院报告。各部门应结合实际，按职责分工加强对碳市场的监管。

强化责任落实。国务院发展改革部门会同相关部门负责全国碳市场建设，各省级及计划单列市人民政府负责本辖区内的碳市场建设工作，符合条件的省（市）受国务院发展改革部门委托建设运营全国碳市场相关支撑系统，建成后接入国家统一数据共享交换平台。

推进能力建设。组织开展面向各类市场主体的能力建设培训，推进相关国际合作，鼓励相关行业协会和中央企业集团开展行业碳排放数据调查、统计分析等工作，为科学制定配额分配标准提供技术支撑。

做好宣传引导。加强绿色循环低碳发展与碳市场相关政策法规的宣传报道，多渠道普及碳市场知识，宣传推广先进典型经验和成熟做法，提升企业和公众对碳减排重要性和碳市场的认知水平，为碳市场建设运行营造良好社会氛围。

专栏五：全球、中国及上海碳交易概况

1）全球概况

目前，全球在不同政府层级运行的碳市场33个，包括1个超国家机构、8个国家、18个省（县）和州、6个城市，其司法管辖区完成了全球GDP的54%，居住了全球将近1/3的人口，覆盖了全球16%的温室气体排放。截至2020年底，全球各个碳交易体系已通过拍卖配额筹集了超过1 030亿美元的资金。

全球33个碳市场名单如下：

1个超级国家机构：欧盟成员国、冰岛、列支敦士登、挪威。

8个国家：中国、德国、哈萨克斯坦、墨西哥、新西兰、韩国、瑞士、英国。

18个省(县)和州：福建省、广东省、湖北省、新斯科舍省、魁北克省、加利福尼亚州、康涅狄格州、特拉华州、缅因州、马里兰州、马萨诸塞州、新罕布什尔州、纽约州、新泽西州、罗得岛州、佛蒙特州、弗吉尼亚州、琦玉县。

6个城市：北京、重庆、上海、深圳、天津、东京。

2）中国概况

碳排放交易历程可划分为三个阶段：①第一阶段(2005年至2012年)，主要参与国际CDM项目；②第二阶段(2013年至2020年)，在北京、上海、天津、重庆、湖北、广东、深圳、福建八省市开展碳排放权交易试点，在此期间共筹集了2.15亿美元资金；③第三阶段(从2021年开始)，建立了全国碳交易市场，首先纳入电力行业，涵盖了超过40亿t CO_2，占全国GHG排放量的30%。自2013年以来，各试点碳市场陆续开始运营，跨越了中国东、中、西部地区，其经济结构特征、资源禀赋等大不相同，为全国统一碳市场的建立提供了多层次参照和丰富经验。

3）上海概况

2012年7月3日，上海市人民政府发布《关于本市开展碳排放交易试点工作的实施意见》，决定2013—2015年依托上海环境能源交易所，建立本市碳排放交易平台，建设交易系统，组织开展碳排放交易试点工作。试点企业包括2010—2011年中任何一年排放2万t及以上CO_2的钢铁、石化、化工、有色金属、电力、建材、纺织、造纸、橡胶、化纤等企业，以及排放1万t及以上CO_2的航空、港口、机场、铁路、商业、宾馆、金融等企业。

2013年11月18日，上海市人民政府发布《上海市碳排放管理试行办法》，2013年11月20日起施行。2013年11月22日，上海市发展和改革委员会发布《上海市2013—2015年碳排放配额分配和管理方案》。港口业采用基准线法，按照2009年至2011年正常生产运营年份的平均业务量确定企业年度碳排放配额(按年度单位吞吐量碳排放基准×年度吞吐量+先期减排配额进行计算)，确定后一次性发放2013—2015年各年度预配额。在各年度清缴期前，市发展改革委根据企业当年度业务量对其年度排放配额进行调整，对预配额和调整后配额的差额部分予以收回或补足。2016年至2021年，上海市每年发布一次纳入碳排放配额管理单位名单和碳排放配额分配方案。其中，2016年2月4日，水运企业首次被纳入碳排放配额管理单位。根据上海市生态环境局2022年1月28日发布的《上海市纳入碳排放配额管理单位名单(2021版)》及《上海市2021年碳排放配额分配方案》，上港集团等7家港口企业和中远海运集装箱运输有限公司等16家水运企业被纳入碳排放配额管理。港口和水运企业的年度基础配额等于历史强度基数与年度业务量乘积，历史强度基数取2018—2020年单位业务量碳排放的加权平均值，年度业务量为经第三方核查机构核查且经有关部门审定确认的2021年度业务量数据。

自2013年11月26日至2020年12月31日，上海碳市场共运行1 655个交易日，现货产品累计成交1.56亿t，累计交易额18.41亿元。远期产品累计成交43 308个(双边)，累计交易量433.08万t，累计交易额1.56亿元。2020年，全国九个碳市场总交易量1.41亿t，其中上海碳市场总交易量2 692.68万t，占比19.09%，在全国九个碳市场中排名第三；全国九个碳市场配额总交易量7 797.41万t、总交易额22.02亿元，其中上海碳市场配额成交量占比7.57%、交易额占比10.63%。

来源：国际碳行动伙伴组织、世界银行集团、上海环境能源交易所

2.5　清洁能源替代

2.5.1　什么是清洁能源替代

1) 相关概念

能源是指向自然界提供能量转化的物质，它是人类活动的物质基础。根据是否经过加工转化可将能源分为一次能源和二次能源。一次能源包括原煤、原油、天然气等化石燃料，以及风能、水能、太阳能、地热能、海洋能、潮汐能、生物质能等，它们未经加工转换，保持原有形式。一次能源根据是否可再生又分为可再生能源和不可再生能源，前者指风能、水能、太阳能等在自然界可以循环再生的天然能源，后者主要是储量随大规模开发利用日趋减少并终将枯竭的原煤、原油、天然气等化石燃料和核燃料。二次能源是指由一次能源经过加工转换以后得到的能源，包括电能、汽油、柴油、液化石油气和氢能等。二次能源又可以分为“过程性能源”和“含能体能源”，电能就是应用最广的过程性能源，而汽油和柴油是目前应用最广的含能体能源。

一般而言，清洁能源是指生产和使用过程中不产生有害物质排放的能源，包括消耗后可得到恢复的可再生能源(如风能、水能、太阳能等)，以及排放污染少(如天然气、核能)或经洁净技术处理过的不可再生能源(如洁净煤油等)。需要特别说明的是，清洁能源不是对能源的简单分类，而是对能源进行清洁、高效、系统化应用的技术体系，它不但强调清洁性，而且也强调经济性和系统性。清洁性指的是符合一定排放标准，无污染或低污染；高效性指的是具有较好经济性；系统性指的不只能源本身，还包括供能、储能、用能技术等。

替代即代替，是指以乙换甲，并起到原来由甲或应该由甲起的作用，多为强者取代弱者、先进取代落后。清洁能源替代是指为实现节能减排目标，使用清洁能源代替传统化石能源的一系列相关技术的统称。

2) 技术体系

清洁能源替代技术体系包括生产替代技术、供应替代技术、储备替代技术以及使用替代技术。典型生产替代技术如氢能制取技术、燃料电池制造技术等替代炼油技术，典型供应替代技术如加气站、加氢站、充电/换电站、供电系统等替代加油站，典型储备替代技术如贮气

罐、动力电池、受电设备等替代油箱，典型使用替代技术如燃气发动机、电动机等替代柴油机、汽油机。

3）应用场景

就船舶而言，常见应用场景包括：①船舶靠港使用岸电，用电能替代船用燃油，港口需建造供电设施，船舶需安装受电设备；②双燃料船舶用 LNG 替代船用燃油，需在原燃料舱的基础上加装 LNG 储气罐，同时采用双燃料发动机；③电动船舶用电能替代船用燃油，需安装储能系统和电动机替代燃油舱和发动机。

就港口而言，常见应用场景包括：①轮胎吊油改电，港口需建设轮胎吊滑触线，并使用电动机替代发动机，同时加装储能力系统回收势能；②内集卡油改气，需配备加气站，并将内集卡油箱和发动机分别替换为储气罐和燃气发动机；③双燃料拖船，原理与双燃料船舶类似。

2.5.2 为什么要推进清洁能源替代

1）清洁能源具有比较优势

电能优势。电厂污染物排放集中、控制技术成熟、总体污染小，电力输送安全、经济，用户使用方便，使用过程“零污染”。风力发电和太阳能发电无直接排放、污染少，可再生。

LNG 优势。体积小，便于车船运输储存占地少、投资省；污染小，燃烧后生成水和 CO_2，有利于保护环境；抗爆性能好，发动机寿命长；燃料费用低，有更好的经济性。

氢能优势。热值高，是汽油的 3 倍，酒精的 3.9 倍，焦炭的 4.5 倍；最清洁，燃烧产物是水，无废气排放，零污染；可再生，原料丰富，制备方法多样；适应性强，可在气态、液态或固态氢化物之间转换，能适应贮运及各种应用环境的不同要求。

甲醇优势。动力性好，甲醇含氧，可促进充分燃烧，蒸发潜热大，可提高发动机的热效率；安全方便，甲醇不易挥发、着火危险性小，传导性好、意外火灾可能性低，本身为液体，能很好地兼容现有加油站系统；减少排放，甲醇为含氧化合物，其燃烧排放比石油燃烧所生成的有害物质明显降低，与常规船用燃料相比减少 95%以上的 SO_x 和 PM 以及 60%的 NO_x。

2）对多个领域有重要意义

经济社会领域，能带动清洁能源相关设施建设、装备制造等行业发展，有利于拓展新的经济增长点；改善生产、生活环境，有利于提高生产效率和生活质量。

能源环境领域，能控制煤炭、石油产品的消费总量，提高清洁能源比重，减少大气污染，有利于推动落实国家能源结构调整战略，促进能源清洁化发展，改善环境质量。

航运领域，能为航运大气污染防治提供船舶靠港时用岸电、双燃料船舶、电动船舶、RTG 油改电、内集卡油改气等解决方案，有利于促进航运领域节能、减排、降低成本等，有力支撑绿色航运发展。

专栏六：浙江湖州市内河岸电示范区

2016 年 10 月，浙江湖州市获批全国首个、也是目前唯一一个内河水运转型发展示范区。2017 年 2 月，“湖州市绿色交通港口岸电工程”战略启动，拉开岸电建设序幕。2017 年 8 月 3 日，京杭运河湖州段建设的城东、南浔、和孚、吕山服务区和南浔危险品锚泊区 5 个智能化内河岸电水上服务区，全部实现投运。这 5 个服务区位于长湖申线和湖嘉申线航道，可与京杭大运河等航道连接，船舶可直达杭州、上海、苏州、嘉兴、无锡等城市，是长三角地区内河水上主通道，船舶航行密度大，目前长期在湖州航区的营运船舶有 7 500 多艘，2016 年全市完成水路货运量 5 311.21 万 t。

据了解，5 个水上服务区共建成 68 套一体化岸电装置，120 kW 直流一体式充电桩 2 套，其中，14 kW 的单相低压一体化岸电桩 61 套、40 kW 的交流三相低压一体化岸电桩 7 套，可同时满足 100 余艘船停泊期间的生活用电需求及港航局打捞队等专业船舶的停泊用电。现有岸电装置均采用标准化接口，可以实现人机交互、刷卡接电、实时结算，具有完善的硬件保护功能、远程通信及数据交互功能。此外，服务区配有岸电运营服务平台，能够对多类型船舶进行智能用电监控，实现船岸互动和计量缴费一体化服务。至 2020 年 5 底，湖州市共建设岸电设备 381 套，基本实现航区全覆盖，数量居浙江省首位。

经测算，仅 5 个水上服务区岸电工程全年可减少燃油消耗约 520 t，减排 SO_x 25 t、NO_x 14.7 t、PM 4.8 t，减少烟气总量 624 万 m^3，并消除了发电机的噪声污染。2020 年，湖州市岸电用量达 45 万 kW·h、同比增加 20%，减少燃油消耗 136 t，减排 CO_2 排放 428 t。湖州市通过“以电代油”实施岸电上船，有效改善了湖州市港区的环境质量，促进了湖州市内河水运发展向绿色、低碳、可持续深度转型。

来源：湖州市港航管理中心

2.5.3　如何推进清洁能源替代

1）设立交通运输节能减排专项资金

2011 年，经国务院批准，“十二五”期间中央财政从一般预算资金和车辆购置税交通专项资金中安排适当资金用于支持公路水路交通运输节能减排。同年 6 月 20 日，财政部、交通运输部联合发布《交通运输节能减排专项资金管理暂行办法》，明确了专项资金的支持范围和方式，申请、审核与拨付，以及监督管理等细则。该专项资金主要用于初期投资效益不明显但社会效益明显、公益性较强或国家发展战略重点支持的节能减排项目，重点支持公路水路交通运输行业推广应用节能减排新机制、新技术、新工艺、新产品的开发和应用。在支持对象上，重点聚焦国务院文件和公路水路交通运输节能减排专项规划确定的重点项目实施单位和参加“车、船、路、港”千家企业低碳交通运输专项行动的企事业单位。在使用原则上,采取以奖代补方式,由财政部、交通运输部根据项目性质、投资总额、实际节能减排量以及产生的社会效益等综合测算确定补助额度。在补助额度上,单个项目补助总额不超过1 000万元,对节能减排量可量化的项目根据年节能量按不超过600元/tce或2 000元/toe的标准给予补助,对节能减排量难以量化的项目其补助比例原则上不超过设备购置费或项目建筑安装费的20%。

优先支持领域包括：清洁能源和可再生能源在港航领域的应用,营运船舶和施工船舶节能减排改造技术应用,天然气船舶在内河运输中的应用,靠港船舶使用岸电技术应用,集装箱码头RTG油改电技术应用,集装箱码头内集卡油改气,以及天然气车辆在道路运输中的应用等。试点示范项目类别包括：低碳交通运输体系建设的主题性、区域性和能力建设试点项目,"节能减排财政政策综合示范城市"项目,以及交通运输行业节能减排示范项目等。2011—2013年,共支持项目789项,补贴资金16亿元,其中港航类项目100项,获得补助金额2.75亿元,占比分别为12.7%和17.2%。其中,河北远洋运输集团股份有限公司的"富强中国"轮使用岸电项目于2012年获得107万元奖励,招商局国际蛇口集装箱码头有限公司的船用供电系统改造项目于2012年获得233万元奖励,上港集团的轮胎吊油改电项目于2011年、2012年先后两次获得1 000万元奖励,宁波港集装箱运输有限公司的LNG集装箱牵引车港口应用项目于2013年获得413万元奖励。

2) 有序推进靠港船舶使用岸电

开展码头船舶岸电示范项目建设。2015年4月15日,交通运输部发布《关于开展码头船舶岸电示范项目申报工作的通知》,组织国内具有独立法人的港口企业和航运企业开展码头船舶岸电示范项目申报工作,通过示范引领,推进不同船型、不同码头应用岸电技术,促进水运行业的绿色发展。2016年6月21日,交通运输部发布码头船舶岸电示范项目名单(见表2-11),共有7个项目入选,包括2个船舶改造项目和5个港口改造项目。

表2-11 码头船舶岸电示范项目名单

序号	项目名称	承担单位	项目情况	实施时间
1	连云港港连云港区新东方集装箱码头有限公司27#泊位码头船用岸电系统和"紫玉兰"号船载受电系统工程	连云港港口控股集团有限公司	(1) 码头：7万吨级客滚/集装箱码头;容量为3 MW,高压上船供电,电压/频率为6 kV/50 Hz或6.6 kV/60 Hz。 (2) 船舶：1.5万吨级客滚船;容量为1.25 MW,输入电制为6 kV/50 Hz。 (3) 客滚码头和船舶配套改造。 (4) 实施单位建立"产销研用"全链条,自主研发技术方案与设备	2015—2016

表 2-11(续表)

序号	项目名称	承担单位	项目情况	实施时间
2	广州港南沙港区三期工程码头船用岸电系统	广州港集团有限公司	(1) 10 万吨级集装箱码头。 (2) 容量为 3 MW,高压上船供电,电压/频率为 6 kV/50 Hz 或 6.6 kV/60 Hz。 (3) 位于珠三角船舶排放控制区核心港口。 (4) 新建集装箱码头配套岸电设施	2015—2016
3	深圳港盐田三期国际集装箱码头船舶岸电系统工程	盐田三期国际集装箱码头有限公司	(1) 20 万吨级集装箱码头。 (2) 容量为 8 MW(4 MW×2),高压上船供电,电压/频率为 6.6 kV/60 Hz。 (3) 位于珠三角船舶排放控制区核心港口。 (4) 由两套移动电源组成,可独立或组合供电	2015—2016
4	上海港吴淞口国际邮轮码头 1#泊位岸基船舶供电工程	上海吴淞口国际邮轮港发展有限公司、上海岸电能源科技有限公司	(1) 20 万吨级邮轮码头。 (2) 容量为 16 MW,高压上船供电,电压/频率为 6.6 kV/60 Hz 或 11 kV/60 Hz。 (3) 位于长三角船舶排放控制区核心港口。 (4) 世界上容量最大的邮轮变频岸基供电系统,变频电源等核心部件由国内自主生产	2015—2016
5	宁波舟山港穿山港区散货和集装箱岸基船舶供电系统	宁波舟山港集团有限公司	(1) 分别为 15 万吨级干散货和集装箱码头。 (2) 容量分别为 2 MW 和 3 MW,高压上船供电,电压/频率为 6.6 kV/60 Hz 或 6 kV/50 Hz。 (3) 位于长三角船舶排放控制区核心港口。 (4) 已建干散货、集装箱码头改建岸电设施。 (5) 与国家电网公司合作建设	2015—2016
6	中远集运 10 000 TEU 级集装箱船接收岸电装置改造项目	中远集装箱运输有限公司	(1) 7 艘 1 万 TEU 级集装箱船。 (2) 容量为 7.2 MW,输入电制为 6.6 kV/60 Hz。 (3) 大型远洋集装箱船加装便携式或固定式受电系统	2013—2016
7	山东海运 25 万吨级矿砂船船舶高压岸电项目	山东海运股份有限公司	(1) 4 艘 25 万吨级矿砂干散货船。 (2) 容量为 2.5 MW,输入电制为 6.6 kV/60 Hz。 (3) 新建大型干散货船配备受电系统	2012—2016

设立靠港船舶使用岸电 2016—2018 年度奖励资金。2017 年 1 月 24 日,交通运输部发布《靠港船舶使用岸电 2016—2018 年度项目奖励资金申请指南》,决定安排车辆购置税资金以奖励方式支持加快港口岸电设备设施建设和船舶受电设施设备改造项目。奖励对象为 2016 年 1 月 1 日至 2018 年 3 月 31 日期间完成交工验收的靠港船舶使用岸电项目,2016—2018 年采用的奖励标准不超过项目设施设备购置费的 60%、50%、40%。第一批项目 2017 年 5 月 15 日公示,有 57 个项目共获得 2.10 亿元奖励;第二批、第三批项目 2018 年 4 月 13 日公示,有 189 个项目共获得 5.33 亿元奖励。

发布《港口岸电布局方案》。2017 年 7 月 20 日，交通运输部发布《港口岸电布局方案》（以下简称《方案》），提出以重点区域港口和重点类型泊位为抓手推进岸电设施建设。除新建港口按照《大气污染防治法》要求同步规划、设计和建设岸电设施外，要求 2020 年底前 50％以上已建的集装箱、客滚、邮轮、3 000 吨级以上客运和 5 万吨级以上干散货码头共 493 个专业化泊位具备向船舶提供岸电的能力。经测算，《方案》实施后船舶靠港期间 SO_2、NO_x 和 $PM_{2.5}$ 排放量预计每年可分别减少 6.0、11.0 和 0.8 万 t，减排效果显著。

出台《港口和船舶岸电管理办法》。2019 年 12 月 9 日，交通运输部出台《港口和船舶岸电管理办法》，自 2020 年 2 月 1 日起施行。该办法从交通运输行业节能环保角度，对我国港口和船舶岸电建设、使用及有关活动进行了规范，并明确了使用范围。其中，码头工程项目单位应对新建、改建、扩建码头工程（油气化工码头除外）同步设计、建设岸电设施，港口经营人应当对已建码头（油气化工码头除外）逐步实施岸电设施改造。除岸电设施临时发生故障，或者恶劣气候、意外事故等紧急情况下无法使用岸电情况，具备受电设施的船舶（液货船除外），在沿海或内河港口具备岸电供应能力的泊位靠泊时间超过 3 h 或 2 h，且未使用有效替代措施的应当使用岸电，不足 3 h 或 2 h 的鼓励使用岸电。船舶未按规定使用岸电的，由海事管理机构责令限期改正；在长江流域港口靠泊的船舶未按规定使用岸电的，由海事管理机构责令停止违法行为，给予警告，并视情节轻重处以罚款。

3）积极推进航运业 LNG 应用

2013 年 10 月 23 日，交通运输部发布《关于推进水运行业应用液化天然气的指导意见》，采用“先示范引领、后推广应用，先内河、再沿海、后远洋，先普通货船、再客船、危险品船”的路径，有序推进 LNG 在水运行业的应用。2014 年 9 月、2016 年 10 月开展了 2 批 LNG 船舶试点示范项目，共涉及 LNG 船舶 1 432 艘、LNG 加注码头 37 个，取得了积极成效。截至 2018 年 3 月，我国已建成 LNG 燃料动力船舶 279 艘（完成计划总数 19.4％），包括 276 艘内河船舶（主要分布于长江、西江干线和京杭运河沿线）和 3 艘海船，主要为一般干货船、集装箱船和港作拖船。其中，新造船舶 162 艘，改建 117 艘；使用双燃料（LNG＋柴油）船舶 169 艘。

开展内河 LNG 动力船舶试点示范。2010 年 8 月，长江第一艘 LNG -柴油混动船舶武拖 302、京杭运河第 1 艘 LNG -柴油混动船舶“苏宿货 1260”号陆续下水试航成功，标志着 LNG 动力燃料在船舶上的成功应用。2015 年 3 月，由江苏大津重工船厂建造的国内首艘内河纯 LNG 动力干散货船“绿动 6002”试航成功，交付业主上海绿色动力水上运输有限公司。2019 年 12 月，中国首艘纯 LNG 燃料动力客船“金龙舫”在湖南省资兴市东江大坝旅游码头正式启航，开启了我国 LNG 清洁能源在客运船舶的应用序幕。2020 年 11 月，全国内河公务船领域第一艘纯 LNG 燃料动力船舶“山东济宁港口救援、指挥工作艇”在浙江禾东船业科技股份有限公司开工建设。

开展海上 LNG 动力船舶应用的研究和试点示范。2014 年 6 月，交通运输部海事局核准 4 193 DWT“武家嘴 57”轮作为 LNG 燃料动力试点船舶。该轮是我国第一艘获得 LNG 燃料动力改造批准的海船，最初由南京淳源海运有限公司于 2011 年建造完工，由江苏海企港华燃气发展有限公司负责 LNG 改造。安徽中油嘉润基于对已经改造船舶 14 000 km 运行数据分析发现，LNG 动力改造的船舶柴油平均替代率为 60%至 70%，燃料成本下降 20%至 30%，动力性能与原机基本一致。2020 年 4 月，全球最大最先进的 LNG 加注船“天然气·迅捷”号交付，加注速率 1 600 m^3/h，一次加注航行 2 万 n mile 以上；2020 年 9 月，由沪东中华造船(集团)有限公司建造的全球首艘 LNG 双燃料动力系统集装箱船“达飞雅克·萨德”号首航，投入亚欧航线运营，载箱量 2.3 万 TEU。

开展港口应用 LGN 试点示范。2013 年 12 月，由中国海油发展采油服务公司自主研发设计建造的国内首艘 LNG 双燃料港作拖船“海洋石油 521”在广东珠海高栏港交付。该拖船采用 LNG 燃料和船用轻柴油双燃料主机推进系统，主机功率 4 800 kW，续航能力超过 1 000 n mile，承担港内协助大型 LNG 船的顶推、拖带等正常港内作业和溢油回收、消防等环保作业。在 LNG 模式下运行，可节省燃料费用约 30%，同时减排 88.52%的 SO_2、84.96%的 NO_x 和 25.51%的 CO_2。2019 年 12 月，由宁波舟山港股份有限公司与镇江船厂共同建造港口行业首艘双燃料拖船“甬港消拖 60”号轮在宁波舟山港交接。该拖船采用进口 LNG/柴油双燃料主机，功率达 6500 马力，LNG 储罐的容积达 55 m^3，配合柴油舱，能提升拖船 50%的续航能力。双燃料主机可实现 LNG 与柴油之间的相互转换，燃油替代率可达 90%。采用燃气模式运行时，可减少 98%的 SO_x、98%的 PM、85%的 NO_x 以及 20%的 CO_2。

4）积极推进船舶电能替代

推进纯电动船舶应用。2017 年 1 月，全国首艘纯电动货船“浙湖州货 1625 号”亮相湖州，春节后投入使用。该船由一艘旧货船改造而来，启动时所需动力由超级电容提供，行驶动力由 6 组锂电池提供，空载续航能力 350 km，最快航速 17 km/h，运行成本是传统柴油货船的 1/3，每年可替代 129.36 t 燃油，可减排 395.84 t CO_2。2018 年 4 月，国内首艘 48 TEU 纯电动内河集装箱船在湖州启动建造。建成后，该船将在湖州安吉上港码头至上海共青码头的航线上运行，全程 249 km，载运 48 TEU 往返一个航次，消耗 7 208 kW·h 电能，可替代柴油 1 824 L，节省能耗成本近 50%(按柴油 5.5 元/升、电价 0.7 元/度计算)。2020 年 5 月，长江流域首艘千吨级纯电动货船“中天电运 001”在常州试航。该船舶采用锂电池与超级电容“双电”驱动，整船电池容量 1 458 kW·h，充电 2.5 h 可续航 50 km，按全年运营 150 航次计算，年用电量在 45 万 kW·h 左右，可替代燃油 20.16 t，节省成本 1/3。2020 年 12 月，全球电量最大的纯电动邮轮“长江三峡 1”号正式开工建造，2021 年 12 月底建成后试航，计划 2022 年 4 月在长江两坝一峡、宜昌长江夜游、三峡升船机区域商业试运行。该船可载客 1 300 人，电池容量 7.5 MW·h，是全球第一艘采用高压充电低压补电方案的电动船舶，使用清洁水电，一次充电可续航 100 km，每年可替代燃油 530 t，减排 CO 约 14 t、NO_x 约 17 t、PM_{10} 约 0.4 t。

推进油电混合动力船舶应用。2020 年 8 月，我国首艘油电混动海上危险品应急指挥船“深海 01”轮在深圳启用。该船由中国船舶工业集团公司 708 所设计，广州黄埔文冲船舶有限公司建造，采用 3 台柴油发电机组加 2 组磷酸铁锂动力电池的“油电”混合电力推进，设计时速 18 kn，续航力 1 000 n mile，主要在深圳水域负责安全监管、溢油监视、大气监测和事故应急等任务。该船全球首次采用舱室微正压维持系统，还配备了 LNG 气体探测系统、船舶大气污染物排放检测系统、海面溢油监测雷达、X 波段防爆雷达和水下机器人(ROV)等先进设备，以及兼顾巡航执法、应急指挥和船舶管理的综合信息化系统，是目前最先进的海上执法船之一，不仅有助于粤港澳大湾区和交通强国建设，也为我国后续海上危险品应急指挥船建造提供了经验借鉴。2020 年 9 月，中国首艘油电混合动力双体游轮“大湾区一号”在蛇口投入运营。该船可载客 350 人，电池容量 2 520 kW · h，运行于深、港、澳三地之间，营运航速 14 kn，每趟航程时长为 4 h，其中 40 min 为纯电运行旅程。

专栏七：上海大力推动航运清洁能源替代

出台一系列支持政策。例如，《上海港船舶污染防治办法》(2015 年 4 月 2 日发布，2015 年 6 月 1 日起施行)鼓励船舶使用清洁能源，鼓励、扶持码头建设岸电设施，要求符合改用岸电条件的船舶应当使用岸电；《上海绿色港口三年行动计划(2015—2017 年)》(2015 年 7 月 10 日发布)推进靠港船舶使用岸电，推进港区轮胎吊“油改电”、内集卡“油改气”，鼓励船舶使用 LNG；《上海港靠泊国际航行船舶岸基供电试点工作方案》(2015 年 7 月 13 日发布)支持本市试点码头和所靠泊船舶投资建设和使用岸电；《上海市港口岸电建设方案》(2019 年 6 月 4 日发布)鼓励码头建设岸电设施、船舶靠港使用岸电；《上海市港口和船舶岸电管理办法实施细则》(2020 年 3 月 24 日发布)要求加快推进上海港港口、船舶岸电建设，持续提高岸电使用率。

采取一系列具体措施。例如，推动内河 LNG 船舶应用，截至 2017 年 10 月，已有 52 艘 LNG 动力船投入运营；积极推动岸电建设和使用，截至 2018 年 2 月，已建成规模以上岸电设施 20 台套、覆盖 26 个泊位，2016 年吴淞邮轮码头、冠东集装箱码头岸电用量分别约为 47 万 kW · h(0.75 元/(kW · h))、24 万 kW · h(1.43 元/(kW · h))；推进轮胎吊“油改电”，截止至 2017 年 10 月，完成 75%的 RTG 设备电动化改造；推进内集卡 LNG 能源替代，截至 2017 年 10 月，更新 LNG 内集卡 800 辆，建设 LNG 加气站 5 座。

来源：上海市交通委员会

5) 推进其他清洁能源替代

氢能替代。2020 年 4 月，航天氢能(上海)科技有限公司为全球首个“氢能+5G”智慧生态港——青岛港交付首台轨道吊用燃料电池系统，在世界范围内实现了燃料电池在港口轨道吊上的首次应用。据测算，氢动力自动化轨道吊每 TUE 耗电下降约 3.6%，使单机节省动力设备购置成本约 20%，以年吞吐量 300 万 TEU 测算，每年可减少 CO_2 排放约 2 万 t，减少 SO_2 排放约 697 t。2021 年 12 月 29 日，山东港口青岛港前湾港区加氢站建设项目在青岛港前湾港区启动，这是全国港口首个氢燃料电池汽车充装示范运营项目。该加氢站设计日加氢能力 1 000 kg，分两期建设。其中，一期项目占地约 4 000 m^2，加氢能力 500 kg，计划 2022 年完成。2022 年 1 月 8 日，首批氢燃料重卡交付山东港口。这批示范运营的重型牵引车，配套了潍柴大功率氢燃料电池系统，完全实现了零排放，百公里氢耗不超过 10 kg。2021 年 2 月，大连海事大学建造的国内首艘燃料电池游艇“蠡湖”号成功通过试航。该船长 13.9 m、可载乘员 10 人，采用中科院大连化学物理研究所开发的 70 kW 氢燃料电池电堆和 86 kW·h 的锂电池组成混合动力，设计船速 18 km/h，续航 180 km。2021 年 5 月，广东中氢博创产业发展有限公司研发的“仙湖 1 号”氢能游船下水，这是广东省内首艘氢能源船舶。该船长约 12 m、宽约 4 m、可载客 20～30 人，采用佛山市攀业氢能源科技有限公司生产的 30 kW 氢燃料电堆，可续航 10 h 以上。

甲醇替代。2016 年 4 月 20 日，现代尾浦造船为挪威船东 Westfal-Larsen Shipping 建造的全球首艘甲醇动力运输船“Lindanger”号完工交付，并于当月交付了另外 2 艘同型船。该型船为 5 万 t 级甲醇运输船，采用 MAN B&W ME－LGI 二冲程双燃料发动机，可使用甲醇、重燃料油、船用柴油或汽油作为燃料，也是韩国建造的首批甲醇运输船。2021 年 10 月 31 日，由中国船舶集团旗下广船国际为瑞典 Proman Stena 航运公司建造的 49 900 DWT 甲醇双燃料化学品/成品油船首制船顺利按期实现出坞下水。该型船总长 186 m、型宽 32.2 m、型深 18.35 m，设计吃水 11.5 m，是国内建造的首艘采用甲醇/燃油双燃料动力的新型环保船舶。目前，全球已有 20 艘以上的甲醇动力船投入运营。

风能、太阳能替代。2021 年 12 月 15 日，全球首个零碳码头智慧绿色能源系统在天津港并网发电，这是我国港口首个“风光储荷一体化”智慧绿色能源项目。该项目采用 2022 北京绿色冬奥配套项目机型，总装机容量 9 MW，安装 2 台单机容量 4.5 MW 的风力发电机组，预计年发电约 2 432.6 h，年平均发电量约 2 189.3 万 kW·h；光伏项目采用光伏建筑一体化(BIPV)系统，总装机容量 1.43 MW，预计年发电约 1 078 h，年平均发电量约 140.9 万 kW·h。系统并网发电后每年总发电量将达到 2 330.2 万 kW·h，将节省约 7 340 tce，减少 CO_2 排放约 2 万 t。

2.6　废气排放控制

2.6.1　SO_x 排放控制

1）使用低硫油

船舶动力装置排放废气中 SO_x 排放浓度与使用燃油的硫含量直接相关，燃烧过程中燃料中的硫分几乎全部转化成废气中的 SO_x。因此，使用低硫燃料（包括低硫燃油和替代燃料）能够直接降低废气中 SO_x 的排放量。但是，使用低硫燃料也存在市场供应量不足、价格贵以及对燃油系统的改造等问题，故而单纯使用低硫燃料并非最佳选择。事实上，除使用低硫油外，航运企业还可采用清洁能源替代（参见 2.5 节）、废气脱硫技术等。

2）废气脱硫

SO_x 具有酸性和还原性，可溶于水，可与碱性物质发生化学反应。海水 pH 值一般为 7.5～8.5，含有大量弱酸、弱碱盐，具有很强吸收酸性气体能力。鉴于此，实践中常采海水或脱硫剂进行脱硫。

海水脱硫是指利用天然海水的碱性，吸收船舶废气中 SO_2，发生酸碱中和反应，其脱硫原理如公式 2－1 至 2－4 所示。中和反应生成的硫酸盐洗涤废液经分离、通风氧化、稀释等环节处理后排入大海。

$$SO_2+H_2O \rightarrow HSO_3^-+H^+ \tag{2-1}$$

$$HCO_3^-+H^+ \rightarrow CO_2+H_2O \tag{2-2}$$

$$HSO_3^-+HCO_3^- \rightarrow SO_3^{2-}+CO_2+H_2O \tag{2-3}$$

$$2SO_3^{2-}+O_2 \rightarrow 2SO_4^{2-} \tag{2-4}$$

常用的脱硫剂主要为氧化镁（MgO）、氢氧化钠（NaOH）等碱性物质。脱硫剂溶于水形成碱溶液，可与废气中的 SO_x 发生酸碱中和反应生成盐，从而达到废气脱硫目的。基于氧化镁和氢氧化钠的脱硫方法，在设备数量及布置上基本相同，最大的区别在于吸收剂分别为 $Mg(OH)_2$ 溶液和 NaOH 溶液，由氧化镁和氢氧化钠配置，其脱硫原理分别如公式 2－5 至 2－9 和公式 2－10 至 2－12 所示。

$$MgO+H_2O \rightarrow Mg(OH)_2 \tag{2-5}$$

$$SO_2+Mg(OH)_2 \rightarrow MgSO_3+H_2O \tag{2-6}$$

$$MgSO_3+H_2O+SO_2 \rightarrow Mg(HSO_3)_2 \tag{2-7}$$

$$Mg(HSO_3)_2+Mg(OH)_2+10H_2O \rightarrow 2MgSO_3 \cdot 6H_2O \tag{2-8}$$

$$2MgSO_3+O_2+14H_2O \rightarrow 2(MgSO_4 \cdot 7H_2O) \tag{2-9}$$

$$Na^++OH^-+SO_2=NaHSO_3 \tag{2-10}$$

$$NaHSO_3+NaOH=Na_2SO_3+H_2O \tag{2-11}$$

$$2Na_2SO_3+O_2=2Na_2SO_4 \tag{2-12}$$

脱硫剂脱硫的工艺流程见图 2－5。根据向轶等（2020）测算，氢氧化钠法的脱硫剂消耗费用是氧化镁法的 4.4 倍，加上水、电、蒸汽、压缩空气等物料的费用，采用钠法的总运行费用大约是镁法的 2.4 倍，即氧化镁法的经济性更好。与换用低硫燃油的方式相比，脱硫剂脱硫的成本可降低 60％～85％。

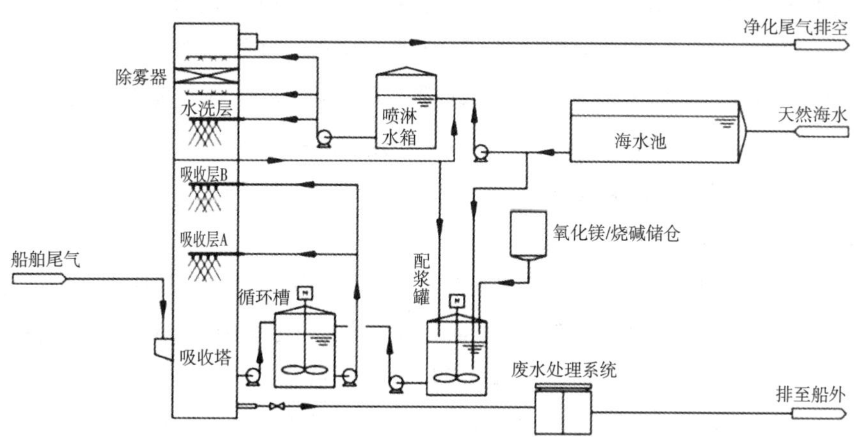

图 2-5　脱硫剂脱硫的工艺流程

海水脱硫和脱硫剂脱硫都用到大量海水，因此常被称湿法脱硫。除湿法脱硫外，还有一种方法在反应过程中不需要海水，因此被称为干法脱硫，其工作原理为：将生石灰($CaCO_3$、CaO)或氢氧化钙($Ca(OH)_2$)等碱性固体颗粒当作吸附剂，与废气中的 SO_x 反应进行脱硫。世界上最具代表性的干法脱硫系统是由德国 Couple System 公司和 MAN 公司合作研发的 DryEGCS 系统，该系统由吸收器、控制柜、废物颗粒舱、反应颗粒舱等 4 部分组成。船舶干法脱硫系统工作流程见图 2-6。废气经排烟道进入吸收器，然后进入反应颗粒舱与脱硫剂生石灰或氢氧化钙进行反应，实现脱硫处理。经过脱硫处理的废气继续经由废物颗粒舱进入吸收器，最后通过烟道排放到大气中。

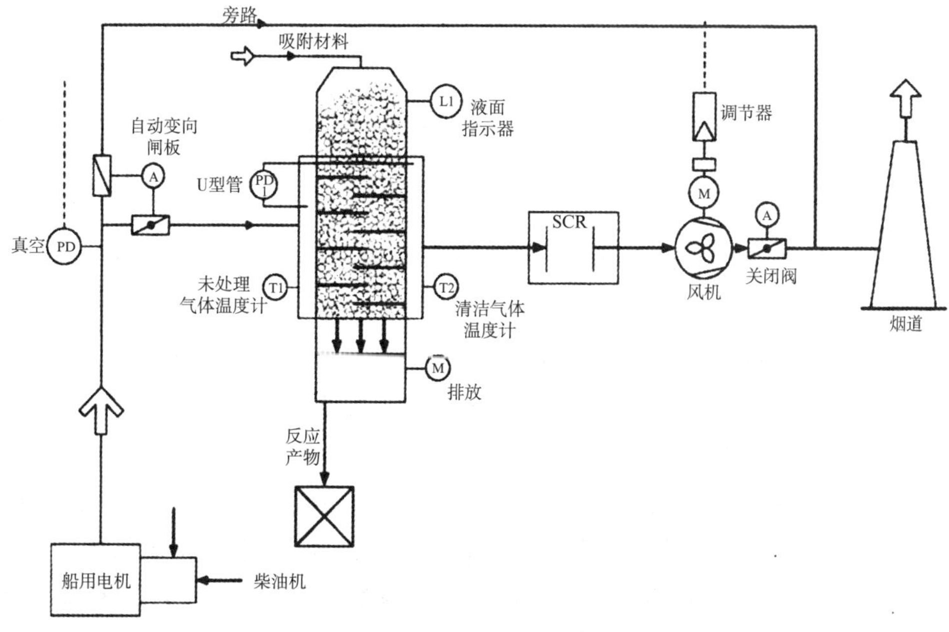

图 2-6　船舶干法脱硫系统工作流程

干法脱硫具有以下优势：装置十分简单，能耗较湿法低；脱硫效率可达95%以上，不消耗水也不产生废水，不会造成二次海洋环境污染；有很好的PM去除效果，脱硫处理后的废气温度降低较少，可直接入SCR脱硝系统。相比其优点，其缺点主要有：气固反应速率较低，因此需要更长的停留时间，这也导致了干法装置的体积更大，约为湿法的2倍；脱硫剂消耗流量大，而且堆积副产物也需要占用较大空间。

2.6.2 NO_x 排放控制

NO_x 成分复杂，包括 NO、NO_2、N_2O_4 等。其中，NO、NO_2 的危害最大，人们通常所提及的 NO_x 污染也主要指 NO 和 NO_2 污染。在柴油机废气中，NO_2 的浓度仅占5%，而 N_2O_4 的浓度更低，因此 NO_x 排放控制关注更多的是 NO。

NO可由空气中的氮生成（称为热 NO），也可由燃料中的含氮成分生成（称为燃料 NO）。对于柴油机而言，因其所用燃料含氮量一般不到0.02%，故废气中的 NO 主要由空气中所含的氮在高温下氧化而成（热 NO），其化学反应过程如公式2－13至2－16所示。

$$O_2 \rightarrow 2O \tag{2-13}$$

$$N_2 + O \rightarrow \overset{\text{热NO为主}}{NO} + N \tag{2-14}$$

$$N + O_2 \rightarrow \overset{\text{燃料NO，较少}}{NO} + O \tag{2-15}$$

$$N + OH \rightarrow NO + H \tag{2-16}$$

上述反应中，氧原子由氧气（O_2）在高温条件分解时产生，进而诱发 NO 生成的连锁反应。整个反应过程中公式2－14起决定作用，所以氧原子浓度以及反应温度对 NO 生成最为重要。其次，NO 的生成量还与反应时间有关，如果燃气在高温富氧环境下停留时间长，NO 生成量就会增加。由此可见，高温、富氧和氮与氧在高温环境中长时间停留，是柴油机燃烧过程中促进 NO 生成的三要素。因此，NO 的控制可以从降低反应温度、降低氧的浓度、缩短氮和氧的共存时间等方面着手。

1）机前控制

机前控制方法包括使用LNG、甲醇等清洁能源或者燃油掺水乳化等。清洁能源替代在2.4节已专门介绍过，这里不再赘述。

燃油乳化是指在燃料油进入燃油系统前掺水乳化，一方面使其粒径更小、更易燃烧，另一方面使燃烧温度降低、减少 NO 生成量。通常情况下，每增加1个百分点的水将减少一个百分点的 NO_x 排放，标准设计的发动机满负荷时可加入20%的水，实践中可根据 NO_x 排放量确定具体加水量。采用燃油乳化技术时，燃油系统应设置一个特殊的安全系统，确保在船舶断电时不影响油水乳化的稳定性，以及在再启动时仍可使用稳定的乳化燃油。船舶使用低硫油并采用燃油乳化技术时，需要设置专门的乳化装置。需要说明的是，燃油乳化有一定局限性。例如，水与重油的乳化比较容易、也比较稳定，但水与柴油、轻质柴油的乳化比较困难，而且燃油乳化技术还会带来燃油系统的锈蚀问题。

2）机内控制

机内控制方法主要废气再循环、延迟喷油定时、燃油-水分层喷射等。

废气再循环(EGR)是指使一部分废气经冷却后回流到进气系统，通过降低燃烧温度、减少含氧量，实现 NO 减排，EGR 工作原理见图 2－7。需要注意的是，引入再循环的废气需要冷却处理，使其温度降低到 160～180 ℃后，再经过过滤等清洁处理，方进入气缸再循环使用。EGR 的优点包括：结构简单，处理经济，便于应用；操作方便，易于控制；废气净化效率高，能有效降低 NO_x 的排放。但是，EGR 会造成润滑油的污染及发动机的磨损，如果使用不当还会招致冒烟和其他有害污染物的增加。

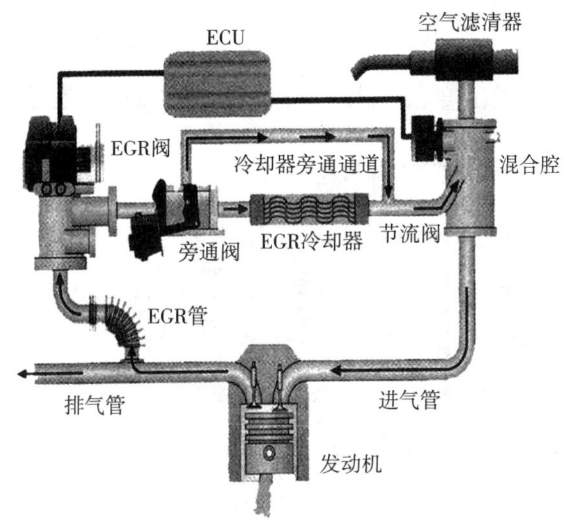

图 2－7　EGR 工作原理

延迟喷油定时是在燃烧过程中降低 NO_x 生成量的简便、有效的方法。延迟喷油定时的作用主要是使燃料燃烧所形成的温度颠峰值降低，但会使油耗率略有增加。对于经常在热带航区运行的船舶动力装置，由于冷却水温较高，利用此方法能将 NO_x 的排放量减少 10%～15%。实践中，通过调整喷油规律，减少上止点前喷入气缸的燃油量，或者调整气阀正时，降低最高燃烧温度和压力，均可减少 NO_x 的发生量。其次，通过改进喷油器结构，如减小喷油器压力室容积，改动喷油嘴喷孔数目、孔径和长度等，也可以有效控制 NO_x 排放。此外，采用柴油机电子控制技术或智能喷射系统，既可以优化控制，又可提高运行经济性，同时还可降低 NO_x 排放，能有效兼顾发动机性能保证和污染物排放控制。

燃油-水分层喷射(SFWI)是指在柴油机的喷油阶段，将水送至喷油器，使油和水分层喷入气缸，以降低火焰温度。借助 SFWI 系统，NO_x 排放的减少量几乎与水、油的相对比率呈线性关系。据测定，对于低速柴油机，NO_x 生成量可降低 50%，高速柴油机可降低 70%。特别是对于低速柴油机，如果采用油-水-油-水-油组成的多层喷射，在降低 NO_x 的生成量的同时，燃油消耗率增长量也不大。SFWI 系统的供水量由一个控制器根据发动机的负载和 NO_x 所需削减水平进行控制。在船舶环境下，供水系统的容量相对较大，同时需要充分考虑其防锈问题。

3）机后控制

机后控制方法主要包括选择性催化还原（SCR）法和液体吸收法。

SCR 法是指用氨做还原剂，在 250～600 ℃温度下，对含 NO_x 的废气体进行催化还原处理，使氨能有选择地与气体中的 NO_x 进行反应，而不与氧发生反应，SCR 工作原理见图 2-8，SCR 反应过程见公式 2-17 至公式 2-20。实践中，液氨、氨水、尿素都可用作还原剂，但对船舶而言，采用尿素最合适，因为尿素安全性高且易于处理。最常用的催化剂为 $V_2O_5-WO_3(MoO_3)/TiO_2$，它以 TiO_2 为载体，以 V_2O_5 为主要活性成分，以 WO_3、MoO_3 为抗氧化、抗毒化辅助成分。催化剂的容量以及反应器的尺寸取决于催化剂的活性、所希望的 NO_x 净化程度、NO_x 的质量浓度、烟气压力和可接受的 NH_3 流失量等因素。

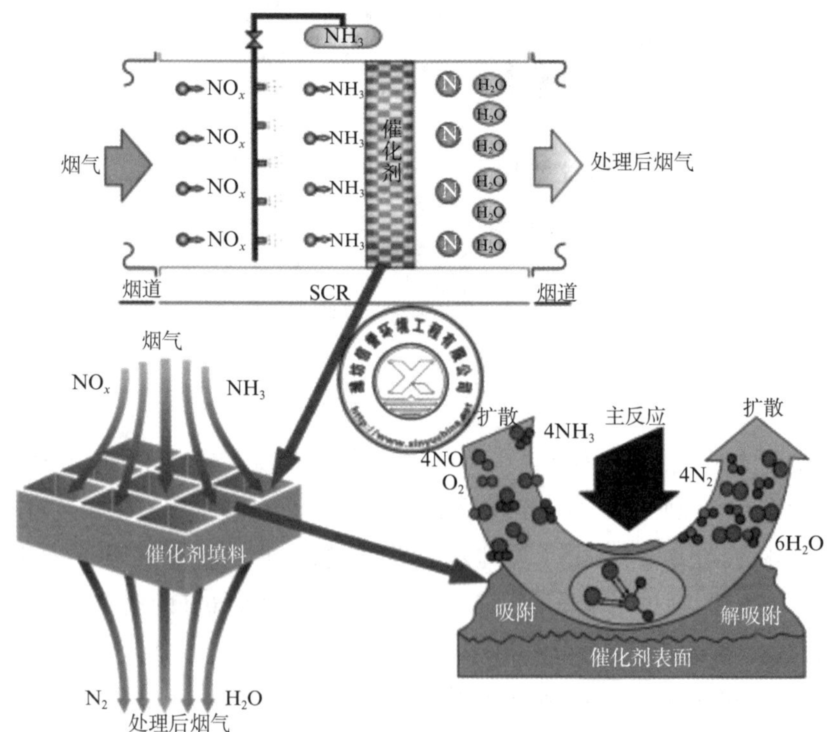

图 2-8　SCR 工作原理

$$4NO+4NH_3+O_2 \rightarrow 4N_2+6H_2O \tag{2-17}$$

$$6NO+4NH_3 \rightarrow 5N_2+6H_2O \tag{2-18}$$

$$6NO_2+8NH_3 \rightarrow 7N_2+12H_2O \tag{2-19}$$

$$2NO_2+4NH_3+O_2 \rightarrow 3N_2+6H_2O \tag{2-20}$$

SCR 法技术成熟，NO_x 去除率高(80%～95%)，且生成物为氮气和水，不会造成二次污染。NO_x 清除的程度取决于比氨量(NH_3/NO_x)，其数值越大，净化率越高。但是，当比氨量增大后，氨的流失会增加，进而与 SO_3 反应，产生硫化氨污染。此外，SCR 系统装置尺寸大、初投资成本稍高、运行费用高，在负荷变化时难以适当地控制喷入量，还原剂的装卸、贮存、安全和催化剂的价格、耐用性等都是不容忽视的问题。为防止氨泄漏、减少氨流失，一般采用双层管壁并布设透气装置，同时在环形空间安装 NH_3 泄漏监测器，并通过计算机控制氨的喷射量。目前，中国沪东重机、芬兰瓦锡兰、日本日立造船和三菱重工、韩国斗山和现代等均有 SCR 系统产品供应。

液体吸收法是指 NO_x 废气通过液体介质时被溶解吸收或与其发生化学反应，从而净化废气的方法，包括水吸收法、酸液吸收法、碱液吸收法。常压时的 NO 不易溶于水，也不会与水发生化学反应。因此，在常压下，液体吸收法的效果非常不理想。对于酸液吸收法，通常采用稀硝酸作为吸收液，当硝酸溶液的浓度达到 12%以上时，NO 在此溶液中的溶解度比在水中提高近百倍。影响酸液吸收法效率的因素主要有废气的温度、压力和硝酸溶液浓度等，其吸收效率随着温度的降低而增大，随着压力的升高而增大。酸液吸收法的工艺比较简单，但它的能耗较高。碱液吸收液主要采用氢氧化钠和碳酸钠溶液，吸收效率主要由吸收速度决定，当 $NO_2/NO=1.0 \sim 1.3$ 时，吸收速度最大，效果最好。总体而言，液体吸收法去除 NO_x 的效率都不高，使用受限制，未被广泛采用。

2.6.3 CO_2 排放控制

CO_2 排放控制主要由技术措施和营运管理措施两部分组成。技术措施是通过改进船体性能、提高发动机效率、采用绿色能源等手段来提高新造船舶的综合性能；营运管理措施则是通过科学的船舶运作管理办法来提高营运效率、改善船舶能效。

1) 技术措施

船舶结构优化。在船舶整体结构强度足够的情况下，可船舶减小中部纵向构件，或尽可能增大剖面模数，采用横纵骨混合架型式优化横梁、纵梁，这样既可以满足纵向、横向强度要求，又能够降低空船总质量，进而达到减小船体阻力、提高船舶载重吨的目的，有利于增强海上运输的经济性。

船舶型材优化。选取合理的构件尺寸，充分利用钢材，以达到降低空船总质量的目的，提高船舶的载重总吨，改善 EEDI 数值。采用增加 T 型材料的腹板高度的措施来增加构件剖面模数是一种非常有效的方法。该措施能够增加结构强度，并减少次要构件的质量。

船舶型线优化。选择具有合理性的船型系数和船舶主尺度，以避免兴波阻力的不利干扰，降低船舶总阻力。优化船舶球鼻艏、舵叶型线，也能有效降低兴波阻力。

船舶主机选型优化。主机必须考虑选用技术成熟、结构稳定、噪声较小、振动不明显、经济性能好、质量较轻、指标优良、性能与船型匹配较好的柴油机。选取与船舶性能相匹配的主机,可使得船舶动力充足、推进效率更高。

船舶螺旋桨型线优化。优化螺旋桨型线,采用叶尖反应翅、桨叶套管补偿、舵球、扭曲型桨叶等设计可有效地提高船舶推进效率。

其他减排措施。船舶在靠港期间使用岸电,积极使用变频、热泵、轴带发电机、余热回收等节能技术。

2) 营运管理措施

航线优化。根据航次载货情况,合理设计航线使船舶以最短的距离、最低的能耗,安全到达目的港。充分考虑航线水文因素,避开强顶流对船速的影响,顺流航行。考虑航区水深,减少浅水效应对船速的影响。

航速优化。船舶实行低负荷运行,每天对主机进行一次较高负荷(75%最大持续功率(MCR))运行 1 h 的操作,以减少燃油燃烧不完全对主机造成的不良影响。船舶在进出港时对航速进行优化,避免船舶主机负荷突增或突减。海上航行时选用最佳航线,避免不必要的大舵角转向,利用顺流,达到在不增加主机转速的情况下提高航速。在大风浪恶劣海况时,及早降速,保证螺旋桨效率。及时和港口代理联系掌握船舶靠离泊动态,避免快速到达后抛锚等泊位或等货,根据航行富裕时间优化航速,达到节约能耗的目的。

提高船舶装载利用率。在船舶运营过程中,尽可能把货物装满,提高船舶装载利用率。使用小船对各种不同到港货物进行分类运输,按照每种货物不同到港目的地,进行单船单货的分发形式。按照货物运输需要,合理权衡船舶尺度,选取可以装满货舱的船舶,提高船舶装载利用率,会有更好的货物运输效率,进而提高船舶能效。

保持最佳纵倾。合理配载,使船舶保持适当艉倾,航行中通过调整压载水来使船舶保持最佳纵倾,船舶尾吃水增加,可增加舵叶浸水面积,确保舵效的最大化,从而优化舵效。

优化船舶到港时间。优化船舶到港时间,提高船舶整体运输能效。

保持船体清洁。结合坞内检验和特别检验,及时清除船体及螺旋桨表面的海生物及沉积物,定期检查船舶油漆系统,每 5 年不少于 2 次。对船壳进行清除海生物处理,降低船壳表面的粗糙度,减小船舶航行阻力。

废热回收。主机废气余热回收是一种节省能源的十分行之有效的方法。主机废气锅炉的应用和引用主机缸套水的余热作为造水机加热源均可降低能耗。

2.6.4 船用脱硫塔

1) 安装脱硫塔的影响因素

安装脱硫塔是船公司应对“限硫令”的对策之一。一般情况下,船舶平时使用的燃料越多,安装洗涤塔能够节省的成本也就越多,船舶就越有必要安装。具体而言,脱硫塔的安装受到主机功率、高低硫油价差、在 ECA 内营运时间等因素的影响。主机功率越大、高低硫燃油价差越大、在 ECA 内营运时间越长，使用高硫油节约的成本就越多，投资回收期也就越短，脱硫塔投资回收期与主机功率、高低硫油价差之间的关系见图 2－9，脱硫塔投资回收期与船舶在 ECA 内营运时间之间的关系见图 2－10。

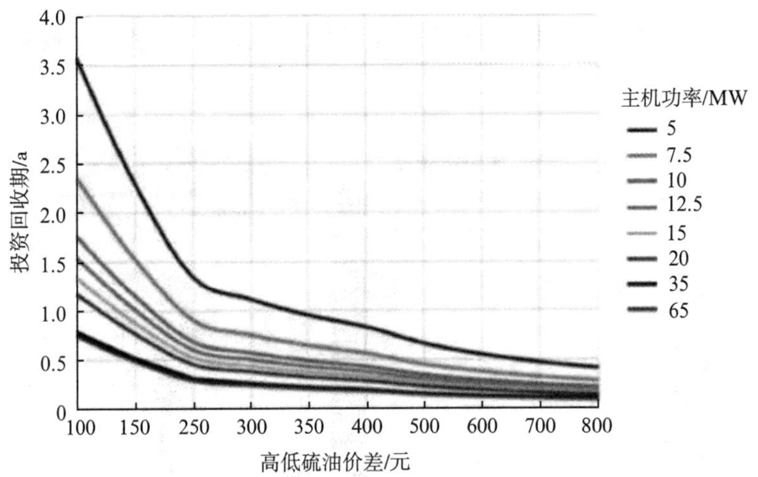

图 2－9 脱硫塔投资回收期与主机功率、高低硫油价差之间的关系

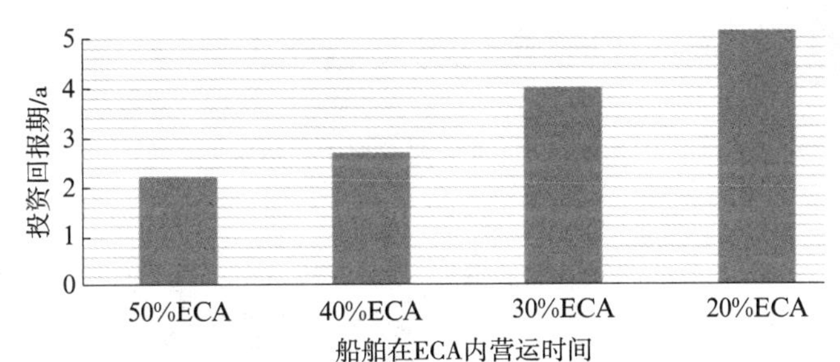

图 2－10 脱硫塔投资回收期与船舶在 ECA 内营运时间之间的关系

2）脱硫塔类型

脱硫塔主要分为开式、闭式和混合式 3 种，各有优缺点。船方可根据三者的特点按需进行选择，以满足船舶在不同排放控制区域的航行要求。根据 DNV 的统计，当前已安装的脱硫塔中 80％为开式脱硫塔；其次为混合式脱硫塔，约占 18％。

开式脱硫塔利用弱碱性的海水对含有硫氧化物的船舶废气进行中和脱硫，开式脱硫塔工作原理见图 2－11。开式脱硫塔的优点是成本低，结构简单，比较适用于海水水域；缺点是能耗高，不少国家和港口限制使用，例如中国、美国、新加坡等。闭式脱硫塔将混有碱性化学物质的洗涤水对含有硫氧化物的船舶废气进行中和脱硫，脱硫后的洗涤水排入收集柜，等待岸上或者第三方接收，闭式脱硫塔工作原理见图 2－12。闭式脱硫塔的优点是不受海水碱度的影响，且不污染海洋，适用于淡水、港内水域和限值使用开式脱硫塔的国家和港口；缺点是安装和营运成本高。混合式脱硫塔则是上述两类脱硫塔功能的结合，混合式脱硫塔工作原理见图 2-13。混合式脱硫塔的优点是可灵活切换,优势互补;缺点是成本高,系统复杂。

此外,按塔体结构不同,还可将脱硫塔分为 I 型、U 型以及单入口、多入口等多种设计,船方可根据船型和耗油设备特点进行选择。其中,U 型塔多用于散货船、矿砂船、超大型原油船(VLCC)等船舶,可适当降低洗涤塔高度。U 型和 I 型脱硫塔塔体示意见图 2-14。

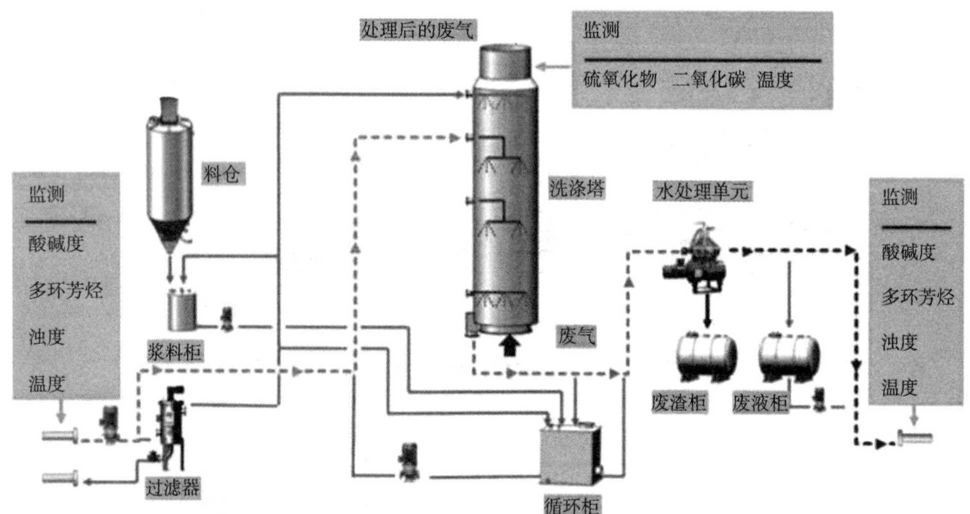

图 2-11 开式脱硫塔工作原理

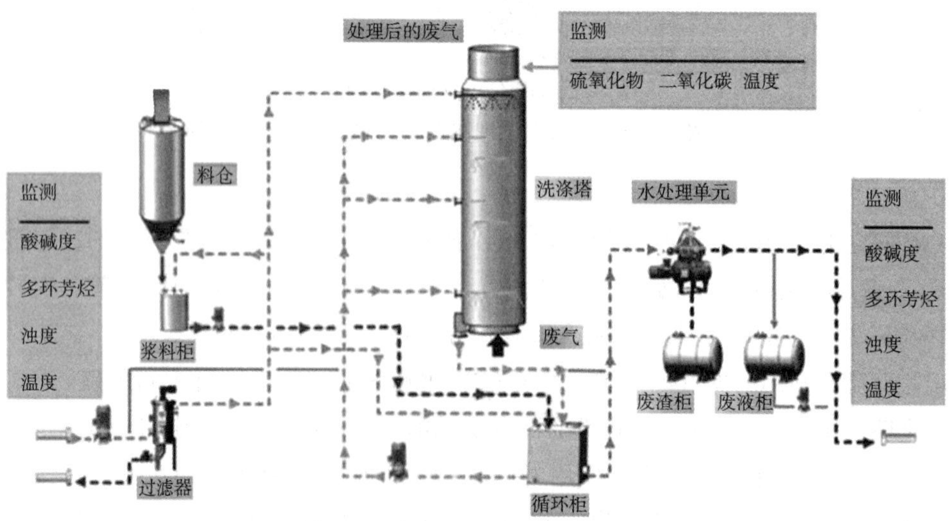

图 2-12 闭式脱硫塔工作原理

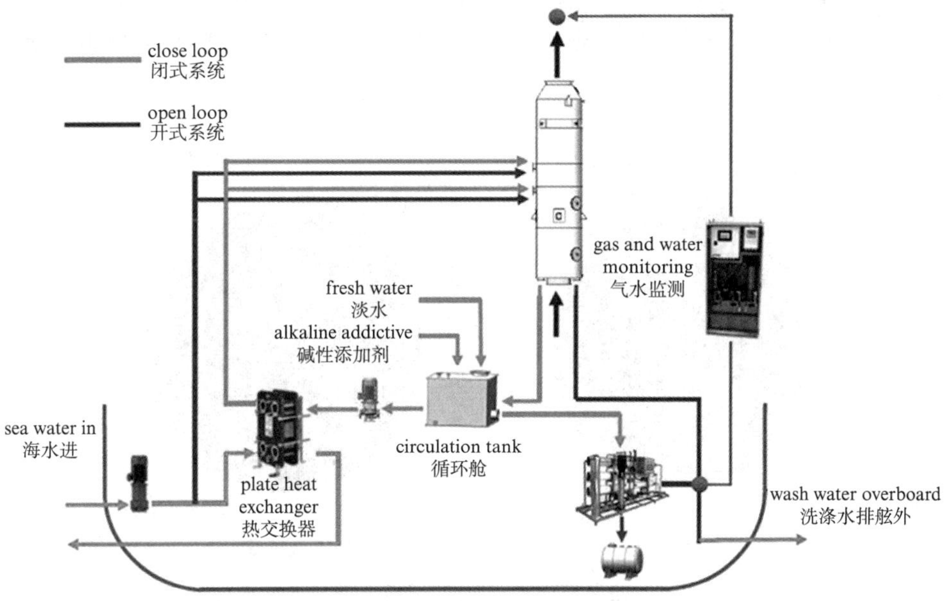

图 2-13　混合式脱硫塔工作原理

图 2-14　U 型和 I 型脱硫塔塔体示意

3）脱硫塔安装情况

在“限硫令”背景下，加注合规燃油为主流选择，LNG 等新能源动力船加快发展，但总体而言，选择安装脱硫塔和 LNG 动力仍是少数，集装箱航运业应对“限硫令”3 种方式占比见图 2-15。

2019 年，安装脱硫塔成本大幅下降了 200 万～300 万美元，单价降至 300 万～500 万美元，安装脱硫塔对班轮公司来说成为有吸引力的选择。事实上，自 2019 年 6 月份以来，全球入坞安装脱硫塔的集装箱船舶数量就一路走高。截至 2020 年 1 月，已有 376 艘集装箱船舶选择安装脱硫塔。其中，新交付船舶已安装脱硫塔艘数为 68 艘，已改装脱硫塔船舶艘数为

222 艘,正在改装的为 86 艘。在已安装脱硫塔船型中,1.25 万 TEU 以上集装箱船运力占比超过六成,2 999 TEU 以下船型安装艘数最多,占比达 37%。已安装脱硫塔船舶中分船型占比见图 2-16。

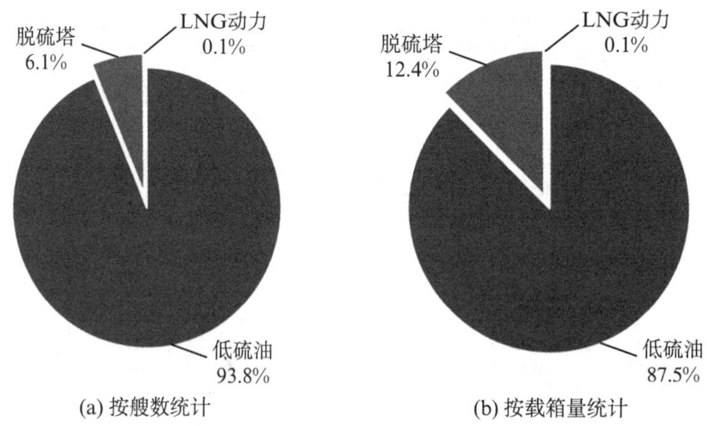

图 2-15 集装箱航运业应对"限硫令"3 种方式占比

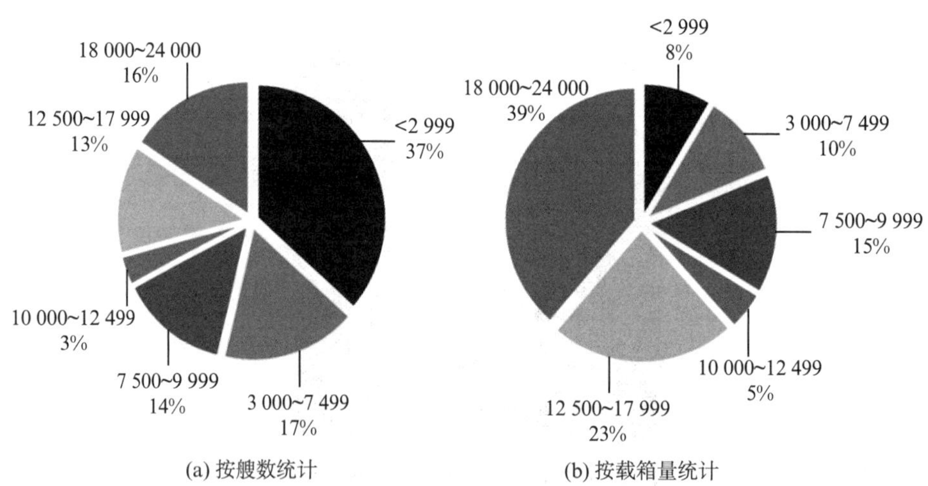

图 2-16 已安装脱硫塔船舶中分船型占比

就班轮公司而言,其应对"限硫令"的对策基本上分为"三大派",分别是以马士基、中远海运为代表的"低硫油派",以地中海为代表的"脱硫塔派",和以达飞轮船为代表的"新能源派",主要班轮公司安装脱硫塔的情况见表 2-12。其中,地中海航运共有 51 艘船舶安装脱硫塔(运力为 66.58 万 TEU),是目前脱硫塔安装数量最多的班轮公司。意大利私营航运公司格里马尔迪航运则成为脱硫塔安装运力比例最高的班轮公司,占比达到 45.6%。

表 2－12　主要班轮公司安装脱硫塔的情况

序号	公司	已安装船舶/艘	占比/%	已安装船舶运力/TEU	占比/%
1	地中海	51	9.0	665 812	17.7
2	长荣海运	43	21.5	330 538	26.0
3	达飞轮船	25	5.0	273 450	10.2
4	马士基	22	3.1	282 623	6.7
5	现代商船	14	22.2	93 726	24.2
6	太平船务	10	8.3	57 038	14.5
7	赫伯罗特	8	3.4	106 160	6.2
8	中远海运	6	1.3	34 473	1.2
9	格里马尔迪航运	5	13.2	19 045	45.6
10	美森轮船	5	20.8	10 784	25.1

4）著名脱硫塔供应商

阿法拉伐（ALFA LAVAL）拥有百年船舶业经验，并钻研船用洗涤塔科技超过五十年，是湿式船用脱硫塔的领导者。2009 年，阿法拉伐脱硫塔产品 PureSO_x 开始装船运行，废气脱硫率超过 98%，每个系统都符合法规要求。目前，阿法拉伐共为 474 艘船舶安装了 525 套脱硫塔，其中：82%为开式，16%为混合式，2%为闭式；从船型看，36%为散货船，24%为油船，18%为集装箱船，10%为滚装船，12%为其他船舶。

雅苒海事（Yara Marine Technologies）是全球工业化学公司 Yara International ASA 在 2014 年收购 Green Tech Marine 后成立的一家公司，总部设于挪威，在中国和瑞典设有办事处。其前身 Green Tech Marine 成立于 2010 年，是全球第一家向海运领域提供 I 型脱硫塔的公司，其开发的多引擎进气和小尺寸脱硫塔能有效节省设备占用空间。

富士电机是世界上第一个使用螺旋分离技术的脱硫塔供应商，其生产的脱硫塔通过喷雾可使洗涤液高度分散，增加废气和液滴之间的接触，有利于提高 SO_x 去除率（可达 98%）。这类脱硫塔不需要搅拌装置，可降低维护成本。体积仅为 34 m^3，比其他洗涤塔（体积为 73～80 m^3）小 50%以上，高度也比其他脱硫塔低 2 m，便于船上安装。不仅如此，它还可以根据发动机负载优化其运行，从而最大限度减少油耗和运营成本。

2.7　船舶减速航行

2.7.1　什么是减速航行

1）航速相关概念

航速包括技术航速、平均航速、经济航速、盈利航速等。

技术航速又称设计航速，它是指船舶主机正常运转，在静水中以最大额定转速所能获得的推进速度，它是船舶设计要求达到的速度。

平均航速是指船舶单位时间内通过的航行距离，即实际航行距离与航行时间的商。在实际航行中，因进出港、通过运河或特殊水域而减速，或者受风、浪、流等影响而减速，导致船舶平均航速通常小于技术航速。

经济航速是指单位运输成本最低时的航速，它与主机性能、燃油价格等因素有关，实际情况不同，经济航速也有所差异。

盈利航速又称最佳航速，它是指能使船舶获得最佳盈利效果的运行速度，与燃油价格和货运市场状况有关。

2）减速航行

减速航行（slow steaming）是指通过主动降低船舶平均航速、达到减少燃油消耗和碳排放的一种营运措施。通过降低船舶航行速度来实现减排目标，一定程度上取决于减速幅度、燃料种类和发动机型号。其中的规律是船舶速度每下降 10%，可降低 15%～20%的燃油消耗量（废气排放量也相应减少）。

干散货船和油船的航速一般为 13～17 kn，减速后分别为 11～11.5 kn 和 11～12 kn。集装箱航速一般为 24～27 kn，减速后为 14～22 kn。其中，一般减速航行时速度为（21±1）kn。额外减速航行（extra slow steaming）是指为最大限度减少燃油消耗量而大幅降低航速至（18±1）kn，尤其适用于短途航运。超低速航行（super slow steaming）时速度为（15±1）kn，此时成本最低，适用于远洋船，但不能大幅节约燃料。

2009 年，马士基航运公司开始推行减速航行（航速一般为 18 kn 或更低，低于 18 kn 则被称为超慢速航行）。船用发动机制造商瓦锡兰估计，通过将货船的航速从 27 kn 降到 18 kn，可减少 59%的燃油消耗，而亚欧航线的航行时间会因此延长一周。

此外，美国洛杉矶港、长滩港、圣地亚哥港和纽约/新泽西港纷纷推出自愿性减速计划，以减少港口附近的废气排放。洛杉矶港和长滩港是美国最早实施自愿性减速计划的港口。该计划第一次启动时，要求挂靠船舶在距离港口 20 n mile 范围内将航速控制在 12 kn 以下，遵守该规定的每艘船舶可在靠港第一天享受 15%的码头费折扣。2009 年 9 月，船舶减速范围扩大到洛杉矶港和长滩港外 40 n mile。当某船 12 个月内减速的达标率达到或高于 90%时，其全年的码头费均可享受折扣。在距离洛杉矶港 40 n mile 范围内将航速控制在 12 kn 以下的船舶可享受 30%的码头费折扣，相同情况下长滩港提供的折扣是 25%；如果在距离港口 20 n mile 范围内减速的，则在两个港口均可享受 15%的码头费折扣。除了提供码头费折扣外，长滩港还实施了“绿旗计划”来推广自愿性船舶减速。根据该计划，如果挂靠长滩港的船舶在 12 个月内 100%达到了“绿旗计划”的要求，将获得绿旗作为环保成就奖。

3）减速航行的历史

第一次减速在 20 世纪 70 年代第一次中东石油危机时期，当时原油价格从 1973 年每桶不到 3 美元涨到超过 13 美元。集装箱之父麦卡恩就是这一轮降速的牺牲者，它刚刚造好航速达到 33 kn 的集装箱船，因为高昂的油价全军覆没，最终卖给美国海军。

第二次是 20 世纪 70 年代末至 80 年代初，当时原油价格从 1979 年每桶 15 美元左右涨到 1981 年 39 美元。由于主机设计功率变小（1 200 TEU 船最高航速为 18 kn），因此，本次减速对船舶的影响并不大。

第三次为 21 世纪初期，在航运市场萧条以及运力过剩的双重压力下，“节约成本”对船公司来说显得至关重要。特别是随着油价攀升，减速航行已经成为船公司“不得不”的选择。

2.7.2 为什么要减速航行

1）实现节油减排

降低燃油消耗量。当船舶负荷一定时，主机的有效功率 P_e（kW）与航速 V_s（kn）的 3 次方成正比 $P_e = A \cdot V_s^3$。因燃油消耗率 $g_e = G/P_e$，单位运距的燃油消耗量 $g_m = G/V_s$，故 $g_m = A \cdot g_e \cdot V_s^2$。其中，$A$ 为常数，g_e 为燃油消耗率（kg/(kW·h)），G 为单位时间耗油量（kg/h），g_m 为单位运距耗油量（kg/n mile）。燃油消耗率、单位运距耗油量与航速之间的关系见图 2-17。在不受交货时间约束时，按经济航速航行可以降低单位运距的燃油消耗量。

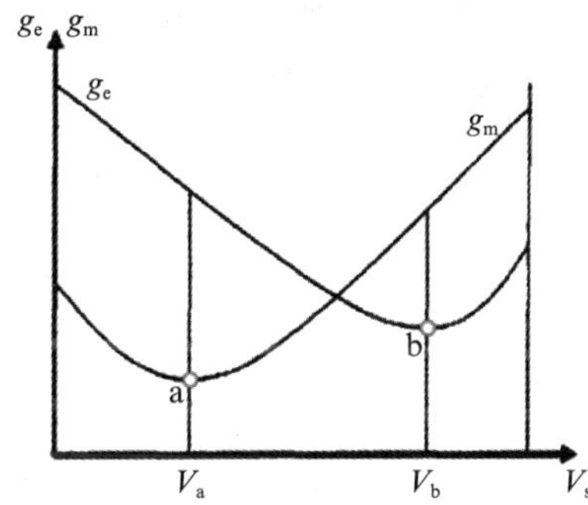

图 2-17 燃油消耗率、单位运距耗油量与航速之间的关系

节省燃油成本。年燃油总成本包括主机年燃油成本和辅机年燃油成本，给出了三种燃油成本与航速之间的关系，燃油成本与船速之间的关系见图 2-18。可以看出，在正常航速下，船舶年燃油总成本主要取决于主机年燃油成本，两者趋势相近，都随着航速的提高而增加。因此，当航速降低时，船舶年燃油总成本将会减少，且减速前的速度越高，减速带来燃油成本节省量越大。

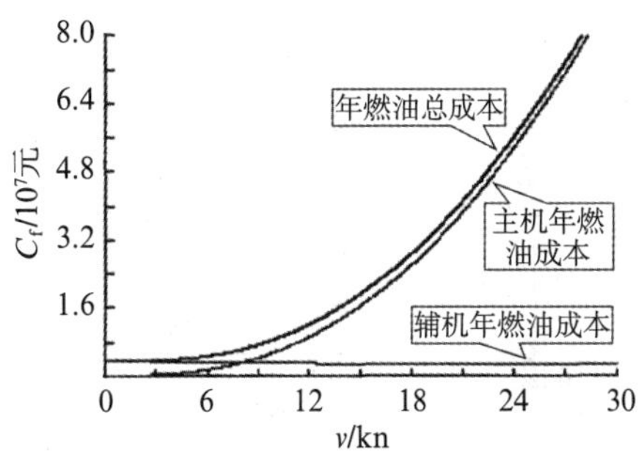

图 2-18 燃油成本与船速之间的关系

减少碳排放量。不同初始航速的减排潜力见图 2－19，给出了单船年 CO_2 排放量(E_a)、减排量(ΔE_a)与航速之间的关系。可以看出，航速越高，单船年 CO_2 排放量越多。当航速降低时，船舶年 CO_2 排放量随之减少，且初始航速越高，其 CO_2 减排量也越大。

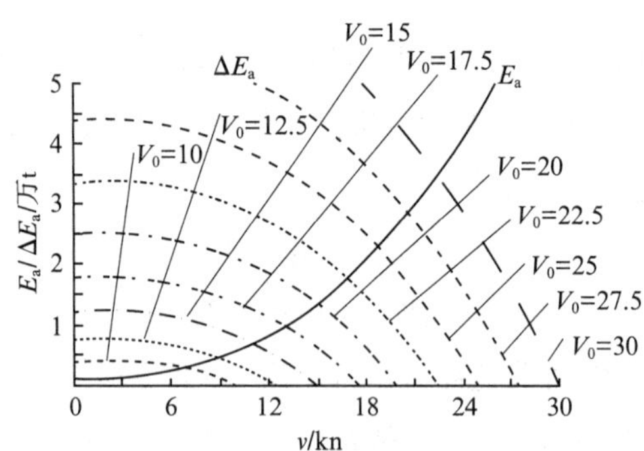

图 2－19　不同初始航速的减排潜力

降低碳排放强度。航速对 CO_2 排放强度的影响见图 2－20。当船舶处于一定低速时，CO_2 排放强度最低。如果航速进一步降低，则 CO_2 排放强度迅速增加。如果增大航速，则 CO_2 排放强度先是缓慢增长，之后增速逐渐变快。

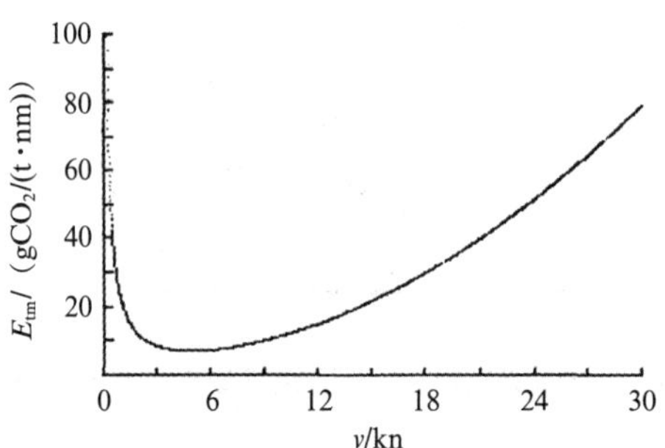

图 2－20　航速对 CO_2 排放强度的影响

不同初始航速下船舶减速对 CO_2 排放强度的影响见图 2－21。初始航速 V_0 越大，船舶 CO_2 排放强度的降低空间也越大。

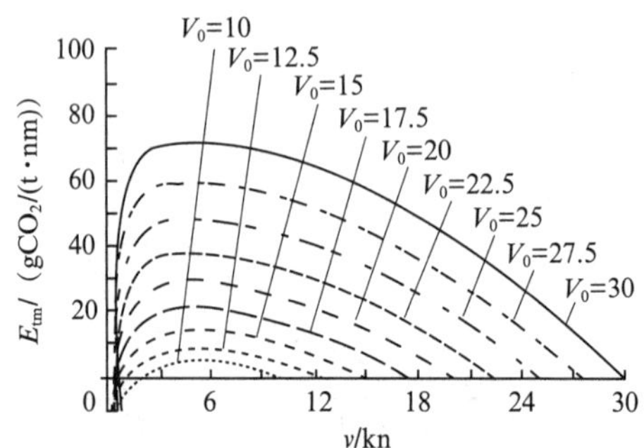

图 2－21　不同初始航速下船舶减速对 CO_2 排放强度的影响

2）缓解过剩运力

对高速航行船舶而言，其减速后引起船舶吨位需求增加较弱，而低速航行船舶继续减速将引起较明显的增加船舶吨位需求。减速对船舶吨位需求的影响见图 2－22。另据克拉克森报告，自 2008 年全球金融危机以来，全球的船队增长了 50％。2010 年和 2011 年为全球船队增长的顶峰，船队增长达 8％。2016 年，船队规模大约为 9 000 艘船舶（约 18 亿 DWT），运力过剩大约为 15％，仅次于 1908 年运力过剩的 20％。运力过剩导致供过于求和运价下降，船公司收益减少。为降低成本，船公司选择减速航行。航速下降后，班期延长，船公司为保持服务频率，则需要增加配船，从而缓解消化过剩运力。例如，赫伯罗特航运公司将欧洲——远东航线的航速降为 20 kn 后，航期从 56 d 增加到 63 d，用省下的钱购买了一艘新船，使该航线的船舶总数达到 9 艘。

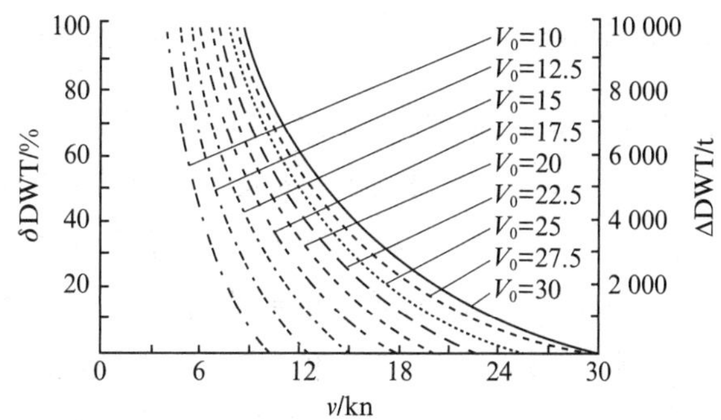

图 2－22　减速对船舶吨位需求的影响

3）提高准班率

Lee 等（2012）采用概率论方法研究发现，当船舶减速航行时，船舶到港的准点率会比未减速航行时高。究其原因，当船舶按较低速度航行时，如果船期发生延误，航速上调空间较大，因而可通过加速航行抢回延误时间。反之，当船舶以较快速度航行时，如果船期发生延误，航速可上调空间较小，所能抢回来的时间也很有限。因此，减速航行的班轮准点率要比航速较快的班轮高。

准班率高对船公司和货主都有益处。一方面，准班率高，货物能及时到达目的港，船公司可以去承运其他货物，即一定时间内承运的货物更多，获得的收入就会更多。同时，货主也更愿意选择准点率高的船公司，因为这样他们可以更精确地掌控货物运输时间，有利于控制成本。由此一来，船公司的货源就会更多，所获得的收入也就会更多。

2.7.3　如何科学实施减速航行

1）航速对年运量、运费收入的影响

航速对年运量的影响见图 2－23，航速对年运费收入的影响见图 2－24。从图 2－23 可以看出，当航速较低时，随着航速增大，一年内完成货物运输量不断增加，但其增加速度随航速值变大而逐渐变小。当航速达到一定程度时，增大航速不能再使货运量有明显增加，其具体变化情况与航次停泊时间有关。比较图 2－23 和 2－24 发现,航速对年运费收入的影响与其对年运量的影响类似。由此可见,船舶减速初期对年运费收入影响较小,而在航速较低时减速将会明显减少运费收入。

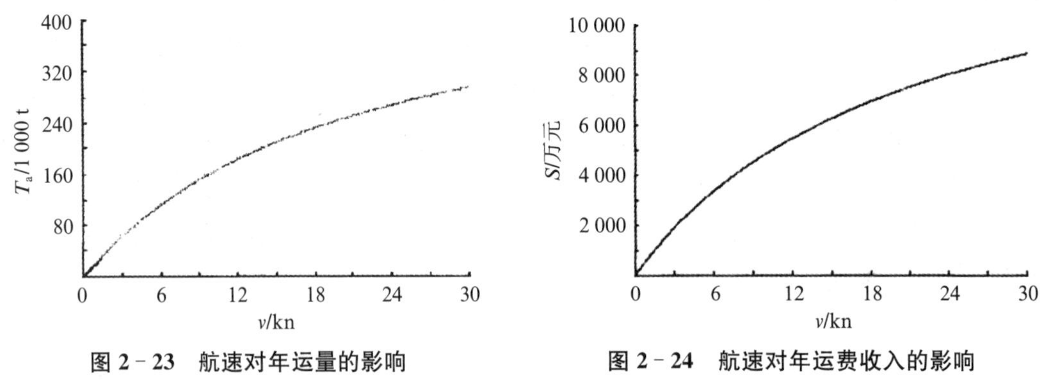

图 2－23　航速对年运量的影响　　图 2－24　航速对年运费收入的影响

2）减速对单船年减速航行成本、单位运输成本的影响

年减速航行成本 C 是指因减速带来的运费收入减少值与燃油费用节约值之差。减速对单船年减速航行成本的影响见图 2－25。负值表示减速航行后,燃油费用的节省值和货物操作相关费用的减少值两项之和大于货运量减少导致的营运收入减少值,表示船公司盈利。当航速大于等于 15 kn 时,减速航行的成本为负值,说明公司盈利增加。当航速小于 12 kn 时,进一步减速会使企业负担一定减速成本,且随着航速的进一步降低,减速成本不断增加。当船舶原航速较高时,减速航行不产生额外成本,而且收益有所提高。

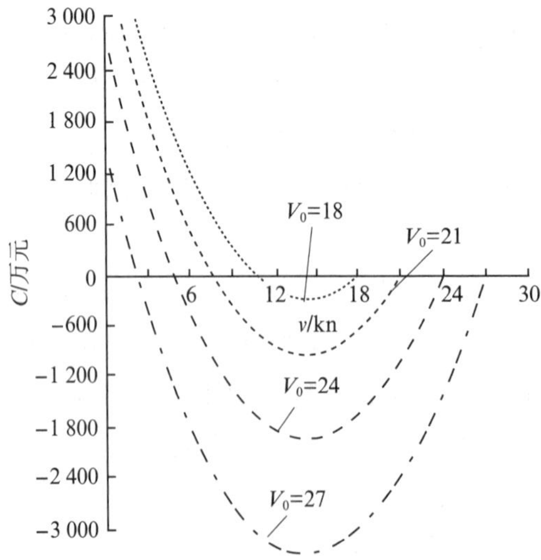

图 2－25　减速对单船年减速航行成本的影响

不同航速减速对单船单位运输成本变化的影响见图 2－26。在一定航速下，单位运输成本 $\overline{C}$ 达到最低值。当航行超过该航速时，船舶油耗迅速增加，导致平均成本升高。当航行低于该航速时，由于船舶运营效率过低，使得单位货运量分担的固定成本迅速增加，导致平均成本升高。当初始航速不同时，减速后平均运输成本变化 $\Delta\overline{C}$ 也越大。其中，$\Delta\overline{C}$ 为负值说明减速后平均运输成本降低。

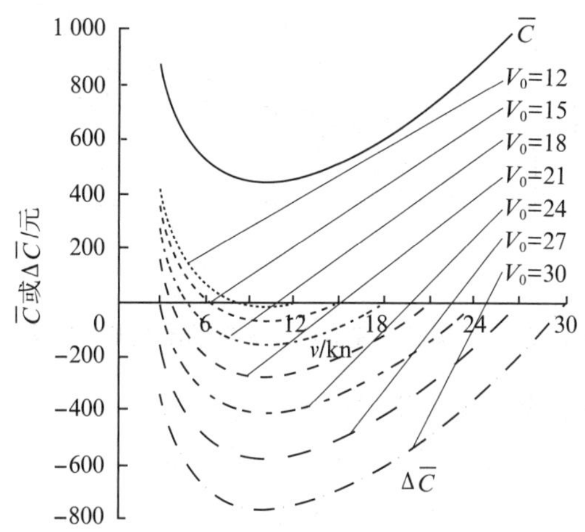

图 2－26　不同航速减速对单船单位运输成本变化的影响

3）减速对完成原运量时年运输总成本、总减排量的影响

图 2－25 和图 2－26 反映的只是单船减速后的变化情况，没有考虑减速带来的运输量减少。如果要完成原运输量，还要增加新的成本。不同航速完成原运输量所需成本变化见图 2－27，图中负值说明减速后完成原运输量所需的成本减少，即减排同时可以实现更多盈利。根据图 2－27，船舶由较高航速开始减速航行不但可以减少排放，而且没有额外负担，同时可以减少支出，但在较低航速时减速航行则会导致成本增加。

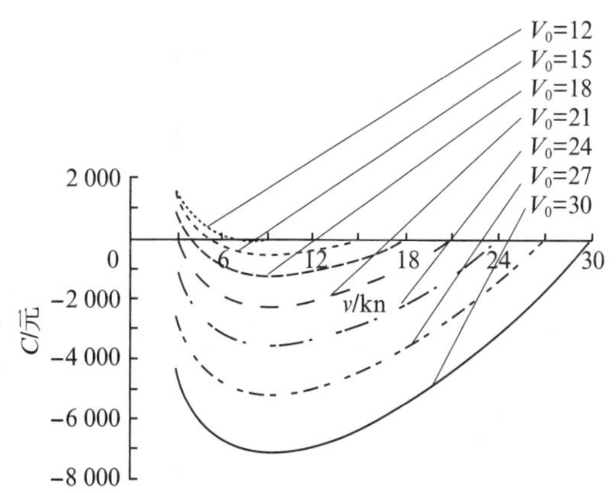

图 2－27　不同航速完成原运输量所需成本变化

不同航速完成原运输量的年减排量变化 ΔE_{a0} 见图 2－28。较高航速航行的船舶，在减速航行时可以实现的减排潜力更显著。较低航速航行的船舶，其减速航行实现减排的潜力较小。

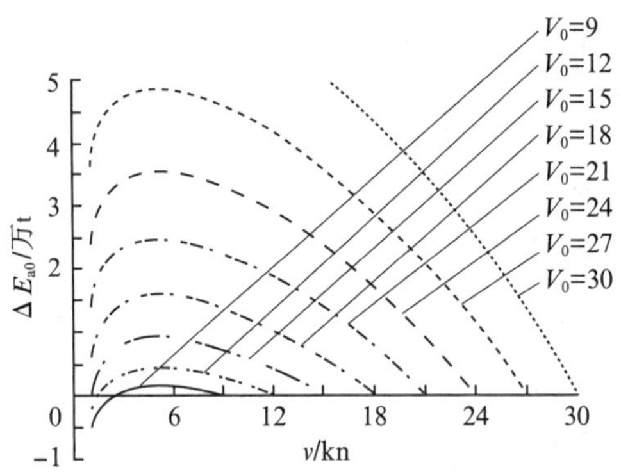

图 2－28　不同航速完成原运输量的年减排量变化

4）了解减速对船公司和全社会单位减排成本的影响

对船公司而言，CO_2 减排成本为减速航行导致的运费收入减少，实现的收益为减速航行引起的燃油费用节约和 CO_2 排放减少。对全社会而言，CO_2 减排成本为完成减速前运输量而增加的船舶吨位建造成本和管理成本与燃油节约成本的差值，实现的效益为减速航行后 CO_2 总排放量与原航速 CO_2 总排放量的差值。船公司 CO_2 单位减排成本见图 2－29，全社会 CO_2 单位减排成本见图 2－30。对比两图发现，船公司 CO_2 单位减排成本 C_c 出现正值较全社会 CO_2 单位减排成本出现正值的航速要高。究其原因，主要是全社会 CO_2 单位减排成本 C_s 只考虑了船舶建造成本和额外管理成本，但未考虑运费分配问题。这一特点决定了在市场竞争环境下，企业自由选择的经济航速将高于社会效益最佳航速。另据图 2－30 显示，当航速小于最佳社会效益航速时，全社会 CO_2 单位减排成本迅速上升，因此减速后航行速度应不小于最佳社会效益航速。

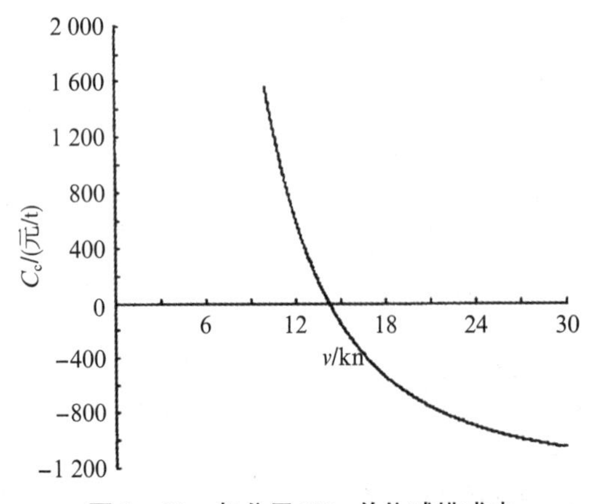

图 2－29　船公司 CO_2 单位减排成本

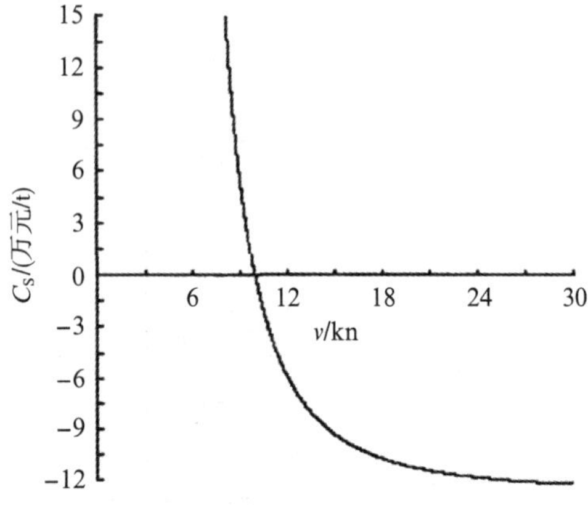

图 2－30　全社会 CO_2 单位减排成本

5）航速优化思路

综上分析，船舶减速航行，航速不宜过低，否则会导致船公司效益和全社会效益降低。因此，在实践中船公司应基于系统成本最小化视角，综合考虑燃油成本、润滑油成本、新增运力成本等多方面的因素，采用优化方法，确定最优航速。

以保持班轮密度不变条件下的航线配船与航速组合优化为例，可参照公式 2－21 提供的思路进行优化。这方面研究已取得一定成果，这里推荐杨忠振（2015）、邢玉伟等（2017，2018）发表的学术论文（详见书后参考文献）供读者参考。

$$\max z=\left(\frac{L}{7\times v_0}\times W\times c_0\right)-\left(\frac{L}{7\times v_1}\times W\times c_1\right)-\left(\frac{L}{7\times v_1}\times W-\frac{L}{7\times v_0}\times W\right)\times c_2 \tag{2-21}$$

式中：z 为减速前后的营运总成本差值（万元），应不小于 0；L 为总航程（nm）；W 为班轮周服务频率（班）；c_0 为减速前单船运营成本（万元）；v_0 为减速前的班轮航速（nm/d）；c_1 为减速后的单船运营成本（万元）；v_1 为减速后的班轮航速（nm/d）；c_2 为新增运力折旧成本（万元）。

2.8　其他大气污染防治

2.8.1　干散货粉尘污染防治

1）湿法除尘

湿法防尘主要包括普通喷水除尘以及对水磁化、加入湿润剂、加入起泡剂等改良方法。

喷水除尘是最常见的湿法除尘，它主要通过直接向起尘源喷水达到除尘目的。当煤炭和矿石表面含水率高超过 6％时，可保证基本不起尘。另外，喷水水雾与扬尘结合，能够增加粉尘重量和微粒之间的黏结，促使扬尘迅速沉降。因此，喷水除尘具有控制起尘和抑制扬尘双重作用，除尘率一般可达 80％。为提高除尘率，一般要求水雾液滴与粉尘颗粒粒径相等或接近，这样更利于它们之间的黏结。这是因为若水滴太大，则其比表面过小，与粉尘结合率小；若水滴太小，则易于蒸发而起不到降尘作用。

喷水除尘简单易行，投资少，效果好，维修使用方便。喷水除尘的主要缺点是用水量大，海港均由城市供水管网供应生活用水，因此单靠生活用水难以满足要求。其次，北方港口冬季无法解决防冻问题，因此将近 3 个月喷水设备不能运行和使用，达不到要求。此外，喷水除尘易使排水变黑，形成二次污染，而且也会不同程度地造成物料流失。

为适度解决喷水除尘存在的问题，实践中常通过对水磁化、加入湿润剂、加入起泡剂等方法对喷水除尘方法加以改进。

对水磁化。磁化水除尘将水通过强度为 2 200 A/m 的强磁场，使水磁化，可提高喷水降尘效率。磁化水流速为 0.3～0.5 m/s，降尘效率最高。对煤炭粉尘可以使降尘效率提高 2.8 倍，对矿石粉尘可提高 2～3 倍。

加入湿润剂。湿润剂由亲水基、疏水基两种不同性质的基团所组成，其溶于水后液面会形成亲水基朝向水液、疏水基朝向空气的定向排列层，隔断液体表层与空气的接触，使得液体表面能大大降低，水和粉尘的湿润能力增强。加入湿润剂能使堆料表面张力减小，湿度增大，从而降低起尘量。北方港口供水不足或气象条件受到限制时，可加入烷基磺酸钠、烷基苯磺酸钠、α-烯基磺酸钠、脂肪醇硫酸钠等湿润剂，能有效提升除尘效果。目前，煤炭转运港通常采用湿润剂除尘方法，水与湿润剂的配比一般为 1∶3 500，两者混合后用泵输入管道，再进入喷水管嘴喷洒，除尘率一般在 70%～90%，且使用寿命较长。

加入起泡剂。对水磁化、加入湿润剂均有利于改进除尘效果，但两者都存在煤炭含水率增大问题。加入起泡剂之后，用泵将这些混合物通过细微喷嘴，使其在一定压力下以泡沫的形式喷洒在堆料或转运点表面，以覆盖和湿润粉尘表面，起到有效防尘和节约用水的作用。泡沫混合物一般按 98.2%的水、0.2%的起泡剂以及一种添加剂配制，体积倍数达 300 多倍，泡沫吸附性好，湿润性强，性能稳定，能及时破泡，且泡沫破裂后粉尘也不会游离，降尘率高达 98%，节约用水近 50%。细微喷嘴的设计、制造与煤尘粒径有关，使用时只要将泡沫发生器装在设备上即可。如能合理使用这种技术，还可以做到冬季防尘。

2）干法除尘

干法除尘主要包括封闭起尘源、喷洒黏结剂、安装集尘装置等方法。

封闭起尘源。为有效防止粉尘在运输过程中扩散飞扬，在皮带机廊道和转接房用弧形铁皮罩进行密闭，即使在大风天气下，皮带机上的粉尘也不会飞扬。现代煤炭转运站连同堆场都设置在封闭厂房内，对周围环境不产生任何影响。

喷洒黏结剂。对于堆放时间较长（几个月甚至 1 年以上）的堆场，不易产生静电，可喷洒黏结剂使其在堆场表面形成一层厚度约 0.8 cm 的硬壳，这种硬壳结合紧密，使用安全，能较好地抑制堆场扬尘。对于输出港，由于货物堆存时间短，因此不宜采用这种方法。

安装集尘装置。集尘装置形式较多，最常用的为过滤式，即强气流通过过滤器，将粉尘收集在过滤器上，以达到防尘的目的。过滤器类型不同，效率也不一样。如由导管引气流而集尘的中心集尘器（布袋式）除尘率可达 93%以上，且使用寿命较长。由于集尘器集尘中心到出口需较长导管，并需较大电机带动风机以增大压差来产生足够气流，因此设备成本较高。除过滤式集尘器外，其他集尘器还包括重力沉降式、惯性分离式、离心式、洗涤式、静电式、超声波集尘装置等。

3）综合除尘

任何一种单一防尘措施，都难以达到国家卫生标准的要求，港口应以某一种或两种为主，辅助其他措施，其他除尘措施见图 2-31。

常用方法是，装卸场地以喷水降尘为主，同时再沿堆场周围布置防尘网或采用绿化降尘达到除尘目的。绿化在防尘、改善港区环境方面起着特殊作用，它具有较好的调温、调湿、吸尘、净化空气、减弱噪声、改善港区小气候等功能。

图 2－31　其他除尘措施

2.8.2　液体货物蒸气污染防治

1）安装油蒸气排放控制系统

油蒸气排放控制系统（VECS）的功能包括测量和采样、货油液位报警、高压和低压报警、蒸气控制和收集，油蒸气排放控制系统工作原理见图 2－32。在装卸油时，将管系产生的油蒸气加以收集，利用装油时舱内形成的压力将油气输送到岸上进行处理。收集管系为永久性安装，应符合钢质海船入级规范要求。在收集管系中应提供一个低点位置，以收集蒸气凝结的液滴，使其回流到油舱内。蒸气收集系统应不妨碍货舱的通气系统正常操作。为便于岸上回收货油舱蒸气，收集系统应具有与岸上的软管或管臂连接的连接机构。

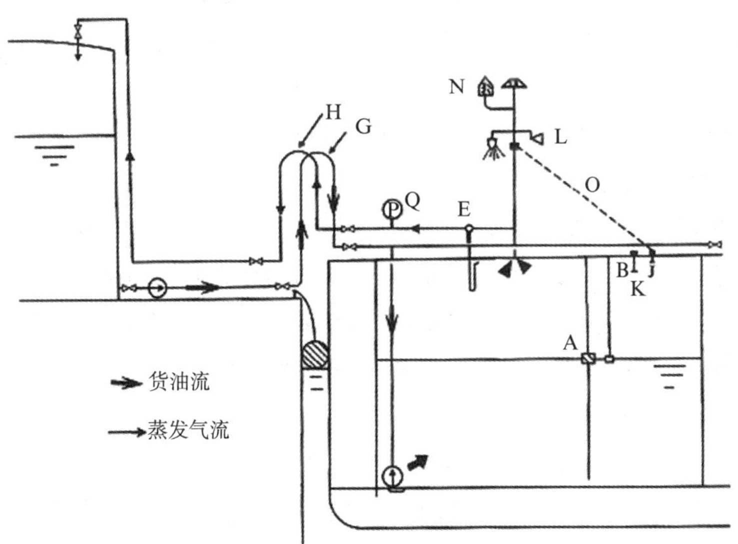

图 2－32　油蒸气排放控制系统工作原理

2）安装燃用 VOCs 系统

挪威国家石油公司（Statoil）联合柴油机公司 MAN B&W 提出了燃用 VOCs 系统设想，该系统将油船装货和航行过程中蒸发出来的 VOCs 处理后作为主机燃料，具有节能和减排双重作用。以服务于挪威国家石油公司 Statoil 海上油田至荷兰鹿特丹航线上的穿梭油船为例，安装燃用 VOCs 系统可节省 90%的燃油，废气中 SO_x 含量下降 50%～90%，NO_x 含量下降 20%～30%，PM 含量下降 50.90%，CO_2 含量也有所减少，而采购成本仅比普通柴油机高 1.0%～1.5%。

燃用 VOCs 系统主要功能包括收集、清洁和压缩冷凝、储存、高压供给、预热和喷射，要求柴油机既可燃烧 VOCs，又可在 VOCs 供给系统故障时转换为燃烧重油，燃用 VOCs 系统工作原理见图 2-33。

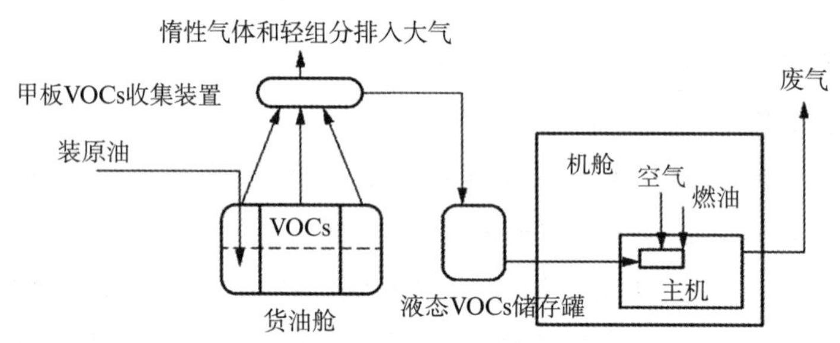

图 2-33　燃用 VOCs 系统工作原理

在原油操作尤其是在油田向油船装油(此时 VOCs 释放最多)时，蒸发出来的 VOCs 和惰性气体通过管系送至收集装置进行清洁和压缩。在一定压力下，VOCs 中的丙烷、丁烷(液化石油气)和更重质烃类将凝结成液体，惰性气体和少量轻质成分(如甲烷、乙烷等)保持气体状态并被排放至大气中，液态 VOCs 被分离送至储存罐。液态 VOCs 可在常温下存于高温容器，或在大气压下降为－40 ℃或更低存于绝热的低温容器。

主机燃烧 VOCs 时，用往复泵从储存罐中将其抽出并加压至 40 MPa 送往主机，往复泵带有流量调节装置来保持进口压力稳定。在进入主机前，高压 VOCs 被加热至 80 ℃左右的高温，以保证喷射时 VOCs 降压蒸发带走大量热量的情况下，高压管不至温度太低而结冰。经过预热后的高压 VOCs 在喷入少量重油(相当于额定负荷喷入量的 8%)后立即喷入燃烧室，少量燃油的预先燃烧是为了保证 VOCs 喷入后安全、稳定地燃烧。VOCs 喷射阀的开启通过计算机控制阀控制高压滑油用液力实现，因此，喷射正时可以调整。

3) 储罐 VOCs 污染防治

减少储罐 VOCs 污染一般采用储罐有机化合物蒸发回收系统，既可达到环境保护的目的又可回收有机化合物蒸气作为化工原料。此外，对于未装设回收系统的储罐，采用外浮顶储罐或内浮顶储罐是较好的替代措施，浮顶罐示意见图 2-34。这种方法在罐内液面上加一个可随液面升降的浮动顶盖，使液体无蒸发空间，可有效地减少油气逸散。

浮顶储罐的浮顶是一个漂浮在储液表面上的浮动顶盖，随着储液的输入输出而上下浮动，浮顶与罐壁之间有一个环形空间，这个环形空间设置有密封装置，使罐内液体在顶盖上下浮动时与大气隔绝，从而大大减少了储液在贮存过程中的蒸发损失。采用浮顶罐贮存油品时，可比固定顶罐减少油品损失 80%左右。

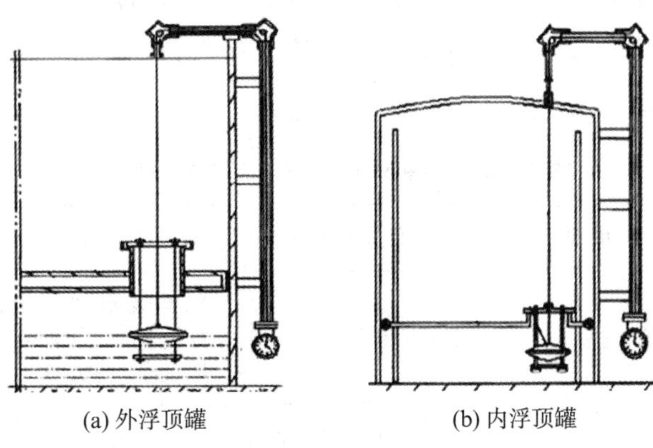

(a) 外浮顶罐　　(b) 内浮顶罐

图 2-34　浮顶罐示意

内浮顶储罐是带罐顶的浮顶罐，也是拱顶罐和浮顶罐相结合的新型储罐。内浮顶储罐的顶部是拱顶与浮顶的结合，外部为拱顶，内部为浮顶。与浮顶罐比较，因为有固定顶，能有效地防止风、砂、雨雪或灰尘的侵入，绝对保证储液的质量。同时，内部的浮动顶盖漂浮在液面上，使液体无蒸气空间，在密封相同情况下，与浮顶罐相比可以进一步降低蒸发损耗，大大减轻了对大气的污染，同时减少了着火爆炸的危险，特别适合贮存高级汽油和喷气燃料及有毒的石油化工产品。而且由于液面上没有气体空间，还可减少对罐壁罐顶的腐蚀，从而延长储罐的使用寿命。

为防止环境温度对储罐的影响，可以在汽油等轻质油储罐上设置喷淋冷却设备，并在储罐上涂银粉，以减少对太阳辐射的吸收，降低罐体温度，减少油气逸散。

4）其他防止 VOCs 外泄措施

采用密闭循环系统装卸货物。当使用全密封输油臂、输油软管将液货从甲容器向乙容器装卸时，乙容器的蒸汽通过甲、乙容器顶部的气相连通管自然排入甲容器中，其体积与甲容器输入乙容器的液货体积相等。采用此方法装卸货物，能够将收集的高浓度石油气或液化气输送至储罐，经冷凝后又变成液体货物而加以回收，可有效防止液货蒸气外泄。

设置氮气自动密封装置。岸罐及管道进料前用氮气惰化，并维持一定的压力，进货后液面再拟盖一层氮气与空气隔绝。当储罐卸货或温度下降导致罐内混合气层压力低于一定压力时，氮气装置自动打开补气以维持正压来达到货物蒸气不外泄的目的。

5）VOCs 处置

处理 VOCs 最经济、简便的办法是焚烧。燃烧处理即把油船装卸过程中产生的或油罐“大小呼吸”中逸出的 VOCs 通过管道泵送到指定的地点焚烧，焚烧方式包括点明火处理、封闭燃烧和焚烧炉焚烧法。焚烧处理后的产物主要是 CO_2 和 H_2O，以及少量的 NO_x 和 CO，处理效率可达 98%。但是，焚烧处理会造成资源浪费和二次污染，且存在安全隐患。在当今全球呼吁减少和限制化石燃料废气排放的大背景下，不少国家和地区开始采用冷凝吸附、吸收、冷凝、膜分离等技术对 VOCs 加以回收，特别是发达国家的炼油厂、油库、加油站及港口都普遍采用了油气回收装置，这些装置既环保又有经济效益。为便于了解，各种 VOCs 处置方式的特点比较见表 2－13。

表 2－13　各种 VOCs 处置方式的特点比较

处置方式		应用情况	优点分析	缺点分析	适用性
吸收	无	国外逐渐淘汰	工艺流程简单	化学吸附剂二次污染处置，无能源再利用，无经济效益	不适用
吸附	回收富油销售	适用成品油、原油码头，国外主要使用	工艺相对简单，能耗相对低，控制严谨，可大型化，可兼用部分化学品，有经济效益	必须具备喷淋吸附贫油，油品储罐占地大，高硫油气吸附增加投资和二次污染	适于石化码头
	发电进入港口或电网	适用成品油、原油码头，国外在使用	工艺简单，能耗相对低，控制严谨，可兼用部分化学品	电网不具备配套条件，电价低，经济效益差	目前中国码头不具备条件
	充当码头锅炉燃料	适用成品油、原油码头，国内研发试点应用	节省码头储运生产能耗，工艺相对简单，控制严谨，可大型化，有经济效益	系统和控制技术尚处研发阶段，高硫油气吸附增加投资和二次污染	适用于大型石化储运码头（常年生产供热）
膜分离	回收富油销售	适用成品油、原油码头，国外部分码头在使用	工艺相对简单、控制严谨，可大型化，便于处理高硫油气，可兼用部分化学品，有经济效益	必须具备喷淋吸附贫油，油品储罐占地多，国产膜质量不稳定，对外技术依赖，原油码头无案例	适用石化码头
	发电进入港口或电网	适用成品油，国外有使用案例	工艺简单、控制严谨，可兼用部分化学品	电网不具备配套条件，电价低，经济效益差，国产膜质量不稳定，对外技术依赖	目前码头不具备条件
	充当码头锅炉燃料	适用成品油码头，国内外无使用案例	节省码头储运生产能耗，工艺相对简单，控制严谨，可大型化，有经济效益	系统和控制技术尚在研发阶段，无案例	适用于大型储运码头（需常年生产供热）
冷凝	回收富油，进入油品销售系统	适用成品油码头，可兼用部分化学品，国外部分码头使用，国内研发节能型冷凝工艺	工艺相对简单，无须配备贫油喷淋工序，控制严谨，直接回收油品，低温操作安全性好，有经济效益	传统冷凝法电耗高，无大规格设备产品，原油码头无使用案例	适用公用及石化业各类码头

表 2-13(续表)

处置方式		应用情况	优点分析	缺点分析	适用性
焚烧	完全焚烧	美国大量使用	工艺简单	火炬需场地和环境许可,无节能效益和经济效益,高硫油气需增加脱硫设备	不适应中国制度和绿色港口要求

目前,国际上油气回收主要采用燃烧法或回收法。美国码头通常采用油气燃烧处理方法,不回收利用,这主要是由于美国石油燃料充足、价格便宜并且地域宽广,可以满足火炬装置的安全距离要求。欧洲、日本等国家或地区油气回收装置主要采用冷凝法、吸收法和吸附法。德国由于制膜技术发达,油气回收主要采用膜分离技术。在中国,油库等岸上车用油气回收技术已发展多年,以上技术均有应用,但针对码头油气回收技术仍处于发展阶段。

2.8.3　消耗臭氧物质污染防治

1）选用替代产品

替代产品主要有 HCFCs 和 HFCs 两类。HCFCs 是含氢的氯氟烃,在对流层易于分解,对臭氧层的破坏力较弱,一般作为替代氟利昂的过渡性产品存在。HFCs 是不含 Cl 原子的氢氟碳化物,由于其对臭氧层没有破坏作用,作为 CFCs 和 HCFCs 的替代产品将得到广泛的应用和进一步发展。鉴于 HCFCs 和 HFCs 具有温室效应,在选择 HCFCs 时应兼顾 ODP 和 GWP,而选择 HFCs 应重点考虑 GWP。HCFCs 和 HFCs 的消耗臭氧潜力及全球增温潜力见表 2-14。

表 2-14　HCFCs 和 HFCs 的消耗臭氧潜力及全球增温潜力

替代产品		消耗臭氧潜力 ODP	100 年全球增温潜力 GWP
HCFCs	HCFC-21	0.040	151
	HCFC-22	0.055	1 810
	HCFC-123	0.020～0.060	77
	HCFC-124	0.020～0.040	609
	HCFC-141b	0.110	725
	HCFC-142b	0.065	2 310
	HCFC-225ca	0.025	122
	HCFC-225cb	0.033	595
HFCs	HFC-134	0.000	1 100
	RFC-134a	0.000	1 430
	HFC-143	0.000	353

表 2－14(续表)

替代产品		消耗臭氧潜力 ODP	100 年全球增温潜力 GWP
HFCs	HFC－245fa	0.000	1 030
	HFC－365mfc	0.000	794
	HFC－227ea	0.000	3 220
	HFC－236cb	0.000	1 340
	HFC－236ea	0.000	1 370
	HFC－236fa	0.000	9 810
	HFC－245ca	0.000	693
	HFC－43－10mee	0.000	1 640
	HFC－32	0.000	675
	RFC－125	0.000	3 500
	RFC－143a	0.000	4 470
	HFC－41	0.000	92
	HFC－152	0.000	53
	HFC－152a	0.000	124
	HFC－23	0.000	14 800

2）开发新型产品

HFOs 类制冷剂。HFOs 类制冷剂是氢氟烯烃的简称，其独特的双键结构使其在大气环境中能够快速分解，从而温室效应很小，GWP 值超低，而且 ODP 为 0，低毒不可燃。最具代表性的 HFOs 制冷剂是 R1234yf 和 R1234ze。R1234yf 作为纯质制冷剂，目前主要应用在汽车空调里替代 R134a，在家用冰箱中也有相关研究。R1234ze 性质与 R134a 相近，价格比 R1234yf 便宜，被认为更适合用于离心式冷水机组中替代现在使用的 R134a。HFOs 是最有潜力替代 R134a 的新一代制冷剂，安全且环保特性好，前景将非常广阔。目前 HFOs 的应用专利都掌握在杜邦或霍尼韦尔等大公司，中国主要在于跟踪并合资生产。

碳氢制冷剂(HCs)。HCs 是一种天然环保的制冷剂，ODP 为 0，GWP 为 3，环保性能优越，主要应用于家用空调器、电冰箱。其中 R290(丙烷)已成功应用于空调和商业制冷系统，R600a 几乎覆盖所有的家用电冰箱，且在一些国家，其市场份额超过了 95%。HCs 已经逐渐推广至冷柜、超市复叠制冷系统、小型热泵、汽车空调等领域。考虑到它的可燃性，在家用冰箱和自动售货机中，工质的充注量大约为 50 g，在房间空调器中大约为 500 g，以防止泄漏而导致的爆炸危险。《家用和类似用途电器的安全热泵、空调器和除湿机的特殊要求(GB 4706.32—2012)》允许 R290 在房间空调器上使用，并规定了使用条件，这对于中国 R290 空调的推广使用具有重大意义。

二氧化碳制冷剂(R744,CO_2)。CO_2 是一种 ODP 为 0、GWP 为 1 的天然制冷剂,具有高密度和低黏度,其流动损失小、传热效果良好,并且通过对传热作用的强化,可以弥补其循环不高的缺点。二氧化碳安全、低毒、不燃烧、与润滑油和金属及非金属材料不起作用、高温下也不会分解成有害气体,同时二氧化碳费用低、易获取,有利于减小装置体积。

氨制冷剂(R717,NH_3)。NH_3 是一种环境友好型制冷剂,多用于大型冷库或工业冷冻系统。氨制冷系统在全世界已经使用了 150 多年,ODP、GWP 均为 0,易获取、价格低,具有良好的热力学性能,但有一定的毒性和可燃性。为了避免氨系统泄漏,可用乙二醇溶液或 CO_2 做载冷剂,将冷量送到冷库或冷链车间。当设计库温较低时,可采用 NH_3/CO_2 复叠式循环,CO_2 作为低温制冷剂在库内或车间的蒸发器中释放出冷量,NH_3 作为高温级制冷剂在室外工作,从原理和结构上避免氨在冷库或车间内泄漏。

3) 国际保护臭氧层日

1995 年 1 月 23 日,联合国大会决定每年的 9 月 16 日为国际保护臭氧层日(International Day for the Preservation of the Ozone Layer),要求所有缔约国按照《蒙特利尔议定书》及其修正案的目标,采取具体行动纪念这个日子。1995 年 9 月 16 日,中国政府在北京召开了国际保护臭氧层日大会,加速淘汰消耗臭氧层物质。2021 年 9 月 16 日,中国履行《蒙特利尔议定书》三十周年暨 2021 年中国国际保护臭氧层日纪念大会在北京召开。根据会议报道,中国自加入《蒙特利尔议定书》30 年来,累计淘汰消耗臭氧层物质约 50 万 t,为保护臭氧层和减缓气候变化作出重要贡献。面向未来,中国将不断完善法律法规和管理制度,逐步开展受控物质淘汰,研究制定 HFCs 管理制度,支持企业技术创新,不断加大监督执法力度,深入开展国际合作,落实《基加利修正案》的管控 HFCs 政策措施,加强 HFCs 等非 CO_2 温室气体管控,为保护臭氧层、减缓气候变化做出新贡献。

本章小结

(1) 航运大气污染及防治相关概念:大气,对流层,污染,污染源,污染物,环境承载力,大气污染,航运大气污染,海陆风,逆温层,热内边界层,排放控制区,碳排放,碳排放权,碳排放权交易,清洁能源,清洁能源替代,废气再循环,选择性催化还原,技术航速,平均航速,经济航速,盈利航速,减速航行。

(2) 航运大气污染的原因(四要素):污染源,具体可分为自然污染源、人为污染源;工业污染源、农业污染源、交通污染源、生活污染源;固定源、移动源;点源、线源、面源、体源;低源、高源、中源;连续源、间歇源、瞬间源;有组织排放源、无组织排放源。污染物,具体可分为 SO_x、NO_x、CO_x、VOCs、卤素化合物等气态污染物,PM 等气溶胶污染物;传播介质主要是风和湍流;承受体包括人体、动植物和环境。

(3) 航运大气污染的危害:SO_x、NO_x、CO_x、PM、HC 等燃烧废气的危害,干散货粉尘的危害,液体货物蒸气的危害,消耗臭氧物质的危害,港区大气污染的危害程度变化(逆温层、热内边界层的影响)。

(4) 航运大气污染防治要求:燃油质量要求,船舶能效要求,排放控制要求。

(5) 排放控制区:ECA 分类,ECA 实施目的,ECA 实施效果,ECA 实施措施。

(6) 碳排放权交易:ETS 基本原理,科斯定律,欧盟、中国的 ETS,ETS 实施目的,ETS 实施措施。

(7) 清洁能源替代:技术体系,应用场景,清洁能源的优势,清洁能源替代的意义,清洁能源替代实施措施。

(8) 废气排放控制:SO_x 排放控制、NO_x 排放控制、CO_2 排放控制;船用脱硫塔。

(9) 船舶减速航行:减速航行的速度范围,减速航行的发展历史,减速航行的意义,减速航行的实施思路和措施。

(10) 其他大气污染防治:干散货粉尘污染防治,液体货物蒸气污染防治,消耗臭氧物质污染防治。

(11) 重要纪念日:国际保护臭氧层日(9 月 16 日)。

(12) 专栏:温室效应与温室气体,上海港 ECA 实施情况,碳达峰碳中和,全球、中国及上海碳交易概况,浙江湖州市内河岸电示范区,上海大力推动航运清洁能源替代。

思考题

(1) 大气层可分为几层?与人类活动关系最密切的是哪一层?

(2) 航运大气污染物及其危害主要有哪些?

(3) 逆温层、热内边界层对港区大气污染物传播有何影响?

(4) 航运大气污染防治的要求包括哪些内容?船舶能效指标主要有哪些?

(5) 为何要实施排放控制区?

(6) 为何要实施碳排放权交易?

(7) 如何防治船舶废气污染?

(8) 船舶为何要就减速航行?减速航行需考虑哪些因素?

(9) 干散货粉尘污染该如何防治?

(10) 如何防治液体货物蒸气污染?

(11) 制冷剂替代使用的发展脉络是什么?

(12) 除国际保护臭氧层日外,还有哪些纪念日与大气环境保护有关?

(13) 请选择一个你感兴趣的航运企业或港口企业,对其在大气污染防治方面所做的一件事情进行分析,并提炼 2~3 个关键词加以概括。

第三章　航运水污染及防治

3.1　航运水污染概述

3.1.1　航运水污染现象

1) 水体与水质

水体(water body)即水的集合体,通常是指以相对稳定的陆地为边界的天然水域,包括江、河、湖、海、冰川、积雪、水库、池塘、地下水、水汽等。它不仅包括水,还包括水中溶解物质、悬浮物、底泥、水生生物等。

水质(water quality)即水体质量的简称,它综合反映水体的物理(如色度、浊度、臭味等)、化学(无机物和有机物的含量)和生物(细菌、微生物、浮游生物、底栖生物)的特性及其组成的状况,需要通过一系列指标来衡量。

2) 水质指标与水质标准

水质指标(water quality indicator)即反映水体物理、化学和生物特性的具体参数,用于描述水样中除去水分子外所含杂质的种类和数量。本书主要用到的水质指标包括含油量,单位为 mg/L;悬浮固体量(SS)即不可滤过物质(粒径>1 μm)的含量,单位为 mg/L;生化需氧量(BOD)即水中的可氧化物质(特别是有机物)在 20 ℃的温度条件下被微生物氧化分解所消耗溶解氧的量,单位为 mg/L;化学需氧量(COD)即有机污染物用化学氧化剂氧化所消耗的氧量,单位为 mg/L;大肠杆菌群数(MPN),单位为个/100 mL。鉴于有机物全部氧化分解需要时间较长、实际操作不便,且 5 天内大部分有机物已被氧化分解,因而常用(20±1)℃条件下、5 天内有机物氧化分解所消耗的溶解氧量作为衡量有机物含量的指标,即五日生化需氧量(BOD_5)。

水质标准(water quality standard)是指国家、部门或地区规定的各种用水或排放水在物理、化学、生物学性质方面所应达到的要求,它是判断水质是否适用和控制水污染的法定依据。例如,《生活饮用水卫生标准(GB 5749—2006)》是人群身体健康和人类生活质量的重要保障,《海水水质标准(GB 3097—1997)》规定了包括海港水域在内的四类水质适用场景,《污水综合排放标准(DB 31/199—2018)》则明确了上海市水污染物排放控制的基本要求。

3) 水污染与水污染物

水污染是指水体因某种物质介入而导致其物理、化学或生物特性的改变,造成水质恶化，影响水的有效利用，危害人体健康或者破坏生态环境的现象。

水污染物是指直接或者间接向水体排放并导致水体污染的物质，通常包括以下几类：①无机无毒物质，如酸、碱、无机盐类等；②无机有毒物质，如重金属、氰化物、氟化物等；③耗氧有机物及有机有毒物质，如酚类化合物、有机农药、多环芳烃、多氯联苯、洗涤剂等；④生物体，如细菌、病毒、原生动物、寄生蠕虫、藻类等。

4）航运水污染

航运水污染是指因常规航运活动或者水上交通事故所产生的某些物质排入水体而导致的一类水污染现象。水上交通事故是指船舶在航行、停泊、作业过程中发生的造成人员伤亡、财产损失、水域环境污染损害的意外事件，如碰撞、搁浅、触礁、火灾/爆炸、自沉等。某些物质主要指可能导致水污染的污染物，包括油类、有毒液体物质、有害水生物和病原体、生活污水等，由其造成的航运水污染可分别称之为油类污染、有毒液体物质污染、有害水生物和病原体污染、生活污水污染等。

3.1.2 航运水污染的原因

1）油类污染的原因

油类是指包括原油、燃料油、油泥、油渣和炼制品在内的任何形式的石油，但不包括石油化学品。船舶造成的油类污染一般分为两类：①船舶正常营运造成的操作性油污染，主要包括油船脏压载水（ballast water）、货舱洗舱水以及船舶机舱舱底水等含油污水的排放，1969 年日本对远洋和沿海船舶的统计资料表明，船舶每天在港排放含油污水 5 万 m^3，其中压载水、洗舱水和舱底水的占比约为 80%：10%：10%；②船舶事故性油污染，主要由船舶碰撞、搁浅、火灾、爆炸等水上交通事故，以及装卸货作业过程中的管路破裂、误操作等造成。其中，溢油污染属于典型的事故性油污染，相对比较特殊，将在 3.3 节单独阐述。

就含油污水而言，按油在污水中存在的状态，一般可分为浮上油、分散油和乳化油。浮上油是指粒径大于 50 μm 的油粒，静止一段时间后能自行上浮到水表面并形成油膜，当油膜厚度大于 1 mm 时，可明显看到油污水表面变成褐色或黑色油层。分散油是指粒径在几十微米（10～50 μm）的油粒，通常分散在水中，经较长时间静止后，粒径较大的油粒才能与水分离上浮到表面。乳化油是指粒径小于 10 μm 的油粒，由于使用界面活性剂或机械作用，使油乳化与水形成稳定的乳化液，这种乳化液仅靠静止难以与水分离。

压载水是指为控制船舶横倾、纵倾、吃水、稳性或应力而加装到船上的水及悬浮物质。对于没有设置专用压载舱的油船，空载航行时通常使用一部分未经清洗的货舱装载压载水，此时残留油与水混合会形成为含油污水，故被称为脏压载水。对于设置专用压载舱的新造油船（载重量为 2 万 t 及以上的原油船和 3 万 t 及以上的成品油船），空载航行时通常使用专用压载舱装载压载水，此时压载水中不含油，故被称为清洁压载水。然而。当天气、海况不好时，除专用压载舱以外，设置专用压载舱的新造油船仍会使用一部分货舱装载压载水，也会产生一部分脏压载水。压载水含油量一般在 1 000～3 000 mg/L，但绝大部分是浮上油，其次是分散油，乳化油很少，故处理较容易。此外，压载水中含有泥沙，其含量与水系、季节、海区等因素有关。一般情况下，洪水季节多、枯水季节则少，黄海稍多一、其他海区则极少，但通常都在1‰以下，并且压载水所含的泥往往和污油掺混在一起而变成黑色，在水中呈悬浮状态，需要经过相当长时间才能下沉。

洗舱水主要指因清洗油船货舱而产生的含油污水。洗舱一般有两种情形：①当船舶进厂修理前，将舱内残存的油冲洗干净才能进行修理，因而通常用海水或淡水清洗油舱；②当油船更换运油品种时，为保证运油质量，必须清洗货油舱。据统计，一般2万t级油船洗舱水占其载重量的20%左右(约4 000 t)，5万～10万吨级油船洗舱水占其起载重量的10%～15%，设有原油洗舱系统的油船其洗舱水可减至载重量的5%以下。洗舱水所含油粒粒径绝大部分在20 μm以下，含油量一般为30 000 mg/L左右，而未经处理排至岸上的洗舱水含油量为1%～3%。洗舱水的成分主要是油、泥、铁锈、微量酚等，且乳化程度较高，污泥含量大，经静置很快会沉淀。相关实验表明，含油量在30 000 mg/L以下的洗舱水，经1 h静置分离后含油量可降到150 mg/L以下(平均84.5 mg/L)，经4 h静置分离后含油量可降到100 mg/L以下(平均36.8 mg/L)，经8 h静置分离后含油量可降到60 mg/L以下(平均23.1 mg/L)。

舱底水是指机舱内各种阀门和管路漏出的水与机器运转时漏出的润滑油、主副机燃料油以及加油时的溢出油、机械及机舱防滑铁板洗刷时产生的油污水等混合在一起的含油污水。舱底水主要来自以下方面：①机舱内冷却管路中海水、淡水的漏泄；②燃油和润滑油管路中燃料油、润滑油的漏泄；③蒸汽管路凝水漏泄；④水柜、油柜及机械设备中油、水的漏泄和泄放；⑤尾轴填料箱处的漏水和冷却润滑水；⑥甲板开口处水密性不良引起的漏泄；⑦水线附近甲板和舱室的疏水泄放至舱底；⑧扑灭火灾用消防水；⑨船体破损后的大量进水等。舱底水的产生量与船舶新旧程度有关、航行和停泊时间长短、维修及管理状况等因素有关，一般情况下一艘船舱底水平均每天产生量是船舶总吨的0.02%～0.05%，每年为该船总吨位的10%左右。舱底水成分复杂，除含燃料油、润滑油等多种油分和机械杂质外，还会有使油乳化的清洗剂成分。舱底水含油量变化范围很大，受诸多因素影响，即使同一条船，不同时期、不同航运状态，其含油量也不相同。

2) 有毒液体物质污染的原因

散装有毒液体物质主要指除油类物质以外的散装化学品，其进入水体后可能造成危及人体健康、损害生物资源及水生物、损害舒适度或妨碍其他水资源合理利用。船舶运输的散装有毒液体物质种类众多，根据《国际散装运输危险化学品船舶构造和设备规则》(IBC CODE)，散装有毒液体物质可分为4类：①X类，排入水体将对水资源或人类健康产生重大危害；②Y类，排入水体将对水资源或人类健康产生危害，或对水上休憩环境或其他合法利用造成损害；③Z类，排入水体将对水资源或人类健康产生较小危害；④OS类，不属于X类、Y类、Z类且排入水体不会对水资源、人类健康、水上休憩环境或其他合法利用产生危害。

通常情况下，有毒液体物质的物理、化学性质存在较大差异，但往往具有以下一种或几种属性：①火灾危险性，由闪点、易爆性、易燃性的限制范围和自燃温度决定；②健康危险性，包括在液体状态下对皮肤的刺激作用，口服、作用于皮肤或吸入时导致受试验者死亡的急性毒性作用，其他如致癌及敏感的健康危害作用；③反应危险性，有毒液体物质本身的聚合作用，或与水、空气、其他化学品等发生有害反应；④海洋污染危险性，包括生物积聚性、缺乏生物易降解性、对水中有机体的急性或慢性毒性作用、对人类健康的长期影响、引起货物漂浮或下沉并对海洋生物产生负面影响。

3) 有害水生物和病原体污染的原因

有害水生生物和病原体是指那些引入水体中可能会损害人类健康、生活资源和水生生命、休憩娱乐环境、生物多样性状态，或者会妨碍对这些区域其他合理使用的水生生物或病原体，本书涉及的有害水生物和病原体主要包括压载水所携带的水生物和船体附着生物。船舶压载水所携带的水生物，主要包括细菌和其他微生物、小型无脊椎动物和其他物种的卵及幼虫，甚至一些小型鱼类。由于某些水生物种离开它们的原栖息地后能够建立新的种群，并对当地物种构成潜在威胁或引起大范围生态和环境损害，因此排放这些带有外来生物的压载水，可能会对当地水域的生态系统、社会经济和公众健康等造成危害，这种现象通常被称为外来生物入侵(biological invasion)。

船体附着海洋污损生物(marine fouling organism)，是生长在船底和海中一切设施表面的动物、植物和微生物的通称。海洋中有 4 000～5 000 种污损生物，50%以上浮游在海岸和港湾处，这些生物生长在船底、浮标、输水管道、冷却管道、沉船、海底电缆、木筏、浮子、浮桥、网具和海洋监测仪器上，从而造成相应的危害。

4) 生活污水污染的原因

为满足日常生活和卫生需要，船员、旅客每天都要用水，这些用过的水称为“船舶生活污水”。船舶生活污水包括任何形式的厕所、小便池和厕所排水孔的排出污水，医务室(药房、病房等)的洗手盆、洗澡盆和这些处所排水孔的排出污水，装有活体动物处所的排出污水，以及混有上述排出物的其他废水等。船舶生活污水的日产量随船舶的类型、用途、新旧程度、管理水平等不同会存在一定的差别，通常远洋船舶的生活污水产量为 50～200 L/(人 · d)。未经处理的生活污水会含有各种有机废物、致病微生物、细菌、寄生物以及海水富营养物质(氮、磷等过多会导致水生态系统物种分布失衡、形成水体富营养化现象)等，排入水体将会发生一系列复杂的生化反应，从而对人类和海洋生物造成危害。实践中，常用的船舶生活污水水质指标包括悬浮固体(SS)、五日生化需氧量(BOD_5)、大肠杆菌群数(MPN)。

3.1.3 航运水污染的危害

1) 油类污染的危害

油类污染的危害包括：①破坏海岸景观，使空气质量下降，影响海岸地区的经济价值；②危害水生生物，例如粘住幼鱼影响其活力，粘住海兽皮毛、海鸟羽毛等使其失去防水、保温能力，堵住腮、鼻孔、喷孔使其窒息，接触油污或因溢油挥发物中毒而死，进入生物体内降低其抵抗力、使其发生畸变或死亡，油膜厚 1 μm 会阻碍水体蒸发和氧气进入水体，影响水循环和鱼类生存；③海洋生物能富集油类含有的苯并芘等有毒物质，影响食品安全；④可能引起水面火灾，影响桥梁、船舶安全。

2）有毒液体物质污染的危害

有毒液体物质污染的危害包括：①引发火灾，这主要取决于化学品的闪点、易爆性、易燃性、自燃温度；②容易与水、空气、其他化学品、化学品本身等发生化学反应，生成有毒有害物；③对皮肤有刺激作用，作用于皮肤、吸入或口服等导致死亡，危害人体健康和生命安全；④难以降解，容易引发生物集聚，致使水生生物慢性、急性中毒等，危及生物安全。

3）有害水生物和病原体污染的危害

有害水生物和病原体污染的危害包括：①破坏生态平衡，例如，1970 年代北美栉水母侵入黑海后嗜食浮游生物、鱼卵及鱼苗给凤尾鱼和鲱鱼养殖业带来了灭顶之灾，1990 年美国栉水母侵入黑海后吞噬大量的浮游生物致使黑海鱼苗几乎枯竭；②造成重大经济损失，例如，1996 年 139 种生物侵入美国和加拿大交界的五大湖到 2000 年共造成 50 亿美元损失，每年要花费 7.5 亿～10.0 亿美元控制斑马贝的大量繁殖；③诱发甲壳类水生物中毒症，例如，有毒双鞭甲藻（腰鞭毛虫）侵入多个国家，被牡蛎等甲壳类水生物吸收后会使食用这类水生物的人瘫痪甚至死亡。

4）生活污水污染的危害

生活污水污染的危害包括：①造成水中溶解氧含量降低，破坏水环境的自然净化过程和生态平衡，改变水环境的生态特征，导致鱼类等死亡或迁移；②进入水体的营养盐含量达到 0.01 mg/L 时形成富营养化现象，会使藻类过度地生长和繁殖后产生厌氧条件和有机物沉积，导致水体中的好气性群体（如鱼类）被低级的厌氧群体（软体虫）所取代，并使底栖动物及卵、幼虫的窒息甚至死亡，最终破坏生物群落的平衡性和完整性；③水环境自净过程被破坏和生活污水中悬浮固体的存在，对海滨浴场和渔场的资源产生较严重影响，不利于经济社会发展；④受病原微生物污染后，微生物激增，病毒含量高、存活时间长，许多是致病菌、病虫卵、病毒等，污染水源，易传播霍乱、伤寒、传染性肝炎等染肠道疾病，威胁人类健康。

3.2　含油污水污染防治

专栏八：船舶非法排放含油污水，船长扣 8 分，罚款 4 000 元人民币

2017 年 10 月某日，广西贵港海事局下属桂平海事处按计划巡航至浔江石咀榄沙水域时，发现一艘自卸砂船正在向江中排放含油污水，船舶非法排放含油污水见图 3－1，执法人员随即实施登轮检查并责令该船立即停止非法排放。经查，该船栏杆、舷梯、驾驶甲板等多处船体结构锈蚀严重,船舶外观较差,又未按规定配备《油污应急计划》和《油类记录簿》等法定文书。

图 3-1 船舶非法排放含油污水

随后,执法人员来到机舱检查,发现该船私自加装一台舱底泵将含油污水直接抽往舷外排放,没有经过任何油水处理装置过滤,严重污染了内河水域。执法人员随即对当事船员进行了严厉的批评教育,同时采集污油水样品取证,涉事船员当场承认了错误并表示积极配合海事部门调查。

最终,该船因违反了《中华人民共和国水污染防治法》被处以罚款人民币 4 000 元整、船长扣 8 分的行政处罚。海事部门呼吁广大船员遵纪守法管好船舶,切勿随意非法排放,并将船上残油收集好送到指定地点排放。

来源:广西贵港海事局

看完上述材料请思考下列问题:上述船舶为什么被处罚?处罚依据是什么?如何才能避免处罚?

3.2.1 含油污水排放控制要求

1) IMO 相关要求

根据 MARPOL 73/78 附则Ⅰ——防止油类污染规则,所有船舶机器处所操作性排油和油船货物区域操作性排油应符合相关要求。国际船舶机器处所操作性排油控制要求见表 3-1。其中,特殊区域是指由于海洋学、生态学、运输特殊性等公认技术原因,需采取防止油类污染特殊强制措施的区域,具体包括 10 个区域,分别是地中海区域、波罗的海区域、黑海区域、红海区域、海湾区域、亚丁湾区域、南极区域、西北欧区域、阿拉伯海的阿曼区域以及南部南非水域。最近陆地是指该领土按照国际法据以划定其领海的基线,澳大利亚东北海面另有规定除外;油量瞬间排放率是指任一瞬间每小时排油量(L/h)与同一瞬间船速(nm/h)的比值;污油水舱是指专门用于收集舱柜排出物、洗舱水和其他含油混合物的舱柜;专用压载水是从固定用于装载压载水或装载油类和有毒物质以外货物,且与货油或燃油系统完全隔绝的船舱排放的压载水;清洁压载水是指在晴天从静止船舶排入平静净水中不会在水面或邻近岸线产生明显痕迹、形成油泥或乳化物沉积的压载水。如果压载水是通过经主管机关认可的排油监控系统排出且含油量不超过 15 mg/L,那么即使有明显痕迹,仍将该压载水确定为清洁压载水。

表 3-1 国际船舶机器处所操作性排油控制要求

<table>
<tr><th rowspan="2">排放区域</th><th colspan="2">排油控制要求</th></tr>
<tr><th>400 GT 及以上船舶
机器处所油类或含油混合物</th><th>150 GT 及以上油船
货油区域油类或含油混合物</th></tr>
<tr><td>特殊区域内</td><td rowspan="2">• 船舶正在航行
• 含油混合物经过滤油设备(含油分浓度探测)处理
• 含油量不超过 15 mg/L
• 油船的含油混合物不是来自货油泵舱的舱底
• 油船的含油混合物不混有货油残余物</td><td>• 除清洁压载或专舱压载的排放外,油船货油区域内的油类或含油混合物禁止排放</td></tr>
<tr><td>特殊区域外</td><td>• 清洁和专用压载水
• 或者油船正在途中航行,油量瞬间排放率不超过 30 L/n mile,排入海中的总油量不超过货油总量的 1/15 000(1979 年 12 月 31 日及以前交船的油船)或 1/30 000(1979 年 12 月 31 日以后交船的油船),油船所设符合公约要求的排油监控系统及污油水舱装置正在运转,距最近陆地 50 n mile</td></tr>
<tr><td>极地水域</td><td colspan="2">• 除清洁或专用压载水外,禁止任何船舶排放油或油性混合物
• 经主管机关批准,无法符合机器处所的油或油性混合物排放要求、在北极水水域持续营运 30 天以上、在 2017 年 1 月 1 日以前建造的 A 类船舶,应不迟于 2018 年 1 月 1 日第一次中间或换证检验时(取较早者)符合相关要求,但在此之前应符合特殊区域内的排放要求</td></tr>
<tr><td>其他要求</td><td colspan="2">• 小于 400 GT 的船舶,可以在航行途中排放含油浓度小于 15 mg/L 的油类和含油混合物,也可以留存船上,而油船必须保证含油混合物不是来自货油泵舱的舱底且未混有货油残余物
• 小于 150 GT 的油船,当在中国沿海水域内航行时,禁止将含污油水排入海中,应将含污油水全部留存船上随后排入接收设备</td></tr>
</table>

特殊情况下,允许将油类或油性混合物排放入海,具体包括三种情形:①保障船舶安全或救护海上人命所必需;②船舶或其设备遭到损坏,为防止排放或使排放减至最低限度已采取了一切合理的预防措施,但船东或船长故意损坏、轻率行事且知道可能会招致损坏除外;③对抗特定污染事故使污染损害减至最低限度,并经过拟进行排放地点所在管辖国政府批准。

2) 中国相关要求

根据《船舶水污染物排放控制标准(GB 3552—2018)》,我国船舶含油污水排放控制要求见表 3-2。

表 3-2 我国船舶含油污水排放控制要求

<table>
<tr><th>污水类别</th><th>水域类别</th><th>船舶类别</th><th>排放控制</th></tr>
<tr><td rowspan="2">机器处所油污水</td><td rowspan="2">内河</td><td>2021 年 1 月 1 日之前建造的船舶</td><td>自 2018 年 7 月 1 日起,收集并排入接收设施或在航行中排放且含油量≤15 mg/L</td></tr>
<tr><td>2021 年 1 月 1 日及以后建造的船舶</td><td>收集并排入接收设施</td></tr>
</table>

表 3-2(续表)

污水类别	水域类别	船舶类别		排放控制
机器处所油污水	沿海	400 GT 及以上船舶		自 2018 年 7 月 1 日起,收集并排入接收设施或在航行中排放且含油量≤15 mg/L
		400 GT 以下船舶	非渔船	自 2018 年 7 月 1 日起,收集并排入接收设施或在航行中排放且含油量≤15 mg/L
			渔船	自 2018 年 7 月 1 日起至 2020 年 12 月 31 日止,在航行中排放且含油量≤15 mg/L; 自 2021 年 1 月 1 日起,收集并排入接收设施或在航行中排放且含油量≤15 mg/L
含货油残余物的油污水	内河	全部油船		自 2018 年 7 月 1 日起,收集并排入接收设施
	沿海	150 GT 及以上油船		自 2018 年 7 月 1 日起,收集并排入接收设施,或在航行中排放且同时满足下列条件:①油船距最近陆地 50 n mile 以上;②排油监控系统运转正常;③排入海中油污水含油量不得超过货油总量的 1/30 000,且瞬间排放率不超过 30 L/n mile
		150 GT 以下油船		自 2018 年 7 月 1 日起,收集并排入接收设施

3.2.2 含油污水违法排放相关处罚规定

1)我国法律相关处罚规定

根据《中华人民共和国海洋环境保护法》(2017 年第三次修正)第八十七条规定,港口、码头、装卸站及船舶未配备防污设施、器材的,处 2 万元以上 10 万元以下的罚款;船舶未持有防污证书、防污文书,或未按规定记载排污记录的,处 2 万元以下的罚款。

根据《中华人民共和国水污染防治法》(2017 年第二次修正)第五十九条规定,船舶排放含油污水应当符合船舶污染物排放标准,从事海洋航运的船舶进入内河和港口时应当遵守内河的船舶污染物排放标准,船舶的残油、废油应当回收且禁止排入水体。第八十九条规定,船舶未配置相应的防污染设备和器材,未持有合法有效的防止水域环境污染的证书与文书,或者在进行涉及污染物排放作业时未遵守操作规程或未如实记载到相应记录簿上的,由海事管理机构、渔业主管部门按照职责分工责令限期改正,处 2 000 元以上 2 万元以下的罚款。第九十条规定,船舶违反本法规定向水体排放船舶残油、废油的,由海事管理机构、渔业主管部门按照职责分工责令停止违法行为,处 1 万元以上 10 万元以下的罚款;造成水污染的,责令其限期采取治理措施、消除污染,处 2 万元以上 20 万元以下的罚款;逾期不采取治理措施的,海事管理机构、渔业主管部门按照职责分工可以指定有治理能力的单位代为治理,所需费用由船舶承担。

2)国务院部门规章相关处罚规定

根据《中华人民共和国防治船舶污染内河水域环境管理规定》(交通运输部令 2015 年第

25号)第四十五条规定,船舶超过标准向内河水域排放含油污水,由海事管理机构责令改正,并处以2万元以上3万元以下的罚款。第四十六条规定,船舶未按规定如实记录油类作业,或未按规定保存《油类记录簿》的,由海事管理机构责令改正,并处以3 000元以上1万元以下的罚款。

《中华人民共和国海上海事行政处罚规定》(交通运输部令2021年第27号)第四十条规定与《中华人民共和国海洋环境保护法》(2017年第三次修正)第八十七条规定相同,这里不再赘述。

3) 其他规范性文件相关处罚规定

根据《中华人民共和国船员违法记分办法》(海船员〔2015〕600号),船舶向水体排放船舶残油、废油的,其大副或轮机长及责任船员一次违法记15分;船舶排放含油污水不符合船舶污染物排放标准的,其船长、大副或轮机长及责任船员一次违法记8分;未经作业地海事管理机构批准,船舶进行残油、含油污水接收作业的,其船长一次违法记4分。

3.2.3　含油污水污染防治措施

1) 配置必要设备

为减少含油污水污染,船舶通常需要配置残油舱、压载舱、污油水舱、滤油及警示设备、管路系统、排放接头等,而港口则需配备接收设备。除此以外,油船还应配置排油监控系统(监控排油速率和排油总量)、油水分界面探测器、原油洗舱系统、惰性气体装置(控制油舱内氧气含量以防油舱内可燃气体燃烧爆炸)、扫舱装置(货油舱残油的清扫)等。

残油舱。400 GT及以上的船舶应设置一个或几个足够容量的残油舱,用于收集因净化燃油、润滑油和机器处所中的漏油而产生的残油,收集的残油(油泥)可排放至岸上接收设备或油污水回收船,或者配置符合相关要求的焚烧炉、辅锅炉进行焚烧。

压载舱。除1982年6月1日及以前交付的4万DWT以上原油船必须配置专用压载舱外,1982年6月1日及以前交付的4万DWT及以上成品油船可选择设置专用压载舱或使用经清洗达到规定清洁程度的货油舱(一般选择边舱)作压载舱,1982年6月1日后交付的2万DWT及以上原油船、3万DWT及以上成品油船可选择设置专用压载舱或使用原油洗舱后的货油舱作压载舱(需设置原油洗舱系统),其他船舶可使用任一货油舱作压载舱。

污油水舱。1979年12月31日及以前交付的油船应指定任一货油舱作为污油水舱,1979年12月31日以后交付的7万DWT及以上新造油船至少应设置两个污油水舱,污油水舱的总容量不得小于船舶载油总量的3%。

滤油及警示设备。400 GT及以上、1万GT以下任何船舶配置的滤油设备应保证通过该系统排入水体的含油混合物的含油量不超过15 mg/L;1万GT以上任何船舶,除符合要求的滤油设备外,加装含油量超过15 mg/L时能发出报警并自动停止含油物排放的装置。

管路系统。每艘油船在其开敞甲板上两舷应设置连接接收设备的排放汇集管,允许排放入水中的管路应通至开敞甲板或最深压载状态水线以上的舷侧,新油船上甲板或以上处所设有停止从货舱区域排放压载水或油污水入海的装置。

排放接头。为使接收设备的管路能与船上机舱舱底和油泥舱残余物的排放管路相联结，船舶应配置标准排放接头，排放接头法兰的标准尺寸见表3-3。排放接头法兰应设计为能接受最大内径为125 mm、最大工作压力为600 kPa（和密封垫圈一起承受压力）的管路，一般用钢或其他同等材料制成，表面平整。

表3-3 排放接头法兰的标准尺寸

项目	尺寸
外径/mm	215
内径	按照管路的外径
螺栓圈直径/mm	183
法兰槽口	6个直径为22 mm的孔等距分布在上述直径的螺栓圈上，开槽口至法兰盘外沿，槽口宽22 mm
法兰厚度/mm	20
螺栓数量、直径	6个，直径20 mm，长度适当

接收设备。装油站、修理港以及船舶需要排放残油的其他港口应配置接收油船，或者配置其他船舶留存的残油和油性混合物的足够设备，满足到港船舶需要且不会造成船舶不当延误。具体包括以下情况：①已完成一次不超过72 h或1 200 n mile压载航行的油船所抵达的原油装载港口和装油站；②日均装载1 000 t以上散装油类（原油除外）的港口和装油站；③有修船厂和洗舱设施的港口；④接待有符合相关要求船舶油泥舱的港口和装卸站；⑤不能排放含油舱底水和其他残油的港口；⑥不能从油类/散货两用船排放残油的散装货物装载港口。

典型船舶含油污水接收设备的工艺流程大致为船舶含油污水→隔油池→调节池→油水分离池→排水池→排放，船舶含油污水接收设备工艺流程见图3-2。通常情况下，含油污水从船上排入隔油池静置一段时间后，大部分油上浮到水面，可通过刮油机等设备将污油推向污油池。含油污水经隔油池处理后含油量可降到50 mg/L以下，再自流入调节池内进一步除油。从调节池出来后，再经流量控制阀进入油水分离池。经分离池处理后，其含油量降到10 mg/L以下，经排水池排入水体。若排水不符合要求，可利用回水泵送至调节池进行再处理，如此循环，直到符合要求排入水体为止。分离提取的污油经脱水罐脱水处理后可直接使用或送到炼油厂进一步处理。整个流程涉及的油水分离可采用重力分离法、聚结分离法、气浮分离法、过滤分离法、吸附分离法、超声分离法当中的一种或多种。重力分离法是利用油水之间的不相溶性和密度差使油污水中的油上浮后实现与水分离，应用最为广泛。聚结分离法是一种精细的分离方法，它利用聚结材料将油粒截留，使其成长、剥离，由微油粒转变成粗大油粒后上浮而被除去，一般情况下能将含油污水中5～10 μm油粒全部除去，甚至更小的油粒也能除去。气浮分离法是通过产生气泡将污水中的细微油粒吸附上浮实现油水分离。过滤分离法是让油污水通过多孔性滤料层（如麻制滤布和卵石）使其中的油粒及其他悬浮物被截留、水通过滤层排出实现油水分离。吸附分离法是利用多孔性固体吸附材料(如硅藻土、活性炭)做滤器将微小油粒吸附到表面上使油水分离。超声分离法是借助于对含油污水发射的超声波引起油粒振动使微小油粒互相碰撞、聚结、扩大而分离上浮。

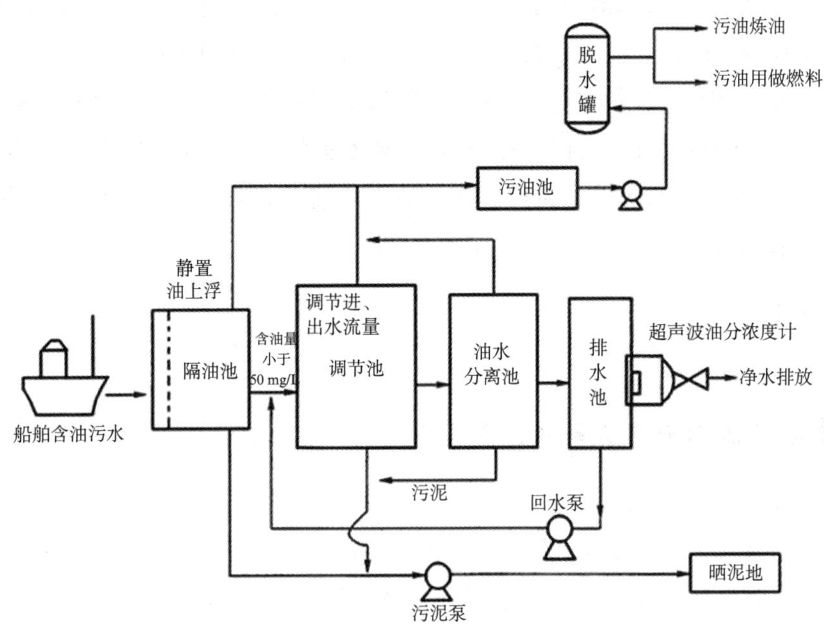

图 3-2　船舶含油污水接收设备工艺流程

2）合理装载

油类与压载水的分隔。4 000 GT 及以上的新造非油船、150 GT 及以上的新造油船，不得在任何燃油舱内装载压载水。

船舶首尖舱内不得装油。1982 年 1 月 1 日以后订立建造合同、1982 年 7 月 1 日以后安放龙骨或处于类似建造阶段的 400 GT 及以上的船舶，首尖舱内或防撞舱壁之前的舱内不得装载油类。

3）配备必要文件

《国际防止油污证书》(IOPP 证书)。150 GT 及以上的油船和 400 GT 及以上的其他船舶均应配置，一般由主管机关委托专业机构对相关内容检验符合要求后签发，有效不超过 5 年，且需要年检。具体检验内容包括：①结构、设备、装置、布置和材料完全符合公约附则相应要求；②油类记录簿，操作手册和证书；③机器处所舱底污水油水分离及排油监控设备；④残油舱和标准排放接头；⑤油污染应急计划；⑥油船的附加要求，包括专用压载水舱、清洁压载水舱、原油洗舱系统，污油水舱及油水界面仪和排油监控系统泵、管系及排放布置，以及货油舱尺度限制及布置等。

《油类记录簿》(ORB)。150 GT 及以上的油船应配置《油类记录簿》第 1 部分(机器处所的作业)和第 2 部分(货油或压载水的作业)，400 GT 及以上的非油船应配置《油类记录簿》第 1 部分(机器处所的作业)，150 GT 以下油船由主管机关参照 150 GT 以上油船制订合适的《油类记录簿》。《油类记录簿》第 1 部分(机器处所的作业)应在进行机器处所相关作业时逐项记录相应内容,具体作业项目包括 5 类,分别是燃油舱的压载和清洗、燃油舱污压载水或洗舱水的排放、油性残余物(油泥和其他残油)的收集和处理、机器处所所积存的舱底水向舷外排放或处理、添加燃油或散装润滑油。《油类记录簿》第 2 部分(货油或压载水的作业)在进行货油操作或压载作业时逐项记录相应内容,具体作业项目包括 10 类,分别为货油装载、航行中货油的船内过驳、货油卸载、货油舱的清洁压载舱压载、货油舱清洗(包括原油洗舱)、压载水排放(从专用压载舱排放者除外)、排放污油水舱的水、污油水舱排放作业后所使用阀门或类似装置的关闭、污油水舱排放作业后为清洁压载舱与货油和扫舱管路隔离所需阀门的关闭、残油处理。

3.3 溢油污染防治

专栏九:世界上第一起大规模溢油事件

时间:1967 年 3 月 18 日

地点:英国锡利群岛和地角之间公海上的七石礁处

涉事船舶:利比里亚籍大型油船“托雷·坎尼荣”(Torrey Canyon)号于 1959 年建成,装载容量为 6 万 t,后来在日本进行了一次改装,改装后船长 297 m,满载吃水近 21 m,载重量增加到了 12 万 t。

原因及过程:12.3 万 t 的利比亚籍油船“托雷·坎尼荣”号装载约 11.7 万 t 科威特原油驶向英国的威尔士米尔福德港口途中,船长为了尽快到达目的地擅自改变航道抄近路前往米尔福德港,加上设计错误使得操舵人员未能发现船舶处于自动舵状态,导致船舶转向出现问题继而触礁、船底破损,2~3 h 溢出原油 3 万 t:以后一周内又有 2 万 t 原油流出;26 日龙骨断裂,又有 5 万 t 原油溢出:28 日起连续 3 天轰炸油舱甲板焚烧溢油,使用了 1 万 t 消油剂和清洁剂,全力清除溢油污染。到最后,英国政府一共投掷了 16 枚火箭、161 枚炸弹、1 500 t 凝固汽油弹和超过 4 万 L 航空煤油用以处理这次溢油污染。

污染范围:英国的康沃尔半岛南北两岸、英吉利海峡内的加尔赛道、法国的福尔牛得半岛北部及东部,总计长达 242 n mile 的海岸线,遭受原油污染区域约 700 km^2,英法两国沿海生态遭受破坏,蒙受巨大经济损失,估计约 1 500 万英镑。分散剂和清洁剂的高剂量、高浓度、高毒性也带来了难以估计的损害后果,成千上万的海鸟死亡,当地夏季旅游业受到严重威胁,附近的生态环境长期遭到不利影响。

事件影响:这次事件向人们提出了一系列问题,使得人类真正开始正视大规模溢油事故。例如,沿岸国是否有权对公海上发生的油污事件进行干预,如何保障油污受害人得到全部或充分的赔偿,如何预防包括溢油污染在内的船舶污染问题,以及如何解决各国联合防污问题等等。为此，IMO于1969年推出了《国际干预公海油污事件公约》(CSI 1969)和《国际油污损害责任公约》(CLC 1969)。此外，IMO还推出了《国际防止船舶造成污染公约》(MARPOL 73/78)以解决船舶污染预防问题，北海各国推出了《伯恩区域海洋协定》(Bonn Agreement)以解决各国联合防污问题等等。

来源：烟台溢油应急技术中心

看完上述材料请思考下列问题：溢油是如何发生的？又是如何运动的？溢油事故污染该如何防治？

3.3.1　溢油事故发生的原因

1) 溢油事故概况

溢油指的是在石油勘探、开发、炼制及运储过程中，由于意外事故或操作失误，造成原油或油品从作业现场或储器里外泄。根据国际油轮船东防污染联合会(ITOPF)提供的统计资料，1970—2021年共发生溢油量超过7 t的溢油事故1 854起，累计溢油量587万t，请参考ITOPF发布的《油轮溢油事故数据统计2021》。总体而言，船舶溢油事故主要集中在石油进出口大国油品集散地的附近海域。

2) 溢油事故原因分析

1970—2021年溢油量超过7 t(中型及以上)的溢油事故原因见图3-3。就大型(溢油量超过700 t)溢油事故而言，搁浅是其首要原因(占32%)，其次为触碰/碰撞(占30%)；最少的是未知原因(仅占4%)，其次是设备故障(占4%)；其他(主要是恶劣天气和人为失误)、火灾/爆炸、船壳破损占比分别为7%、11%、13%。就中型(溢油量为7～700 t)溢油事故而言，触碰/碰撞是其首要原因(占26%)，其次为搁浅(占20%)；最少的是火灾/爆炸(仅占4%)，其次是船壳破损(占7%)；其他(主要是恶劣天气和人为失误)、设备故障、未知原因占比分别为13%、15%、15%。

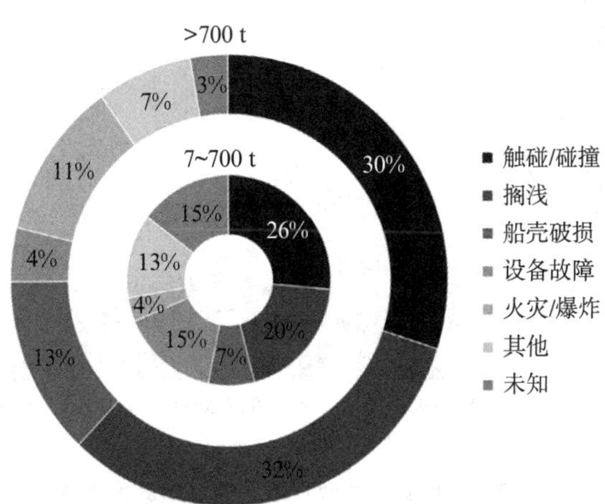

图3-3　1970—2021年溢油量超过7 t(中型及以上)的溢油事故原因

3）船舶运行状态分析

1970—2021 年溢油量超过 7 t(中型及以上)的溢油事故发生时的船舶运行状态见图 3-4。大型事故主要发生在航行过程中(占 67%)，加油和锚泊占比不足 10%。中型事故因信息缺乏，大部分运行状态未知，事故发生时船舶处于装卸或加油状态的占 31%。

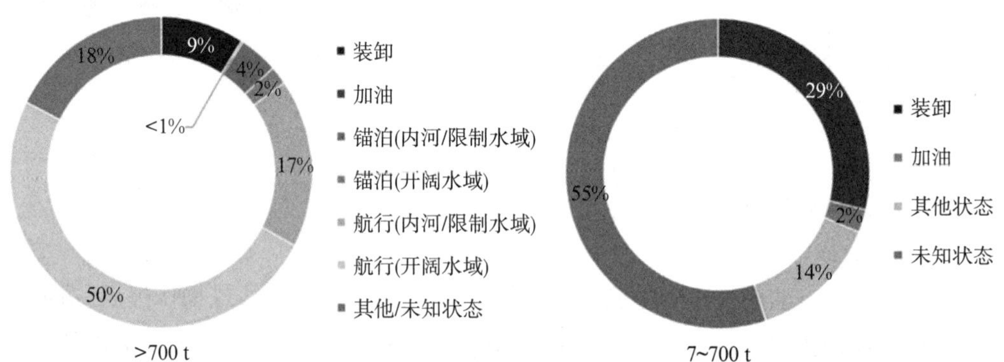

图 3-4　1970—2021 年溢油量超过 7 t(中型及以上)的溢油事故发生时的船舶运行状态

4）变化趋势分析

1970—2021 年中型及以上溢油事故发生起数变化见图 3-5。总体而言，中型及以上溢油事故发生起数呈下降趋势。以十年内年均发生起数为例，1970—1979 年为 78.8 次，1980—1989 年降到 45.4 次，1990—1999 年降到 35.8 次，2000—2009 年降到 18.1 次，而 2010—2019 年则首次降低到了 10 次以下。

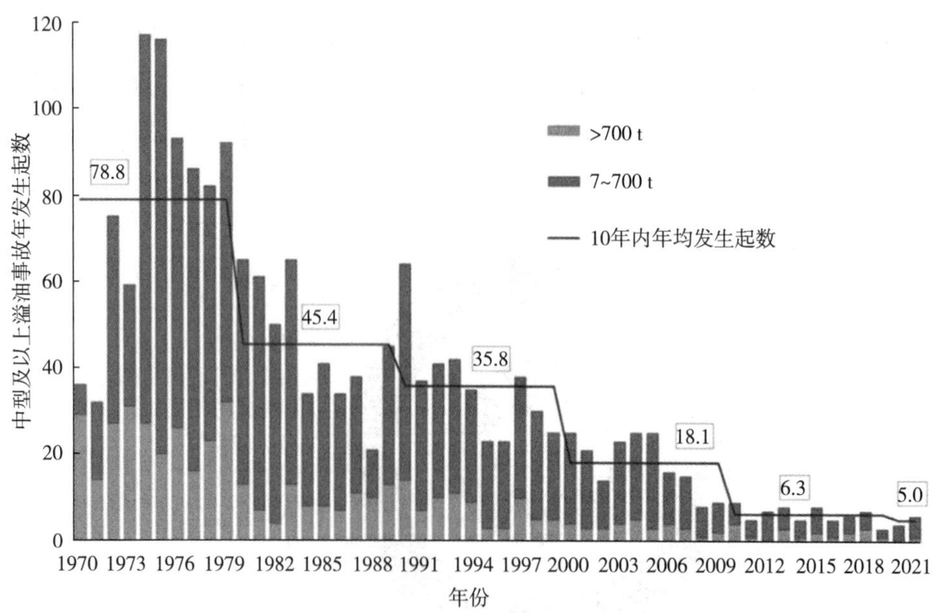

图 3-5　1970—2021 年中型及以上溢油事故发生起数变化

1970—2021年中型及以上溢油事故年溢油量变化见图3-6。可以看出,1970—2010年溢油量具有较为明显的波动性特征,而2010年以后除桑吉号(Sanchi)油船溢油事故外则相对平稳。其中,1979年7月19日发生在多巴哥岛附近加勒比海水域的“大西洋女皇”号(Atlantic Empress)和“爱琴海船长”号(Aegean Captain)碰撞事故导致28.7万t原油泄漏,是迄今为止规模最大的溢油事故。

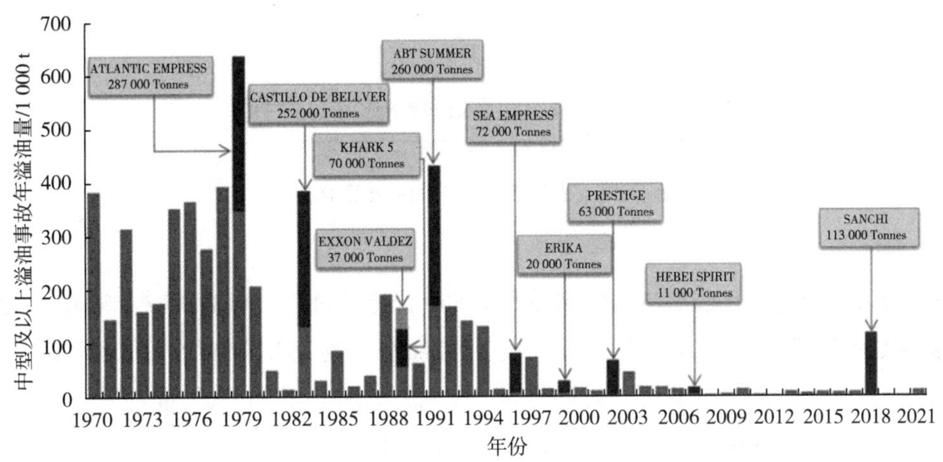

图3-6　1970—2021年中型及以上溢油事故年溢油量变化

1970—2021年不同年代溢油事故的发生原因变化见图3-7。对比图3-5和图3-7发现,在全球溢油事故总量总体下降的情况下,触碰/搁浅导致的溢油事故却在增加,而搁浅导致的溢油事故则逐步减少。此外,1990年后船壳破损导致的溢油事故也明显减少,而设备故障、火灾/爆炸、其他原因等导致的溢油事故在2000年后均有不同程度增加。

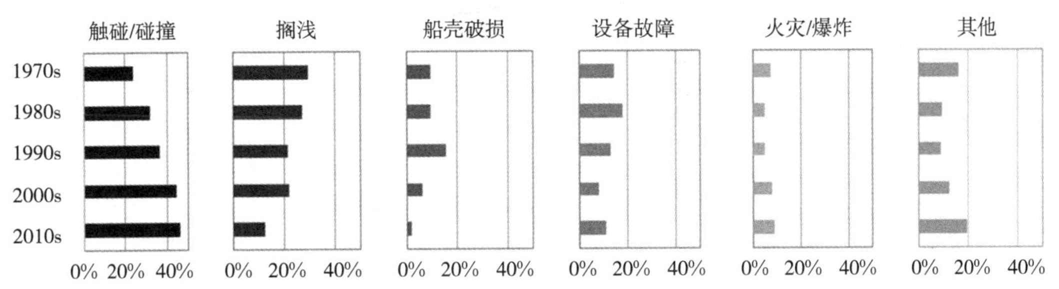

图3-7　1970—2021年不同年代溢油事故的发生原因变化

3.3.2　*溢油的运动过程*

石油溢入海洋后,在一定环境条件下,会发生漂移、扩散、风化等复杂的物理、化学、生物自然变化过程,并通过这些变化最终从海洋中消失,溢油在海洋中的自然变化过程见图3-8。

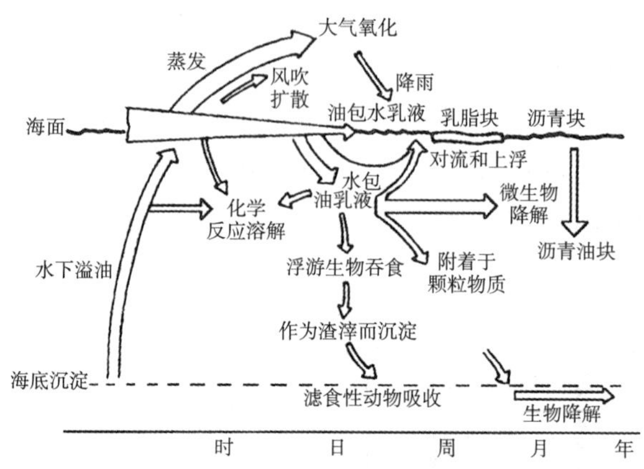

图 3－8 溢油在海洋中的自然变化过程

1）漂移

漂移是指溢油受风流、海流的影响而发生的平行运动过程。风力、潮汐、密度、压力梯度等都会影响溢油漂移，但风海流影响最大，它可在溢油发生 24 h 内制约表面的油膜的漂移方向。一般情况下，溢油漂移的运动矢量约等于海流矢量加上 3％的风矢量之和。对于较厚的油层，风的影响取较大值 4％～5％，对于薄油层则可取 1％～2％。风海流对溢油漂移过程的影响见图 3－9。

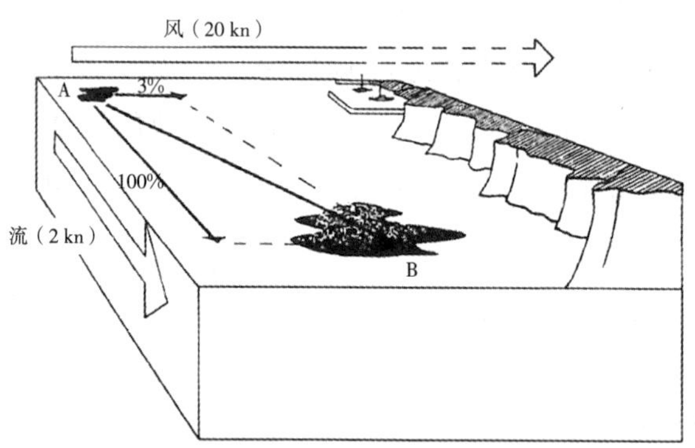

图 3－9 风海流对溢油漂移过程的影响

2）扩散

扩散是指海面溢油在某些海洋环境条件影响下产生的水平分散过程。通常情况下，溢油与海水接触后在海流作用下会分散、破碎，形成微小油粒；这些油粒一旦进入水中，会在表面流的影响下平行移动和分散。因油粒比水轻，故绝大部分油粒最终会再浮上海面。溢油一般从较厚油层向外边界扩散，油膜边界随风向扩散，扩散过程同时受到油粒大小和海面流的影响。

3）风化

风化是指石油溢入海洋后其组分和性质随时间变化、最后从海面消失的过程，主要包括蒸发、溶解、乳化、分散、沉降、光氧化和生物降解等，它是物理作用、化学氧化和生物降解等在自然状态下综合作用的结果。从短期来看，蒸发和乳化过程是重要的风化过程，对溢油的残留量及其组成、性质、状态起决定性作用，影响溢油应急响应决策和经济损害评估。从长期来看，光氧化（数周后明显）和生物降解（延续数年）作用越来越重要，决定海上溢油最终归宿，对全球海洋环境影响评价具有重大意义。

蒸发是指海面溢油中石油烃的较轻组分从液态变为气态向大气进行质量传输的过程，它是溢油质量传输过程的主要部分。蒸发过程主要受溢油的种类（决定其挥发性、沸点等特性）、溢油时间、区域、油膜厚度、环境温度、风速及其他海况的影响。一般而言，原油中低沸点组分比例越大其蒸发越快，油膜面积越大其蒸发也越快，而汹涌海面、大风大浪、高温等也会提高蒸发速率。通常轻质原油一天的蒸发量可达溢油总量的20%～50%，煤油、汽油等成品油数小时将全部蒸发，而重原油和燃料油只有很少量蒸发。蒸发后的溢油总量和轻组分含量减少，使油密度、黏度、表面张力等增加，并使倾点上升。

分散是指海上溢油形成小的油粒进入水体的过程，它是导致油从海面移去的重要过程。分散过程一般可分为三步：一是在破碎波作用下从油膜形成油粒的成球过程，二是在破碎波和上升力的作用下使油粒进入水体的分散过程，三是部分油粒和油膜再结合的过程。自然分散率很大程度上取决于溢油特性及海况，在碎浪出现时分散过程进展很快。汽油、柴油等低黏度油在保持流动且不受其他风化过程阻碍的情况下，数天内即可完全分散，分散后会使溢油的表面积增大，有助于促进沉降和生物降解；重质原油等高黏度油易在水面下形成稳定的油包水乳化液，油层厚、难以分散，可在水面存留数周。

溶解是指溢油在一定能量的搅动下形成油粒均匀进入海水中的过程，它是飘浮/悬浮石油烃进入水体的质量传输过程。溢油的溶解度跟碳原子数有关，碳原子数目越多，其溶解度越低。例如，美国原油8天内溶解度为46 mg/L，轻燃料油5天后的溶解度为7.5 mg/L，重燃料油的溶解度仅为2.3 mg/L。相对于蒸发量，溢油溶解量要小得多，虽然目前尚难以确定其确切数值，但是一般认为二者相差2～3个数量级，因此一些溢油预报系统忽略此过程。但由于溶解多是有毒的芳烃，所以在环境影响预测中溶解量的计算又很重要。

乳化是指一种液体变成微小颗粒分散于另一种液体中的过程。油和水的乳化一般会出现两种情况，一种是形成水包油乳化液（化学分散剂分散溢油），另一种是形成生成类似“巧克力奶油冻”的油包水乳化液，而溢油的乳化通常指第二种情况。溢油的乳化程度主要取决于溢油特性和海况。在风力大于浦氏3级时，一些低黏度溢油在2～3 h可吸收60%～80%的体积的水，而黏度较大的溢油要用10 h以上时间。当海面有碎浪时，海面浮油能很快吸收相当于其质量50%的海水，形成类似“巧克力奶油冻”的油包水乳化液，它会使油的表观黏性增加几个数量级和体积增加数倍，严重影响其他风化过程和清除操作决策。究其原因，主要是这种“巧克力奶油冻”的含量越大，溢油分散剂的作用越小。当“巧克力奶油冻”的含水率达50%～60%时，分散剂就完全失去作用。其次，“巧克力奶油冻”会使溢油黏度增加，导致含有该乳化液的溢油回收率降低。此外，“巧克力奶油冻”在海洋环境中难以自然消失，若任其漂流，碰到固体物质或海滩就会粘附于表面，很难消除。

沉降是指溢油受一系列环境因素影响附着于悬浮颗粒或自身絮凝沉入海底的过程。它可以通过两种方式进行，一种为自然沉降，即随着风化时间和过程的延续，使溢油黏度增加而发生沉降；另一种为絮凝沉降，即溢油和悬浮颗粒物质发生絮凝作用，沉入海底。浅水区和江河口处经常夹杂着大量的悬浮颗粒，这会促使溢油的沉降。除此以外，溢油的沉降还会受到温度的影响，浮于水面的溢油在气温下降到一定程度会沉到水面以下，当气温上升到一定程度时又重新浮于水面。沉积在海底(或河床)的石油经过一定的时间之后，一部分被生物降解，一部分在沉积矿化作用下得到净化。

光氧化过程是指溢油在太阳光作用发生氧化、磁化、水解并产生氧化物的降解过程，它是石油在海水中的主要化学反应。光氧化作用主要发生在表层，其氧化速率取决于自身化学特性，但会在光和微量元素催化作用下而加速，也会在硫化物影响下而降低。相对于其他各种变化过程，光氧化的数量微不足道，氧化速度也较慢，特别是高黏度、厚油层或油包水的乳化物氧化很慢。

生物降解是指在霉菌、酵母菌等微生物的作用下使溢油得以分解的过程，它决定了溢油的最终归宿。一般每种微生物能降解特定的烃族，而影响生物降解速度的主要因素是碳原子数、油粒粒径、溢油所在水域位置(决定其温度、氧气及养料供应，尤其是氮磷化合物)等。具体而言，碳原子数越多越不易降解，油粒粒径越小、水域条件越适宜(氧气及养料供应充足)越容易降解。例如，6 个碳原子的苯比 20 个碳原子的苯并芘降解快，养料供应充足的河口区降解也较快(见表 3－4)。在最适宜的水域，其生物降解除油速率是每天从 1 t 海水中清除 0.001～0.003 g 溢油，而在常年受油污染的地区每天从 1 t 海水中可清除 0.5～60.0 g 溢油。但是，油一旦与沉积物混合，因微生物缺乏氧及养料，降解速率将大为降低。

表 3－4　原油各种成分的生物降解情况

碳氢化合物	水域	质量浓度/(μg/L)	生物降解量/(μg/(L·d))	半衰期/d
苯 C_6H_6	河口区	24	0.330	37
甲苯 $C_6H_5CH_3$	河口区	6	0.041～0.058	45～65
十六烷 $C_{16}H_{34}$	河口区	25	0.100～0.130	85～105
十七烷 $CH_3(CH_2)_{15}CH_3$	河口区	20	0.140	70
	沿海水域	20	0.034	295
	开阔海域	20	0.003	3 350

表 3-4(续表)

碳氢化合物	水域	质量浓度/(μg/L)	生物降解量/[μg/(L·d)]	半衰期/d
萘 $C_{10}H_8$	河口区	30	0.870	17
	沿海水域	30	0.330	115
	开阔海域	30	0.012	1 250
甲基萘 $C_{11}H_{10}$	河口区	30	0.250	60
	沿海水域	30	0.000	∞
	开阔海域	30	0.000	∞
蒽 $C_{14}H_{10}$	河口区	15	0～0.070	>145
苯并芘 $C_{20}H_{12}$	河口区	5	0～0.002	>1 750

3.3.3　溢油的防治措施

1）合理保护货油舱

专用压载舱的保护位置。1982 年 6 月 1 日以后交船的 2 万 DWT 及以上的原油船和 3 万 DWT 及以上的成品油船，应在油舱长度范围内的容易搁浅、碰撞部位合理布置专用压载舱，且应以避开舭部、任何圆弧形的舷缘部分，以防搁浅、碰撞时发生溢油现象。1996 年 7 月 6 日或以后交船的 600 DWT 及以上的油船，应对边舱或处所、双层底舱或处所、舭部弯曲区域或舭部无明显弯曲的部位、货油舱吸阱、压载和货油管路予以保护。

2）制订溢油应急计划

150 GT 及以上的油船和 400 GT 及以上的非油船均应配备经主管机关批准的《船上油污应急计划》。根据中国船级社发布的《船上海洋污染应急计划编制指南》，《船上油污应急计划》一般应包括前言、目录、序言、报告要求、控制排放的措施、与国家和地方的协作、附加资料（非强制性规定）、附录部分等 8 部分内容。其中，附录部分主要涉及沿海国家和地区联系人一览表、港口联系人一览表、船舶重要联系人一览表、报告程序、船上油类/有毒液体物质溢漏的应变设备和材料清单、防止海洋污染训练记录、简明流程图、有关图表等 8 个方面。

与船舶类似，港口也需要配备油污应急计划，其内容主要包括两部分。第一部分为政策、组织、管理，共有 9 部分内容，分别为总则、应急组织和职责、应急防治队伍、通信系统、监视监测系统、应急设备和费用、培训和演习、计划修订组成。第二部分为溢油应急反应，同样有 9 部分内容，分别是港区概况、港区水域溢油风险评价、溢油应急反应的人力物力资源、溢油应急反应、溢油清除作业、回收油和沾油废弃物的处置、索赔和索赔记录、溢油应急信息和数据库、附录。

3）合理处置溢油事故

溢油处置总体思路可以概括为 4 个步骤，即堵→控→收→除。第一步为堵塞漏洞，防止石油继续溢漏;第二步为围控溢油,防止溢油进一步扩散;第三步为回收溢油,采取适当措施减少经济损失;第四步为消除溢油,采用机械清除、化学分散、焚烧等方法将不可回收的溢油清除干净。常用溢油清除方法的特点见表 3-5。

表 3-5　常用溢油清除方法的特点

技术	优点	缺点
机械清除	• 对中等黏度的溢油效果很好 • 在平静海面效果很好 • 不会产生二次污染,灵活性强,回收率高	• 在风浪大的海面无效 • 海面有浓雾时无效
化学分散	• 可在恶劣的气象条件下使用 • 在开阔水域中被分散的油能迅速稀释 • 适用于薄油层	• 在水温低的条件下可能无效 • 对风化油、乳化油无效 • 有可能给海洋生物带来影响 • 在半封闭海湾可能长期滞留 • 不鼓励在近海浅水域中使用
焚烧	• 对新鲜溢油(溢油发生时间不久,1～2 天,含水量＜30%)有效,使用耐火围油栏使油膜足够厚(＞2 mm) • 海况较好(风速＜8 m/s,浪高＜1 m) • 可用于碎冰稠密的海况,远离陆地航道;成本低,开发价值高	• 对风化油无效 • 对乳化油无效 • 产生空气污染影响岸边居民 • 燃烧后给海面带来残渣物

4) 溢油处置设备与材料

(1) 围油栏。围油栏主要有围控与集中、溢油导流和防止潜在溢油等三种作用,它一般应有足够强度和稳定性,必要时具有吸油、耐火性能,同时还要便于储运施放和维修。常用的围油栏包括固体浮子式围油栏、充气式围油栏和混合浮子式围油栏。固体浮子式围油栏属于中型围油栏,它通常采用轻质固体材料作浮子,其浮力小,抗风、浪、流的能力较差,抗拉强度、稳定性差、使用年限短,但因其结构简单、加工制造容易,且具有轻便、易操作、价格便宜等特点,故常在平静水域或风、浪、流不大的情况下使用。充气式围油栏属于轻、中型围油栏,它在使用之前需要使用充气阀对气室进行充气且价格昂贵,但这类围油栏浮力大、本体柔软,抗风、浪、流的能力较强,且其乘波性、稳定性和滞油性能也优于固体浮子式围油栏,因而在实践中应用较为广泛。混合式围油栏适用于紧急事故和频繁收回施放的场合,其充气室内设有固体浮子,即使充气室破损,仍能保持 3/4 的浮力,不影响工作,储存时可折叠成很小的体积,从而解决了充气围油栏充气耽误时间、固体浮子式围油栏运输拖放困难等问题。在特殊情况下,还可能用到双体围油栏(提高滞油能力)、防火围油栏(阻燃防火)、吸油围油栏(挡油吸油)、化学围油栏(控制大面积薄油膜)、物理围油栏(不妨碍船舶航行)、简易围油栏(缺乏专用设备时采用)等。

典型的围油栏布设形式有单船布设、两船布设和三船布设,围油栏布设形式见图 3-10。

单船布设有单侧拖带和双侧拖带两种方式,无论哪种方式都需要用到溢油回收船舶、挺杆(伸出臂和浮子,长度一般为 5～15 m)、围油栏或备有撇油器的围油栏等设备。这种布设形式适用于布设小型围油栏,若用其布设大型围油栏则会限制船舶的操纵性能。因单船拖带围油栏的形状近似为 V 形,故又被称为 V 形布设。两船布设形式通常采用 J 形拖带,前方 1 艘拖船(辅助拖船)拖带围油栏较长的一端,后方 1 艘拖船(主拖船)拖带围油栏较短的一端,同时存放所需的回收设备和回收作业人员。围油栏的长度为 200～400 m,从主拖船至 J 形底部之间围油栏的长度为 20～40 m;撇油器放置在 J 形底部;围油栏要尽可能紧靠在主拖船的一侧(10～20 m),以便于撇油器或其他回收设备的操作。三船布设形式通常采用 U 形围控,前方 2 艘拖船(辅助拖船)并行拖带围油栏,后方 1 艘拖船(主拖船)始终处于 U 形底部外侧,利用撇油器等回收设备对围拢区域内的溢油进行回收。这种布设形式所用围油栏的长度一般为 600 m,围控范围广,回收量大,因而在进行作业前应充分考虑主拖船的舱容,以免因舱容不足导致中途返回或更换船舶而耽误时间。

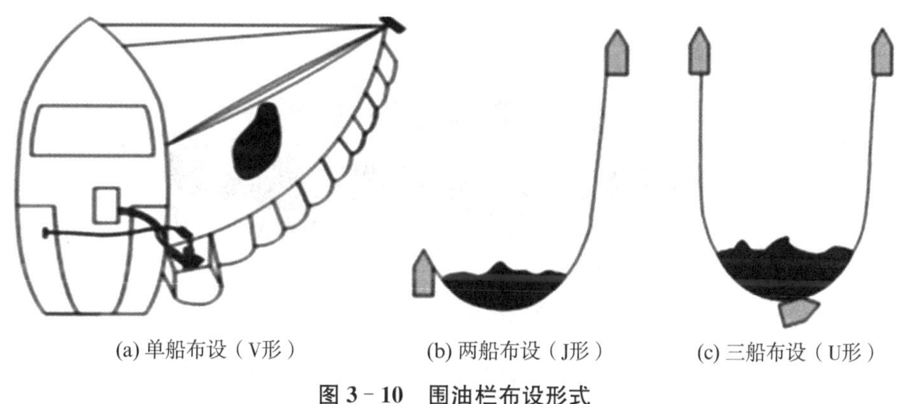

(a) 单船布设(V形)　(b) 两船布设(J形)　(c) 三船布设(U形)

图 3-10 围油栏布设形式

(2) 撇油器。撇油器是指专门设计用来回收水面溢油/油水混合物而不改变其物理、化学特性的任何机械装置,其工作原理为利用油和油水混合物的流动特性、油水的密度差以及材料对油/油水混合物的吸附性将油从水面上分离出来。典型吸附式撇油器见图 3-11。其中,带式撇油器的吸油带由吸油材料制成,通常布置成倾斜状,一端置于水中,并在动力驱动下自下而上运动至上方,然后油被刮板刮下或被辊子挤压下来,进入储存容器中,从而实现油水分离。这类撇油器能够回收高黏度油、凝固油及垃圾,回收油含水量少(一般低于 10%),但回收能力不大,且杂物多时吸油带易损坏。转盘式撇油器的圆盘由亲油材料制成,当其垂直油层表面旋转时,油会被粘附于圆盘上,当其旋转一定角度后,油碰到刮板被刮下来并掉入储油箱中,然后再用泵将回收的油输入到储油装置中。这类撇油器适用于回收中、低黏度的油(黏度超过 2 000 cst 将使其回收能力下降),回收油含水量低(一般为 5%左右),但其造价较高,且油中杂物可能引起圆盘转动事故,妨碍正常收油。

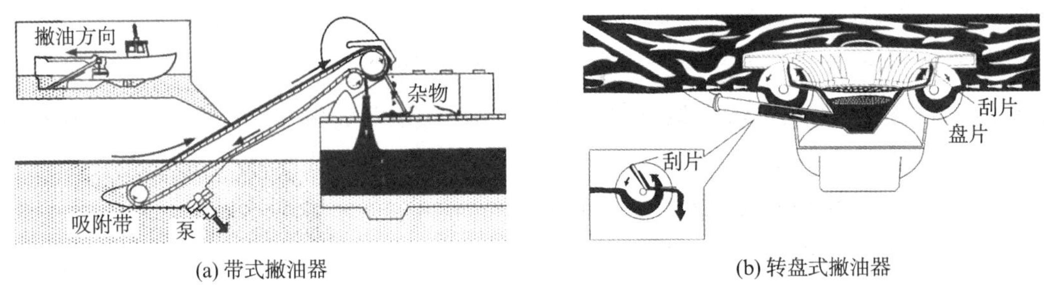

(a) 带式撇油器　　(b) 转盘式撇油器

图 3－11　典型吸附式撇油器

(3) 电磁流体溢油回收技术。电磁流体溢油回收技术主要利用溢油与海水的导电性不同，使其在磁场和电场作用下产生不同的运动状态而“分道扬镳”，从而实现溢油和海水的分离(分离率＞80％)，电磁流体溢油回收技术的工作原理见图 3－12。该技术特别适合回收现有技术难以回收的轻质油和化工原料，且回收比较彻底(回收后海水中含油量＜2 mg/L)、回收油的含水率低(＜5％)，对海洋环境影响小。

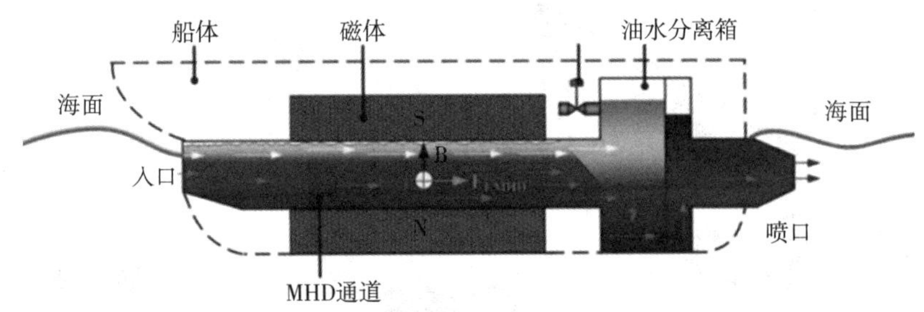

图 3－12　电磁流体溢油回收技术的工作原理

(4) 凝油剂。凝油剂的主要作用是将溢油胶凝成块，浮于水面后便于机械设备回收。除此以外，凝油剂还可用于以下情况：降低溢油蒸气压，凝结轻质油，防止火灾；形成网络结构，凝结油包水乳化物，“吐出”油中所包容的水分；堵塞事故油船的裂口，防止溢油扩散，减少海上溢油量。凝油剂无毒或低毒，通常适用于油膜厚度 0.05～0.30 cm、海况恶劣无法用设备回收的溢油。小规模溢油时，采用人力即可抛洒凝油剂；大规模溢油时，可采借助用飞机、散布器等抛洒。凝油剂抛洒后，还应根据实际条件借助风浪、螺旋桨、泵或船拖搅拌器等使其与溢油充分混合，加速溢油凝固，然后再使用机动清扫船(适于港湾内)或大型网式集油器(适于广阔海域)对凝油块进行回收。

(5) 分散剂。分散剂的作用是将油从海面清除，防止形成稳定的油包水乳化物。分散剂主要由表面活性剂和溶剂组成。表面活性剂一部分亲油，另一部分亲水，其化学性能决定着分散剂对溢油的分散能力和对海洋生物的毒性。溶剂是表面活性剂的载体，可使表面活性剂与油更好地接触，它与油的相溶性直接影响着分散剂的分散能力。分散剂与溢油混合后，表面活性剂的分子排列在油水界面上，降低了油水界面的表面张力，使油膜分散成细小的油粒，增加油水接触面，加速氧化或降解，阻止分散后的油粒又重新聚合，减少海面浮油危害。分散剂适用于开阔水域、水流快、温度高的水域和油膜厚度在 0.05 cm 以下的中低黏度油品，但油粒分散于水中，毒性仍存在。需要注意的是，除淡水水域禁用分散剂外，在敏感的海上环境、裸露的海岸、开阔的海滩等区域或者使用后造成损害更大时也不能使用分散剂，而在低能沙滩、遮蔽岩石海岸等区域则应慎用。

3.4　含有毒液体物质的污水污染防治

专栏十：船舶违法排放含有毒液体物质废水被处罚

案例一。“枞＊货 1＊＊80”船舶涉嫌在内河水域排放有毒液体物质的残余物或者含有此类物质的压载水、洗舱水及其他混合物，被安庆市交通运输综合行政执法支队查获，依法对其作出罚款贰万贰仟元(22 000.00 CNY)的行政处罚。

案例二。“GOL＊＊OR＊”轮 2019 年被查出在 22°17.1 N 115°20.3E 处水域(该点位于我国领海基线外 12 n mile 内)开始洗舱作业，向海洋排放含有对二甲苯(Y 类)的洗舱水，至该轮航行至领海基线外 12 n mile 外期间，共计向海洋排放了 10 m^3 洗舱水。海事管理部门依法对其作出罚款陆万元(60 000.00 CNY)的行政处罚决定。

来源：安庆市交通运输局、上海海事局

看完上述材料请思考下列问题：上述船舶为什么被处罚？处罚依据是什么？如何才能避免处罚？

3.4.1　含有毒液体物质的污水排放控制要求

1) IMO 相关要求

根据 MARPOL 73/78 附则Ⅱ——控制散装有毒液体物质污染规则，禁止任何有毒液体物质或含有此类物质的混合物排放入南极海域，禁止把 OS 类以外的 X、Y 或 Z 类物质的残余物，或临时归类的类似残余物，或含有此类物质的压载水、洗舱水或其他混合物排放入海，除非此类排放完全符合 MARPOL 73/78 附则Ⅱ所含的适用操作要求：①船舶在海上航行，如果是自航船，其速度至少为 7 kn，或如果是非自航船，其速度至少为 4 kn；②在水线以下通过水下排放口进行排放，不超过水下排放口的最高设计速率；③排放时距离最近陆地不少于 12 n mile，水深不少于 25 m。

需要强调的是，卸完 X 类物质的货舱应在离港前进行预洗，预洗后浓度不超过 0.1%，达标后直至排空，之后输入舱内的任何水均可按要求排放入海。未按规定卸货的 Y 类和 Z 类物质以及 Y 类物质中的高黏度或凝固物质，在船舶离港前应进行预洗并将洗舱水排至岸上接收设备，之后输入舱内的任何水均可按要求排放入海。预洗作业不同舱容和液货舱残余量所用最小水量有不同的标准，用于预洗的最小水量见表 3-6。

表 3-6 用于预洗的最小水量

液货舱残余量/m³	最小水量/m³		
	舱容=100 m³	舱容=500 m³	舱容=3 000 m³
≤0.04	1.2	2.9	5.4
0.10	2.5	2.9	5.4
0.30	5.9	6.8	12.2
0.90	14.3	16.1	27.7

2）中国相关要求

根据《船舶水污染物排放控制标准(GB 3552—2018)》，我国含有毒液体物质的污水排放控制要求见表 3-7。其中，标准 6.2 排放控制条件要求为：①船舶按规定程序卸货，并按规定预洗、有效扫舱或通风；②在距最近陆地 12 n mile 以外(含)且水深不少于 25 m 的海域排放；③在船舶航行中排放，自航船舶航速≥7 kn，非自航船舶航速≥4 kn；④在水线以下通过水下排出口排放，排放速率不超过最大设计速率。

表 3-7 我国含有毒液体物质的污水排放控制要求

有毒液体物质	排放控制要求
• X 类物质 • Y 类物质中的高黏度或凝固物质 • 未按规定程序卸货的 Y 类物质 • 未按规定程序卸货的 Z 类物质	• 如不能免除预洗，船舶在离开卸货港前应按规定程序预洗，预洗的洗舱水应排入接收设施 • X 类物质应预洗至质量分数≤0.1%，质量分数达到要求后将舱内剩余污水继续排入接收设施，直至排空 • 预洗后，再向该舱注水产生的含有毒液体物质的污水排放按本标准 6.2 排放控制条件执行
• 按规定程序卸货的 Y 类物质 • 按规定程序卸货的 Z 类物质	• 按本标准 6.2 排放控制条件执行 • 对于 2007 年 1 月 1 日之前建造的船舶，含 Z 类物质或暂定为 Z 类物质的污水排放，可免除在水线以下通过水下排出口排放的要求

3.4.2 含有毒液体物质的污水违法排放相关处罚规定

1）我国法律相关处罚规定

《中华人民共和国水污染防治法》(2017 年第二次修正)第五十九条规定，船舶装载运输油类或者有毒货物，应当采取防止溢流和渗漏的措施，防止货物落水造成水污染。第六十二条规定，船舶进行散装液体污染危害性货物的过驳作业，应当编制作业方案，采取有效的安全和污染防治措施，并报作业地海事管理机构批准。第九十条规定，船舶未经作业地海事管理机构批准，船舶进行散装液体污染危害性货物的过驳作业的，或者船舶及有关作业单位从事有污染风险的作业活动，未按照规定采取污染防治措施的，由海事管理机构、渔业主管部门按照职责分工责令停止违法行为，处 1 万元以上 10 万元以下的罚款；造成水污染的，责令其限期采取治理措施、消除污染，处 2 万元以上 20 万元以下的罚款；逾期不采取治理措施的，海事管理机构、渔业主管部门按照职责分工可以指定有治理能力的单位代为治理，所需费用由船舶承担。

2）国务院行政法规相关处罚规定

《防治船舶污染海洋环境管理条例》（国务院令第 698 号第六次修订）第十七条规定，船舶污染物接收单位从事含有毒有害物质污水接收作业，应当编制作业方案，遵守相关操作规程，并采取必要的防污染措施。第六十条规定，船舶污染物接收单位从事含有毒有害物质污水接收作业，未编制作业方案、遵守相关操作规程、采取必要的防污染措施的，由海事管理机构处 1 万元以上 5 万元以下的罚款；造成海洋环境污染的，处 5 万元以上 25 万元以下的罚款。

第三十三条规定，载运散装液体污染危害性货物的船舶和 1 万总吨以上的其他船舶，其经营人应当在作业前或者进出港口前与符合国家有关技术规范的污染清除作业单位签订污染清除作业协议，明确双方在发生船舶污染事故后污染清除的权利和义务。第六十六条规定，载运散装液体污染危害性货物的船舶和 1 万 GT 以上的其他船舶，其经营人未按照规定签订污染清除作业协议的，由海事管理机构处 1 万元以上 5 万元以下的罚款。

3）国务院部门规章相关处罚规定

《中华人民共和国船舶及其有关作业活动污染海洋环境防治管理规定》（交通运输部令 2017 年第 15 号第四次修正）第九条规定，船舶在港区水域内含有毒有害物质污水，或者冲洗沾有污染物有毒有害物质甲板的，应当遵守有关法律法规、标准和相关操作规程，落实安全和防治污染措施，并在作业前将作业种类、作业间、作业地点、作业单位和船舶名称等信息向海事管理机构报告。第五十二条规定，船舶未按照规定将有关情况向海事管理机构报告的，由海事管理机构予以警告；情节严重的，处 2 万元以下的罚款。第三十六条规定，进行散装液体污染危害性货物过驳作业的船舶，其承运人、货物所有人或者代理人应当向海事管理机构提交申请材料，经海事管理机构负责人批准方可进行。第五十八条规定，未经海事管理机构批准，船舶进行散装液体污染危害性货物过驳作业的，由海事管理机构对船舶处 1 万元以上 5 万元以下的罚款。第十五条规定，船舶污染物接收单位进行含有毒有害物质污水接收作业，应当在作业前将作业时间、作业地点、作业单位、作业船舶、污染物种类和数量以及拟处置的方式及去向等情况向海事管理机构报告。第五十七条规定，船舶污染物接收单位未按照规定将船舶污染物的接收和处理情况报海事管理机构备案的，由海事管理机构处 2 万元以下的罚款。

《中华人民共和国防治船舶污染内河水域环境管理规定》（交通运输部令 2015 年第 25 号）第十三条规定，禁止船舶向内河水体排放有毒液体物质及其残余物或者含有此类物质的压载水、洗舱水或者其他混合物。第四十五条规定，船舶在内河水域排放有毒液体物质的残余物或者含有此类物质的压载水、洗舱水及其他混合物的，由海事管理机构责令改正，并处以 2 万元以上 3 万元以下的罚款。第十四条规定，载运散装有毒液体物质的船舶应当将有关作业情况如实、规范地记录在经海事管理机构签注的《货物记录簿》中。第四十六条规定，船舶未按规定如实记录散装有毒液体物质作业的，由海事管理机构责令改正，并处以 3 000 元以上 1 万元以下的罚款。第二十五条规定，从事散装液体污染危害性货物装卸作业的，作业双方应当在作业前对相关防污染措施进行确认，按照规定填写防污染检查表，并在作业过程中严格落实防污染措施。第二十六条规定，船舶从事散装液体污染危害性货物水上过驳作业时，应当遵守有关作业规程，会同作业单位确定操作方案，合理配置和使用装卸管系及设备，按照规定填写防污染检查表，针对货物特性和作业方式制定并落实防污染措施。第四十八条规定，从事散装液体污染危害性货物装卸、过驳作业的，作业双方未按规定填写防污染检查表及落实防污染措施的，由海事管理机构责令停止违法行为，并处以 5 000 元以上 1 万元以下的罚款。

3.4.3 含有毒液体物质的污水污染防治措施

1）配置必要设施设备

船舶方面。根据《国际散装运输危险化学品船舶构造与设备规则》(IBC Code)，船舶应满足由 IMO 制定的关于这类运输船舶的设计、构造和设备方面的强制性规定，按要求配置货物围护系统、液货系统、环境控制系统、透气/除气系统、蒸汽回收系统、洗舱系统、货物温度控制系统等，使其对船舶、船员及环境所造成的危险，减至最少。每艘船舶均应设置泵吸和管路，以确保准予装运的 X、Y 或 Z 类物质在每个舱内及其相关管路内的残余物满足相关的要求，舱内及其相关管路内的残余物要求见表 3－8。

表 3－8 舱内及其相关管路内的残余物要求

船舶资料	残余物(L)		
	X 类	Y 类	Z 类
新船：2007 年 1 月 1 日后安放龙骨	≤75	≤75	≤75
至 2007 年 1 月 1 日的 IBC 船舶	允差 100＋50	允差 100＋50	允差 300＋50
BCH 船舶	允差 300＋50	允差 300＋50	允差 900＋50
其他船舶：2007 年 1 月 1 日前安放龙骨	不适用	不适用	最大限度空置

港口方面。为满足船舶使用其港口、装卸站或修理港的需要，货物装卸港、站应设有足够的设备，以接收船舶留待处理的含有有毒液体物质的残余物和混合物，且不应使船舶发生不当延误；卸货站应提供设施，以便卸载有毒液体物质的船舶进行液货舱扫舱，且货物软管及管系内由船上卸出有毒液体物质时所接收的这些物质不得返回船上；船舶修理港应设有足够设备接收含有有毒液体物质的残余物和混合物。

2）配备必要文书

《国际防止散装运输有毒液体物质污染证书》(NLS 证书)。运输散装有毒液体物质的船舶应当由主管机关的官员、主管机关认可的组织或指定的验船师对其检验，检验内容包括：①结构、设备、各种系统、附件、装置和材料及其状况能将有毒液体物质的无控制排放入海减至最低程度；②适用于该船的操作手册，手册所述的船舶布置、设备及相关泵和管系；③该船所列散装运输有毒液体物质货品名单的合适性。经初始检验或换新检验合格后由主管机关或经主管机关正式授权的任何人员或组织发给《NLS 证书》。《NLS 证书》有效期一般不超过 5 年，届满日每周年日的前后 3 个月内年检，第 2、3 年期间检验，最后 1 年换证。

《程序和布置手册》(P&A 手册)。P&A 的作用是为船长、船员明确该船必须遵循的有关货物装卸、液货舱清洁、污液处置及液货舱压载和卸载等方面的确切布置和所有作业程序。作为港口国管理的手段，P&A 为岸上检查人员提供了检查依据；作为主管当局监督、批准的手段，P&A 可以确保该船的程序和布置满足要求，也起到通知第三者的作用。P&A 的内容包括：①提供该船有关设备和布置的说明，以便于理解应该执行的程序；②明确货物卸载和扫舱作业的程序及不能进行这些程序时的替代程序；③确定预洗、货舱进一步清洁和残余物排放程序；④补充资料，允许装载有毒液体物质名单，液货舱资料，残余物处理流程图、预洗和通风程序等。

货物记录簿(CRB)。CRB 对载运有毒液体的船舶货物驳载、洗舱、排放洗舱水的过程可起到全程监管作用，船舶应将有关作业情况如实、规范地记录在经海事管理机构签注的《货物记录簿》中。CRB 的填写内容包括装货、货物在船内的转驳、卸货、货舱的清洗、货舱的压载、货舱压载水的排放、残余物排至接收设备(或按要求排放入海，或以通风方式清除残余物)等。CRB 应逐舱填写，要求准确、及时、完整、规范，且每一项作业有作业人员签名，每页记录完毕后应由船长签字。CRB 应存放于船上(未配备船员的被拖船只除外)随时可以取来检查的地方，完成最后一次记录后应保留 3 年。

船上有毒液体物质污染应急计划。150 GT 及以上经核准散装载运有毒液体物质的船舶均应配备，并经主管机关认可。主要内容为：①报告要求，包括何时报告、所需资料、联系人；②应急处置措施，包括一般要求、操作性泄露、事故性泄露、其他措施；③与沿岸有关部门和海事管理机构的协作；④附加资料，包括海事管理机构联系人表、船舶主要联系人表、应急设备清单、船舶图纸和资料、培训演习记录、应急计划简明流程图。

3) 加强运输管理

申报管理。根据《船舶载运外贸危险货物申报规定》，在申报时限内由符合要求的申报人员对货物适装情况、船舶适载情况等进行申报，内贸参照执行。

监督检查。检查《国际防止散装运输有毒液体物质污染证书》《程序和布置手册》《货物记录薄》《散装危险化学品适装证书》等是否齐全、签署，设备是否良好。

监装。根据《船舶装载危险货物监督管理规定》，作业前 3 天申领“危险货物监装证书”。

报告制度。通过无线电提供、收集或交换船舶交通服务，气象预报、防止海洋污染、搜救等信息。

4）采取合理应急措施

(1) 操作性泄露处置措施。①管道泄漏。降低管内压力，依靠重力或用泵将管内残余货物送到未满液货舱内，关闭泄漏部位管路相关阀门，防止其他管路内的货物窜入该管内。②装卸货物发生泄漏。立即停泵，根据情况关闭相应阀门或加固盲板。③满舱溢流。立即停泵或通知岸方停泵，关闭向该舱驳运货物的有关阀门，将溢流舱内的一部分货物驳运到有空余舱容的货舱内。

(2) 事故性泄露处置措施。一方面，应采取必要措施确保人员和船舶安全，防止事故升级。具体措施包括：使船舶逆风于泄漏货物、关闭不重要的进气口等；搁浅无法操纵时，消除潜在着火源，防止有毒气体、可燃气体进入居住区和机舱处所；搁浅可操纵时，将其移至合适位置，以便修理、减载；损坏程度有限时，把损坏货舱的货物驳送至未损坏的货舱内；大面积损坏时，把部分或全部货物驳送至另一条船上。另一方面，应积极与沿岸国家和港口当局取得联系，以便取得帮助。

5）采取合理处理方法

海事主管部门应采取交通管制，监测空气质量、水质；喷洒水雾，减少空气有毒物质含量，防止爆炸及危害人体健康和生命安全；对于密度大的有毒液体物质，应挖吸海底沉积物；开展损害评估，通过监测水生物、有毒物质含量确定进一步措施。

港口应根据有毒液体物质物理、化学性质，选择合适的处理方法(通常需要多种)，含有毒液体物质的污水处理方法选择见表 3-9。例如，某港口污水处理厂在处理含有芳香烃的污水时，就选择了空气提取、活性炭吸附等方法。该处理厂有两座 100 m^3 的污水罐，分别接收苯、甲苯、二甲苯和氯苯等洗舱污水，处理能力 3 m^3/h，含有苯类的污水处理流程见图 3-13。污水罐用于接收船舶排放的含有苯类的污水，在其经苯分离器分离后进入斜板沉淀池，苯类废液进入各类苯废液罐。在沉淀池中污水进一步分离，然后进入混合反应池，投药进行反应混凝，同时调整 pH 值，之后用泵将其打入气浮塔，进一步去除悬浮固体和乳化状态的苯类物质。气浮塔出水经泵打入砂滤罐(需要定期反冲洗)，砂滤罐中水质达到排放标准的可排放出去，未达标准的污水，再进入活性炭(必须定期更换)吸附塔。活性炭吸附塔分为三级，第一级出水如达标可直接排放，否则做二级甚至三级处理，浮渣最后排到污泥池。

表 3-9　含有毒液体物质的污水处理方法选择

物理/化学性质	处理方法
沸点>150 ℃	蒸汽提取
高挥发性	空气提取
水中溶解度很低	液/液分离
低溶解度，低分子量	吸附

表 3-9(续表)

物理/化学性质	处理方法
高溶解度,高分子量	先控制 pH 值使其凝聚再过滤
烯烃类	微生物、蒸汽提取
芳香烃	活性炭、微生物、蒸汽提取、树脂吸附
酚类	活性炭、微生物、树脂吸附、液体蒸取
醇类	微生物
卤烷烃类	树脂吸附

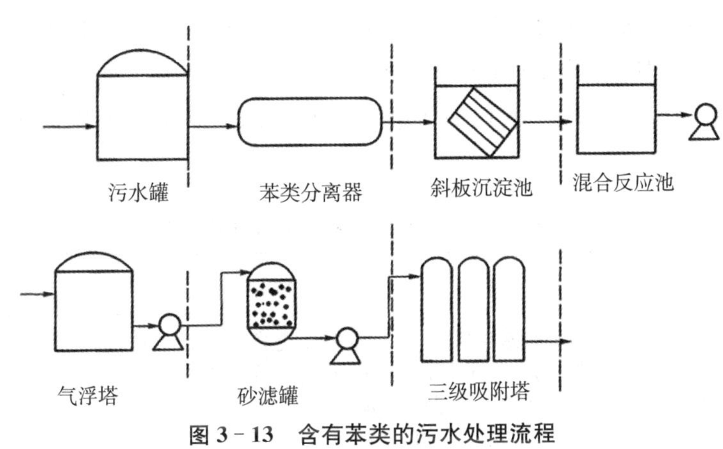

图 3-13　含有苯类的污水处理流程

3.5　船舶压载水污染防治

专栏十一：烟台一外轮非法排放压载水被罚 1.4 万元人民币

2015 年 2 月 27 日,烟台海事局八角海事处执法人员在现场巡查时,发现停泊在烟台西港区 101 泊位的马绍尔群岛籍“TANDARA SPIRIT”轮正在排放压载水。经核实,该轮事先未按规定向海事部门申请,属于擅自排放压载水,违反了我国相关法律规定。该轮违法事实清楚,证据确凿,八角海事处依法对其立案调查,并于 3 月 2 日结案予以处罚。烟台海事局介绍,依据《中华人民共和国海洋环境保护法》相关规定,船舶在港区水域内进行排放压载水等作业,应当事先按照有关规定报经有关部门批准或核准,否则可处 2 万元人民币以下的罚款。据悉,非法排放压载水可加剧有害外来生物物种的存活与传播,破坏海洋环境和当地水域的生态平衡,危害渔业资源,影响公众健康。全球对船舶压载水排放有严格管理。

来源：烟台海事局

看完上述材料请思考下列问题：上述外轮为什么被处罚？处罚依据是什么？如何做才能避免处罚？

3.5.1 压载水排放控制要求

1）IMO 相关要求

根据《船舶压载水和沉积物控制与管理国际公约》(BWM 2004)，压载水排放控制涉及到 D-1 和 D-2 两个关键标准，国际船舶压载水排放控制标准见表 3-10。D-1 标准为压载水置换标准，适用于 2017 年 9 月 8 日以前建造的船舶，它要求船舶在抵港前按一定标准对压载水进行置换。D-2 标准为压载水性能标准，适用于 2017 年 9 月 8 日及以后建造的船舶，它要求在交船时应安装压载水管理系统(BWMS)以满足 D-2 排放标准，即能够将进入压载水的微生物、物种过滤掉或采用电解技术、紫外杀菌技术、臭氧技术、电化学技术等将其杀灭。此外，对于 2017 年 9 月 8 日以前建造的船舶，要求最晚不迟于 2024 年 9 月 8 日应符合 D-2 标准。

表 3-10 国际船舶压载水排放控制标准

类别	具体要求
D-1 标准	• 船舶按本条进行压载水更换，其压载水容积更换率应至少为 95% • 逐舱更换，即顺序法(sequential method)，更换水域应距陆地至少 200 nm、水深至少 200 m 处；实在不可行时，应尽可能远离陆地并在所有情况下距陆地至少 50 nm、水深至少 200 m 处，或在港口国指定的海域更换压载水 • 船舶使用泵透法*(pumping through)交换压载水时应交换 3 倍于每一压载水舱容积，或交换少于压载舱容积 3 倍但能证明压载水容积更换率应至少为 95%
D-2 标准	最小尺寸≥50 μm 的活生物体：<10 m^{-3} 最小尺寸<50 μm 但≥10 μm 的活生物体：<10 mL^{-1} 埃氏大肠杆菌：250 cfu/100 mL(cfu 为菌落形成单位) 肠道球菌：<100 cfu/100 mL 有毒霍乱弧菌(O1 和 O139)：<1 cfu/100 mL，或<1 cfu/g 浮游动物样品湿重

注：* 泵透法包括两种：①溢流法(flow-through method)，下部注入新压载水，顶部溢出旧压载水，管系压力大；②稀释法(dilution method)，上部注入新压载水，下部排出旧压载水，需要改进设备管系。

2）中国相关要求

根据自 2019 年 1 月 22 日起施行的《船舶压载水和沉积物管理监督管理办法(试行)》(海危防〔2019〕15 号)，除我国与相邻国家另有约定以外，按公约要求需要置换压载水的船舶应当在距离最近陆地至少 200 n mile，水深至少 200 m 的水域实施压载水置换；航程小于 200 n mile 的，可在距离最近陆地至少 50 n mile，水深至少 200 m 的水域实施置换。按公约要求需要处理压载水的船舶，其排放压载水中的存活水生生物含量应当满足以下要求：①1 m^3 水体中最小尺寸≥50 μm 的存活水生生物少于 10 个；②1 mL 水体中最小尺寸<50 μm 且≥10 μm 的存活水生生物少于 10 个；③埃氏大肠杆菌每 100 mL 少于 250 cfu；④肠

道球菌每 100 mL 少于 100 cfu；⑤有毒霍乱弧菌每 100 mL 少于 1 cfu。

此外，船舶或其代理人可向当地分支海事管理机构要求申请免除压载水和沉积物管理，可以免除的情况包括：①仅航行于我国与其他国家划定的压载水管理互免水域的船舶；②仅在我国管辖水域和公海航行的船舶；③仅使用饮用水作为压载水的船舶；④无人驳船；⑤用于搜寻、救助和船舶污染物清除的专业船舶。对于符合免除条件的船舶，直属海事管理机构应当为其签发《免除证明》并可给予最长不超过 5 年的免除期。在免除期第二至第三年之间，直属海事管理机构应当对船舶执行免除的情况开展一次中期检查。船舶应当将免除情况记录在《压载水记录簿》中，获得免除的船舶不得混有免除水域外的压载水和沉积物。

3.5.2　压载水违法排放相关处罚规定

1）我国法律相关处罚规定

《中华人民共和国海洋环境保护法》(2017 年第三次修正)第十九条规定，依照本法规定行使海洋环境监督管理权的部门，有权对管辖范围内排放污染物的单位和个人进行现场检查；第七十五条规定，拒绝现场检查，或者在被检查时弄虚作假的，由依照本法规定行使海洋环境监督管理权的部门予以警告，并处 2 万元以下的罚款。第六十二条规定，在中华人民共和国管辖海域，任何船舶及相关作业不得违反本法规定向海洋排放压载水；第七十三条规定，不按照本法规定向海洋排放污染物，或者超过标准、总量控制指标排放污染物的，处 2 万元以上 10 万元以下的罚款。

《中华人民共和国水污染防治法》(2017 年第二次修正)第五十九条规定，进入中华人民共和国内河的国际航线船舶排放压载水的，应当采用压载水处理装置或者采取其他等效措施对压载水进行灭活等处理，同时禁止排放不符合规定的船舶压载水。第九十条规定，进入中华人民共和国内河的国际航线船舶排放不符合规定的船舶压载水的，由海事管理机构、渔业主管部门按照职责分工责令停止违法行为，处 1 万元以上 10 万元以下的罚款；造成水污染的，责令限期采取治理措施，消除污染，处 2 万元以上 20 万元以下的罚款；逾期不采取治理措施的，海事管理机构、渔业主管部门按照职责分工可以指定有治理能力的单位代为治理，所需费用由船舶承担。

2）国务院部门规章相关处罚规定

《中华人民共和国船舶及其有关作业活动污染海洋环境防治管理规定》(2017 年第四次修正)第九条规定，船舶在港区水域内排放压载水的，应当遵守有关法律法规、标准和相关操作规程，落实安全和防治污染措施，并在作业前将作业种类、作业时间、作业地点、作业单位和船舶名称等信息向海事管理机构报告；作业信息变更的，应当及时补报。第五十二条规定，船舶未按照规定将有关情况向海事管理机构报告的，由海事管理机构予以警告；情节严重的，处 2 万元以下的罚款。第十二条规定，在中华人民共和国管辖海域航行、停泊、作业的船舶排放压载水的，应当符合法律、行政法规、有关标准以及中华人民共和国缔结或者加入的国际条约的规定。第五十五条规定,船舶超过标准向海域排放污染物,未按照规定在船上留存船舶污染物排放或者处置记录,或船舶污染物处置记录与船舶运行过程中产生的污染物数量不符合的,由海事管理机构处 2 万元以上 10 万元以下的罚款。

3.5.3 压载水污染防治措施

1) 安装压载水管理系统

以 BalClor® BWMS(如图 3-14 所示)为例,它主要有过滤器、电解单元(核心部件)、中和单元三个主要部件组成,先后通过“过滤”“电解海水产生次氯酸钠杀菌”“中和”等步骤实现对压载水的处理。第一步主要利用过滤精度为 50 μm 的自动反冲洗过滤器对所有压载水进行过滤,过滤掉尺寸大于 50 μm 的大部分的海生物及固体颗粒。第二步先从压载水主管路取少部分海水流过电解单元,电解产生高浓度的次氯酸钠溶液,然后将其除气并注入到压载水主管路,同主管路压载水混合稀释至特定含量即可杀灭经过滤后的残余浮游生物、病原体及其幼虫或孢子等,达到规定的杀菌效果。第三步由中和单元根据余氯含量大小决定是否自动启动,如果余氯浓度超标,则向排水管中注入中和剂使其与残余氧化剂(TRO)进行中和达标后排放。其中,压载水管路中活性物质的含量由 TRO 分析仪和控制系统自动控制,中和剂的流量由控制系统根据 TRO 检测仪反馈的浓度信息自动控制。

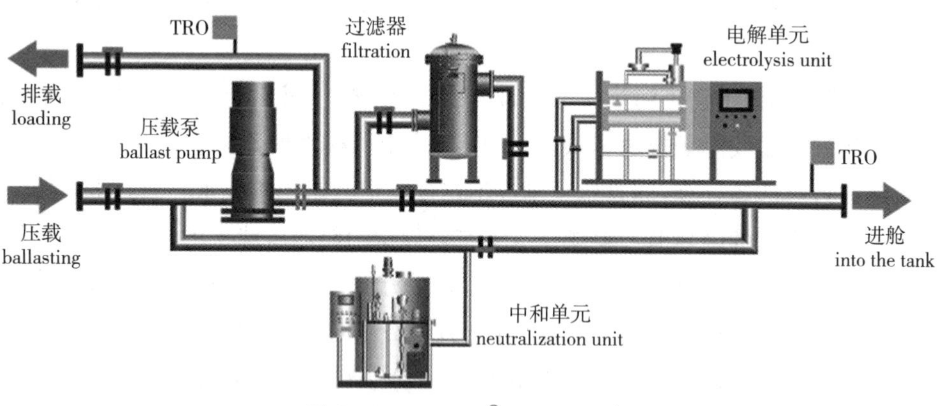

图 3-14 BalClor® BWMS 示意

该系统由青岛双瑞海洋环境工程股份有限公司研发制造,获得中国船级社(CCS)、挪威船级社(DNV)、日本船级社(NK)、英国劳氏船级社(LR)、法国船级社(BV)、美国船级社(ABS)等权威认证,具有多方面的优势,在 BWMS 市场的占有率位居世界前列(已交付船舶总载重全球第一),像目前世界上最大的原油运输船之一新连洋号(32 万 DWT)就采用了这一系统。BalClor® BWMS 的优势见表 3-11。

表 3－11　BalClor® BWMS 的优势

性能	BalClor® BWMS 的技术特点	BalClor® BWMS 的优势
先进性	采用直接电解水产生次氯酸钠对压载水进行灭活	电解海水技术在陆地上应用已有 20 多年的成功经验，技术成熟，可靠性高
	采用先进的旁路电解技术	安装方便，不需改动压载水主管路
适用性	对压载水中生物的处理过程只有过滤和电解技术	简单有效，不受水质限制，可处理浑浊海水
	采用多种电解方案	既适用于海水航线，又可用于淡水航线
	系统包含中和技术，可以除去压载水中可能存在的余氯，使压载水可以随时达到国际海事组织规定的余氯排放标准	适用于各种航线的船舶
	12 种规格型号，处理能力多样(100～7 000 m^3/h)	覆盖全部三大主力船型
	系统采用模块化设计	既方便新船设计安装，又可根据现有船舶实际灵活、分散安装
经济性	电解单元寿命长，船舶全寿期内不需更换	维护成本低
	系统电源整流效率高，能耗小，不需改造电站	运行成本不到现有技术平均运行成本的一半
安全性	完善的氢气处理技术	满足核级安全标准
	本质安全型	满足各种船舶的设计标准

2）配备必要文件

航运公司应当将相关法律法规和公约中关于船舶压载水和沉积物管理的要求纳入安全管理体系，船舶应当配备《国际压载水管理证书》(IBWMC)、《压载水管理计划》(BWMP)和《压载水记录簿》(BWRB)等相关证书文书，安装 BWMS 的船舶还应当持有《压载水管理系统型式认可证书》的副本或复印件。

《国际压载水管理证书》应当由主管机关或其授权的船舶检验机构签发，有效期不超过 5 年，且应接受初次检验、换证检验、年度检验、中间检验和附加检验。其中，初次检验是对船舶的 BWMP 以及任何相关的结构、设备、系统、附件、布置和材料或程序进行一次全面的检查和试验，旨在验证其是否满足压 BWM 2004 的要求。换证检验是指 IBWMC 到期而进行的证书换新时的检验，其检验间隔期不应超过 5 年；年度检验为一般性检验，应在 IBWMC 到期日的每周年的前或后 3 个月内进行；中间检验可以替代一次年度检验，应在《国际压载水管理证书》签发后的第二个周年日前或后三个月内，或第三个周年日前或后三个月内进行。当影响船舶满足压载水公约要求的任何结构、设备、系统、配件、布置和材料发生改变、更换或重要修理后，应进行附加检验。《国际压载水管理证书》格式见图 3－15。

《国际压载水管理证书》格式
FORM OF INTERNATIONAL BALLAST WATER MANAGEMENT CERTIFICATE

国际压载水管理证书
INTERNATIONAL BALLAST WATER MANAGEMENT CERTIFICATE

经________________________________政府授权，
（国家/地区全称）

由中国船级社根据《国际船舶压载水和沉淀物控制与管理公约》（此后称为“本公约”）的规定签发。

Issued under the provisions of the International Convention for the Control and Management of Ships' Ballast Water and Sediments (hereinafter referred to as "the Convention") under the authority of the Government of

....

(full designation of the country or region)

by China Classification Society.

船舶细节*
Particulars of ship

船名..
Name of ship

船舶编号或呼号..
Distinctive number or letters

船籍港..
Port of registry

总吨位..
Gross Tonnage

国际海事组织编号*..
IMO number

建造日期..
Date of Construction

压载水容量（以 m^3 计）..
Ballast Water Capacity (in cubic metres)

使用的压载水管理方法细节
Details of Ballast Water Management Method(s) Used

使用的压载水管理方法..
Method of Ballast Water Management used

安装日期*（如适用）..
Date installed (if applicable)

制造商名称（如适用）..
Name of manufacturer (if applicable)

该船使用的主要压载水管理方法为：
The principal Ballast Water Management method(s) employed on this ship is/are:

- □ 按照 D-1 条款
  in accordance with regulation D-1
- □ 按照 D-2 条款
  in accordance with regulation D-2
  （陈述）..
  (describe)..
- □ 该船应符合 D-4 条款
  the ship is subject to regulation D-4

---

*船舶细节可以在表格中横向排列。
Alternatively, the particulars of the ship may be placed horizontally in boxes.
*按照国际海事组织大会决议 A.1117(30)《IMO 船舶编号体系》。
IMO Ship Identification Number Scheme adopted by the Organization by resolution A.1117(30).

* 参见 IMO 制定的《国际压载水管理证书（BWMC）统一解释》（BWM.2/Circ.66/Rev.1）。
Referred to Unified Interpretation of Appendix I (Form of the International Ballast Water Management Certificate) of the BWM Convention adopted by the Organization (BWM.2/Circ.66/Rev.1).

图 3－15 《国际压载水管理证书》格式

《压载水管理计划》应当符合船舶的操作实际并由主管机关或其授权的船舶检验机构签发，主要内容包括：①序言，介绍本船舶和本计划的概况；②压载系统布置，主要描述本船压载系统，包括压载舱、管系、泵系、监测取样点以及 BWMS 的设置，旨在帮助检疫官熟悉船舶压载水系统；③压载水管理，描述本船符合公约要求的船舶压载水操作程序，以及船舶和船员安全程序，其内容取决于本船所优选采用的压载水管理方法；④附录，所有与计划和计划实施有关的记录格式、引用的文件、图纸，包括船旗国要求和压载水公约有关规则和导则。其中，压载水管理部分应指明负责压载水记录和保存的高级船员，同时提供船舶压载水报告格式和船舶压载水记录簿格式。船舶压载水报告格式见图 3－16，船舶压载水记录簿格式见图 3－17。

压载水报告格式样本

提交日期（日/月/年）：__________ 提交时间 （24:00 GST）：______ 经修订的格式： 是□ 否□

1. 船舶信息	2. 航次信息		3. 压载水使用和容量		
船名	到达港：				
IMO号：	到达日期（日/月/年）：		船上总压载水量：		
船东：	代理人：		容量：	单位	压载的液舱和货舱数量
船型：	上一个到达港口：	国家：		m^3	
GT：	下一个到达港口：	国家：	船上总压载水容量：		
建造日期（日/月/年）：	下一个到达港口（2）：	国家：	容量：	单位	船上压载液舱和货舱总数量
船旗国：	下一个到达港口（3）：	国家：		m^3	

4. 压载水管理
拟排放的压载水舱总数量：
拟排放的压载水舱中，有多少：进行了置换　　　采用压载水管理系统进行了处理：
请列明采用的压载水管理系统 （如有）（生产商、模型）：__________
如果未进行压载水管理，说明原因：__________
船上是否有经批准的压载水管理计划？是□ 否□　　　执行了管理计划？是□ 否□
船上是否有压载水记录簿？是□ 否□
船舶是否携带国际压载水管理证书：是□ 否□
签发日期（日/月/年）：__________　　到期日（日/月/年）：__________
证书签发机构：__________　　签发地点：__________
要求符合第D-2条的日期（日/月/年）：__________

5. 压载水历史：在第2页记录所有在船上充装水的液舱/货舱以控制船舶的纵倾、横倾、吃水、稳性或压力，而不论压载水排放目的。注：压载水来源系指在采取任何压载水管理措施前的最后一次压载水注入。

26

6. 负责压载水管理的高级船员的姓名和职位：

船名：________ IMO编号：________ 到达日期：________

液舱/货舱 分别列由多种来源载舱	舱容	压载水来源		现有容积 (m^3)	压载水管理措施							建议的压载水排放			
		日期（日/月/年）	港口或纬度经度		日期（日/月/年）	起点* 纬度和经度	终点* 纬度和经度	使用的容积*（m^3）	%更换*	方法（DM/SM/FM,T）	盐度（PSU）	日期 日/月/年	港口或纬度经度	容积（m^3）	盐度（PSU）

压载水舱代码：首尖=FP，尾尖=AP，双层底=DB，翼舱=WT，顶边=TS，货舱=CH，其他=O。

方法：DM=稀释，SM=顺序，FM=溢流，T=处理。

如果进行了置换，仅需填写标有（*）的栏目。

图 3－16　船舶压载水报告格式

压载水记录簿格式

国际船舶压载水和沉积物控制与管理公约

时期：从________至：________

船名________

IMO 编号________

总吨位________

国旗________

总压载水容量（m^3）________

该船备有压载水管理计划　□

注明压载水舱的船舶示意图：

1　前言

按《国际船舶压载水和沉积物控制与管理公约》附则第 B-2 条，应对每一压载水作业作出记录。这包括在海上和向接收设备的排放。

2　压载水和压载水管理

“压载水”系指为控制船舶的纵倾、横倾、吃水、稳性或应力而在船上加装的水及其悬浮物。

压载水管理应符合经认可的压载水管理计划并考虑国际海事组织制定的指南。①

3　压载水记录簿的记录事项

压载水记录簿的记录事项应在下列每一情况下填写：

3.1　在船上加装压载水时：

.1　加装日期、时间和加装港口或设备的位置（港口或经纬度）及水深（如在港口外）

.2　估计的加装量（m^3）

.3　负责该作业的高级船员的签字

3.2　每当为压载水管理目的对压载水进行循环或处理时：

.1　作业的日期和时间

.2　估计的循环或处理量（m^3）

.3　是否按压载水管理计划进行

.4　负责该作业的高级船员的签字

3.3　当将压载水排放到海中时：

.1　排放的日期、时间和排放港口或设备的位置（港口或经纬度）

.2　估计的排放量（m^3）和剩余量（m^3）

.3　在排放前是否实施了经认可的压载水管理计划

.4　负责该作业的高级船员的签字

3.4　当压载水被排放到接收设施中时：

.1　加装的日期、时间和位置

.2　排放的日期、时间和位置

.3　港口或设施

.4　估计的排放或加装量（m^3）

.5　在排放前是否实施了经认可的压载水管理计划

.6　负责该作业的高级船员的签字

3.5　压载水的意外或其它异常加装或排放：

.1　发生日期和时间

.2　发生时的港口或船舶位置

.3　估计的压载水排放量

.4　加装、排放、逸出或流失情况、其原因和一般说明

.5　排放前是否实施了经认可的压载水管理计划

.6　负责该作业的高级船员的签字

3.6　额外的操作程序和一般说明

4　压载水容量

船上的压载水容量应以立方米（m^3）来估计。在压载水记录簿中有多处涉及到估计的压载水容量。意识到估计压载水容量的精确性是有待解释的。

①参见压载水管理及压载水管理计划编制指南（G4）（MEPC.127(53)，经 MEPC.306(73)修订）。

图 3－17　船舶压载水记录簿格式

《压载水记录簿》应当至少包括压载水操作的时间、经纬度和压载水操作类别等内容。压载水作业记录示例见图 3－18，要求指定的高级船员负责记录并签字，每一页填写完毕船长签字。《压载水记录簿》使用完毕后应在船上保存 2 年，然后在其所属公司保存 3 年。船舶可采用电子记录的方式，或将《压载水记录簿》的内容合并到其他记录簿中。

《压载水管理系统型式认可证书》应当由主管机关或其授权的船舶检验机构签发，我国一般由中国船级社签发。使用活性物质的压载水管理系统在签发型式认可证书之前，应当取得国际海事组织的最终批准；不使用活性物质的压载水管理系统，在签发型式认可证书前，应通过安全和环境可接受性评估。《船舶压载水管理系统型式认可证书》格式见图 3－19。

压载水作业记录

压载水记录簿页的示例

船名：……………………………………………

船舶编号或呼号 ……………………………………

日期	项目（编号）	作业记录/负责的高级船员签字

船长签字 ……………………………………

图 3-18　压载水作业记录示例

附录　船舶压载水管理系统型式认可证书

The certificate is issued under the authority of the Government of the ________________ by China Classification Society. *(delete as appropriate)*

本证书经__________授权，由中国船级社颁发。*(如合适，删除)*

(Limiting Operating Conditions Apply)

(操作条件限制)

(delete as appropriate)

(如合适，删除)

格式

Form　CPXX

中 国 船 级 社

CHINA CLASSIFICATION SOCIETY

编号

No. ______

船舶压载水管理系统型式认可证书

TYPE APPROVAL CERTIFICATE OF BALLAST WATER MANAGEMENT SYSTEM

This is to certify that the Ballast Water Management System listed below has been examined and tested in accordance with the requirements of the specifications contained in the Guidelines contained in IMO resolution MEPC.279(70). This certificate is valid only for the Ballast Water Management System referred to below.

兹证明，已按 IMO MEPC.279(70) 决议中的指南要求和规定，对下列压载水管理系统进行了检查和试验。本证书仅对下列压载水管理系统有效。

Ballast Water Management System supplied by ……………………

压载水管理系统供应方

Under type and model designation ……………and incorporating:

指定类型和型号　　　　并包括

Ballast Water Management System manufactured by ……………………

压载水管理系统制造厂

To equipment/assembly drawing No. ………　…………… date ……………

设备/组件图号　　　　日期

Other equipment manufactured by ……………………

其他设备制造厂

To equipment/assembly drawing No. ……………　…… date ……………

设备/组件图号　　　　日期……………………

Treatment Rated Capacity …………………………… m^3/h

额定处理能力

A copy of this Type Approval Certificate, should be carried on board a vessel fitted with this Ballast Water Management System at all times. A reference to the test protocol and a copy of the test results should be available for inspection on board the vessel. If the Type Approval Certificate is issued based on approval by another Administration, reference to that Type Approval Certificate shall be made.

任何时候，安装了压载水管理系统的船上应备有一份型式认可证书的副本。船上检查时，应提供试验协议参考和一份试验结果副本。如果型式认可证书的签发是基于另一国主管机关的认可，则应参照该型式认可证书。

Limiting Operating Conditions imposed are described in this document.

规定的操作限制条件见本文件。

(Temperature / Salinity)

(温度/盐度)

Other restrictions imposed include the following:

其它的限制包括：

This equipment has been designed for operation in the following conditions:

本设备设计用于以下运行条件：

(insert System Design Limitations)

(插入系统设计限制)

Signed/签署 ____________

Official stamp (__________).

检验标志　　　　China Classification Society/中国船级社

Dated this/发证日期 ______ day of ______

Enc. Copy of the original test results.

试验结果正文副本。

图 3-19　《船舶压载水管理系统型式认可证书》格式

3）采取合理方法进行处置

压载水的处置一般可选择压载水不排放、淡水替代、海上置换、船上处理或者岸上处理等方法。其中，不排放压载水会减少货物载运量，使单位运输成本增加 20% 以上；淡水替代需用认可的淡水取代含生物的海水；海上置换可采取逐舱排空置换法、溢流法、稀释法、连续流动压载法等方法；船上处理既可采用过滤法、加热法、紫外线照射法、超声波处理法等物理方法，也可采用氯化法、电解法、臭氧处理法、过氧乙酸处理法、二氧化氯处理法等化学方法；岸上处理通常需要船舶存储较长时间，且要求岸上配备压载水接收车、压载水接收船或者固定式压载水接收设施，运行成本大幅提高。选择海上置换方法时，应充分考虑船舶稳性和强度以确保船舶和船员安全；选择海上处理方法时，应确保能有效杀死潜在入侵生物（尤其是有害生物），对环境无二次污染，不破坏生态平衡。无论选择哪种方法，都要综合考虑其技术是否可行、费用是否较低、操作是否方便等因素。

3.6　船舶生活污水污染防治

专栏十二：船舶违法排放生活污水，被罚人民币3万元

案例一。2020年12月2日，海事执法人员检查过程中发现天津籍工作船"D"轮在码头靠泊期间，生活污水排海阀和最后通海阀均处于开启状态，生活污水直接排放入海。

案例二。钦州籍多用途船"S"轮0080S航次由秦皇岛开往天津，途中于2020年9月23日1202时至1218时，经生活污水处理装置处理并排放约0.3 m^3 生活污水混合物至渤海水域。9月24日，海事执法人员登轮在"S"轮生活污水处理装置出水口处取样并送至检测机构检测，经检测，"S"轮生活污水处理装置出水口处水样中耐热大肠菌群检测结果为140 000个/L，远超2 500个/L的检验标准极限值。

案例三。2020年12月2日，海事执法人员检查上海籍散货船"B"轮时发现，"B"轮于2020年11月29日8:10在31°28′0N，122°41′8E处将生活污水直接排舷外阀打开，向舷外排放未经处理的生活污水。经进一步调查和海图标绘，上述经纬度仍处于领海基线以内，2.4 h后，该轮才航行至领海基线3 n mile外，在此期间，"B"轮共排出未经处理的生活污水约0.5 t。

上述三个案例中船舶的生活污水排放方式都是错误的，均被海事管理机构作出了罚款人民币3万元的行政处罚。

来源：中华人民共和国海事局

看完上述材料请思考下列问题：上述船舶为什么被处罚？处罚依据是什么？如何才能避免处罚？

3.6.1　船舶生活污水排放控制要求

1）IMO相关要求

根据MARPOL 73/78附则Ⅳ——防止船舶生活污水污染规则（2003年9月27日生效），400 GT及以上的或400 GT以下但经核定许可载运15人以上的新船，以及附则生效之日5年以后的现有船舶，禁止将生活污水排放入海，除非满足排放要求或者遇到特殊情况，国际船舶生活污水排放要求和免除情况见表3-12。

表 3－12　国际船舶生活污水排放要求和免除情况

项目		具体内容
排放要求	航速	≥4 kn,中等速率排放,排放率经主管机关批准
	空间	距最近陆地≥3 n mile,经主管机关批准的生活污水处理装置粉碎和消毒
		距最近陆地≥12 n mile,未经粉碎和消毒
	视觉	周围水中不应产生可见的漂浮固体
		不应使水变色
免除情况	人员	保护船舶及船上人员安全或海上救助人命
	船舶/设备	船舶或其设备受损引起,发生损坏前已采取一切合理措施防止排放或将其减至最低程度

2）中国相关要求

根据《船舶水污染物排放控制标准(GB 3552—2018)》,400 GT 及以上或 400 GT 以下但经核定许可载运 15 人及以上的船舶,自 2018 年 7 月 1 日起按排放控制的要求执行。我国船舶生活污水排放控制要求见表 3－13。

表 3－13　我国船舶生活污水排放控制要求

水域	排放控制要求
内河、距最近陆地距离≤3 n mile	船载收集装置收集,排入接收设施
	或船载处理装置处理,达到表 3－12 要求后在航行中排放
3 n mile＜距最近陆地距离≤12 n mile	使用设备打碎固形物和消毒后排放
	且船速≥4 kn,排放速率不超过相应船速最大允许排放速率
距最近陆地距离＞12 n mile	船速≥4 kn,排放速率不超过相应船速最大允许排放速率

在内河和距最近陆地 3 nm 以内(含)的海域,船舶生活污水处理装置出水口的污染物浓度应根据船舶类别和安装(含更换)生活污水处理装置的时间分别执行相应限值,我国船舶生活污水排放限值见表 3－14。

表 3－14　我国船舶生活污水排放限值

序号	污染物项目	限值	执行时间	船舶类型
1	五日生化需氧量(BOD_5)/(mg/L)	50	2012 年 1 月 1 日前	所有船舶
		25	2012 年 1 月 1 日后	
		20	2021 年 1 月 1 日及以后	客船

表 3-14(续表)

序号	污染物项目	限值	执行时间	船舶类型
2	悬浮物(SS)/(mg/L)	150	2012 年 1 月 1 日前	所有船舶
		35	2012 年 1 月 1 日及以后	
		20	2021 年 1 月 1 日及以后	客船
3	耐热大肠菌群数(个/L)	2 500	2012 年 1 月 1 日前	所有船舶
		1 000	2012 年 1 月 1 日及以后	所有船舶
4	化学需氧量(COD_{Cr})/(mg/L)	125	2012 年 1 月 1 日及以后	所有船舶
		60	2021 年 1 月 1 日及以后	客船
5	pH 值	6.0～8.5	2012 年 1 月 1 日及以后	所有船舶
6	总氯(总余氯)/(mg/L)	<0.5		
7	总氮/(mg/L)	20	2021 年 1 月 1 日及以后	客船
8	氨氮/(mg/L)	15		
9	总磷/(mg/L)	1.0		

3.6.2　船舶生活污水违法排放相关处罚规定

1）我国法律相关处罚规定

《中华人民共和国海洋环境保护法》(2017 年第三次修正)第六十三条规定，船舶必须按照有关规定持有防止海洋环境污染的证书与文书，在进行涉及污染物排放及操作时，应当如实记录；第八十七条规定，船舶未持有防污证书、防污文书，或者不按照规定记载排污记录的，处 2 万元以下的罚款。第六十二条规定，在中华人民共和国管辖海域，任何船舶及相关作业不得违反本法规定向海洋排放污染物；第七十三条规定，不按照本法规定向海洋排放污染物，或者超过标准、总量控制指标排放污染物的，处 2 万元以上 10 万元以下的罚款。

2）国务院部门规章相关处罚规定

《中华人民共和国船舶及其有关作业活动污染海洋环境防治管理规定》(交通运输部令 2017 年第 15 号第四次修正)第九条规定，在港区水域内排放生活污水的，应当遵守有关法律法规、标准和相关操作规程，落实安全和防治污染措施，在作业前将作业相关信息(作业种类、作业时间、作业地点、作业单位和船舶名称等)向海事管理机构报告。第五十二条规定，船舶未按照规定将有关情况向海事管理机构报告的，由海事管理机构予以警告；情节严重的，处 2 万元以下的罚款。《中华人民共和国防治船舶污染内河水域环境管理规定》(交通运输部令 2015 年第 25 号)第四十五条规定，船舶超过标准向内河水域排放生活污水的，由海事管理机构责令改正，并处以 2 万元以上 3 万元以下的罚款。

3）其他规范性文件相关处罚规定

根据《中华人民共和国船员违法记分办法》（海船员〔2015〕600号），船舶排放生活污水不符合船舶污染物排放标准的，其船长、大副或轮机长及责任船员一次违法记8分。

3.6.3 船舶生活污水污染防治措施

1）配置必要设备

（1）存储处理设备。相关船舶应配置下列生活污水系统之一：①生活污水处理装置，该装置应为主管机关认可的型式，符合IMO制定的标准和实验方法；②生活污水粉碎和消毒系统，该系统应装有主管机关认为合格的设施，当船舶距最近陆地不足3 n mile时用于临时储存生活污水；③集污舱，其容积的确定应考虑船舶操作、船上人员数目和其他相关因素，确保有足够容积集存全部生活污水，并设有指示集存数量的目视装置。船舶生活污水处理装置排放标准见表3－15。

表3－15 船舶生活污水处理装置排放标准

指标	IMO旧标准	IMO新标准	USCG	Alaska
SS/(mg/L)	50	35	150	30
BOD_5/(mg/L)	50	25	无要求	30
COD_{Cr}/(mg/L)	无要求	125	无要求	无要求
大肠杆菌/(个/100 mL)	250	100	200	20
pH值	6～9	6.0～8.5	无要求	6～9
余氯/(mg/L)	尽可能低	＜0.5	无要求	10
试验天数/d	10	16	10	30

WCB型船舶生活污水处理装置的工作原理见图3－20。该装置由江苏南极机械有限责任公司生产，它利用活性污泥与生物膜中的微生物在有氧环境下联合作用来消除污水中的有机污染物，主要由曝气室、接触室和沉淀消毒室组成。在一级曝气室内，以好氧微生物为主的黏性絮状活性泥胶团吸附污水中的有机物（粪便污水中95％以上为有机物），在曝气风机不断供氧的条件下，其中的好氧微生物将污水中的有机物分解成二氧化碳和水，同时活性泥得到进一步繁殖；当活性污泥产量较多时，可通过排放泵排至舷外或送入焚烧炉内焚烧，气体经通气管排除；当有机物减少时，活性泥中的好氧微生物呈饥饿状态以致死亡，并被附着在活性泥中的原生物和后生动物所吞噬。经初步净化的污水被送至二级接触室中，被好氧微生物膜进一步氧化分解，然后被送至沉淀消毒室中。二次净化后的污水进入沉淀消毒室后，活性污泥沉淀物部分被送返回曝气室内，以作为曝气室的菌种繁殖和再处理；经过沉淀处理过的清净污水，溢流进入沉淀消毒室一侧的消毒柜中，由含氯杀菌药剂消毒杀菌后，再通过兼作粉碎泵的排放泵排至舷外。船舶生活污水经该WCB型装置处理后，$BOD_5 \leqslant$ 50 mg/L，SS$\leqslant$50 mg/L，MPN$\leqslant$250/100 mL，pH值为6～9，能满足国际排放标准的要求。

该装置尺寸紧凑，安装方便，启动灵活，而且污泥排放周期较长、耐腐蚀性较强，获得了中国船级社的检验证书，适合 10～300 人规模、用海水冲洗厕所的船舶使用。但需要注意的是，使用时应尽量不要使用化学药剂清洗厕所，以免杀死好氧微生物导致装置失效。

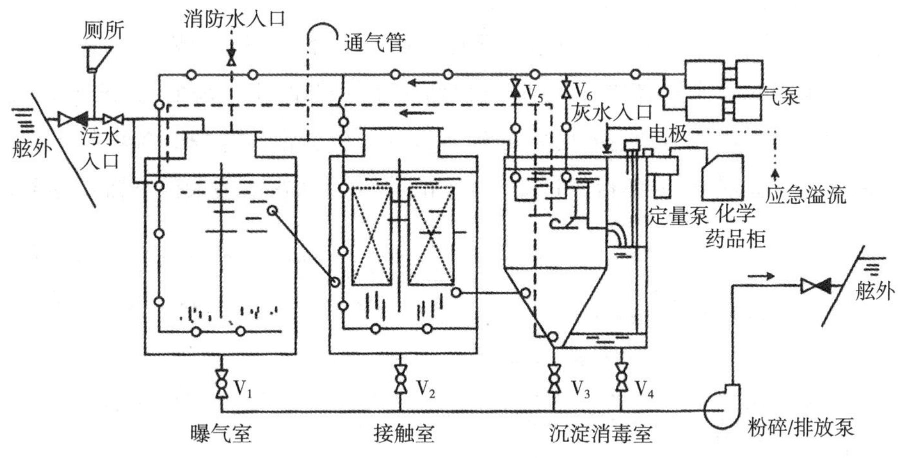

图 3-20　WCB 型船舶生活污水处理装置的工作原理

(2) 标准排放接头。为了使接收设备的管子能与船上生活污水的排放管路相连接，在这两根管路上应设有生活污水标准排放接头，生活污水标准排放接头相关要求见表 3-16。

表 3-16　生活污水标准排放接头相关要求

项目	尺寸
外径	210 mm
内径	按照管子的外径
螺栓节圆直径	170 mm
法兰槽口	4 个直径为 18 mm 的孔等距分布在上述直径的螺栓圆上 槽口开至法兰外沿，槽口宽 18 mm
法兰厚度	16 mm
螺栓数量、直径	4 个
其他要求	能接受内径不大于 100 mm 的管子
	以钢或其他同等材料制成，表面平整
	法兰连同适当的垫圈应能承受 600 kPa 的工作压力
	对于型深≤5 m 的船舶，排放接头的内径可为 38 mm

(3) 岸上接收设备。接收设备应能满足到港船舶输送生活污水的需要，且不致造成船舶延误。这类设备主要包括两类，一类是生活污水储罐、生活污水收集柜等固定式接收设备，另一类是污水接收车、污水接收船等移动式接收设备。通常情况下，这种收集船大多设

计制造成多用途型,不但可以接受停港或港区内航行的船舶的生活污水,还可以接收含油污水、船舶垃圾等,进而将其送至专门的处理场所处理。除此以外,这类接收船还可承担救火及救助等多方面的任务。

2）配备必要文件

(1）防止生活污水污染证书。国际航行船舶应配备由主管机关或经主管机关正式授权的任何个人或组织签发或签署的《国际防止生活污水污染证书》(ISPP)。ISPP 应载明生活污水处理装置的种类,包括粪便柜、污水处理装置等设备的性能、容积、各项技术指标等,其有效期限由主管机关规定,但不得超过 5 年。国际防止生活污水污染证书格式见图 3－21。

证书格式

国际防止生活污水污染证书

经______________________政府授权,由______________

（国家全称）

____

（按公约规定被授权的个人或组织全称）

根据经 1978 年议定书修订的以及经 MEPC.…(…)决议修正的 1973 年国际防止船舶造成污染公约的规定(以下简称“公约”)签发。

船舶概况①

船名______________________________

船舶编号或呼号______________________

船籍港______________________________

总吨位______________________________

船舶核定载运人数____________________

IMO 编号② ________________________

新/现有船舶③ ______________________

安放龙骨或船舶处于类似建造阶段的日期,或,(如适用),重大的改造或改装或改建的开始日期 ______________________

兹证明:

1 本船按《1973 年国际防止船舶造成污染公约》附则 IV 第 9 条和第 10 条的规定设有如下的生活污水处理装置/粉碎机/集污舱和排放管路:

1.1 生活污水处理装置的说明③

生活污水处理装置的类型__________制造厂的名称______

经主管机关验证,该生活污水处理装置符合 MEPC.2(VI)决议规定的排放标准:

1.2 粉碎机的说明③:

粉碎机的类型____________

制造厂的名称____________

消毒后生活污水的标准______

1.3 集污舱设备的说明③:

集污舱的总容量______m^3,位置______

1.4 将生活污水排往接收设备的管路,装有标准通岸接头。

2 本船已按照公约附则 IV 第 4 条的规定进行了检验。

① 或者,船舶概况可以在表格中横向排列。
② 根据 A.600(15)决议,《IMO 船舶编号体系》,该资料可自愿填入。
③ 不适用者划去。

3 检验查明,本船的结构、设备、系统、附件、布置和材料及其状况在各方面均属合格,且符合本公约附则 IV 的适用要求。

本证书有效期至______________止①,在此期间应按公约附则 IV 第 4 条要求接受检验。

签发于____________

（发证地点）

____________ （发证日期）

____________________ （经授权发证的官员签字）

（主管当局盖章或钢印）

① 填入由主管机关按本公约附则 IV 第 8.1 条规定的失效日期。该日期的月、日相当于本公约附则 IV 第 1.8 条定义的周年日。

图 3－21 国际防止生活污水污染证书格式

(2）生活污水排放记录表。将《船舶生活污水排放记录表》放在污水处理柜旁,需记录生活污水投药、贮存、排放时间、排放量、排放地点等项目,航海日志的“重大记事栏”内,要记录排放的时间的地点。按《船舶生活污水排放记录表》做好记录,满页时轮机长、船长签名。

本章小结

(1）航运水污染及防治相关概念:水体、水质、水质指标、水质标准,水污染、水污染物、航运水污染,含油污水,浮上油、分散油、乳化油,舱底水、压载水、洗舱水,散装有毒液体物质,有害水生生物和病原体,外来生物入侵,船体附着海洋污损生物,船舶生活污水,溢油,漂移、扩散、风化、蒸发、分散、溶解、乳化、沉降、光氧化、生物降解。

(2) 航运水污染的原因：含油污水——操作性油污染、事故性油污染，溢油——触碰/碰撞、搁浅、船壳破损、设备故障、火灾/爆炸等，散装有毒液体物质分类——X 类、Y 类、Z 类、OS 类，散装有毒液体物质特性——火灾危险性、健康危险性、反应危险性、海洋污染危险性，压载水——外来生物入侵，生活污水——有机物含量高、营养盐过量。

(3) 航运水污染的危害：油类——破坏景观、危害水生生物、影响食品安全、影响桥梁和船舶安全，有毒液体物质——引发火灾、反应生成有毒有害物、危害人体健康和生命安全、危及生物安全，有害水生物和病原体——破坏生态平衡、造成经济损失、诱发水生物中毒，生活污水——破坏水环境的自净过程和生态平衡、形成富营养化现象、不利于经济社会发展、威胁人类健康。

(4) 航运水污染物排放控制要求：MARPOL 73/78 附则Ⅰ——防止油类污染规则，MARPOL 73/78 附则Ⅱ——控制散装有毒液体物质污染规则，《船舶压载水和沉积物控制与管理国际公约》，MARPOL 73/78Ⅳ——防止船舶生活污水污染规则，《船舶压载水和沉积物管理监督管理办法(试行)》，《船舶水污染物排放控制标准(GB 3552—2018)》。

(5) 航运水污染防治措施：针对含油污水，配置必要设备——配备残油舱、压载舱、污油水舱、滤油及警示设备、管路系统、排放接头、岸上接收设备，合理装载——油类与压载水的分隔、船舶首尖舱内不得装油，配备必要文件——《国际防止油污证书》(IOPP 证书)《油类记录簿》(ORB)；针对溢油，合理保护货油舱，制定溢油应急计划，合理处置溢油事故——四步法(堵→控→收→除)；针对含有毒液体物质的污水，配置必要设施设备，配备必要文件——《国际防止散装运输有毒液体物质污染证书》(NLS 证书)《程序和布置手册》，加强运输管理——申报管理、监督检查、监装、报告制度，采取合理应急措施——操作性泄露处置措施、事故性泄露处置措施，采取合理处理方法——环境监测、喷洒水雾、挖吸沉积物、开展损害评估、选择合适处理方法(根据物理和化学性质)；针对压载水，安装压载水管理系统，配备必要文件——国际压载水管理证书、压载水管理计划、压载水记录簿，采取合理方法进行处置——不排放、淡水替代、海水置换、船上处理、岸上处理；针对生活污水，配置必要设备——存储处理设备、标准排放接头、岸上接收设备，配备必要文件——《国际防止生活污水污染证书》(ISPP 证书)、生活污水排放记录表。

思考题

(1) 航运水污染现象包括哪些类型？

(2) 各种航运水污染现象产生的原因、带来的危害有何差异？

(3) 舱底水、压载水、洗舱水各有什么特点？

(4) 1970—2021 年全球中型及以上溢油事故的变化趋势有何特点？

(5) 溢油是如何运动的？各种运动具有什么作用？

(6) 分散剂和凝油剂的作用有何区别？

(7) 围油栏布设形式有几种？各自适用于什么情形？

(8) 航运水污染防治相关的法律法规主要有哪些？

(9) 航运水污染物排放控制要求主要有哪些？

(10) 各种航运水污染现象的防治措施有哪些异同之处？

(11) 关于水环境保护的纪念日有哪些？

(12) 请选择一个你感兴趣的航运企业或港口企业，对其在水污染防治方面所做的一件事情进行分析，并提炼 2～3 个关键词加以概括。

第四章　航运固废污染及防治

4.1　航运固废污染概述

4.1.1　航运固废污染现象

1）固废及其分类

固废(solid waste)即固体废物的简称，它是指在生产、生活和其他活动中产生的丧失原有利用价值或者虽未丧失利用价值但被抛弃或者放弃的固态、半固态和置于容器中的气态的物品、物质以及法律、行政法规规定纳入固体废物管理的物品、物质。经无害化加工处理，并且符合强制性国家产品质量标准，不会危害公众健康和生态安全，或者根据固体废物鉴别标准和鉴别程序认定为不属于固体废物的除外。

固废包括工业固废、农业固废、危险废物、建筑垃圾和生活垃圾。工业固废是指在工业生产活动中产生的固体废物，农业固废是指在农业生产活动中产生的固体废物，危险废物是指列入国家危险废物名录或者根据国家规定的危险废物鉴别标准和鉴别方法认定的具有危险特性的固体废物。建筑垃圾是指建设单位、施工单位新建、改建、扩建和拆除各类建筑物、构筑物、管网等，以及居民装饰装修房屋过程中产生的弃土、弃料和其他固体废物；生活垃圾是指在日常生活中或者为日常生活提供服务的活动中产生的固体废物，以及法律、行政法规规定视为生活垃圾的固体废物。

其中，生活垃圾可分为可回收物、有害垃圾、湿垃圾、干垃圾。可回收物是指废纸张、废塑料、废玻璃制品、废金属、废织物等适宜回收、可循环利用的生活废弃物；有害垃圾是指废电池、废灯管、废药品、废油漆及其容器等对人体健康或者自然环境造成直接或者潜在危害的生活废弃物；湿垃圾即易腐垃圾，是指食材废料、剩菜剩饭、过期食品、瓜皮果核、花卉绿植、中药药渣等易腐的生物质生活废弃物；干垃圾即其他垃圾，是指除可回收物、有害垃圾、湿垃圾以外的其他生活废弃物。

2）航运固废与航运固废污染

航运固废是指在航运生产、生活和相关活动中产生的工作用品、日常用品、各种食品等固体废物，主要包括港口垃圾和船舶垃圾。其中，港口垃圾是指港口在营运过程中产生的并需要随时或定期处理的固体废物，一般可为工业垃圾、施工垃圾、生活垃圾。船舶垃圾是指船舶在营运过程中产生的并需要随时或定期处理的固体废物，船舶垃圾分类见表 4-1。

表 4－1　船舶垃圾分类

<table>
<tr><th>船舶分类</th><th>序号</th><th>垃圾分类</th><th>说明</th></tr>
<tr><td rowspan="11">海船</td><td>1</td><td>塑料</td><td>含有或由任何形式塑料的垃圾，包括但不限于合成缆绳、合成纤维渔网、塑料垃圾袋和塑料制品的焚烧炉灰渣</td></tr>
<tr><td>2</td><td>食品废弃物</td><td>任何变质或未变质的食料，包括水果、蔬菜、奶制品、家禽、肉类产品和食物残渣</td></tr>
<tr><td>3</td><td>生活废弃物</td><td>防污公约其他附则未规定的、在船上起居处所产生的所有类型的废弃物，不包括灰水</td></tr>
<tr><td>4</td><td>食用油</td><td>任何用于或准备用于食物烹制或烹调的可食用油品或动物油脂，但不包括使用这些油进行烹制的食物本身</td></tr>
<tr><td>5</td><td>焚烧炉灰渣</td><td>用于垃圾焚烧的船用焚烧炉所产生的灰和渣</td></tr>
<tr><td>6</td><td>操作废弃物</td><td>防污公约其他附则未规定的、船舶正常保养或操作期间在船上收集的或是用以储存和装卸货物的所有固体废弃物（包括泥浆），包括货舱洗舱水和外部清洗水中所含的清洗剂和添加剂但不包括灰水、舱底水或船舶操作所必需的其他类似排放物</td></tr>
<tr><td>7</td><td>动物尸体</td><td>船上作为货物载运且在航行中死亡或被实施安乐死的动物尸体</td></tr>
<tr><td>8</td><td>渔具</td><td>可放置于水上、水中或海底，拟用来捕捞、控制以便随后捕捉或采收海洋/淡水生物的任何实物装置、组件或各种工具的组合</td></tr>
<tr><td>9</td><td>电子废弃物</td><td>船舶正常操作和生活区域的电气和电子设备，包括所有零配件、半成品和耗材，丢弃时属于设备的一部分，存在可能对人体健康和/或环境造成危害的物质</td></tr>
<tr><td>10</td><td>无害的货物残余</td><td rowspan="2">防污公约附则未规定的、货物装卸后在甲板上或舱内留下的任何货物残余，包括装卸过量或溢出物，无论其处于潮湿、干燥或是夹杂在洗涤水中，但不包括清洗后甲板上残留的货物粉尘或船舶外表面的灰尘</td></tr>
<tr><td>11</td><td>有害的货物残余</td></tr>
<tr><td rowspan="4">内河船</td><td>1</td><td>厨余垃圾</td><td>食材废料、过期食品、剩菜/剩油/汤水等</td></tr>
<tr><td>2</td><td>可回收物</td><td>塑料、金属、废纸等</td></tr>
<tr><td>3</td><td>有害垃圾</td><td>含油垃圾、废电池、灯管、含有毒有害物质或者其他危险成分的垃圾、医务室垃圾等</td></tr>
<tr><td>4</td><td>其他垃圾</td><td>烟头、一次性餐具等</td></tr>
</table>

航运固废污染是指因航运相关活动产生的某些固体废物排入环境，造成环境质量下降，影响生物生存，损害人体健康和经济发展的现象。从表现形式来看，航运固废污染主要包括水面漂浮物污染、水中悬浮物和溶解物污染以及水底沉积物污染。

4.1.2　航运固废污染的原因

1）源于生产活动

正常的航运生产活动是航运固废产生的重要原因之一。例如，卸载散货会留下残余煤炭、矿石、水泥、粮食等，卸载件杂货会产生废旧木板、硬纸板、泡沫、绳索等，维修保养船舶会产生油漆废料、铁锈、破布、废零件等，开挖港池、疏浚航道等则会产生疏浚土。一般情况下，航运生产活动中的固废产生量与船舶类型、货物品类、货物运输量、包装条件、货物装卸工艺等因素有关。例如，在运输大宗杂货时，其废物主要是散落的包装材料，每 100～150 t 货物平均产生 1 t 固废；在运输散装货物时，每 100 t 货物平均产生 70 kg 固废；而采用集装箱运输时，几乎不产生固废。

2）源于日常生活

船员的日常生活是产生航运固废的另一个重要原因。例如，厨房会产生各种厨余垃圾，医疗室会产生各种医疗废弃物，舱室则会产生日用品包装、废旧衣物、电子废弃物等。一般情况下，船员日常生活中的固废产生量受到多种因素的影响，包括船上人数、生活习惯、生活水平、文化传统等，但主要取决于船上人员的数量。美国的研究表明，船舶产生的食品废弃物为 1.4～2.0 kg/(人·d)，其他干垃圾的产生量为 0.15～1.50 kg/(人·d)。

3）受多种因素影响

航运固废对岸线污染的程度，通常取决于地势、水域的风浪流状况、船舶交通量、水生生物的聚集度、该水域用作渔场的程度以及作为休养区的使用情况等。

4.1.3　航运固废污染的危害

1）损害环境质量

一类是塑料制品、纸制品等漂浮于水面，另一类是剩菜、剩饭等溶入水中，改变水的颜色，这两类都会造成视觉污染。除此以外，是有机物分解后，释放 H_2S、NH_3、CH_4 等，产生异味，导致空气污染。这些问题将会影响港口、滨海浴场、休养区等区域的应用舒适度和经济价值。

专栏十三：海洋塑料污染严重　迫切需要全球紧急行动

根据联合国环境规划署(UNEP)于 2021 年 10 月 21 日发布的《从污染到解决方案：海洋垃圾和塑料污染全球评估》(以下简称《报告》)，大幅减少不必要、可避免和有问题的塑料对于解决全球污染危机至关重要。加速推进从化石燃料到可再生能源的过渡、取消补贴、转向循环模式将有助于按所需的规模减少塑料垃圾的产生。

《报告》强调，每年都有多达 1 200 万 t 塑料垃圾最终流入海洋，占海洋垃圾的 85%左右。其中，80%的海洋垃圾来源于陆地，20%左右来源于人类海上活动。《报告》警告称，到 2040 年，流入海洋区域的塑料垃圾量将增加近两倍，每年海洋中将新增 2 300～3 700 万 t 塑料垃圾，相当于全世界每 1 m 海岸线将有 50 kg 的塑料垃圾。因此，所有海洋生物——从浮游生物、贝类到鸟类、海龟和哺乳动物——都面临着中毒、行为障碍、饥饿和窒息的严重风险。珊瑚、红树林和海草床也被塑料垃圾所淹没，导致它们无法获得氧气和光线。人体在多个方面同样容易受到水体中塑料污染的影响，这可能导致荷尔蒙变化、发育障碍、生殖异常和癌症。塑料是通过海鲜、饮料甚至食盐摄入人体的；它们会穿透人体的皮肤，当它们悬浮在空气中时，也会被人吸入体内。海洋垃圾和塑料污染也对全球经济产生重大影响。2018 年，全球海洋塑料污染对旅游业、渔业和水产养殖的影响，加之其他成本（如清理），总体经济成本估计至少达 60～190 亿美元。预计到 2040 年，如果政府要求企业按预期数量和可回收性支付废物管理成本，企业每年可能面临 1 000 亿美元的财务风险。大量的塑料垃圾还会导致对国内和国际垃圾的非法处理增加。

这份评估报告呼吁全球立即减少塑料用量，并鼓励推动整个塑料价值链的转型。报告指出，全球需进一步加大投资，建立更强大、更有效的监测系统，以确定塑料的来源、规模和命运，并制定全球范围内都有所缺失的风险框架。最终，世界必须向循环模式转型，包括可持续消费和生产实践、企业加速开发并采用替代品、提高消费者意识以推动他们做出更负责任的选择。

来源：联合国环境规划署

2）破坏生态平衡

航运固废中大面积的漂浮物会遮挡阳光，溶于水的有机物会消耗氧气，细小的悬浮物会堵塞鱼鳃，渔网、破碎塑料等会缠绕动物甚至进入动物体内，沉积垃圾则会覆盖底栖生物。这些问题将会导致水生生物生存环境恶化，损坏水生生物呼吸、进食和消化系统，造成水生生物受伤、窒息或死亡，进而破坏生态平衡。据统计，世界范围内至少有 267 种海洋生物受到过塑料垃圾的缠绕或误食垃圾导致死亡，如鲸类动物被绳索和渔网缠绕，鸟和海龟被塑料薄膜覆盖窒息。

3）危害人体健康

航运固废中的生活垃圾可能会滋生苍蝇、蚊子，导致病媒昆虫传播；塑料所含氰化物、汞、镉等有害垃圾会在生物体内富集（海洋无脊椎动物汞富集倍数可达到 10 万，鳟鱼肉镉富集倍数为 330），导致毒性通过食物链传播。这些问题可能使人感染疾病、中毒，危害人体健康，甚至影响生命安全。

4）影响船舶航行

悬浮在水中的线网状固废会缠绕船舶的螺旋桨，不利于船舶正常航行，甚至引发船舶故障和事故。沉积到水底的固废会减少航道的有效水深，不利于船舶的安全通航，并会进一步导致航道疏浚成本的增加。

4.2　船舶垃圾污染防治

专栏十四：最高罚款 20 万元！船舶垃圾应该去哪里

案例一。2018 年 6 月 21 日，宁波海事局执法人员对利比里亚籍集装箱船“MR”轮（总吨 153 115 t，主机功率 72 240 kW）检查时发现，该轮于曾在北纬 29°55.5′、东经 122°49.1′附近水域向海洋直接排放食品废弃物共计 0.03 m³。经核查该排放位置位于中国领海基线外距离中国领海基线不到 3 n mile(0.17 n mile)的海域。该案例最后根据排放位置及数量，罚款 35 000 元整。

案例二。2019 年 9 月 5 日，宁波海事局执法人员对天津籍 LNG 船舶“HH”轮检查发现，该轮在领海基线以内三处位置向海洋排放经粉碎的食品废弃物共计 0.06 m³。该案例最后根据排放位置及数量，罚款 40 000 元整。

来源：宁波海事局

看完上述材料请思考下列问题：上述船舶为什么被处罚？处罚依据是什么？如何才能避免处罚？

4.2.1　船舶垃圾排放控制要求

1) IMO 相关要求

根据 MARPOL 73/78 附则Ⅴ——防止船舶垃圾污染规则（1988 年 12 月 31 日生效），除塑料、食用油、有害的货物残余、其他废弃物禁止排放外，船舶在不同区域排放船舶垃圾应满足表 4－2 相关要求。

表 4－2　国际船舶垃圾排放控制要求

垃圾的种类		海域			
		特殊区域内		特殊区域外	
		其他地区 MARPOL 73/78	南极地区 （极地规则）	其他地区 MARPOL 73/78	北极地区 （极地规则）
食品废弃物	粉碎，粒径≤25 mm	• 航行途中 • 尽可能远离陆地、至少距最近陆地或冰架 12 n mile 以外 • 食品废弃物不应被任何其他种类的垃圾污染	额外要求： • 尽可能远离冰密度超过 1/10 的区域、距最近固定冰 12 n mile 以外 • 食品废弃物不应排放至冰上	• 航行途中 • 距最近陆地 3～12 n mile 以外	额外要求： • 尽可能远离冰密度超过 1/10 的区域，离最近陆地、冰架或固定冰不少于 12 n mile • 食品废弃物不应被任何其他种类的垃圾污染 • 食品废弃物不应排放至冰上

表 4 - 2(续表)

<table>
<tr><th colspan="2" rowspan="3">垃圾的种类</th><th colspan="4">海域</th></tr>
<tr><th colspan="2">特殊区域内</th><th colspan="2">特殊区域外</th></tr>
<tr><th>其他地区
MARPOL 73/78</th><th>南极地区
(极地规则)</th><th>其他地区
MARPOL 73/78</th><th>北极地区
(极地规则)</th></tr>
<tr><td>食品废弃物</td><td>未经粉碎</td><td colspan="2">禁止排放</td><td>• 航行途中
• 至少距最近陆地 12 n mile 以外
• 尽可能合理可行并允许排放</td><td>禁止排放</td></tr>
<tr><td colspan="2">动物尸体</td><td colspan="2">禁止排放</td><td>• 航行途中
• 距最近陆地 12 n mile 以外且最大水深</td><td>禁止排放</td></tr>
<tr><td colspan="2">无害的货物残余</td><td>禁止排放，特别情况除外*</td><td>额外要求与北极地区一致</td><td>• 航行途中
• 距最近陆地 12 n mile 以外</td><td>与特殊区域内基本相同，增加以下要求：
• 在任何情况下尽可能远离冰密度超过 1/10 的区域
• 距最近固定冰不少于 12 n mile</td></tr>
</table>

注：* 特别情况：

①货物洗舱水中包含的货物残留物、清洗剂或添加剂不包含任何被列为对海洋环境有害的物质。

②出发港、下一个目的港、两港间航行路径都位于特殊区域内，且这些港口没有充分适用的接收设施，则船舶可在航行途中、距最近陆地 12 n mile 以外排放。

实践中，若船舶遇到特殊情况，则其垃圾排放可不受上述要求限制。这些特殊情况包括：①垃圾排放或渔网落失是为了保障船舶及船上人员安全，或救护海上人命；②垃圾或渔网因船舶或设备故障而意外落失，但在此之前已采取一切合理预防措施最大限度地减少其意外落失；③将食品废弃物留置在船上很明显会对船上人员产生即刻紧迫的健康风险。

2) 中国相关要求

根据《船舶水污染物排放控制标准(GB 3552—2018)》，内河禁止倾倒船舶垃圾，任何海域禁止排放塑料废弃物、废弃食用油、生活废弃物、焚烧炉灰渣、废弃渔具、电子垃圾和含危害海洋环境物质的其他操作废弃物，混合垃圾排放应同时满足所含每一类船舶垃圾的排放控制要求，不含危害海洋物质的货舱、甲板和外表面清洗废弃物可排放。除此以外，食品废弃物、货物残余、动物尸体的排放应按要求执行。我国船舶垃圾排放控制要求见表 4 - 3。

表 4-3　我国船舶垃圾排放控制要求

垃圾种类	海域(距最近陆地距离)		
	≤3 n mile	(3 n mile,12 n mile]	>12 n mile
食品废弃物	禁止排放	粉碎/磨碎、粒径≤25 mm 可排放	可排放
动物尸体	禁止排放		可排放
货物残余			不含危害海洋物质可排放

4.2.2　船舶垃圾违法排放相关处罚规定

1）我国法律相关处罚规定

《中华人民共和国海洋环境保护法》(2017 年第三次修正)第六十二条规定,在中华人民共和国管辖海域,任何船舶及相关作业不得违反本法规定向海洋排放船舶垃圾。第七十三条规定,船舶向海域排放本法禁止排放的污染物或者其他物质的,处 3 万元以上 20 万元以下的罚款;船舶不按照本法规定向海洋排放污染物,或者超过标准排放污染物的,处 2 万元以上 10 万元以下的罚款。

《中华人民共和国水污染防治法》(2017 年第二次修正)第五十九条规定,禁止向水体倾倒船舶垃圾。第九十条规定,向水体倾倒船舶垃圾的,由海事管理机构、渔业主管部门按照职责分工责令停止违法行为,处 1 万元以上 10 万元以下的罚款;造成水污染的,责令限期采取治理措施,消除污染,处 2 万元以上 20 万元以下的罚款;逾期不采取治理措施的,海事管理机构、渔业主管部门按照职责分工可以指定有治理能力的单位代为治理,所需费用由船舶承担。

2）国务院行政法规相关处罚规定

《防治船舶污染海洋环境管理条例》(国务院令第 676 号,2017 年第五次修订)第十六条规定,船舶处置污染物,应当在相应的记录簿内如实记录,船舶应当将使用完毕的船舶垃圾记录簿在船舶上保留 2 年。第六十条规定,船舶未按照规定在船舶上留存船舶污染物处置记录,或处置记录与船舶运行过程中产生的污染物数量不符合的,由海事管理机构处 2 万元以上 10 万元以下的罚款。第十七条规定,船舶污染物接收单位从事船舶垃圾接收作业,应当编制作业方案,遵守相关操作规程,并采取必要的防污染措施,同时应当将船舶污染物接收情况按照规定向海事管理机构报告。第六十一条规定,船舶污染物接收单位未经海事管理机构批准,擅自从事船舶垃圾接收作业的,由海事管理机构处 1 万元以上 5 万元以下的罚款;造成海洋环境污染的,处 5 万元以上 25 万元以下的罚款。

3）国务院部门规章相关处罚规定

《中华人民共和国船舶及其有关作业活动污染海洋环境防治管理规定》(交通运输部令 2017 年第 15 号第四次修正)第十六条规定,船舶污染物接收作业单位进行污染物接收作业的，应当编制作业方案，遵守国家有关标准、规程，并采取有效的防污染措施，防止污染物溢漏。第五十六条规定，违反该管理规定，船舶污染物接收单位进行船舶垃圾接收作业，未编制作业方案、遵守相关操作规程、采取必要的防污染措施的，由海事管理机构处1万元以上5万元以下的罚款；造成海洋环境污染的，处5万元以上25万元以下的罚款。

《中华人民共和国防治船舶污染内河水域环境管理规定》(交通运输部令2015年第25号)第十五条规定，100 GT及以上的船舶以及经核准载运15名及以上人员且单次航程超过2 km或者航行时间超过15 min的船舶，应当将有关垃圾收集处理情况如实、规范地记录于《船舶垃圾记录簿》中，使用完毕后在船上保留2年。第四十六条规定，船舶未按规定如实记录垃圾收集处理情况，或未按规定保存《船舶垃圾记录簿》的，由海事管理机构责令改正，并处以3 000元以上1万元以下的罚款。第十三条规定，禁止船舶在内河水域使用焚烧炉。第四十五条规定，船舶在内河水域使用焚烧炉的，由海事管理机构责令改正，并处以2万元以上3万元以下的罚款。

4）其他规范性文件相关处罚规定

根据《中华人民共和国船员违法记分办法》(海船员〔2015〕600号)，船舶向水体倾倒船舶垃圾的，其大副或轮机长及责任船员违法一次记15分。

4.2.3 船舶垃圾污染防治措施

1）配置必要设备

分类垃圾桶。船舶应配置五色垃圾桶，每个垃圾桶分别配备中英文双语标志，方便船员使用。其中，红色垃圾桶用来接收可循环再用的垃圾，包括食用油、玻璃、铝罐、废纸、木头、金属、泡沫聚苯乙烯塑料和类似的塑料；黄色垃圾桶用来回收破布以及焚烧炉灰烬；绿色垃圾桶用来回收可能对船员或者船舶造成危害的垃圾，如含油破布、灯泡、酸性物质、化学品、电池等；蓝色垃圾桶用来回收食品废弃物；黑色垃圾桶用来回收不可回收的塑料和不可回收塑料制品的垃圾。

粉碎设备。食品废弃物粉碎设备的作用是将高温消毒、除臭的食品废弃物粉碎成允许排放的粒度，以便排放入海。船用食品废弃物粉碎机见图4-1。核心部件——粉碎刀安装在漏斗式投入口下面，由电动机带动旋转，投入待粉碎的废弃物的同时用水冲洗，将粉碎的废弃物直接排放入海。对于航行在禁止垃圾投弃海域的船舶，可在船边装一个贮存柜，先将粉碎后的垃圾贮存在里面，当船舶航行到非限制海域时再将其排放。船用食品废弃物粉碎机的处理能力为15～30 kg/min，冲洗水消耗量为15～50 L/min，电机功率为2 kW左右。

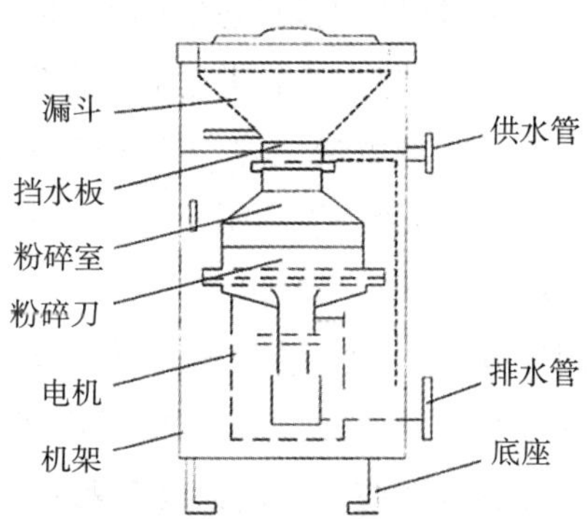

图 4-1　船用食品废弃物粉碎机

压实设备。压实设备的作用是压缩不允许排放的垃圾，减少其体积并使之规格化，以便贮存和处理。船用垃圾压实机见图 4-2。该船用垃圾压实机的核心部件为压实油缸、压实活塞和压实筒，其底座由四根支腿和台板组成，底座之下和一侧分别有出料筐和出料油缸，出料油缸与出料筐相铰接，用于将出料筐推出。底座上有压实筒，该压实筒呈竖立布置，其侧壁上有投料门，垃圾可由投料门送入压实筒。压实筒上部有压实油缸，压实油缸通过活塞杆与压实筒内的压实活塞相连接，从而实现对垃圾的压缩。压实筒与底座间有导轨和平移板，导轨固定在底座的台面上，平移板则安置于导轨上，平移板开启后，被压实的垃圾落至出料筐。为避免垃圾压实过程中污水渗出所产生的二次污染，在平移板外伸部分之下安装有污水盒，该污水盒通过管道与压实筒的内腔相连通，使垃圾压实过程中渗出的污水直接排至污水盒中。

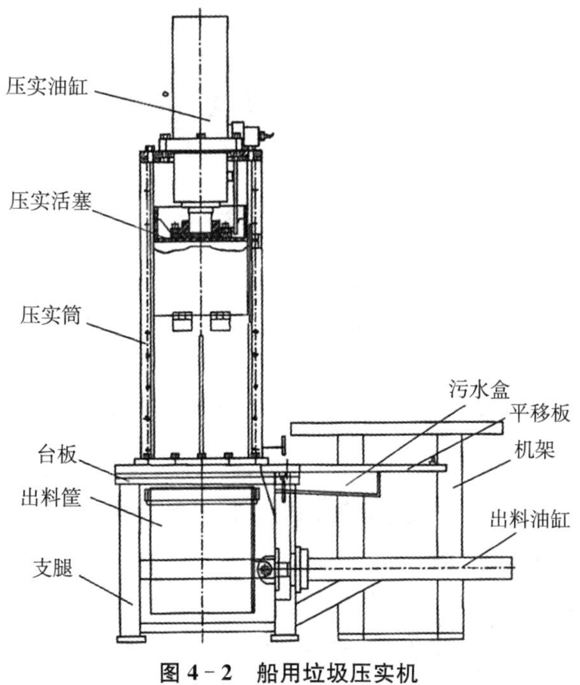

图 4-2　船用垃圾压实机

船用焚烧炉。焚烧炉的作用是将可燃的垃圾送入其中焚烧，可减少其对船上存储空间的占用，并解决垃圾变质发臭的污染问题。一般货船不设置生活垃圾专用焚烧炉，多数船舶是以安装在机舱内的废油焚烧炉兼作垃圾焚烧炉，其焚烧废油的能力为 50～80 kg/h，焚烧生活垃圾的能力为 25～40 kg/h。船用焚烧炉见图 4－3。通常情况下，焚烧炉有一个由钢板制成的外壳，其内壁砌有高级隔热耐火砖，它所包围的空腔即是焚烧炉的燃烧室。燃烧室内既可以焚烧由进料门投入的固体废弃物，也可焚烧燃烧室前方的污油燃烧器喷入的污油、污水和污泥。燃烧器是焚烧炉的核心部件，它的好坏直接影响焚烧炉的性能，目前常用旋转喷嘴式，可以使废油很好地雾化并燃烧，即使直径达到数毫米油粒也没问题。为了预热焚烧炉以及点燃污油燃烧器，焚烧炉设有辅助燃烧器，可保证炉内温度达到 600 ℃以上的稳定状态。当仅焚烧固体废物时，只需使用辅助燃烧器即可。燃烧用的空气由鼓风机供给，烟气由排烟机排出。排烟机的作用一方面是使排烟冷却，另一方面是使炉内产生一定的真空，以防止烟气外漏，从而避免引起火灾。此外，焚烧炉还设有控制箱、观察窗和废油柜等。在废油柜内还装有加热器和搅拌器来保证污油的充分混合，以便于其燃烧。

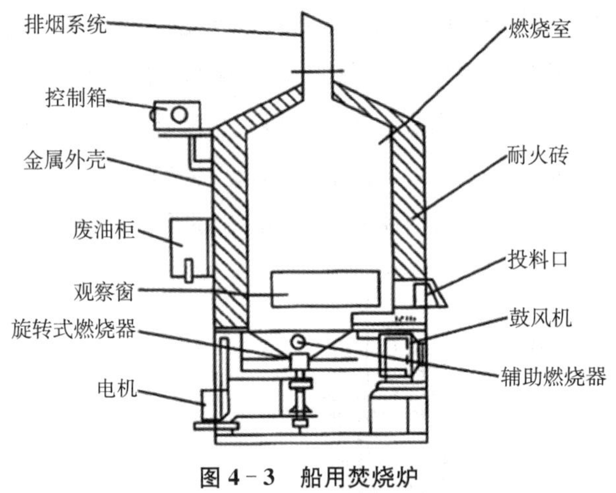

图 4－3　船用焚烧炉

使用焚烧炉应注意以下事项：①点火前应扫气 30 s 以上，驱除炉内油气，防止爆炸；②焚烧污油时要先放掉油柜中的污水，并加热至 80～100 ℃，以便燃烧；③分批进料时，燃烧室温度在起动后 5 分钟内应达到 600 ℃，否则不利于完全燃烧；④连续进料时，燃烧室温度应达到 850 ℃以上方可送入废弃物；⑤禁止燃烧多氯联苯、含有微量重金属的垃圾、含有卤素化合物的精炼石油产品、聚氯乙烯（获得 IMO 型式认可证书的船上焚烧炉内焚烧除外），以及闪点在 60 ℃以下具有爆炸性危险的废物等，以免产生危害；⑥焚烧炉焚烧塑料垃圾的灰烬不允许排放入海，而应交于岸上处理。

2）配备必要文件

船舶垃圾管理计划。400 GT 及以上和经核定可载运 15 人或以上的国际和沿海船舶，100 GT 及以上和经核准载运 15 人及以上且单程超过 2 km 或者 15 min 的内河船舶，以及固定式或浮动式平台，应备有一份船员须遵循的垃圾管理计划。该计划应就垃圾减少、收集、储存、加工和处理（包括船上设备使用），提供书面的程序，还应指定实施计划负责人。国际船舶垃圾管理计划基于国际海事组织制定的指南并用船员的工作语言书写，主要内容包括实施人员职责、船舶垃圾管理原则及减少垃圾的措施、发生垃圾污染时的反应、垃圾收集程序、垃圾处理程序、垃圾贮存程序、垃圾排放程序、排放与教育。

船舶垃圾记录簿。航行于另一缔约国管辖范围的港口或近海装卸站的 400 GT 及以上的船舶和经批准核准载运 15 人或以上的国际和沿海船舶，100 GT 及以上和经核准载运 15 人及以上且单程超过 2 km 或者 15 min 的内河船舶，以及固定式或浮动式平台，应持有一份《垃圾记录簿》。每次排放作业或一次完成的焚烧，应由值班驾驶员立即记录在《垃圾记录簿》中，并签署排放或焚烧的日期。《垃圾记录簿》每填写完一页都应由船长签字。国际船舶《垃圾记录簿》每项记录的内容都应用船舶船旗国的官方语言，也可用英文或法文书写。但在有争议或矛盾的情况下，记录应以船舶船旗国的官方语言为准；每次排放或焚烧船舶垃圾的记录应包括日期、时间、船位、被焚烧或排放的垃圾种类和估算量。《垃圾记录簿》应妥善保存在船上，并应放置在合理时间内可随时检查记录簿的地方。记录簿在最后一项内容填写完毕后应保存两年。如果发生例外的排放、泄漏或意外丢失的情况，《垃圾记录簿》中应记载造成船舶垃圾丢失的情况和原因。

垃圾公告牌。总长超过 12 m 的船舶和固定或浮动平台均应张贴告示，以使船员和乘客知晓相应的排放要求，张贴的位置应在厨房区域、餐厅、起居室、驾驶室或其他船员工作和生活处所及场所的显著位置。告示牌应以船员的工作语言书写；对航行于其他缔约国政府管辖范围的港口或近海装卸站的船舶，告示牌还应以英文、法文或西班牙文书写。

3) 采用合理方法

(1) 基本原则。固废污染防治坚持“三化”、污染担责和全程分类原则。

“三化”原则即减量化、资源化和无害化。减量化是指在生产、流通和消费等过程中减少资源消耗和废物产生。资源化是指将废物直接作为原料进行利用或者对废物进行再生利用，包括再利用和再循环；前者是将废物直接作为产品或者经修复、翻新、再制造后继续作为产品使用，或者将废物的全部或者部分作为其他产品的部件予以使用；后者则是对废物进行再生利用。无害化是指在垃圾的收集、运输、储存、处理、处置的全过程中减少以至避免对环境和人体健康造成不利影响。

污染担责原则是指产生、收集、贮存、运输、利用、处置固体废物的单位和个人，应当采取措施，防止或者减少固体废物对环境的污染，对所造成的环境污染依法承担责任。

全程分类原则是指任何单位和个人都要从源头分类投放垃圾，垃圾回收处置相关单位要分类收集、分类运输、分类处置，实现对垃圾的精细化管理。

(2) 一般处理流程。合理的船舶垃圾处理流程将会减少对船舶贮存场所的要求，也可使这些贮存的垃圾有效的排放至港口接收设备。一般情况下，船舶垃圾处理可分为收集、加工、贮存和排放四个阶段,船舶垃圾处理流程见图 4-4。实践中,垃圾处理流程应根据船舶条件而定,如船舶类型和大小、营运区域、船上垃圾处理设备和贮存场所、船上人员数量、航行时间、所靠港口的管理规章和接收设备。

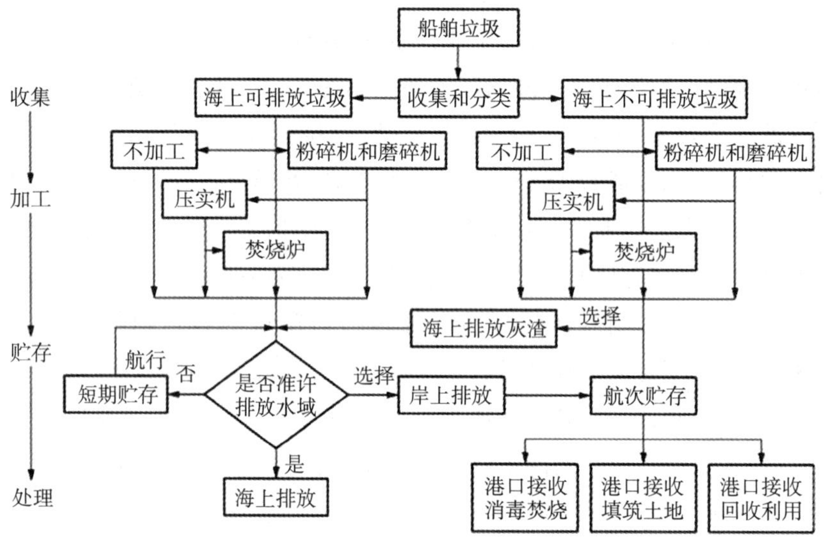

图 4-4　船舶垃圾处理流程

(3) 常用处理方法。对于不同的垃圾,应综合考虑其特性、投弃海域的管制规则和处理设备费用等,选择最合适的方法处理船舶相应种类的垃圾。船舶垃圾最适宜的处理方法见表 4-4。

表 4-4　船舶垃圾最适宜的处理方法

处理方法	处理费用	船舶废弃物的种类			
		食物残渣	碎木片、纸片、布片、棉纱头	玻璃、瓶子、陶瓷、金属等	塑料袋
直接投弃	最便宜	在管制海域内保存在船内,在非管制海域不经任何处理直接排入海洋	这类废弃物具有漂浮性,如投弃入海会造成视觉污染、影响景观	量少,保存不会产生腐烂臭气等不卫生问题	量少,保存不会产生不卫生问题,不能直接投弃入海
粉碎处理	便宜	食物残渣粉碎后可在 3 n mile 外排放入海,可成为海洋生物的食物,不会污染海洋	粉碎后投弃入海也会污染海洋,大块木料等也不易粉碎	玻璃、瓶子及陶瓷粉碎后排放入海,可沉入大海	不能投弃入海
压实处理	便宜	压实前船上人员无须进行特殊处理,压实后不能投弃入海	压实前需将材料减小至进料尺寸,压实后不能投弃入海	压实前需将材料减小至进料尺寸,压实后不能投弃入海	压实前需将材料减小至进料尺寸,压实后不能投弃入海

表 4-4(续表)

处理方法	处理费用	船舶废弃物的种类			
		食物残渣	碎木片、纸片、布片、棉纱头	玻璃、瓶子、陶瓷、金属等	塑料袋
焚烧处理	费用较高	处理后的残渣不会染海洋	可完全燃烧	不能燃烧	焚烧最理想,不会产生二次污染
最适合的处理方法		粉碎处理	焚烧处理	直接投弃或粉碎处理	焚烧处理或压实处理

4.3　垃圾处置常用方法

专栏十五: 上海老港——全球最大垃圾焚烧厂

上海老港生态环保基地(以下简称“老港基地”)位于上海市浦东新区老港镇,距市中心约 70 km。基地面积 15.3 km^2,是上海市“一主多点”固废处置体系布局的“主基地”。目前,老港基地承担着上海市约 50%的生活垃圾末端处理和 50%以上医疗废弃物处理的重任,还是建筑垃圾等废弃物资源综合利用的重要末端。从全国看,老港基地是固废处理能力最大、处理对象最多元、资源能源利用产业链最完善的综合处置基地。

作为全球最大的垃圾焚烧设施,老港再生能源利用中心位于老港基地东部一角,外观酷似一座现代化写字楼。一楼是宽阔明亮的科普展厅,上空科技感十足的亮化装饰为玻璃、瓶罐等废弃物再利用而来。二楼以上分布着参观展厅、中控室和办公区域,各展厅长期对公众开放,每年接待的参观人次有两万多。老港再生能源利用中心分一期和二期,总焚烧处理生活垃圾将达 300 万 t/年,约占上海市居民年产生垃圾总量的 1/3,是全球规模最大的垃圾焚烧厂,年发电量 15 亿 kW·h。其中:一期于 2013 年 5 月投运,日处理能力 3 000 t;二期规模翻倍,于 2019 年 9 月底全量投运,拥有 8 条世界先进水平的生活垃圾焚烧线,日处理能力 6 000 t,日发电量超过 300 万 kW·h。

每天,垃圾车把垃圾从卸料平台倒入垃圾坑,再由抓斗将垃圾运送到焚烧炉。燃烧产生的烟气从焚烧炉进入余热锅炉,产生高压水蒸气。水蒸气进入汽轮发电机组,推动机组发电,1 t 垃圾焚烧可发电 600 kW·h,高于平均的 450 kW·h。烟气经过一系列净化处理后,由烟囱排出,一台焚烧炉的 NO_x 排放只有 11.23 mg,远低于欧盟 2000 标准(200 mg)。而在燃烧过程中,产生的飞灰将经过布袋除尘器收集,整合处理后予以填埋。每份垃圾充分焚烧后,体积减为原来的 1%,炉渣质量只有原垃圾质量的 15%~20%,炉渣还可以再进行综合利用,用于生产建材原料等。热能回收最高可达 26%,高出全球平均标准 6 个百分点。

来源:澎湃新闻、《新民晚报》

看完上述材料请思考下列问题:垃圾有哪些处置方式?处置前后有何差异?

4.3.1 垃圾回收利用

1）垃圾回收利用的层次

垃圾的回收利用有四个层次。第一个层次是直接回收利用并保持其原有的使用功能，如将啤酒瓶等经过清洗后重新作为啤酒瓶使用，旧衣服、二手物品使用等。第二个层次是不再保持其原有的形态和使用性能，但还保持利用其材料的基本性能，如废纸再生、玻璃再生等。第三个层次是不再保持其原有的形态、使用性能和材料的基本性能，但还保持利用其部分分子特性等，如生物质有机垃圾的堆肥。第四个层次通常没有纳入回收利用范畴，就是不再保持其原有的形态、性能，而利用其分解合成过程中产生的能源或新材料，如垃圾焚烧的余热利用、填埋气体的回收等。

2）垃圾回收利用案例

（1）废塑料瓶的再利用。塑料瓶一般以聚酯（PET）、聚乙烯（PE）、聚丙烯（PP）为原料，添加相应有机溶剂，经高温加热后，通过塑料模具经过吹塑、挤吹、或者注塑成型的塑料容器，具有不易破碎、成本低廉、透明度高、食品级原料等特点，广泛应用于饮料、食品、酱菜、蜂蜜、干果、食用油、农兽药等包装领域。废弃的饮料瓶可用于制作小花篮、首饰架、装饰墙等装饰品，甚至可做成小船，用于游玩或保洁作业，废塑料瓶的再利用见图 4－5。

(a) 花篮

(b) 首饰架

(c) 小船

(d) 装饰墙

图 4－5　废塑料瓶的再利用

（2）废塑料瓶的再循环。废塑料瓶片（PET 瓶片）的再循环过程见图 4－6。首先，将废塑料瓶压碎并清洗，然后溶解于乙二醇（EG）中，在 EG 沸点温度（197.85 ℃）和 0.1 MPa 的压力下，对 PET 进行解聚，生成苯二甲酸双羟乙酯（BHET）。然后，一方面可使 BHET 与甲醇起反应，在甲醇沸点温度（64.5 ℃）和 0.1 MPa 的压力下，经过酯交换反应生成对苯二甲酸二甲酯（DMT）和 EG。之后，经过加水蒸馏，把 DMT 和 EG 进行分离，再通过重结晶过程精制 DMT，精制后的 DMT 可进一步转化为对苯二甲酸（TPA）。最后，TPA 与 EG 通过熔融聚合和固相聚合，生成 PET 瓶用原料。另一方面，还可通过脱色、蒸馏等过程精制 BHET，再使 BHET 在催化剂作用通过熔融聚合和固相聚合反应得到 PET 瓶用原料。该反应用到的催化剂包括乙二醇锑 $C_6H_{12}O_6Sb_2$、化合物 A 和乙酸钠 CH_3COONa，化合物 A 为乙酸锰$(CH_3COO)_2Mn$、乙酸钴$Co(CH_3COO)_2$或乙酸锌$Zn(CH_3COO)_2$中的一种或两种以上的混合物。

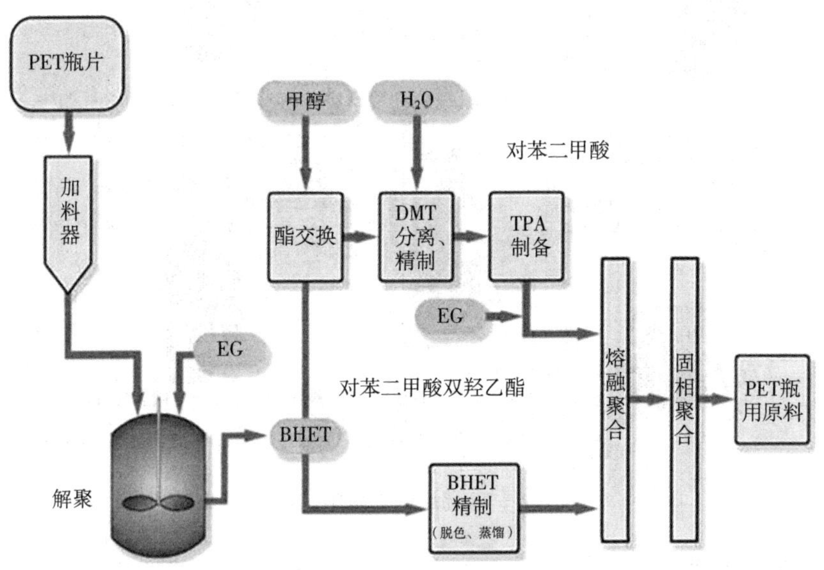

图 4-6　废塑料瓶片(PET 瓶片)的再循环过程

(3) 有机物堆肥。堆肥是利用细菌、酵母菌、真菌和放线菌等微生物把厨余垃圾、排泄物等所含的有机物发生生物化学反应而降解、形成可供植物吸收养料的过程。堆肥最重要的工作是营造良好的细菌生存环境。细菌跟人一样，需要有食物、水和空气才能生存。细菌的食物大致可分为高含碳类和高含氮类。其中，碳的作用是提供能量以及合成细菌身体的主要成分，一般来自棉织物、纸制品等；氮的作用是用来合成蛋白质，一般来自厨余、排泄物等。堆肥时，细菌需要均衡地吸收两种养分，碳氮比应维持在 30∶1 至 25∶1。如果碳氮比偏高(即氮不足)，细菌无法合成蛋白质，生长就会减缓；如果碳氮比偏低(即氮过量)，细菌生长会很快，但没用完的氮会浪费掉，且会产生臭味。此外，水和空气的作用也很重要。如果没有水，细菌成长就会变慢；但如果水太多，就会阻碍空气进入；实践中，匀质垃圾的最佳含水率为 45%～60%。在有空气的状态下，细菌会将有机质氧化分解以获得能量及营养，这个过程会产生CO_2；但如果没有氧气，这一过程将会变成厌氧分解，产生如H_2S之类的臭味气体。需要注意的是，塑料、玻璃、陶瓷、金属、小石块等垃圾不能用作堆肥材料，堆肥时温度应控制在 30～70 ℃。温度达到 60～70 ℃维持 24 h，可杀死病原微生物和植物种子，但温度超过 70 ℃将会杀死放线菌等有益菌。易腐垃圾堆肥流程见图 4-7。

图 4-7 易腐垃圾堆肥流程

4.3.2 垃圾焚烧发电

1）垃圾焚烧发电的优点

减量化。同等量的垃圾通过填埋约可减容 30%，通过堆肥约可减容 60%，而通过焚烧约可减容 90%。垃圾焚烧后重量减轻 80%以上，填埋占地少。

资源化。释放热能，转化成蒸汽之后可以发电，或者供热。1 t 垃圾可焚烧发电 300 多千瓦时，每 5～10 个人产生的生活垃圾，通过焚烧发电可满足 1 个人的日常用电需求。

无害化。在高温环境中焚烧垃圾，可消除垃圾中大量的有害病菌和有毒物质，实现渗滤液和生产污水的零排放，烟气通过严格的净化处理达标排放。垃圾焚烧发电产生的污染仅为垃圾卫生填埋的 1/50 左右。

高效率。垃圾在卫生填埋场中的分解时间通常需要 7～30 年，而焚烧处理只要垃圾的熔点低于 850 ℃，2 h 左右就能处理完毕；占地小，同样的垃圾处理量，垃圾焚烧发电厂需要的用地面积只是垃圾卫生填埋场的 1/20～1/15；选址靠近城市，节省运输费用。

2）垃圾焚烧发电的流程

生活垃圾一般由运输车送至垃圾发电厂，经地磅称重后开至卸料门，卸到垃圾池内，经自然发酵（堆放 5～7 天）析出垃圾中的部分水量以提高热值，期间产生的沼气、臭气回收至焚烧炉利用，垃圾堆存所产生的渗滤液，经处理达标后，作为全厂生产用水。发酵后的垃圾经进料斗进入高达 850～1 100 ℃的焚烧炉内，焚烧烟气停留 2 s 以上，高温控制二噁英的生成。垃圾在焚烧炉内燃烧产生高温烟气，加热锅炉产生蒸汽驱动汽轮发电机进行发电。焚烧后产生的炉渣用作建筑材料，产生的烟气经烟气处理系统净化后可去除其中的酸性污染物、PM、NO_x、重金属及二噁英等污染物，达到国标或欧盟 2000 标准后的洁净气体通过烟囱排放到大气中。在锅炉加热和烟气净化过程中产生的飞灰，经固化稳定后运至填埋场进行化填埋。垃圾焚烧发电工艺流程见图 4-8。

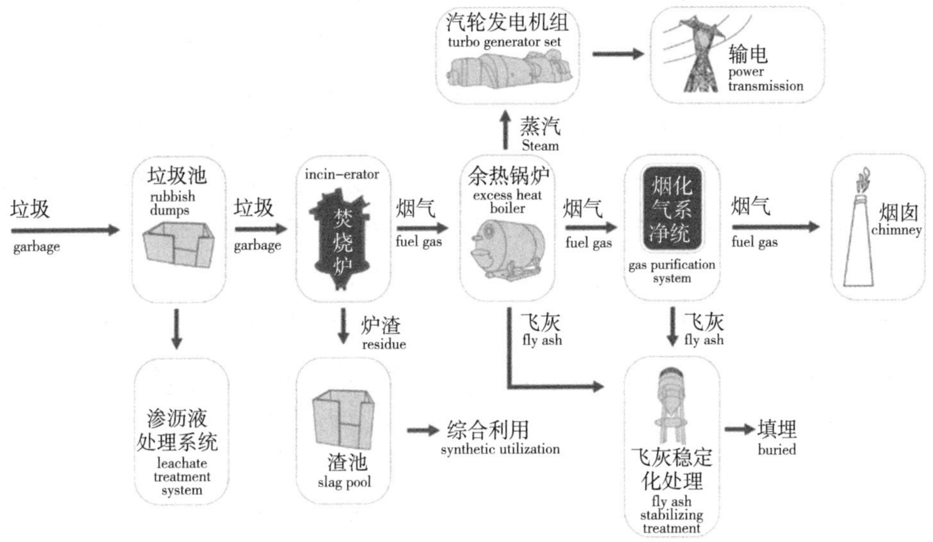

图 4-8　垃圾焚烧发电工艺流程

3）垃圾焚烧废物的处理

污水处理。垃圾储坑产生的污水(即“渗滤液”)约占垃圾总量的 25%，其有机物含量高，需经过“厌氧发酵+好氧反应+超滤+纳滤+反渗透”组合工艺处理才能达标排放。垃圾源头干湿分类，可以减少末端渗滤液产生量。

烟气净化。垃圾燃烧产生大量的烟气，通过向炉膛内喷洒雾状氨水，向烟道内喷洒熟石灰粉末(或石灰浆)、活性炭粉末，通过布袋除尘器过滤和氢氧化钠溶液洗涤，实现对烟气中粉尘、NO_x、HCl、SO_x 等污染物的去除。

飞灰稳定化。飞灰主要是布袋除尘器过滤下来的粉尘，约占垃圾总量的 1%～3%，吸附了大量的重金属，是国家规定的危险废物，必须经过稳定化处理。常用方法是利用化学螯合剂“锁住”重金属元素，使其不能释放到土壤和地下水中。

炉渣处理。垃圾焚烧产生的炉渣经过高温无害化处理，再经过磁选等方法分离后，可对炉渣进行综合利用，比如可以作为路基材料或制作砌块、行道砖，不能综合利用部分可送至卫生填埋场填埋。

专栏十六：垃圾焚烧发电产生的二噁英并不可怕

二噁英，是一个很多人都谈之色变的词语，对于二噁英大家最直接的联想就是它能致癌。很多人对于垃圾焚烧厂的第一印象就是会产生二噁英，会致癌，所以对于垃圾焚烧发电存在很大的抵触心理。目前，我国采用的标准是 0.1 ng/m^3(标准立方米，即标准大气压

101.325 kPa、0 ℃状态下计量的 1 m^3 气体体积)。从数学上讲,0.1 ng 是 10^{-10} g,即 1 g 的 100 亿分之一,这是一个非常微量的数字,而且这个标准是欧盟、日本等发达国家最严格的标准,它也远低于民营燃烧设备 10 g/m^3、汽车尾气 1 ng/m^3 的标准。

二噁英并不是焚烧厂特有的产物,还广泛存在于我们的日常生活中,像抽烟、汽车尾气、家里清洁燃气炉灶都含有二噁英,电视机如果清理不及时,机盒内堆积起来的灰尘中也会有二噁英。二噁英的摄入途径,更多的是我们吃进去的,包括牛奶、鱼肉、鸡蛋等都含有一定量的二噁英。根据国家的标准,垃圾焚烧所产生的二噁英是我们日常生活中所吃的食物中二噁英含量的 1/10。当空气中二噁英含量很低的情况下,对环境和健康是没有危害的。就比如说牛奶、鸡蛋里有二噁英,但我们不能说牛奶鸡蛋是有毒的一样。

原生垃圾本身就含有较高浓度的二噁英,而规范化的垃圾焚烧反而是二噁英减排的过程。例如,一个日处理为 1 000 t 的垃圾焚烧发电厂每天排入环境的二噁英大约相当于 9 t 垃圾露天焚烧。实际上,垃圾焚烧发电厂产生的二噁英是可防可控的,现代化的垃圾焚烧发电厂排放的二噁英对周围环境的影响已经达到可以忽略不计水平。

来源:中国城市建设研究院有限公司

4.3.3 **垃圾填埋**

那些既不能回收利用又没法焚烧的垃圾,最终只能填埋。目前,填埋仍然是最常用的生活垃圾处理方法,具有成本低、处理量大、操作简单等特点。根据适用对象不同,可将填埋分为卫生填埋和安全填埋,前者是指对生活垃圾和除危废以外的固废在卫生填埋场进行的填埋处置,后者是指对危险废物在安全填埋场进行的填埋处置。

1) 卫生填埋

卫生填埋的适用对象主要是一般的生活垃圾,但不包括液态废物、电子废物、禽畜废物、未处理粪便/厨余垃圾,卫生填埋场的选址应遵循以下要求:①符合区域性环境规划、环境卫生设施建设规划、当地城市规划;②标高应位于重现期不小于 50 年一遇的洪水位之上;③避开特定区域,例如城市工农业发展规划区、农业保护区、自然保护区、风景名胜区、文物/考古保护区、生活饮用水水源保护区、供水远景规划区、矿产资源储备区、军事要地、国家保密地区、蓄水设施淹没区/保护区,以及破坏性地震及活动构造区、活动中的坍塌/滑坡/隆起地带、活动中的断裂带、石灰岩溶洞发育带、废弃矿区的活动塌陷区、活动沙丘区、海啸及涌浪影响区、湿地、尚未稳定的冲积扇及冲沟地区、泥炭以及其他可能危及填埋场安全的区域;④具体位置、与周围人群的距离根据环境影响评价结论确定,须经地方环保行政主管部门批准。卫生填埋场示意见图 4-9。

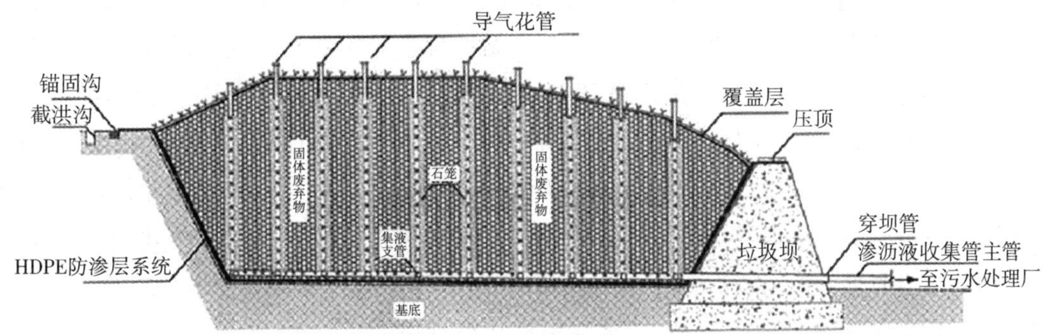

图 4－9 卫生填埋场示意

卫生填埋一般采用单元填埋法，先将填埋场划分为小单元，然后分别进行填埋，其作业顺序为垃圾卸料→垃圾铺平→垃圾压实→表面覆盖。每日填埋结束后，用高密度聚乙烯(HDPE)进行覆膜作业，有效减少雨水渗入和异味散发。后期需加强膜厚度和硬度，以减少破损的可能性。最终，在填埋结束封场时再选择土壤覆盖，并进行植被修复等工作。卫生填埋作业流程见图 4－10。

图 4－10 卫生填埋作业流程

与焚烧处理相比，卫生填埋不仅投资和运行费用较低，而且产生的填埋气可用于内燃机发电、室内供热和工业供热，或用作动力燃料或管道燃气。但是，卫生填埋占地面积大，且大量有机物和一些有害物质的混入，使垃圾渗滤液防渗透和收集处理难度增大。为解决这一难题，实践中一般采用 HDPE 膜防治渗滤液渗透，同时采用膜生物反应器(MBR)＋纳滤(NF)/反渗透(RO)工艺和臭氧高级氧化组合技术(SHAS)技术进行处理。

2) 安全填埋

安全填埋的适用对象主要是危险废物，但不包括医疗废物、液态废物、与衬层具有不相容性反应的废物，其填埋场选址应遵循以下要求：①符合环境保护法律法规及相关法定规划要求，标高位于重现期≥100 年一遇洪水位之上；②避开特定区域，例如国务院和国务院有关主管部门及省、自治区、直辖市人民政府划定的生态保护红线区域、永久基本农田和其他需要特别保护的区域、蓄水设施淹没/保护区、湿地，破坏性地震及活动构造区、海啸及涌浪影响区、地应力高度集中区、地面抬升或沉降速率快的地区、石灰溶洞发育带、废弃矿区/塌陷区、崩塌/岩堆/滑坡区、山洪/泥石流影响地区、活动沙丘区、尚未稳定的冲积扇/冲沟地区、高压缩性淤泥/泥炭及软土区域，以及其他可能危及填埋场安全的区域；③区域稳定性和岩土体稳定性良好，渗透性低，没有泉水出露；④防渗结构底部应与地下水有记录以来的最高水位保持 3 m 以上的距离；⑤天然基础层饱和渗透系数≤1.0×10^{-5} cm/s，厚度不应≥2 m；⑥具体位置、与周围人群的距离应依据环境影响评价结论确定，须经地方环保行政主管部门批准。需要说明的是，不满足③～⑤时需按刚性填埋场要求建设。安全填埋场示意见图 4 - 11。

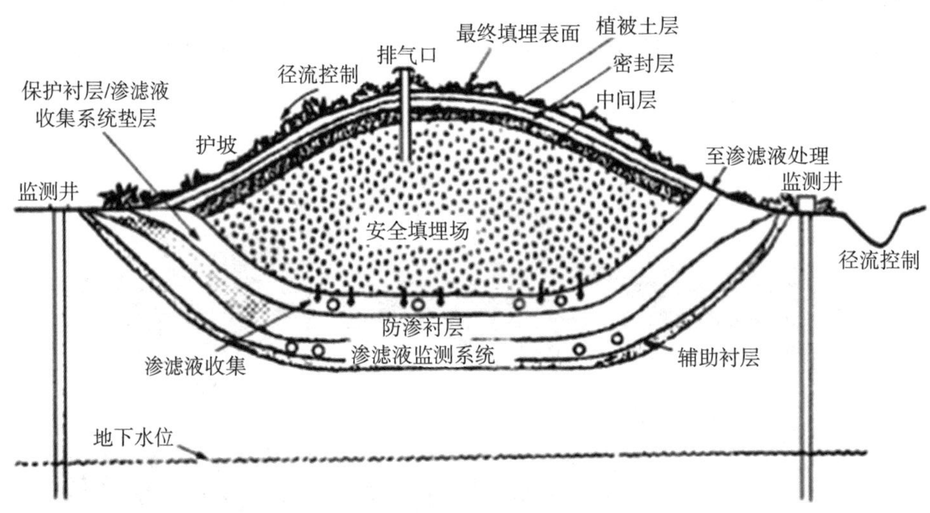

图 4 - 11　安全填埋场示意

安全填埋场可分为两类：一类是柔性填埋场，另一类是刚性填埋场。柔性填埋场是指采用双人工复合衬层(常用 HDPE)作为防渗层的填埋处置设施，其造价低，技术相对成熟，操作简便，是危险废物填埋场的主要构造。但是，柔性填埋场对地质条件要求高，入场废物受限，且大部分废物需作预处理，渗漏污染控制和回取利用困难，对建设质量和运行管理的要求以及后期的维护、修复、退役后管理等费用也相对较高。刚性填埋场是指以钢筋混凝土为框架和基础防渗结构、以有机合成材料为防渗构造的填埋处置设施，它虽能克服柔性填埋场的不足之处，但建设成本较高，规范也不够成熟。

本章小结

(1) 航运固废污染及防治相关概念：固废，工业固废，农业固废，危险固废，建筑垃圾，生活垃圾，可回收物，有害垃圾，湿垃圾，干垃圾，航运固废，航运固废污染，减量化，资源化，再利用，再循环，无害化，污染担责，全程分类，卫生填埋，安全填埋，柔性填埋场，刚性填埋场。

(2) 航运固废污染的原因：来源于生产活动，来源于日常生活，受多种因素影响。

(3) 航运固废污染的危害：损害环境质量，破坏生态平衡，危害人体健康，影响船舶航行。

(4) 航运固废污染物排放控制要求：MARPOL 73/78 附则Ⅴ——防止船舶垃圾污染规则，《船舶水污染物排放控制标准(GB 3552—2018)》。

(5) 航运固废污染防治措施：配置必要设备——分类垃圾桶、粉碎设备、压实设备、船用焚烧炉，配备必要文件——船舶垃圾管理计划、船舶垃圾记录簿、垃圾公告牌，采用合理方法——基本原则、一般处理流程、常用处理方法，垃圾回收利用——直接利用、再循环、堆肥、焚烧发电，垃圾填埋——卫生填埋、安全填埋。

思考题

(1) 什么是固废？它是如何进行分类的？

(2) 什么是航运固废污染？其原因和危害有哪些？

(3) 海船和内河船在船舶垃圾分类上有何差异？

(4) MARPOL 73/78 对船舶垃圾排放有何要求？

(5) 船上需配置的垃圾处理设备主要有哪些？各有什么作用？

(6) 固废污染防治原则有哪些？

(7) 船舶垃圾处理一般流程是什么？常用处理方法有哪些？

(8) 垃圾回收利用的层次依次是什么？

(9) 垃圾焚烧发电有何优势？一般流程是什么？

(10) 卫生填埋有何优点？一般流程是什么？

(11) 安全填埋与卫生填埋有何区别？

(12) 请选择一个你感兴趣的航运企业或港口企业，对其在固废污染防治方面所做的一件事情进行分析，并提炼 2～3 个关键词加以概括。

第五章　航运噪声污染及防治

5.1　航运噪声污染概述

专栏十七：我国沿海群发性鲸类搁浅，人为水体噪声或是最大诱因

2021 年 6 月至 10 月，我国福建和浙江沿海接连发生了 7 次群发性鲸类搁浅事件，共涉及 4 个鲸类物种(瓜头鲸、糙齿海豚、瓶鼻海豚和布氏鲸)的 47 头动物。中国科学院水生生物研究所鲸类保护生物学学科组的一项研究表明，相关水域的水体噪声污染导致鲸类发生听觉损伤是引发我国浙江沿海群发性鲸类搁浅事件的重要原因之一。

相关材料显示，船舶运行时会在船舶周围产生低频压力和水位移，导致船舶噪声低频段能量较高。船舶大小和种类繁多，小型船舶噪声最大声压级大约有 150 dB 至 180 dB，大型船的船舶噪声的声压级范围在 180 dB 至 200 dB，明显高于国际标准的 120 dB。依据国际上出台的水体噪声对水生哺乳动物的影响评价标准，当水体噪声水平超过 120 dB 时，就会对动物造成行为干扰，影响动物的迁移、躲避敌害和聚群等行为，甚至对水生动物的听觉造成暂时性损伤或永久性损伤。例如，长时间的噪声会使幼鱼体内部分免疫指标和肠道菌落显著降低，导致免疫水平降低、生长减缓。但与鱼类相比，水体噪声对长江江豚等淡水和海洋哺乳动物的影响会更严重。鲸豚类高度依赖发声和听觉来进行通信、导航和定位等重要生命活动，而鱼类除具有听觉感官外还具有嗅觉和侧线系统等来适应水生生活。鱼类对受噪声损伤后的修复能力比海洋哺乳动物要强，例如鱼类内耳结构中的毛细胞具有不断再生和更新的功能，而鲸豚类等哺乳动物内耳的毛细胞则不具有这种功能。因此，鲸豚类的内耳毛细胞被噪声损伤后是不可逆的。

人们逐渐意识到噪声污染对海洋生态系统带来的危害，但对其生活在淡水生态系统(例如河流和湖泊)鲸类的影响尚未有足够的重视。长久以来，人们为了避免受到噪声污染的困扰，尝试通过不同方式寻求破解之法。但对于鲸豚类而言，则明显缺乏关注和帮助，苦噪声久矣的水生生物，尤其是鲸豚类，依旧面临着一场难以突围的苦战。

来源：《新京报》

看完上述材料请思考下列问题：案例描述了什么现象？背后的原因是什么？带来的危害有哪些？

5.1.1　航运噪声污染现象

1）声音及其传播

声音是由物体振动产生的声波通过介质（空气或固体、液体）传播并能被人或动物听觉器官所感觉的一种波动现象，其产生原理是物体振动引起介质——空气分子有节奏的振动，并使其疏密发生变化，进而形成疏密相间的纵波。

本质上，声音是一种压力波，有能量（声能），可以听得到，但看不见、摸不着、闻不到、没有重量。声音的传播需要空气、水、固体等传播介质（在真空中不能传播），它的传播方向从声源（产生振动的物体）向四面八方且越远越小，而其传播速率则与介质类型（密度）、温度等因素有关，声音在不同介质、不同温度下的传播速度见表5-1。一般而言，声音在不同介质中的传播速度符合固体＞液体＞气体的基本规律。其次，温度每上升或下降5 ℃，声音的传播速度上升或下降3 m/s。

表5-1　声音在不同介质、不同温度下的传播速度

类型	介质	温度	速度/(m/s)
气体	空气	0 ℃/15 ℃/25 ℃	331/340/346
液体	煤油	25 ℃	1 324
	蒸馏水	25 ℃	1 497
	水	常温	1 500
	海水	25 ℃	1 530
固体	软木	常温	500
	尼龙	常温	2 600
	冰	0 ℃	3 160
	松木	常温	3 320
	铜	常温	3 750
	大理石	常温	3 810
	水泥	常温	4 800
	铝	常温	5 000
	钢铁	常温	5 200

2）声音的度量

声压的度量指标有两类：一类为客观指标，主要包括声压、声压级；另一类为主观指标，主要包括响度、响度级。

声压是客观物理量，描述的是大气压受到声波扰动后产生的变化，表示声音的强度，其单位为帕斯卡(Pa)。实践中，从可以听到的强度最小的声音，到强度大到能够引起痛觉的声音，其声压相差一千万亿倍，差别太大，不易度量和分辨。为此，人们便根据人耳对声音强弱变化响应的特性，构造出一个对数量来表示声音的大小，这就是声压级(sound pressure level)，其数值可通过公式 5 - 1 进行计算，即待测声压与参考声压(reference sound pressure)的比值取对数后再乘以 20。

$$L = 20 \times \lg \frac{p}{p_0} \tag{5-1}$$

式中：L 为声压级(dB)；p 为待测声压(Pa)；p_0 为参考声压(2×10^{-5} Pa)。

典型声源的声压、声压级对比见表 5 - 2。可以看出，声压级的分布相对均匀，较易区分；而声压的分布差别太大，区分度欠佳。

表 5 - 2　典型声源的声压、声压级对比

声压/Pa	声压级/dB	典型声源
20.0	120	喷气式飞机起飞点(距离 304.8 m)
6.32	110	普通飞机(距离 121.92 m)
0.632	90	摩托车(距离 7.62 m)
0.200	80	垃圾处理
0.063 2	70	城市交叉路口
0.020 0	60	一般交谈
0.006 32	50	典型的办公室
0.002 00	40	生活房间(不开电视)
0.000 632	30	夜间特别安静的卧室

响度(loudness)是一个主观感觉量，描述的是声音的响亮程度，表示人耳对声音的主观感受，其计量单位是宋(sone)，1 sone 即为 1 000 Hz、40 dB 的纯音响度。如果一个声音听起来比 1 sone 的声音大 n 倍，则该声音的响度为 n sone。实际上，人耳对声音的感觉不仅和声压有关，还和频率有关。人耳能感觉到的声音频率范围一般为 20～20 000 Hz，这个频率范围的声音称可听声(audible sound)，频率低于 20 Hz 的声音称为次声(infrasound)，频率高于 20 000 Hz 的声音称为超声(ultrasound)。次声和超声对于人耳来说都是感觉不到的。声压级相同但频率不同的声音，听起来响亮程度也不同。如空压机与电锯，同为 100 dB 的声音，但听起来感觉电锯声要响得多。为此，人们便根据人耳对声音的感觉特性，结合声压和频率，确定出人对声音的主观感觉量，称为响度级(loudness level)，单位为方(phon)。通常

以 1 000 Hz 的纯音为基准音,如果其他频率的声音听起来与基准音一样响,那么该声音响度级的数值就等于基准音声压级的数值。例如,500 Hz、70 dB 的声音听起来与 1 000 Hz、40 dB 的纯音响度相同,则该声音的响度级即为 40 phon。响度级既反映声音的物理性质,又反映听觉的生理效应(对高频和低频不敏感、对中频非常敏感)。

响度级为响度的相对量。实验发现,响度级每增加 10 phon,响度则增加 1 倍,两者之间的关系如公式 5 - 2 所示,响度与响度级之间的对应关系见图 5 - 1。

$$N = 2^{\frac{L_N - 40}{10}} \tag{5-2}$$

式中:N 为响度(sone);L_N 为响度级(phon)。

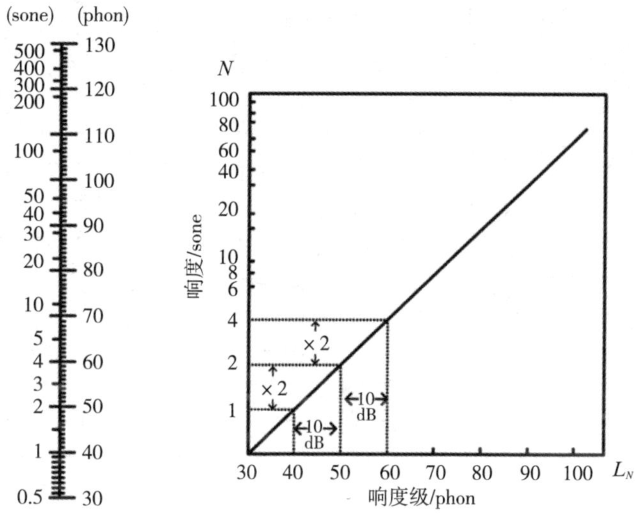

图 5 - 1　响度与响度级之间的对应关系

等响曲线是指通过主观测定绘制的一簇响度级相等的曲线,它能够反映响度级与声压级、频率之间关系,等响曲线见图 5 - 2。可以看出,尽管每条曲线对应的频率、声压级有明显差别,但人耳感觉到的响度大小相同。除此以外,等响曲线还验证了声音频率、声压级对人耳感觉影响的差异。当声压级较低时,人耳对高频、低频声音的感觉略微下降,而声压级较大时,对不同频率声音的感觉区别不大。

考虑到等响曲线过于复杂,为简便起见,通常用声级计测量声音的大小,它采用电子滤波器(一种计权网络)模拟不同声压下的人耳频率特性,可直接读出反映人耳听到声音大小的主观感觉量。声级计是一般由电容式传声器、前置放大器、衰减器、放大器、频率计权网络以及有效值指示表头等组成,其工作原理如下:①由传声器将声音转换成电信号,再由前置放大器变换阻抗,使传声器与衰减器匹配;②放大器将输出信号加到计权网络,对信号进行频率计权(或外接滤波器);③频率计权后的信号再经衰减器及放大器调整到一定幅值,送到有效值检波器(或外按电平记录仪),在指示表头上给出噪声声级的数值。声级计中的频率计权网络有 A、B、C 三种标准计权网络。A 计权网络是模拟人耳对等响曲线中 40 phon 纯音的响应，它的曲线形状与 340 phon 的等响曲线相反，对 1 000 Hz 以下频段有较大衰减。B 计权网络是模拟人耳对 70 phon 纯音的响应，对 250 Hz 以下频段有一定衰减。C 计权网络是模拟人耳对 100 phon 纯音的响应，基本无衰减，可在整个频率范围有近乎平直的响应。声级计经过频率计权网络测得的声压级称为声级，根据所用计权网络不同，分别称为 A 声级、B 声级和 C 声级，其单位分别为 dB(A)、dB(B)、dB(C)。不论声音大小，A 声级都能很好地反映人的主观感觉。

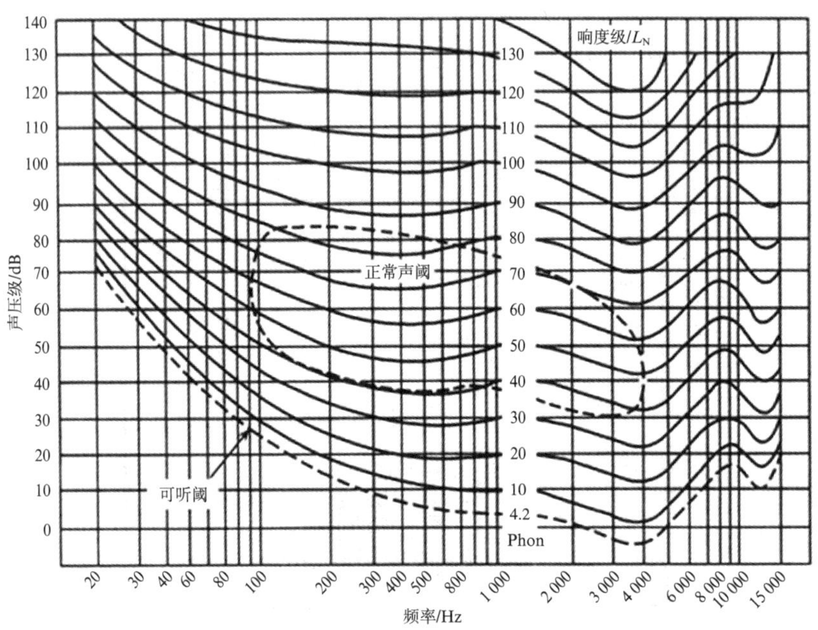

图 5－2　等响曲线

3）噪声与航运噪声污染

噪声即环境噪声，是指在工业生产、建筑施工、交通运输和社会生活中所产生的干扰周围工作、生活、学习环境的声音，人们不需要、使人厌烦、干扰正常工作、生活、学习等各类声音都可称之为噪声。噪声的判定标准主要有两点，一是是否听得到，它反映了噪声的客观性；二是是否听着不舒服，它反映了噪声的主观性。类似地，航运噪声是指航运相关活动中所产生的干扰周围工作、生活、学习环境的声音，它是一种典型的交通运输噪声，主要包括船舶噪声和港口噪声，其传播方向主要包括 3 个方面：①在船舶或港区内部传播；②向水面以上周围环境传播；③向水体传播。

噪声污染是指工业生产、建筑施工、交通运输和社会生活所产生的噪声超过国家规定的环境噪声排放标准，干扰他人正常工作、生活和学习的一种现象。类似地，航运噪声污染是指航运相关活动中所产生的噪声超过国家规定的环境噪声排放标准，干扰他人正常生活、工作和学习的一种现象。

5.1.2　航运噪声污染的原因

1) 来源于船舶

船舶噪声按声源的不同可分为发动机噪声、齿轮箱噪声、螺旋桨噪声、辅助机械噪声和水动力噪声。船舶典型设备的噪声级见表 5－3。

表 5－3　船舶典型设备的噪声级

噪声源	机械类型	空气噪声级/dB(A)
发动机	主内燃机	低速机 100;中速机 105;高速机 110
	柴油发电机	高速机：110,非高速机：105
	涡轮发电机组	100
齿轮箱	主齿轮传动涡轮机组	95
辅助机械	通风机	105
	货油泵(在油泵舱内)	115
	水泵/液压泵/货油泵涡轮机	105
	主电动机	95

发动机噪声主要包括进排气噪声、涡轮增压噪声、燃烧噪声、金属部件撞击和摩擦噪声、液压冲击噪声、结构激振噪声、电动机噪声等。低速发动机噪声主要来自于机械设备，一般从柴油机的上表面、增压器和换气系统附近向外辐射，其频率取决于机器转速和燃烧周期。中速发动机的噪声通常高于低速柴油机，主要噪声级出现在中频段。高速发动机具有高的燃烧压力和急剧燃烧的特点，所以机器的转动部件、摆动部件和阀门机构等发出高频、强噪声，主要是空气动力性噪声和流体动力性噪声，其形成的噪声级按船速 3 次方的规律增加，空泡时更高(5～6 次方增加)，而低频段噪声级较低。

齿轮箱噪声是啮合的齿轮对或齿轮组在传动时，由于相互的碰撞或摩擦激起齿轮体振动而辐射出来的噪声，也被称为齿轮传动噪声。齿轮箱噪声包括两方面。一方面是当齿轮轮齿进入啮合时的冲击而使齿轮产生加速度，引起周围介质扰动并产生声辐射，称为齿轮的加速度噪声。另一方面，齿轮动态啮合力作用使得各零部件产生振动，并产生声辐射，称为齿轮的自鸣噪声。齿轮噪声和齿轮类型、几何参数、加工精度和齿轮箱结构形式等有密切关系。例如，斜齿轮噪声小于直齿轮噪声，高精度齿轮噪声小于低精度齿轮噪声，而大尺寸齿轮噪声则大于小尺寸齿轮噪声。

螺旋桨噪声包括旋转噪声和空化噪声。旋转噪声是指螺旋桨在不均匀流场中工作引起干扰力(其频率主要决定于桨轴转速乘桨叶数，常称为叶频)和螺旋桨的机械不平衡引起的干扰力(其频率为桨轴转速，常称为轴频)所产生的噪声，属于机械噪声。空化噪声是指当桨叶表面的水分子压力降低到水的汽化压力以下时产生气泡，并在随后压力升高时气泡消失而产生的噪声，属于流体动力学噪声。螺旋桨出现空化时的航速称为临界航速。出现空化现象以后，船舶水下噪声主要取决于螺旋桨空化噪声。空化噪声特性与桨叶形状、桨叶面积、时距分布等因素有关。此外，螺旋桨叶片在一定转速下旋转产生的涡旋的频率与桨叶固有频率相接近，此时桨叶会发生共振并发出清脆的鸣音，被称作桨鸣。

辅助机械噪声主要来自于水泵、油泵、风机、锅炉等机舱设备，以及装卸设备、锚缆机、绞缆设备、挖泥机等甲板设备。辅助机械的功率一般较小，其噪声强度相对较低，但空调通风系统、液压系统等产生的噪声也不容忽视。例如，空调通风系统是船舶舱室主要噪声源之一，其中的风机及传动部件会产生机械噪声，空气在风机、管道、布风器和换热器中高速流动则会产气动噪声。液压系统运行时，液体的压力会有明显的周期性变化，从而产生流体动力学噪声，液体动力引起的冲击、脉动则会使设备、管道等振动产生机械噪声。

水动力噪声是指由船体结构受表面湍流脉动压力激励及突体、附体、空腔与湍流脉动压力相互作用产生的噪声，包括结构因受到流体压力脉动激励而产生共振的噪声、流体湍流导致的流噪声、船体与水体的拍打噪声等。此外，当达到一定航速时(尤其是高速船)，船舶表面的边界就会出现空化现象，产生的空泡在破裂时辐射出强烈的噪声。船舶水动力噪声主要取决于船体的结构、形状、重量以及航速等因素。

船舶机舱的噪声主要由发动机直接辐射的空气噪声决定，其噪声的强度直接决定了机舱噪声的强弱。船舶机舱噪声最高值一般出现在主机增压器区或发电柴油机区。主机增压器和发电柴油机为机舱两个强噪声源，一般情况下发电柴油机的噪声更为严重，对船员危害更大。部分船舶机舱内不同区域的噪声级见表 5 - 4，从中可以看出，主机增压器区和发电柴油机区的噪声级均高于机舱。

表 5 - 4　部分船舶机舱内不同区域的噪声级　　　　单位：dB(A)

船名	“大庆 17”号	“大庆 42”号	“长虹”号	“郑州”号
机舱	92	98	95	99
主机增压器区	99	98	110	102
发电柴油机区	100	102	102	102

2）来源于港口

港口噪声按声源的不同可分为作业机械噪声、风机泵组噪声、进出港车辆噪声等，港口主要噪声的产生原因见表 5 - 5。船舶噪声前文已有介绍，这里不再赘述。

表 5 - 5　港口主要噪声的产生原因

噪声类别	噪声污染产生原因
作业机械噪声	• 集装箱码头：岸桥、轮胎吊、内集卡、集装箱叉车等机械作业产生 • 散货码头：堆取料机、装船机、皮带机、运输车辆等机械作业产生

表 5-5(续表)

噪声类别	噪声污染产生原因
风机泵机噪声	• 各类通风设备、空调机、转接塔等会产生连续强点源噪声 • 泵机、电机运转时产生间断性一般噪声
进出港车辆噪声	• 进出港车辆在进港道路、港内主要道路产生线源较强的连续噪声

3) 受多种因素影响

航运噪声污染程度通常取决于设备类型、减振技术、作业时间、传播介质、传播距离、承受体保护措施等多个方面。其中，设备类型、减振技术等决定了噪声源的响度和频率，是影响航运噪声污染程度的关键因素，而频率、传播距离、传播介质等则决定了航运噪声污染的衰减程度。一般而言，航运噪声会通过扩散、吸收、散射等方式而衰减，其污染程度相应降低。研究表明，扩散衰减程度与传播距离的平方成反比，而吸收衰减和散射衰减的程度与声波频率的平方成正比。

5.1.3 航运噪声污染的危害

1) 降低语言清晰度

语言清晰度(speech intelligibility)是指一个或几个发音人所发的、经过通信系统能被一个或几个听音人所确定的意义不连贯的语言单位百分数。例如，一个人说出 100 个字，听者能听清楚 70 个，语言清晰度即为 70%。噪声会降低语言清晰度，例如 55 dB 时的语言清晰度可达到 65%，但 60 dB 时语言清晰度则为 62%，下降了 3 个百分点。语言清晰度降低后，人们为了能够正常交谈，就需要缩短谈话距离。例如，在安静(45 dB)环境下，即使两人相距 10 m，仍可保持良好交谈效果；在稍吵(55 dB)环境下，两人相距 3.5 m 左右可正常交谈；在吵闹(65 dB)环境下，若要保持正常交谈，则需将交谈距离缩短为 1.2 m；当处于大吵(85 dB)环境时，几乎不可能正常交谈。

2) 降低工作效率甚至引发事故

较强的噪声会使人烦躁，例如超过 85 dB(A)会使人感到心烦意乱。连续性噪声常会干扰思考过程、分散注意力，导致反应迟钝、注意力不集中，使得工作效率下降，容易发生差错。不连续的强噪声比连续性噪声危害更大，会使人惊恐，导致工作失误，甚至发生事故。

3) 影响睡眠质量

人的睡眠是一个从清醒状态依次转入轻瞌睡、完全入睡、较熟睡、熟睡状态，并在睡过一段时间后再由熟睡转为轻瞌睡而不断循环的过程。一个循环大约 90 分钟，越往后轻瞌睡时间越长，熟睡越短，最后睡醒。熟睡阶段越长，表明睡眠质量越好，而连续性噪声会加快熟睡至轻瞌睡的回转，致使熟睡时间减少，影响睡眠质量。研究表明，在 40～50 dB 噪声作用下，会干扰正常的睡眠。突然的噪声在 40 dB 时，可使 10%的人惊醒，60 dB 时则使 70%的人惊醒。当连续噪声级达到 70 dB 时，会对 50%的人睡眠产生影响。人在睡眠时，如果安静的环境被破坏而使人不能入睡,则会使人烦恼,其烦恼程度与噪声性质、发生时间、个人反应等有关。一般而言,脉冲噪声比连续噪声更让人感到厌烦,其厌烦程度取决于脉冲声强度、发生次数、频率及个人反应。例如,夜间听觉灵敏度较白天高,所以当夜间遇到强噪声时,就觉得比白天响得多,也更让人厌烦。

4)危害人体健康

噪声对人员健康最直接的影响是对听觉系统的影响。较短时间暴露在强烈噪声中,会产生听觉疲劳,表现为听力阈值升高、听力下降,但过后一般在短时间内即可恢复,是为暂时性听力损失。如果长期暴露在强噪声(超过 90 dB)环境中,则会产生噪声性耳聋,表现为听力阈值升高、听力下降(听力损失在 25 dB 及以上),但过后无法恢复,是为永久性听力损失,其损失程度与暴露年限、噪声强度和噪声频率有关。若长期暴露在噪声为 85 dB 的环境条件下达 15 年和 30 年,噪声性耳聋发病率分别为 5%和 8%;而长期暴露在噪声为 90 dB 的环境条件下达 15 年和 30 年,噪声性耳聋发病率提高为 14%和 18%。听力损失程度与暴露年限和声级之间的关系见表 5-6,从中可以看出,随着暴露年限和声级的增加,听力损失程度也越大。

表 5-6 听力损失程度与暴露年限和声级之间的关系

A 声级/dB	暴露年限/a						
	0	5	10	15	20	25	30
80	0.0	0.0	0.0	0.0	0.0	0.0	0.0
85	0.0	1.0	2.6	4.0	5.0	6.1	6.5
90	0.0	3.0	6.6	10.0	11.9	13.4	15.6
85	0.0	5.7	12.3	18.2	21.4	24.1	26.7
100	0.0	9.0	20.7	30.0	35.9	38.1	40.8
105	0.0	13.2	31.7	44.0	49.9	54.1	57.8
110	0.0	19.0	46.2	61.0	68.4	73.1	73.8
115	0.0	26.0	61.2	79.0	83.9	86.1	84.3

其次,噪声会使视网膜轴体细胞光受性和视力清晰度降低,且常常伴有视力减退、眼花、瞳孔扩大等视觉器官损伤。

此外,噪声会使肾上腺活动增加,影响新陈代谢,诱发疾病,其症状与噪声频率有较大关系。通常情况下,高频强噪声会使人神经衰弱,出现头晕、失眠、多梦等症状;低频强噪声会诱发肠胃病,出现恶心、呕吐、消化不良等症状;而间歇性强噪声则会诱发心血管系统疾病,出现血压升高、心跳加快、心律不齐等症状。更为严重的是,当噪声大小超过 175 dB(A)时,很可能引发心脏共振,导致死亡。

5）破坏水生生物生存环境

相关研究表明，从无脊椎动物到鲸类的各类动物都受到航运噪声的不利影响，其中影响最大的则是大型鲸鱼这类低频敏感型动物。例如，受航运噪声影响，驼背鲸的摄食行为减少，这将进一步影响种群水平。不仅如此，太平洋瓶鼻海豚在城市化河口的船舶密集区域时平均速度也明显提高，而巴西的圭亚那海豚则因噪声改变了发声行为。

除对鲸目动物的影响之外，航运噪声对海洋生物种群也会产生影响。例如，航运噪声会减缓某些鱼类被捕食时的反应，进而影响到种群的生存。在低频噪声影响下，石炭鱼之间的通信受阻，导致其繁殖成功率降低。从食物链角度看，航运噪声对低等级生物（鱼类和无脊椎动物）的影响最终可能会影响高等级的鲸目动物。

5.2 航运噪声污染防治

专栏十八：温州内河运输船舶装消声器降噪 首批24艘开装

温州素有浙南水乡之美称，水路相当发达。随着城市化建设加快，建筑材料、泥浆等水上运输异军突起，内河砂石运输船和泥浆运输船的噪声也成为当今城市噪声污染的顽症。沿河居民深受内河运输船舶噪声干扰之苦，要求有关部门加强对船舶噪声管理的呼声从未中断，人大代表和政协委员也多次介入反映，但噪声扰民问题一直得不到妥善解决。

为此，温州海事局着手研究《温州城区内河运输船舶噪声污染成因与对策》课题，将治理内河船舶噪声问题提上议程，抽调局处两级业务骨干组成调查组展开专题课题调查，特邀中国船舶重工集团公司第711研究所（该所在减振降噪领域具有较强的研发实力）重点在市民反映较多的航段水域进行了驻点噪声测试，采集相关数据，分析产生噪声污染源的主要原因，查明船舶噪声污染的现状，研发消声装置，从“技防、人防、物防”加以研究分析，拿出解决问题的措施。目前课题已经完成。

为使课题成果得以实施应用，该局主动走访温州市泥浆运输处置协会、温州市各泥浆运输公司及船舶业主，推动了首批24艘内河运输船舶安装消声装置。下一步，该局将继续加大对内河船舶噪声污染相关内容的宣传力度，积极推进温州内河130余艘内河运输船舶加装消声装置工作。

来源：《温州日报》

看完上述材料请思考下列问题：航运噪声有何影响？航运噪声排放控制有何要求？航运噪声该如何防治？

5.2.1 航运噪声排放控制要求

1）IMO 相关要求

根据《船上噪声等级规则》(2012 年 5 月修订)，1 600 GT 及以上的新船(2014 年 7 月 1 日及以后签订建造合同，2015 年 1 月 1 日及以后安放龙骨，或 2018 年 7 月 1 日及以后交船)不同场所允许的最大声压级限值不同，新船不同场所的声压级限值见表 5－7。对于 1 600 GT 及以上的现有船舶，或小于 1 600 GT 的新船，有关潜在危险的噪声等级应在合理和可行的范围内适用本规则，并使主管机关满意。对于所有现有船舶，应采取措施将机器处所内的机器噪声减至主管机关确定的可接受水平，或对过度噪声源进行适当绝缘或隔离，必要时应提供噪声庇护所，并为进入该类处所的人员配备听力保护器。

表 5－7 新船不同场所的声压级限值

<table>
<tr><th colspan="2" rowspan="2">舱室或场所</th><th colspan="2">船舶吨级声压级限值/dB(A)</th></tr>
<tr><th><10 000 GT</th><th>≥10 000 GT</th></tr>
<tr><td rowspan="4">工作场所</td><td>机器场所</td><td colspan="2">110</td></tr>
<tr><td>非机器场所组成部分的工作间</td><td colspan="2">85</td></tr>
<tr><td>其他工作区域(如开敞空间)</td><td colspan="2">85</td></tr>
<tr><td>机器控制室</td><td colspan="2">75</td></tr>
<tr><td rowspan="3">驾驶场所</td><td>瞭望位置(驾驶台两翼和窗口)</td><td colspan="2">70</td></tr>
<tr><td>驾驶台和海图室、雷达室</td><td colspan="2">65</td></tr>
<tr><td>无线电室(无线电设备工作但不产生声响)</td><td colspan="2">60</td></tr>
<tr><td rowspan="3">居住场所</td><td>露天娱乐区域</td><td colspan="2">75</td></tr>
<tr><td>办公室、餐厅、娱乐室</td><td>65</td><td>60</td></tr>
<tr><td>居住舱室和医疗室</td><td>60</td><td>55</td></tr>
<tr><td rowspan="2">服务场所</td><td>船员可能短时暴露的场所</td><td colspan="2">90</td></tr>
<tr><td>厨房(食物加工设备不工作)、备餐间和配餐间</td><td colspan="2">75</td></tr>
</table>

2）中国相关要求

根据《声环境质量标准(GB 3096—2008)》，不同类型声环境功能区允许的声压级限值见表 5－8，且各类声环境功能区夜间突发噪声，其最大声级超过环境噪声限值的幅度不得高于 15 dB(A)。其中，内河航道两侧区域执行 4a 类限值。根据《建筑施工场界环境噪声排放标准(GB 12523—2011)》，港口施工期噪声限值为昼间(6:00—22:00)不超过 70 dB(A)、夜间(22:00—次日 6:00)不超过 55 dB(A)，港口运营期进港公路两侧执行 4a 类限值，其余执行 3 类、2 类或 1 类限值。实践中，港口运营期执行 2 类限值的情况较多。

表 5-8　不同类型声环境功能区允许的声压级限值　　　单位：dB(A)

<table>
<tr><th colspan="2" rowspan="2">声环境功能区类别</th><th colspan="2">时段</th></tr>
<tr><th>昼间</th><th>夜间</th></tr>
<tr><td colspan="2">0 类</td><td>50</td><td>40</td></tr>
<tr><td colspan="2">1 类</td><td>55</td><td>45</td></tr>
<tr><td colspan="2">2 类</td><td>60</td><td>50</td></tr>
<tr><td colspan="2">3 类</td><td>65</td><td>55</td></tr>
<tr><td rowspan="2">4 类</td><td>4a 类</td><td>70</td><td>55</td></tr>
<tr><td>4b 类</td><td>70</td><td>60</td></tr>
</table>

注：1. 0 类声环境功能区：指康复疗养区等特别需要安静的区域。
2. 1 类声环境功能区：指以居民住宅、医疗卫生、文化教育、科研设计、行政办公为主要功能，需要保持安静的区域。
3. 2 类声环境功能区：指以商业金融、集市贸易为主要功能，或者居住、商业、工业混杂，需要维护住宅安静的区域。
4. 3 类声环境功能区：指以工业生产、仓储物流为主要功能，需要防止工业噪声对周围环境产生严重影响的区域。
5. 4 类声环境功能区：指交通干线两侧一定距离之内，需要防止交通噪声对周围环境产生严重影响的区域，包括 4a 类和 4b 类两种类型。4a 类为高速公路、一级公路、二级公路、城市快速路、城市主干路、城市次干路、城市轨道交通（地面段）、内河航道两侧区域；4b 类为铁路干线两侧区域。

根据《内河船舶噪声级规定（GB 5980—2009）》，我国内河船不同区域允许的声压级限值见表 5-9。

表 5-9　我国内河船不同区域允许的声压级限值　　　单位：dB(A)

<table>
<tr><th colspan="2" rowspan="2">部位</th><th colspan="4">船型</th></tr>
<tr><th>Ⅰ类船</th><th>Ⅱ类船</th><th>Ⅲ类船</th><th>内河高速船</th></tr>
<tr><td rowspan="4">机舱区</td><td>有人值班机舱主机操纵处</td><td colspan="3">90</td><td></td></tr>
<tr><td>有控制室的或无人的机舱</td><td colspan="3">110</td><td></td></tr>
<tr><td>机舱控制室</td><td colspan="2">75</td><td></td><td></td></tr>
<tr><td>工作间</td><td colspan="3">85</td><td></td></tr>
<tr><td rowspan="2">驾驶区</td><td>驾驶室</td><td colspan="2">65</td><td>69</td><td>70</td></tr>
<tr><td>报务室</td><td colspan="2">65</td><td></td><td></td></tr>
<tr><td rowspan="4">起居区</td><td>卧室</td><td>60</td><td>65</td><td>70</td><td></td></tr>
<tr><td>医务室</td><td>60</td><td>65</td><td></td><td></td></tr>
<tr><td>办公室、休息室、座席客舱</td><td>65</td><td>70</td><td>75</td><td>78/75 *</td></tr>
<tr><td>厨房</td><td colspan="2">80</td><td>85</td><td></td></tr>
</table>

注：1. Ⅰ类船：船长≥70 m，连续航行时间≥24 h。
2. Ⅱ类船：船长≥70 m，12 h≤连续航行时间＜24 h；或 30 m≤船长＜70 m，连续航行时间≥12 h。
3. Ⅲ类船：船长＜30 m 或 2 h≤连续航行时间＜12 h。
4. Ⅰ类船、Ⅱ类船、Ⅲ类船不包括内河高速船，连续航行时间＜2 h 的船舶参照Ⅲ类船执行。
5. 内河船长大于等于 25 m 的高速船客舱：连续航行时间不超过 4 h 噪声限制值为 78 dB(A)；连续航行时间超过 4 h 时，噪声限制值为 75 dB(A)，船长小于 25 m 的高速船可参照执行。

根据《海洋船舶噪声级规定(GB 5979—1986)》,我国海船不同区域允许的声压级限值见表 5 - 10。

表 5 - 10　我国海船不同区域允许的声压级限值

<table>
<tr><th colspan="3">部位</th><th>限值/dB(A)</th></tr>
<tr><td rowspan="4">机舱区</td><td colspan="2">有控制室的或无人的机舱</td><td>110①</td></tr>
<tr><td colspan="2">有人值班机舱主机操纵处</td><td>90①</td></tr>
<tr><td colspan="2">工作间</td><td>85</td></tr>
<tr><td colspan="2">机舱控制室</td><td>75</td></tr>
<tr><td rowspan="3">驾驶区</td><td colspan="2">侨楼两翼</td><td>70</td></tr>
<tr><td colspan="2">驾驶室、海图室</td><td>65</td></tr>
<tr><td colspan="2">报务室</td><td>60</td></tr>
<tr><td rowspan="4">起居区</td><td rowspan="2">厨房</td><td>机械设备和专用风机正常工作</td><td>80</td></tr>
<tr><td>机械设备和专用风机不工作</td><td>70</td></tr>
<tr><td colspan="2">办公室、休息室、接待室等舱室</td><td>65</td></tr>
<tr><td colspan="2">卧室②、医务室、病房</td><td>60</td></tr>
</table>

注:①机舱内任一测点的噪声级应≤110 dB。
　　②客舱参照起居区卧室标准执行。

5.2.2　航运噪声污染防治思路

1) 航运噪声污染控制原理

实践中,常用的航运噪声污染控制原理主要有吸声、隔声、消声、隔振、减振等,常用噪声污染控制原理见表 5 - 11。

表 5 - 11　常用噪声污染控制原理

减噪原理	应用场景	减噪效果	声压级/dB
吸声	利用吸声材料或吸声结构,降低厂房、室内反射声,例如纤维材料、穿孔板等	噪声设备多且分散	4～10
隔声	利用隔声结构,将噪声源和承受体隔开,常用的有隔声罩、隔声间和隔声屏	人多、噪声设备少时宜采用隔声罩,反之则用隔声间,二者都不可行时用隔声屏	10～40
消声	利用阻性、抗性、小孔喷柱和多孔分散等原理,消减气流噪声	气动设备的空气动力性噪声,各类放空排气噪声	15～40
隔振	将产生振动的设备与地板间的刚性接触改为弹性接触,隔绝固体声传播,例如隔振基础、隔振器	振动强烈的设备,固体传播远,干扰居民	5～25

表 5-11(续表)

减噪原理	应用场景	减噪效果	声压级/dB
减振	利用内摩擦、耗能大的阻尼材料,涂抹在振动构件表面,减少振动	机械设备外壳、管道振动等噪声严重	5～15

针对消声而言,一般通过阻性消声、抗性消声或复合消声等原理,达到减噪目的。常用消声器结构示意见图 5-3。其中,阻性消声是通过在消声器中填充多空吸声材料,将声能转化为内能,消耗掉这部分能量,其特点是对高频消声效果好,但对低频消声效果差。抗性消声是利用管路打孔和管路断开等方式造成结构不连续,使废气在腔室内反射、相互干涉(摩擦)而达到消声效果,其对中低频噪声的减噪效果非常明显。复合消声则是将阻性消声和抗性消声结合起来,可实现全频率段降噪。

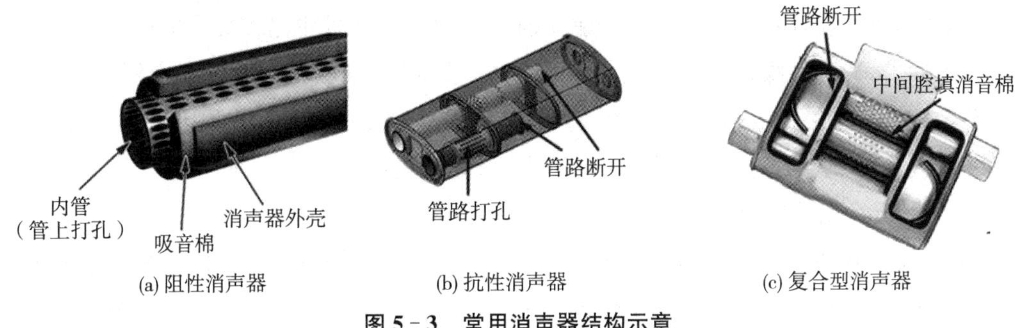

(a) 阻性消声器　(b) 抗性消声器　(c) 复合型消声器

图 5-3　常用消声器结构示意

2) 航运噪声污染防治思路

噪声污染必须具备三个要素。首先要有产生振动的物体,即噪声源;其次要有能够传播噪声的媒介,即传播介质;最后还要有噪声的接收者,即承受体。航运噪声污染的控制也主要从这三个要素来考虑。一是控制噪声源,一般采用技术措施,防止冲击、减少摩擦、保持平衡、去除振动,进而降低噪声源的声压级,这是控制噪声污染最根本、最有效的方式,是为治本。二是采用隔声、隔振、吸声等技术措施,控制噪声传播途径,可以起到事后弥补的作用。三是通过技术和管理手段,例如缩短工作时间、改善工作环境、佩戴保护装置等方式,保护相关人员。虽然控制噪声传播途径和保护相关人员也能在噪声污染控制中发挥一定作用,但仍不能消除噪声污染的根源,因此属于治标之举。

5.2.3　航运噪声污染防治措施

1) 合理选用与安装相关设备及材料

设备选用时,优先考虑低噪声、远程控制等设备,同时兼顾成本,并将噪声技术指标写入合同,作为验收依据。

设备安装时,尽可能选用减振、隔振材料,使主机、机座之间实现弹性连接,防止或减弱声能传播。对于小型高速机,尽可能采用橡胶、特殊塑料、弹性支承等。

对于机械设备噪声，可采取隔振、减振和阻尼涂层等办法降低其振动。对于主辅机/锅炉等进排气和空调通风系统的气流噪声，可在进、排气管路上安装消声设备。对于传递机械设备发出噪声的管路系统，可采用弹性软管连接设备与管路，用减振吊架将管路同船体结构隔开，在管路外表面包敷橡胶阻尼层，或在机舱设置装配式轻型恒温隔声集控室。

2）合理布置相关设施

港区内的办公场所和员工休息场所，应尽可能远离码头作业区和堆场作业区。高噪声作业区尽量远离港界，例如集装箱作业区控制距离在 120 m 以外较为合理，其他作业区距离港界的控制距离在 40 m 以外较为合理。在疏港道路两侧 100 m 以内，禁止新建居民区、文教区、疗养区、医院、风景区、名胜古迹区等噪声敏感区；无法避让或已经存在，采用隔声屏、植被、地堑式立交等方式降噪。

3）种植绿化带

对于内河特定航段两岸，特别是船舶交通密度大且市民居住比较集中的区段，可在两岸种植绿化林带，达到降噪目的。一般情况下，高度超过视线 4.5 m 以上的稠密树林深入 30 m 可降噪 5 dB，深入 60 m 可降噪 10 dB。对于港区，应通过专门设计，并适当绿化，既能美化景观，又能改善空气质量，还可以降低噪声，可谓一举多得。

4）严格执行相关法律规定

《中华人民共和国噪声污染防治法》(2021 年 12 月 24 日通过)第四十八条规定，机动车、机动船舶运行时，应当按照规定使用喇叭等声响装置。第五十条规定，在港口指挥作业时使用广播喇叭的，应当控制音量，减轻噪声污染。第七十二条规定，生产、进口、销售超过噪声限值的产品的，由县级以上人民政府市场监督管理部门、海关按照职责责令改正，没收违法所得，并处货值金额一倍以上三倍以下的罚款；情节严重的，报经有批准权的人民政府批准，责令停业、关闭。第七十七条规定，建设单位、施工单位超过噪声排放标准排放建筑施工噪声的，由工程所在地人民政府指定的部门责令改正，处 1 万元以上 10 万元以下的罚款；拒不改正的，可以责令暂停施工。第七十九条规定，机动车运行时未按照规定使用声响装置，或者违反禁止机动车行驶和使用声响装置的路段和时间规定的，由县级以上地方人民政府公安机关交通管理部门依照有关道路交通安全的法律法规处罚；机动船舶运行时未按照规定使用声响装置的，由海事部门责令改正，处 5 千元以上 1 万元以下的罚款。

5）加强船舶监管

船舶出厂前，应严格执行船舶检验标准，确保船舶动力装置噪声等噪声符合国家标准。船舶在毗邻噪声敏感建筑物的航段、码头航行、作业时，其排放的噪声应符合国家船舶噪声级规定。对于噪声大的船舶，在特殊时期、某个时段或某个河段，可采取限行措施，或改道航行。对于挂桨机船，禁止在内河通航水域航行、停泊和作业。

6）完善相关管理制度

一是完善人员培训制度，强化船员、港区各种设备操作和维修人员的技能培训，使其熟练掌握相关设备的使用、保养和维修技能。二是完善人员保护制度，要求进入高噪声场所的相关人员佩戴保护装备，进入高噪声场所的相关人员保护要求见表 5－12。三是完善轮流值班制度，特别是对于在高噪声场所工作的人员到时间必须进行轮换，例如，在 85 dB(A)的噪声环境中连续工作不宜超过 8 h，而在 88 dB(A)的噪声环境中则不宜超过 4 h。四是完善设备维修保养制度，定期检修、保养，及时更换不合要求的零部件。

表 5－12　进入高噪声场所的相关人员保护要求

噪声级/dB(A)		要求
80～85	高噪声级	使用听力保护器
85～110	危险噪声级	强制使用听力保护器
110～115	危险噪声级	当心，强制使用听力保护器，仅可短期逗留
＞115	超高噪声级	当心，强制使用听力保护器、逗留时间不超过 10 min

本章小结

(1) 航运噪声污染及防治相关概念：声音，声压、声压级，响度、响度级，等响曲线，A、B、C 计权网络，噪声，航运噪声，噪声污染，航运噪声污染，机械噪声，流体动力学噪声，空化噪声，桨鸣，语言清晰度，听觉疲劳(暂时性听力损失)，噪声性耳聋(永久性听力损失)，噪声污染三要素——噪声源、传播介质、承受体。

(2) 航运噪声污染的原因：来源于船舶——发动机噪声、齿轮箱噪声、螺旋桨噪声、辅助机械噪声和水动力噪声，来源于港口——作业机械噪声、风机泵机噪声、进出港车辆噪声，受多种因素影响——设备类型、减振技术、作业时间、传播介质、传播距离、承受体保护措施等。

(3) 航运噪声污染的危害：降低语言清晰度，降低工作效率甚至引发事故，影响睡眠质量，危害人体健康，破坏水生生物生存环境。

(4) 航运噪声污染物排放控制要求：《船上噪声等级规则》(2012 年 5 月修订)，《声环境质量标准(GB 3096—2008)》《建筑施工场界环境噪声排放标准(GB 12523—2011)》《内河船舶噪声级规定(GB 5980—2009)》《海洋船舶噪声级规定(GB 5979—1986)》。

(5) 航运噪声污染防治措施：噪声污染的控制原理——吸声、隔声、消声、隔振、减振，噪声污染防治的基本思路——控制噪声源、控制噪声传播途径、保护相关人员，合理选用与安装相关设备及材料，合理布置相关设施，种植绿化带，严格执行相关法律规定，加强船舶监管，完善相关管理制度。

思考题

(1) 什么是声音？什么是噪声？两者有何区别？

(2) 声音的度量有哪些指标？不同指标之间有何区别与联系？

(3) 什么是航运噪声污染？其发生原因、传播方向和危害有哪些？

(4) 噪声性耳聋与哪些因素有关？这些因素是如何影响的？

(5) 什么是等响曲线？它反映了什么样的规律？

(6) A、B、C 三种计权网络有何差别？

(7) 航运噪声污染排放控制标准主要有哪些？最严格的限值分别是什么？

(8) 航运噪声污染控制原理有哪些？

(9) 消声原理主要有哪几类？各有什么特点？

(10) 航运噪声污染防治思路是什么？

(11) 航运噪声污染具体防治措施有哪些？

(12) 请选择一个你感兴趣的航运企业或港口企业，对其在噪声污染防治方面所做的一件事情进行分析，并提炼 2～3 个关键词加以概括。

第六章　航运环境管理

6.1　航运环境管理概述

专栏十九：黄石海事局重拳出击　铁腕治理长江鄂东段船舶污染

2019 年 11 月 20 日，黄石海事局发布了涉及长江鄂东段船舶污染防治的三个典型案例，其中，第一起为货物残留物直排江中，第二起为未按规定落实封舱措施，第三起为未使用合格燃油。在此前 10 个月中（2019 年 1—10 月），黄石海事局累计查处了涉及各类船舶防污染违法行为 311 起，其中船舶超过标准排放生活污水 24 起，使用不合格燃油 6 起，向水体倾倒固体垃圾 1 起，未按规定落实封舱措施 2 起。查处力度为该局自 2005 年建局以来之最。

据悉，2019 年以来，黄石海事局重拳出击、铁腕治理，全面打响"碧水保护""蓝天保卫""宁静守护""生态卫护""能力提升"五大攻坚战，打出了一系列"组合拳"：先后对辖区内 41 家航运公司和 357 艘登记船舶的污染防治情况进行全面监督检查，督促 15 艘污染物排放不达标船舶完成整改。同时，强化船舶防污染日常监管，将船舶防污染检查列入海事现场执法的必查项目，开展船舶燃油、水污染物检测，累计抽样检测船舶燃油 78 艘次、生活污水 70 艘次、船舶尾气 19 艘次。

针对辖区内存在的港口接收设施不完善、设备使用不规范等工作难点，黄石海事局采取相应措施，推动港口污染物接收转运处置设施建设，并将船舶生活污水处理装置的操作使用纳入船员培训考试发证环节，从源头把关，提高船员实操技能。下一步，将加强压力传导，强化属地责任，强化主体责任，干实事，动真格，把压力传递到第一线，确保船舶污染防治工作实施到位！

来源：《中国水运报》

看完上述材料请思考下列问题：哪个部门在监管船舶污染防治？该部门在其中承担着哪些职能？采取了哪些手段？

6.1.1 什么是航运环境管理

1）管理与环境管理

管理是指一定组织中的管理者，通过实施计划、组织、协调、控制、领导、服务等职能（前四个为基本职能，后两个为辅助职能）来协调他人的活动，使别人同自己一起实现既定目标的活动过程。环境管理是指依据国家环境政策、法律、法规和标准（管理依据），坚持宏观综合决策与微观执法监督相结合、从环境与发展综合决策入手（管理原则），综合运用法律、经济、行政、科技、宣教等有效管理手段（管理手段），调控人类的各种行为、限制人类损害环境质量的活动、协调经济社会发展和环境保护之间的关系（管理对象和路径），以维护区域正常的环境秩序和环境安全、实现区域社会可持续发展（分层次管理目标）的行为总体。

2）环境管理的分类

根据环境管理的范围可将环境管理分为流域环境管理、区域环境管理、行业环境管理和部门环境管理。流域环境管理是以特定流域为管理对象，以解决流域环境问题为内容的一种环境管理，例如跨省域的长江流域环境管理、跨市域的滇池流域环境管理、跨县域的巢湖流域环境管理。区域环境管理是以行政区划为归属边界，以特定区域为管理对象，以解决该区域内环境问题为内容的一种环境管理，例如按行政区划范围大小可分为省域环境管理、市域环境管理、县域环境管理等。行业环境管理是以特定行业为管理对象，以解决该行业内环境问题为内容的环境管理，例如交通运输行业环境管理、化工行业环境管理、电力行业环境管理等。部门环境管理是以具体的单位和部门为管理对象，以解决该单位或部门内的环境问题为内容的一种环境管理，例如企业环境管理就是一种部门环境管理。

根据环境管理的属性可将环境管理分为资源环境管理、质量环境管理和技术环境管理。资源环境管理是指依据国家资源政策，以资源的合理开发和持续利用为目的，以实现可再生资源的恢复与扩大再生产、不可再生资源的节约使用和替代资源的开发为内容的环境管理，例如流域环境管理、污染物总量控制就是典型的资源环境管理。质量环境管理是一种以环境质量标准为依据，以改善环境质量为目标，以环境质量评价和环境监测为内容的环境管理，这种管理是一种标准化的环境管理。技术环境管理是一种通过制定环境技术政策、技术标准和技术规程，以调整产业结构、规范企业的生产行为、促进企业的技术改革与创新为内容，以协调技术经济发展与环境保护关系为目的的环境管理，它要求有比较强的程序性、规范性、严谨性和可操作性。

根据环保部门的工作领域可将环境管理分为规划环境管理、建设项目环境管理和环境监督管理。规划环境管理又称环境规划管理，它是依据规划或计划而开展的一种超前主动管理，其主要内容包括：①制订环境规划；②将环境规划分解为环境保护年度计划；③对环境规划的实施情况进行检查和监督；④根据实际情况修正和调整环境保护年度计划；⑤改进环境管理对策和措施。建设项目环境管理是按照国家的环保产业政策、行业政策、技术政策、规划布局和清洁生产工艺要求，依据相关环境管理制度，以新建、扩建、改建和技术改造等建设项目为管理对象，以环境影响评价审批管理、“三同时”（环境保护设施与主体工程同时设计、同时施工、同时投产使用）过程监理和试生产现场检查、环保竣工验收管理等为主要内容的一种环境管理。环境监督管理是从环境管理的基本职能出发，依据国家和地方政府的环境政策、法律、法规、标准及有关规定，对一切环境污染和生态破坏行为，以及对其他负有环境保护责任和义务的行业行政主管部门的环境保护行为依法实施的监督管理。

3）航运环境管理

航运环境管理属于一种典型的行业环境管理，但目前业内对航运环境管理的概念尚未能形成统一、准确的定义。鉴于此，本书参考环境管理的概念，对航运环境管理作出如下定义：航运环境管理是指依据航运环境保护相关国家政策、法律、法规、规章、标准和技术规范等，坚持宏观综合决策与微观执法监督相结合，从航运环境保护与航运业发展综合决策入手，综合运用法律、经济、行政、科技、宣教等有效管理手段，调控船公司和港口企业等航运活动相关主体的各种行为，限制航运活动相关主体从事任何损害环境质量的活动，协调船舶运输和港口装卸搬运等航运活动与经济社会发展和环境保护之间的关系，以维护正常的航运环境秩序和航运环境安全、实现航运业可持续发展的行为总体。

从不同视角看，航运污染防治相关国家政策、法律、法规、规章、标准和技术规范等是航运环境管理的基本依据；坚持宏观综合决策与微观执法监督相结合，从航运环境保护与航运业发展综合决策入手，是航运环境管理的基本原则；法律规定、经济激励、行政命令、科学技术、宣传教育等，是航运环境管理的主要手段；调控船公司和港口企业等航运活动相关主体及其从事的航运活动，是航运环境管理的主要对象；调控航运活动相关主体的各种行为，限制航运活动相关主体从事损害环境质量的活动，协调航运活动与经济社会发展和环境保护之间的关系，是航运环境管理的主要路径；维护正常的航运环境秩序和航运环境安全、实现航运业可持续发展是航运环境管理的最终目标。

4）航运环境管理的重点内容

从行业实践看，航运环境管理的重点内容包括航运环境监督管理、航运建设项目环境管理、航运环境质量管理和航运环境技术管理。航运环境监督管理是指依据航运环境保护相关国家政策、法律、法规、规章、标准和技术规范等，对一切环境污染行为、生态破坏行为及相关环境保护行为依法实施的监督管理。航运建设项目环境管理是指按照国家的环保产业政策、航运政策、技术政策、规划布局和清洁生产工艺要求，依据航运相关环境管理制度，以新建、扩建、改建和技术改造等航运建设项目为管理对象，以航运环境影响评价审批管理、“三同时”过程监理和试生产现场检查、环保竣工验收管理等为主要内容的一种航运环境管理。航运环境质量管理是指以航运环境相关质量标准为依据，以改善航运环境质量为目标，主要开展航运环境监测与评价等相关工作。航运环境技术管理是指通过制定航运环境保护相关技术政策、技术标准和技术规程，以协调航运技术经济活动与环境保护之间的关系。

6.1.2 谁来履行航运环境管理职责

1）生态环境部

生态环境部贯彻落实党中央关于生态环境保护工作的方针政策和决策部署，在履行职责过程中坚持和加强党对生态环境保护工作的集中统一领导，与航运环境管理相关的职责有：①技术管理方面，负责拟订国家生态环境政策、规划、生态环境标准，制定生态环境基准和技术规范，制定生态环境监测制度和规范、拟订相关标准。②质量管理方面，负责组织实施生态环境质量监测、污染源监督性监测、温室气体减排监测、应急监测；组织对生态环境质量状况进行调查评价、预警预测，对重大经济和技术政策、发展规划以及重大经济开发计划进行环境影响评价，审批或审查重大开发建设区域、规划、项目等环境影响评价文件。③监督管理方面，负责环境污染防治、国家减排目标落实以及核与辐射安全的监督管理，统一负责生态环境监督执法。

2）中华人民共和国海事局（交通运输部海事局）

中华人民共和国海事局（交通运输部海事局）履行防治船舶污染、水上交通安全监管等行政管理和执法职责，与航运环境管理相关的职责有：①技术管理方面，负责拟订和组织实施防治船舶污染、水上交通安全监管的方针、政策、法规和技术规范、标准；②监督管理方面，负责统一管理防治船舶污染和水上交通安全，负责外国籍船舶入出境及在我国港口、水域的监督管理，负责船舶载运危险货物及其他货物的安全监督，履行“船旗国”“港口国”及“沿岸国”监督管理义务。

3）其他相关部门

交通运输部负责指导航运业环境保护和节能减排工作，以及渔船检验和监督管理工作；农业农村部渔业渔政管理局负责远洋渔业和渔政渔港的监督管理（2019年4月）和渔船污染防治工作。

4）相关法律依据

根据《中华人民共和国环境保护法》（2014年4月修订），国务院环境保护主管部门对全国环境保护工作实施统一监督管理。根据《中华人民共和国海洋环境保护法》（2017年11月修正），国务院环境保护行政主管部门（即现在的生态环境部）作为对全国环境保护工作统一监督管理的部门，对全国海洋环境保护工作实施指导、协调和监督，并负责全国防治陆源污染物和海岸工程建设项目对海洋污染损害的环境保护工作。国家海事行政主管部门（即现在的中国海事局）负责所辖港区水域内非军事船舶和港区水域外非渔业、非军事船舶污染海洋环境的监督管理，并负责污染事故的调查处理；对在中华人民共和国管辖海域航行、停泊和作业的外国籍船舶造成的污染事故登轮检查处理；船舶污染事故给渔业造成损害的，应当吸收渔业行政主管部门（即现在的农业农村部渔业渔政管理局）参与调查处理。国家渔业行政主管部门负责渔港水域内非军事船舶和渔港水域外渔业船舶污染海洋环境的监督管理，负责保护渔业水域生态环境工作，并调查处理前款规定的污染事故以外的渔业污染事故。

6.1.3　如何开展航运环境管理工作

1）坚持四大原则

一是保护优先，即对环境的保护行为优先于对环境的开发利用行为，包括绝对优先和相对优先。前者是指安全环境利益受损时，应当禁止利用，以恢复其质量；后者是指舒适环境利益受损时，应当合理利用，以维持或提升其质量。

二是预防为主、综合治理，既要通过施行环境影响评价、“三同时”、排污许可证等制度防患于未然；又要采取法律、行政、技术、经济等多种手段，依靠多部门、跨区域合作加以综合治理。

三是公众参与，既要引导公众增强环保意识、履行环保义务，同时也要保障公众对环境保护的知情权、决策参与权、获得赔偿权和监督权，例如《环境保护公众参与办法》的出台就是一个很好的保障。

四是损害担责，即一切单位和个人应当尽可能采取措施避免对环境的损害，若无法避免则应为排除损害发生的费用“买单”。实践中，可综合运用污染者付费、利用者补偿、开发者保护、破坏者恢复、违法者处罚、排污权（碳排放权）交易等制度确保其实施。

2）完善法律法规规章体系

目前，我国关于航运环境管理的法律制度分散在《大气污染防治法》《水污染防治法》《固体废物污染环境防治法》《环境噪声污染防治法》《长江保护法》《海洋环境保护法》《港口法》《航道法》《防治船舶污染海洋环境管理条例》《防治船舶污染内河水域环境管理规定》以及港口、航道、水路运输、水上交通安全等相关法律法规规章中，相对比较全面，但各相关文件的施行日期不同。航运环境管理相关法律法规规章体系（见表6－1），相互之间难以协同，在具体执法过程中多有不便。

为实现对航运环境污染的源头治理，近期可参考《长江保护法》有关港口、航道、船舶等污染防治和环境保护要求，适时对《港口法》《航道法》《防治船舶污染海洋环境管理条例》《防治船舶污染内河水域环境管理规定》等进行相应制度的修订完善。中期应考虑从部门规章层面布局谋划，出台《航运污染防治管理规定》，围绕绿色港口生态保护监管、绿色航道建设标准、清洁能源船舶推广应用、岸电设施应用等予以制度固化细化，并与现行法律法规做好衔接，重点对缺失的制度及成熟有效的做法进行立法。远期应重点考虑从顶层设计角度进行制度安排，由交通运输部牵头起草《航运法》，将所有与航运污染防治相关的港口、航道、船舶等要素都纳入到法律层面予以调整规范，强化航运环境保护，促进我国绿色航运高质量发展。

表 6－1　航运环境管理相关法律法规规章体系

项目	法律	法规		规章	
		行政法规	地方性法规	部门规章	地方政府规章
制定主体	全国人大及其常委会	国务院	省政府、省会和较大市及经济特区市的人大及其常委会	国务院部门	省政府、省会和较大市及经济特区市的人民政府
制定依据	立法程序	宪法和有关法律	法律、行政法规和本行政区域的具体情况和实际需要	法律和国务院的行政法规、决定、命令	法律、行政法规和本地区的地方性法规
签发	国家主席/主席令	总　理/国务院令	人大主席团或常委会发布公告	本部门首长或者省长、自治区主席、市长签署命令	
名称	一般称××法	一般称“条例”，也可称“规定”“办法”等		一般称“规定”“办法”，但不得称“条例”	
内容结构	总则 监管 分类规定 法律责任 附则	总则 一般规定 分类规定 法律责任 附则	总则 监管 分类规定 法律责任 附则	总则 一般规定 分类规定/具体规定 法律责任 附则	总则 一般规定 分类规定 法律责任 附则
权限范围	中国领域	中国领域	在本地政府的权限范围	本部门的权限范围内制定	在本地政府的权限范围内施行
效力	高于行政法规、地方性法规和规章	高于地方性法规和规章	高于本级和下级地方政府规章	部门规章之间、部门规章与地方政府规章之间具有同等效力，在各自的权限范围内施行部门规章之间、部门规章与地方政府规章之间对同一事项的规定不一致时，由国务院裁决	
解释权	全国人民代表大会常务委员会	国务院	人大主席团或常委会	规章制定机关	本地政府
示例	中华人民共和国大气污染防治法	防治船舶污染海洋环境管理条例	上海市大气污染防治条例	船舶及其有关作业活动污染海洋环境防治管理规定	上海港船舶污染防治办法
公布、修正或修订时间	2018 年 10 月 26 日修正	2017 年 3 月 1 日修订	2018 年 12 月 20 日修订	2017 年 5 月 23 日修正	2015 年 4 月 2 日公布

3）完善环境标准体系

我国现行生态环境标准体系涉及 6 个方面，分别为生态环境质量标准、生态环境风险管控标准、污染物排放标准、生态环境监测标准、生态环境基础标准、生态环境管理技术规范，我国现行生态环境标准体系见表 6 - 2。截至 2020 年 6 月，我国现行国家生态环境标准总数达到 2 140 项，包括 17 项环境质量标准，186 项污染物排放（控制）标准，1 231 项环境监测类标准，42 项环境基础标准，648 项环境管理规范，16 项应对气候变化相关标准。同时，在生态环境部备案的地方生态环境标准 266 项，其中现行有效标准 243 项。由此可见，我国的环境标准体系日益完善。但是，专门针对航运环境管理的标准却相对较少，而且有的标准年代久远，已经无法适应当前航运环境管理的需要，迫切需要完善。

表 6 - 2　我国现行生态环境标准体系

标准类型	主要内容
质量标准	强制性标准；限制环境中有害物质和因素，是开展生态环境质量目标管理的技术依据，由生态环境主管部门统一组织实施
风险管控标准	强制性标准；控制生态环境中的有害物质和因素，是开展生态环境风险管理的技术依据
污染物排放标准	强制性标准；控制排入环境中的污染物或者其他有害因素，是判定污染物排放是否超标的技术依据
监测标准	推荐性标准，被赋予强制执行效力的内容必须执行；规范布点采样、分析测试、监测仪器、卫星遥感影像质量、量值传递、质量控制、数据处理等监测技术要求，是开展达标评定和风险筛查与管控的技术依据
基础标准	推荐性标准，被赋予强制执行效力的内容必须执行；统一规范生态环境标准的制订技术工作和生态环境管理工作中具有通用指导意义的技术要求，其内容包括生态环境标准制订技术导则、生态环境通用术语、图形符号、编码和代号（代码）及其相应编制规则
管理技术规范	推荐性标准，被赋予强制执行效力的内容必须执行；规范各类生态环境保护管理工作的技术要求，其内容包括大气、水、海洋、土壤、固体废物、化学品、核与辐射安全、声与振动、自然生态、应对气候变化等领域的管理技术指南、导则、规程、规范等

4）加强环境行政执法

环境行政执法是指环保行政执法机关根据法律的授权，对单位和个人的各种影响或可能影响环境的行为和事件进行管理的活动。加强环境行政执法，防止环境污染和其他公害，对保护和改善环境，实现环境保护的基本国策，具有极其重要的作用。为此，航运环境管理相关行政执法机关应综合使用环境行政许可、环境行政处理决定、环境行政监督检查、环境行政处罚等多种执法手段，严格执行行政执法公示、执法全过程记录、重大执法决定法制审核等执法保障制度，全面实施行政执法与刑事司法联动，强化自动监控、卫星遥感、无人机等技术监控手段运用，加快解决航运环境违法问题，着力推进环境质量改善。

就执法手段而言，环境行政许可是指环境执法机关根据相对人的申请，经审查依法作出准许或不准许相对人从事某种活动的行政决定；环境行政处理决定是指环境执法机关依法针对特定对象所作的具体的、单方面的、能直接发生行政法律关系的决定；环境行政监督检查是指环境执法机关为实现环境管理的职能，对相对人是否遵守环境保护法律法规和具体行政决定所进行的监督检查，包括对相对人是否遵守环境法律法规所作的监督检查，以及对相对人是否执行环境行政处理决定和环境行政处罚决定所作的监督检查；环境行政处罚是指特定的环境执法机关依法对违反环境法律规范的公民或组织实施的一种行政制裁，分为行为罚、财产罚和申诫罚。就执法保障制度而言，行政执法公示制度要求强化事前公开、规范事中公示、加强事后公开；执法全过程记录制度要求通过文字、音像等记录形式，确保执法全过程留痕和可回溯；重大执法决定法制审核制度要求重大执法决定必须经过合法性审核。

5）推广航运清洁化技术

航运污染防治技术涉及面广，不同技术的先进性、经济性等存在较大差异。因此，在实践中应坚持顶层设计、政府推动、示范引领、市场主导的基本原则，做好船舶和港口污染防治总体规划，同时出台一系列配套支持政策，加强船舶港口污染防治设施设备的科技攻关，促进新材料、新装备、新工艺、新技术等在航运污染防治及环境保护领域的示范应用，逐步形成以航运企业和港口企业为主体、以新能源企业和先进制造业为支撑的市场化绿色航运体系，不断提升航运污染防治的技术水平。航运污染防治技术见图 6－1。

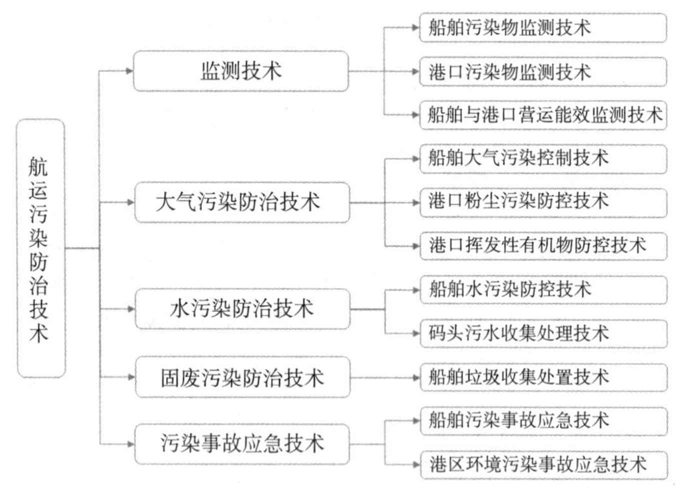

图 6－1　航运污染防治技术

6）用好激励机制

一是用好补贴机制。例如，通过发放内河船型标准化补贴，鼓励船舶所有人在规定期间内对船舶进行拆解或改造，引导水路运输经营者新建示范船；通过发放新能源、新装备扶持补贴，支持清洁能源和岸电、加装危险化学品洗舱装置、污水处理装置和尾气处理装置等防污染设施改造，扶持安全性高、符合防污染标准及节能减排政策的船舶投入运输市场。二是用好奖励机制。例如，通过设立船舶污染举报奖励制度，充分发挥社会监督作用，加大船舶污染违法行为打击力度;通过设立靠港船舶使用岸电项目奖励资金,加快推进港口岸电设备设施建设和船舶受电设施设备改造。

6.2　港口国监督

专栏二十:全球港口国监督谅解备忘录组织知多少

1978年3月16日,一艘自波斯湾始发满载着23万t原油的海上巨无霸缓缓驶进英吉利海峡,在船员怀着抵港的期待与喜悦的同时,灾难也正在悄然靠近——利比里亚船籍超级油船M/V Amoco Cadiz因舵机失灵而导致搁浅在法国Brittany海滩后最终断裂,23万t原油及4 000 t燃油全部倾泻入海。在大风和潮流驱动下,溢油向事故发生点以南20 km和以东300 km的范围不断蔓延,使得法国西北和北部岸线近400 km长度受到灾难性污染并造成大量海洋生物死亡,总共有30%的动物和5%的植物被毁灭,大约20 000只鸟死亡。法国沿岸渔业生产因此停顿一个半月,水产损失费达300万美元;旅游业、餐饮业及附近居民生活皆受到了严重影响,旅游损失达6 000万美元。这起事故清理费用达1亿美元,船东还要赔偿2亿美元。由于这起事故发生在法国沿岸,而船公司是美国的,因此还成为了一个国际问题,甚至影响到了法国的政局。

此事引起欧洲公众和政界极大的震动,国际航运界普遍认定有些船旗国公司的主管机关在保证所管辖的船舶符合国际公约的标准方面并没有尽到应尽的责任。于是,13个欧洲国家联合欧洲共同体以及国际海事组织(IMO)和国际劳工组织(ILO)于1980年12月在巴黎召开会议,就如何加强对进入本地区的外国籍船舶进行检查进行了研究讨论,一致同意对船舶的实际技术状况进行检查,并取消不符合要求的国际船舶的航行。1982年1月,由14个欧洲国家共同签署的《巴黎港口国监督谅解备忘录》(简称巴黎谅解备忘录,Paris Mou)应运而生,并于在1982年7月1日正式生效实施,港口国监督自此在全球拉开序幕。

港口国监督(PSC)是指港口所在国家根据有关国际公约规定的标准,对进入其港口的外国籍船舶所实施的一种控制,以确保船舶及其设备符合国际公约要求,船员配备和操作符合适用的国际规范。通过港口国控制,对船旗国海事当局的管理进行制约和补充,纠正与消除受检船舶上所存在的不符合标准的缺陷,以确保船舶航行、人身和财产的安全,保护海洋环境,促进经济贸易的发展和航运经营水平的提高。继巴黎备忘录实施之后,越来越多的国家和地区认识到港口国监督的重要性和必要性,其他区域性港口国监督谅解备忘录组织陆续成立运行。截至目前,全球已成立巴黎备忘录、拉美协定、东京备忘录、加勒比地区备忘录、地中海备忘录、印度洋备忘录、阿布贾备忘录、黑海地区备忘录和利雅得备忘录共9个区域性港口国监督谅解备忘录组织。加上美国海岸警卫队(USCG)独立实施的港口国监督机制,全球港口国监督检查呈现“9+1”模式。其中,巴黎备忘录、东京备忘录和USCG的影响力最大。港口国监督区域性合作组织发展到现在,已基本覆盖全球,且各区域备忘录之间的协作不断加深,港口国监督的作用正逐步得到最大限度的发挥,海事界亦普遍认为,港口国监督是海上安全的最后防线。

来源:中国船检

看完上述材料请思考下列问题:为什么要实施港口国监督?谁来执行港口国监督职能?监督依据是什么?监督权限有哪些?监督程序是什么?

6.2.1 港口国监督依据

PSC的主要依据包括经1978年议定书修订的1973年国际防止船舶污染公约(MARPOL 73/78),1974年国际海上人命安全公约(SOLAS 1974),国际压载水管理公约(BWM 2004),经1995年修正的1978年海员培训、发证和值班标准国际公约(STCW 1978/1995),1966年国际载重线公约(LL 1966),1969年国际吨位丈量公约(TONNAGE 1969),1969年国际油污损害民事责任公约(CLC 1969),1972年国际海上避碰规则公约(COLREG 1972),2001年国际燃油污染损害民事责任公约(BUNKERS 2001),2001年控制船舶有害防污底系统国际公约(AFS 2001)和2007年内罗毕国际船舶残骸清除公约(NAIROBI WRC 2007)等。此外,由于港口国监督在不同国家实施,因此也须适用于当地的相关法律法规。本小节重点介绍MARPOL 73/78、SOLAS 1974和BWM 2004相关规定。

1) MARPOL 73/78

MARPOL 73/78第5条"证书和检查船舶的特殊"规定,港口国有权核实船上是否备有有效证书;第6条"违章事件的侦查和本公约的实施"规定,港口国有权核实该船是否违反规则的规定而排放了任何有害物质,如有充分证据可对所声称的违章事件进行起诉。除此以外,MARPOL 73/78附则Ⅰ第11条、附则Ⅱ第16.9条、附则Ⅲ第9条、附则Ⅳ第14条、附则Ⅴ第9条、附则Ⅵ第10条均有港口国监督相关规定。

2) SOLAS 1974

SOLAS 1974第1章第19条"监督"规定,每一艘船舶当其在另一缔约国时,应接受该国政府正式授权的官员的监督,包括证书是否有效、应采取的措施是否符合要求等;第9章第6条"验证与监督"规定,港口国有权验证安全管理体系是否正常运行;第11章第4条"关于操作性要求的港口国监督"规定,港口国有权检查船长或船员对于船舶安全有关的船上主要操作程序熟悉程度。

3) BWM 2004

BWM 2004第9条"船舶检查"规定,港口国有权核实船上是否持有有效证书,检查压载水记录簿记录是否符合要求,以及检查船长或船员是否熟悉并执行压载水管理的重要船上程序;第10条"对违犯事件的侦查和对船舶的控制"规定,如果某一港口国收到任何当事国的调查要求并有船舶正以或曾以违犯本公约规定的方式营运的充分证据,则可在该船进入其管辖的港口或离岸码头时对其进行检查。

6.2.2　港口国监督权限

1）检查项目

根据相关国际公约要求，港口国监督项目主要包括：①船舶证书、文件和手册；②船体、机器和设备状态；③有关机器、设备和仪器的使用和操作要求；④船员配备、劳动及生活条件。一般情况下，港口国只限于检查各种证书、文件和手册。这些材料主要包括：①普通材料，例如国际吨位证书，国际载重线证书，稳性资料，最低安全配员证书，适任证书，健康证书等；②安全相关材料，例如货船安全证书，货船构造安全证书，货船设备安全证书等；③污染防治相关材料，例如国际防止空气污染证书，国际防止油污证书，国际防止散装运输有毒液体物质污染证书，船上油污应急计划等。

如果证书失效或检查人员有充分理由认为船舶不适航，船上设备所处状态不符合要求或船员不合格，那么他们有权进行详细检查。例如，当检查人员有充分理由认为船长或船员不熟悉船舶安全操作程序时，他们可能对以下内容进行详细检查：①是否悉知应变部署表上所列的职责；②彼此间是否能很好地交流合作；③消防、弃船演习；④对控制船舶受损或失火的方法是否熟悉；⑤是否熟悉驾驶室、货物和机器设备的操作；⑥是否理解各手册及工作须知内容。

2）处理权限

如果发现了有可能影响安全、人员健康和污染环境的船舶缺陷，港口国监督官员将运用专业知识和公约标准进行判断，对船舶是否是低于标准进行定性，并要求船舶在开航前消除其缺陷，或是扣留船舶后通告船旗国采取行动。低于标准船舶通常按以下明显因素确认：①缺少公约要求的主要设备和装置；②设备和装置不符合公约要求；③船舶或设备实质性损坏和损耗，例如维护不良；④船员对主要操作程序的操作不熟悉或不熟练；⑤配员不足或持证船员不足。对于低于标准的船舶要进行滞留，港口国监督官员会签发一份检查报告，说明其缺陷，港口国主管机关会签发一份滞留通知书，同时将信息传递给船旗国主管机关、停泊港领事或外交代表、船旗国颁发证书的机构（通常是船级社）。如果发现了缺陷而当地又无力解决，则可在船舶保证其缺陷不致影响安全、人员健康及污染环境的情况下放行船舶到下一港口解决，但要通知下一港口国和船旗国采取行动。

以污染防治为例，典型缺陷包括油水分离器不能正常运行，油水分离器 15 ppm 报警装置失效，ECA 区域燃油硫含量超标，污水处理装置不能正常使用，焚烧炉不能按照设计标准对废油进行处理，国际防止发动机大气污染证书（EIAPP 证书）不可用，污油、污水处理未能被记录或未能正确记录，垃圾记录簿未能正确填写，垃圾公告牌失效等。

6.2.3　港口国监督程序

1）港口国监督程序的演变

自 1981 年以来，港口国监督程序经历了 5 次修订，目前已更新到 2021 版，各版本的要点不同，港口国监督程序的演变见表 6－3。分析发现，《港口国监督程序》修订的时间间隔缩短了，从 2011 到 2017，再到 2019 和 2021 年，这种变化一方面是为了适应海事新法规、新技术，另一方面则是对港口国监督行为的规范越来越严格。尤其是 2019 版，为适应全球“限硫令”监管需要，新增了附录 18 －《2019 年依据 MARPOL 附则Ⅵ第 3 章实施的港口国监督指南》，对涉及 MARPOL 73/78 附则Ⅵ的检查流程进行了详细规定。2021 版附录 7 增加了许多新内容，并对条款进行了重新梳理，由原来的一个部分增加为两个部分，使其结构更加清晰。其中，第一部分为检查过程，新增了定义、明显证据、详细检查、演习、对检查结果的确认、操作性检查的评估和滞留缺陷等内容；第二部分为具体的检查行动指南，是对第一部分所述检查内容的详细指导，分为日常性操作检查和应急准备及演习检查两个子部分。该部分内容的较大变化突出了港口国监督中操作性检查的重要性。

表 6－3　港口国监督程序的演变

序号	发布年份	要点
1	1981	• 以巴黎备忘录成立初期草拟的港口国监督程序和指南为蓝本
2	1995	• 1999 年增加“ISM 规则港口国监督指南”等内容 • 2005 年加入防止船舶大气污染相关检查内容
3	2011	• 对港口国监督官员增加约束、提高要求 • 提高对船舶在安全和防污染方面的要求
4	2017	• 着重对“基础程序、ISM 规则港口国监督以及船员发证、配员和休息时间”等部分进行了修改 • 突出证书、文书、记录、工作程序以及船员操作性等“软件”方面的检查 • 对船舶防污染方面给予了更多的笔墨
5	2019	• 新增免除证书的处理原则、补充低标准船的认定标准(增加防污染) • 扩大可滞留缺陷的范围、提高大气污染防治标准、推进电子记录簿使用 • 新增了附录 18—《基于 MARPOL 附则Ⅵ的港口国监督导则》
6	2021	• 正文部分对缺陷信息的提交时间进行了更具体的描述，增加了“船舶抵港后” • 附录 3 将 2019 年检验和发证协调系统检验指南(HSSC)更新为 2021 年版 • 附录 4 第 5 部分新增 5.10 条款，关于船舶使用电子货物记录簿时，主管机关给予免除情况背书的格式和样表 • 附录 7 由一个部分变为两个部分，新增了定义、明显证据、详细检查、演习、对检查结果的确认、操作性检查的评估和滞留缺陷等内容 • 附录 18 新增了与船舶能效相关的检查程序，以及非 MARPOL 73/78 附则Ⅵ缔约方所属船舶和不要求配备船舶能效证书船舶的检查程序 • 附录 19 更新了关于压载水取样和分析指南

2）2021 版《港口国监督程序》主要内容

2021 版《港口国监督程序》由 5 章正文和 19 个附录构成，《港口国监督程序》附录清单见图 6－2。其中，正文第 1 章为总则，第 2 章为港口国检查，第 3 章为违规与滞留，第 4 章为报告要求，第 5 章为审议程序。19 个附录依次为：附录 1 为港口国监督官员良好行为准则，附录 2 为船舶滞留导则，附录 3 为基于 MARPOL 附则Ⅰ的检查和调查导则，附录 4 为基于 MARPOL 附则Ⅱ的检查和调查导则，附录 5 为基于 MARPOL 附则Ⅰ和附则Ⅱ的排放要求导则，附录 6 为船舶构造及设备要求详细检查导则，附录 7 为操作性要求监督导则，附录 8 为 ISM 规则港口国监督导则，附录 9 为关于船舶远程定位和跟踪系统(LRIT)的港口国监督导则，附录 10 为 1969 年吨位公约港口国监督导则，附录 11 为关于船员发证、配员以及休息时间的港口国监督导则，附录 12 为证书及文件清单，附录 13 为依据 IMO 港口国监督程序的检查报告，附录 14 为未做彻底纠正或仅做临时性修理的缺陷报告，附录 15 为致发出通知主管机关的采取行动报告，附录 16 为违反 MARPOL(第 6 条)的报告格式，附件 17 为船旗国对滞留报告的意见，附录 18 为基于 MARPOL 附则Ⅵ的港口国监督导则，附录 19 为港口国监督程序相关文件清单。

PROCEDURES FOR PORT STATE CONTROL, 2021

Contents

CHAPTER 1 – GENERAL

1.1 Purpose
1.2 Application
1.3 Introduction
1.4 Provision for port State control
1.5 Ships of non-Parties
1.6 Ships below convention size
1.7 Definitions
1.8 Professional profile of PSCOs
1.9 Qualification and training requirements of PSCOs

CHAPTER 2 – PORT STATE INSPECTIONS

2.1 General
2.2 Initial inspections
2.3 General procedural guidelines for PSCOs
2.4 Clear grounds
2.5 More detailed inspections

CHAPTER 3 – CONTRAVENTION AND DETENTION

3.1 Identification of a substandard ship
3.2 Submission of information concerning deficiencies
3.3 Port State action in response to alleged substandard ships
3.4 Responsibilities of port State to take remedial action
3.5 Guidance for the detention of ships
3.6 Suspension of inspection
3.7 Procedures for rectification of deficiencies and release

CHAPTER 4 – REPORTING REQUIREMENTS

4.1 Port State reporting
4.2 Flag State reporting
4.3 Reporting of allegations under MARPOL

CHAPTER 5 – REVIEW PROCEDURES

5.1 Report of comments

APPENDICES

Appendix 1	Code of good practice for port State control officers conducting inspections within the framework of the regional memoranda of understanding and agreement on port State control
Appendix 2	Guidelines for the detention of ships
Appendix 3	Guidelines for investigations and inspections carried out under MARPOL Annex I
Appendix 4	Guidelines for investigations and inspections carried out under MARPOL Annex II
Appendix 5	Guidelines for discharge requirements under MARPOL Annexes I and II
Appendix 6	Guidelines for more detailed inspections of ship structural and equipment requirements
Appendix 7	Guidelines for control of operational requirements
Appendix 8	Guidelines for port State control officers on the ISM Code
Appendix 9	Guidelines for port State control related to LRIT
Appendix 10	Guidelines for port State control under TONNAGE 1969
Appendix 11	Guidelines for port State control officers on certification of seafarers, manning and hours of rest
Appendix 12	List of certificates and documents
Appendix 13	Report of inspection in accordance with procedures for port State control
Appendix 14	Report of deficiencies not fully rectified or only provisionally rectified
Appendix 15	Report of action taken to the notifying authority
Appendix 16	Format for the Report of contravention of MARPOL (article 6)
Appendix 17	Comments by flag State on detention report
Appendix 18	Guidelines for port State control under MARPOL Annex VI
Appendix 19	List of instruments relevant to port State control procedures

图 6－2　《港口国监督程序》附录清单

3）附录 18 检查内容

附则 18 是港口国监督官员执行监督检查的技术指导，以确保船舶能够符合 MARPOL 73/78 附则Ⅵ的要求。首先，该附录明确了初始检查的内容以及特定船舶的检查重点，《港口国监督程序》附录 18 初始检查内容见表 6－4。

表 6-4 《港口国监督程序》附录 18 初始检查内容

一般船舶	设有 SO_x 等效符合装置的船舶	经过排放控制区后停靠首个港口的船舶
• 国际防止空气污染证书 • 发动机国际防止空气污染证书 • 技术案卷 • 燃油转换作业的书面程序 • 安装的废气清洗系统或等效方法的批准文件 • 废气清洗系统监控记录簿 • 燃油交付单以及相关代表性样品或记录 • 消耗臭氧物质记录簿 • 挥发性有机物管理计划	• 船舶已获得等效装置的批准证据 • 船舶使用等效装置(已在国际防止空气污染证书附录中载明)或在未采用该等效装置时使用合格燃油的证据等	• 燃油交付单以及相应船上记录,包括油类记录簿第 1 部分所载燃油的操作记录 • 书面程序以及在离开排放控制区后对硫含量(质量分数)不超过 0.10%燃油进行转换的记录证据 • 以下情况应进行详细检查：①证书或文书遗失或明显无效的证据;②设备或装置不存在或故障,或存在未规定的设备或装置;③证书或文件中规定的设备或装置存在严重缺陷的证据;④船长或船员不熟悉船上有关防止空气污染的关键船上操作,或未进行这种操作

其次,对于需要开展详细检查的船舶,该附录还规定了关注项目,《港口国监督程序》附录 18 详细检查内容见表 6-5。

表 6-5 《港口国监督程序》附录 18 详细检查内容

项目	要求
ODS	• 有效实施含消耗臭氧物质设备的维护程序 • 无故意排放消耗臭氧物质
NO_x	• 安装的每台输出功率大于 130 kW 的船用柴油机按《NO_x 技术规则》规定经主管机关认可,并经适当维护,符合技术案卷及船上监控手册的要求
SO_x	• 燃油是否符合规定 • 如需进行燃油转换,需核查转换的书面程序以及所要求的记录 • 如果使用了废气清洗系统(EGCS),应核查该系统的安装和运行,以及其监测系统
VOC	• 经认可的 VOC 管理计划(如果船舶为载运原油的液货船)
焚烧	• 未焚烧禁止燃烧的材料 • 焚烧炉经主管机关认可且经正确的维护保养 • 船舶在码头、港口和港湾内时,船上未焚烧锅炉或船舶发电机中的污泥或油渣
操作性方面	• 熟悉防止消耗臭氧物质排放的程序 • 熟悉船用柴油机的正确操作和维护 • 熟悉与对应燃油交付单相关的燃油加注程序 • 熟悉必要的燃油转换程序 • 熟悉船上废气清洗系统(EGCS)或其他等效装置的正确操作 • 熟悉垃圾筛选程序以确保未焚烧禁止燃烧的垃圾

最后,该附录还公布了可滞留的严重缺陷,具体包括：①无有效的国际船舶防止空气污染证书(IAPP 证书)、EIAPP 证书或技术案卷(如适用);②2000 年 1 月 1 日或以后建造的船

上安装的输出功率大于 130 kW 的船用柴油机，或 2000 年 1 月 1 日或以后进行了重大改装的船用柴油机，其不符合其技术案卷，或没有按要求保留必要的记录，或其在特定 NO_x Ⅲ级排放控制区内营运时，不符合该排放控制区的适用要求；③在 1990 年 1 月 1 日或以后，但在 2000 年 1 月 1 日以前建造的船舶上安装的输出功率超过 5 000 kW 且每缸排量在 90 L 或以上的船用柴油机，其认可方法未经主管机关核准且可购得，未按规定在首次换证检验后安装；④未安装 SO_x 等效符合装置的船上正使用的或载运供使用的任一燃油的硫含量超标；⑤船上安装了 SO_x 等效符合装置，但缺少对适用于船上有关燃油燃烧装置的等效装置相应的认可，或未与废气清洗系统（EGCS）连接的燃烧装置使用的任一燃油的硫含量超标；⑥2000 年 1 月 1 日或以后安装上船的焚烧炉不符合要求；⑦船长或船员不熟悉防止空气污染设备操作的关键程序。

4) 推进电子记录簿使用

近年来为促进海上生命安全及环境保护，IMO 通过了一系列新的法案和修正案，由此而产生的新的记录保存义务大大增加了船上工作量，影响了工作效率，考虑到办公自动化水平的不断提升，使用电子格式记录簿的呼声越来越高。2019 年 5 月 17 日，MEPC 第 74 次会议于通过了有关电子记录簿的修正案及使用指南。2020 年 10 月 1 日，该修正案生效，船舶可按照 MARPOL 73/78 附则Ⅰ、Ⅱ、Ⅴ、Ⅵ和氮氧化物技术规则的要求，用电子记录的方式记录所规定的相关污染物排放、转移和其他操作条目的设备和系统，港口国监督检查认可《油类记录簿》《货物记录簿》《垃圾记录簿》《消耗臭氧物质记录簿》《发动机参数记录簿》、船用燃油机级别和开/关状态的记录、燃油转换记录等电子记录方式及其打印格式。船舶若采用电子记录簿，需持有主管机关签发的《MARPOL 电子记录簿声明》。在港口国监督检查期间，如果船舶无法出具电子记录簿或主管机关的声明，港口国监督官员应要求查看替代的经验证的记录副本或纸质记录簿进行验证。

6.3　远程监管

专栏二十一：广州海事局积极探索实施远程电子检查

南沙地处粤港澳大湾区地理中心，是连接珠江口两岸城市群和港澳地区的重要枢纽节点，广州南沙自贸区被国家和省、市赋予了建设国家级新区、自贸试验区、粤港澳全面合作示范区、承载门户枢纽功能的广州城市副中心“三区一中心”的使命。

南沙自贸区内船舶清污作业数目较多，靠泊船只大多在夜间、停留时间短且船期紧张，清污作业常常在夜间进行，给现场监管造成了极大困难和压力。经多方调研，广州海事局在南沙自贸区实施了船舶清污作业远程电子检查。已进行诚信登记的船舶在进行船舶污染物接收作业后，按照要求对作业现场进行拍照，降低现场执法的工作强度，远程监控清污作业，实现“双赢”。船舶清污作业申请事前审批通过后，执法人员根据特定规则抽取船舶进行事中事后监管，在其作业完毕后进行 AIS 轨迹核查，比对清污公司发送的作业照片，全方位保证清污作业合规合法。

审批—事中监管—事后监管的工作闭环，使安全生产工作落实到位。该业务有效降低了现场执法工作强度，提高了执法效率，实现了清污作业监管从“汗水型”向“智慧型”的转变，有力助推海事监管模式的转型升级。

来源：广州海事局

看完上述材料请思考下列问题：远程监管的本质是什么？为什么要实施远程监管？实施远程监管需借助哪些手段？

6.3.1 什么是远程监管

1）基本概念

远程监管又称“互联网＋海事监管”“远程电子检查”，是综合利用船舶交通管理系统（VTS）、船舶自动识别系统（AIS）、雷达、闭路电视监控系统（CCTV）、甚高频无线电话（VHF）、无人机技术、微信、电子邮件等手段代替执法人员登船检查的一种新型化监管方式，远程监管部分工作现场见图 6－3。

图 6－3　远程监管部分工作现场

2）典型应用场景

船舶证书、配员及防污染设备等综合检查。主要通过系统比对，确认各类证书、记录簿、船舶设备等是否合规。例如，天津南疆海事局执法人员与船方视频连线要求船长出示部分船舶和船员证书，对船员在船情况进行抽查，并对船舶上一港的自查情况进行检查；然后，与轮机长进行连线，对生活污水处理装置运行情况进行询问和检查；最后，将本次情况做好记录并向船方反馈。绍兴市地方海事局执法人员通过比对“船舶报告系统”和“船员管理系统”，发现某船缺配二类轮机员 1 名，要求该船船长到城郊海事所接受相关处罚。

污染物排放合规性检查。例如，张家港海事局执法人员使用无人机搭载船舶尾气传感器在张家港港口综合保障基地对航经福姜沙南水道的船舶开展尾气检测，在检测到“瑞福泰”轮尾气 SO_2 疑似超标后，进一步对该船燃油取样检测，发现其硫质量分数含量(0.168%)明显超标(0.1%)，遂决定对该轮进行立案调查。上海闵行海事局执法人员通过无人机回传画面发现“永泰 * * ”轮在焦化厂煤炭码头违法排放煤废水，遂立即对其拍照取证，并通过无人机喊话要求该违法船舶立即停排，及时制止了船舶污染物的违法排放行为。

船舶清污作业合规性检查。例如，广州海事局执法人员根据特定规则，抽取事前审批通过的清污作业船舶进行事中事后监管，在其作业完毕后进行 AIS 轨迹核查，比对清污公司发送的作业照片，全方位保证清污作业合规合法。

6.3.2　为什么要实施远程监管

1) 降低新冠肺炎疫情传播风险

当前，新冠肺炎疫情在全球范围大流行，给世界经济社会发展带来了诸多挑战。考虑到新冠肺炎疫情传染力强，为有效预防新冠肺炎，国家卫生健康主管部门倡导人们平时养成“戴口罩、多通风、勤洗手、保持安全社交距离”的好习惯。在此背景下，登船检查近距离接触可能会增大新冠肺炎疫情的传播风险。实施远程监管方式，采用现代信息技术，执法人员可通过视频与船长、轮机长连线进行执法检查，避免相关人员近距离接触，进而降低新冠肺炎疫情传播风险。为此，2020 年 2 月，中华人民共和国海事局曾发文，要求各级海事管理机构综合运用中国海事协同管理平台各业务系统，探索对船舶进出港报告、船舶配员、危险货物申报、规费征收情况等进行远程核查，对远程信息核查无误的，原则上可以不进行现场检查。

2) 提高监管效率

登船检查时，执法人员需携带相关装备、材料，登船过程消耗时间，且通常在船舶靠港后进行，油品抽检也具有一定滞后性。实施远程监管方式，无须携带装备、材料，不需要登船，节省登船时间；不必等到船舶靠港，检查时间相对灵活；无人机船舶尾气监测系统，不必对油品进行抽样检测，平均约 3 min，检查时间短。

3) 节省执法成本

登船检查成本较高，具体包括登船前的交通成本，登船过程产生的时间成本，以及抽样、检验产生的时间成本和人力成本等。实施远程监管方式，无须登船，不仅可以节省登船前的交通成本、登船过程产生的时间成本，而且能够节省抽样、检验产生的时间成本和人力成本。与此同时，执法人员可充分利用登船及抽样检验过程节省的时间开展更多的检查工作，无须增加执法人员，有利于降低执法人力成本。

6.3.3　如何实施远程监管

1) 远程监管“六步法”

为提升动态监管能力，推进“互联网＋现场监管”有效运行，厦门海事局在研究实践的基础上，提出了“六步法”远程监管模式，有利于充分发挥信息化手段的优势，全面提升监管效率，降低监管成本。远程监管“六步法”见表 6－6。

表 6－6　远程监管“六步法”

序号	要点	内涵
1	划	• 评估电子巡查设施设备的覆盖性、可用性、有效性 • 根据辖区水域实际和监管规律，划定电子巡查有效区域、重点区域 • 明确巡查频次、工作标准和要求
2	巡	• 应用导助航综合应用系统、现场综合执法系统、VTS、船讯网等船舶动态信息平台，对辖区水域进行全覆盖电子巡视 • 掌握辖区船舶生产活动总体情况，初步筛查可疑情况
3	盯	• 调用 CCTV、VTS 终端等，紧盯重点区域、重点船舶 • 标记和跟踪可能存在异常的船舶和事件
4	核	• 综合利用交通运输部海事局协同平台、“单一窗口”等信息系统、导助航系统航迹回放等查询船舶数据、历史轨迹、进出港报告、安检、防污染、船员配备及适任情况等信息并准确核查 • 为问题研判提供精准支持
5	联	• 厦门海事局指挥中心、下属海事处值班指挥室、现场海巡艇三级联动 • 对出现的涉嫌违法行为、险情与警报等，进行信息交互、联动响应
6	处	• 综合异常情况属性，开展立体化监管、分类式处置 • 依情形实施远程纠正、系统取证，或调动执法人员、执法船艇实施现场查证、管控 • 确保任何问题隐患依法依规有效处置

2）典型支撑技术

智慧海事监管服务平台。以广东智慧海事监管服务平台为例，该平台在物联网层面融合了 AIS、雷达、CCTV、水文等感知信号，实现信息集中展示；在大数据层面充分利用一二级云数据中心的数据资源，深挖通航、船舶、船员、危防、规费等数据资源，打通信息孤岛，实现信息快速查询、智能分析；在云计算层面充分用二级云数据中心的计算资源，确保平台计算能力得到强有力支持。该平台具有一键巡航、智能比对、自动发现异常、自动推送等功能，能够实现海事从“签证＋巡航”提升为“智能化监管＋精确打击”，有利于提升静态业务事后监管能力，降低一线执法人员压力，解决人力资源不足难题。智慧海事平台群发短信的界面见图 6－4。

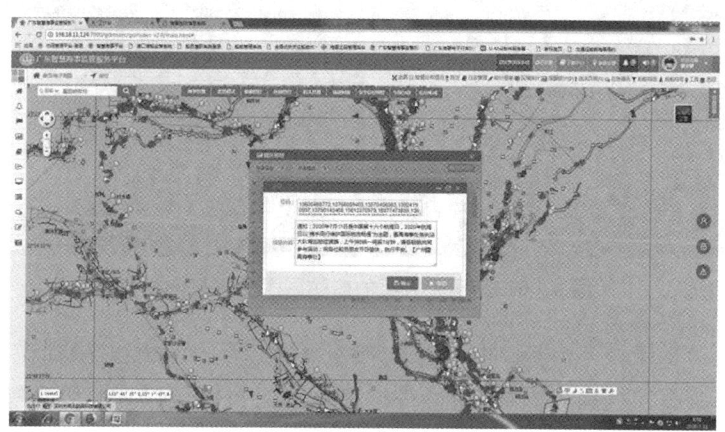

图 6-4　智慧海事平台群发短信的界面

CCTV 监控系统。在重要水域、重要航道等区域布设高清摄像头，可实现对重点区域内船舶废气排放、船舶污染物接收作业的实时监控。例如，南京海事局已将辖区内的全部污染物接收船舶接入 CCTV 监控平台，实现了对污染物接收船舶的实时监控，南京海事局辖区内污染物接收船舶全部接入 CCTV 监控平台见图 6-5。

图 6-5　南京海事局辖区内污染物接收船舶全部接入 CCTV 监控平台

无人机船舶尾气监测系统。无人机搭载灵嗅大气移动监测系统，配合实时数据分析软件，即形成一套完整的尾气监测方案。无人机作业时，可先在无排放的空气中进行测定，获取相应气体组分的背景浓度值。当无人机飞至船舶尾气烟羽下方，保持定距跟随 1 min 左右，即可在地面端软件查看该船舶实时的硫含量预估值。与此同时，地面端软件支持远程部署，指挥大厅也可实时看到无人机航拍画面与监测数据。基于无人机的船舶尾气监测与分析见图 6-6。

图 6－6 基于无人机的船舶尾气监测与分析

“海事之眼”小程序。“海事之眼”是广东海事局开发的一款微信小程序，它依托交通运输部海事局共享数据库的强大支撑，通过搭建海事部门与船员、船舶、码头等相关方的数据通道，借助先进的人脸识别技术，实现了远程数据交换、智能定位、智能比对等功能。“海事之眼”小程序具有信息透明度高、远程操作方便等特点，有利于减少执法人员和执法对象的工作量，提升工作效率。例如，利用“海事之眼”，船员可以远程“刷脸”打卡，执法人员可以快速获取适任证书信息，系统能够自动识别船员证书的真伪性，自动核对船舶配员信息。因此，执法人员不必登船核查，既减轻了其人证核查工作的压力，同时也提高了人证核查的工作效率。利用“海事之眼”远程打卡见图 6－7。

图 6－7 利用“海事之眼”远程打卡

船上信息采集与传输系统。船上信息采集一般可使用手机、平板等移动终端，或者照相机、摄像机等，主要是拍摄照片、视频等素材，以便向执法人员提供。船上信息传输硬件一般采用 VHF 电话或手机、平板等移动终端（也可使用电脑），软件通常使用微信、QQ、Team Viewer 等，远程监管常用软件比较见表 6－7。尤其是微信，普及率高、通用性好（可安装在手机、平板或电脑上）、功能多样（可传输文字信息、图片、电子文档、语音短信、视频，还可进行语音通话和视频连线，微信在远程监管中的应用见图 6－8），使用简单、方便，在远程监管中得到了较为广泛的应用。

表 6-7　远程监管常用软件比较

项目	Team Viewer	微信、QQ
服务对象	商务办公	个人
主要功能	• 远程控制支持 • 会议演示、在线会议与协作 • 安全与监控等	• 文字、图片 • 语音短信、音频 • 视频
优点	• 通过实时视频流和增强现实(AR)功能远程提供技术指导和协助 • 提供 3D 指针、手绘和文本注释来标记特定细节 • 办公功能齐全、工作属性强	• 覆盖面广，普遍使用，接受度高 • 运用方便、快捷
缺点	• 对使用者设备硬件有要求，需近 3 年出厂的手机，苹果手机仅支持 iPhone SE 以上，往下不兼容 • 普及性将随船方手机升级而提升	• 个人版强调私密属性，存在廉政执法风险和海事执法人员被冒充的隐患 • 企业版功能有限，仅能提供会议、文档漫游等基础办公功能

图 6-8　微信在远程监管中的应用

3）远程监管实施案例

以浦东海事局一线执法大队开展船舶远程电子检查为例，对其规定检查流程和具体执法过程说明如下。

规定检查流程依次为：①执法人员通过船舶安全综合监督支持系统建立并指派检查任务，然后通过上海海事局移动平台启动任务；②执法人员将系统生成的远程项目清单二维码通过截图发送给船方，并告知船方通过微信扫码后填写完成；③执法人员登录上海海事局移动平台，仔细查看船方上传内容是否存在缺陷；④检查结束后，向船长告知本次检查结果，待船长口头确认后，执法人员打印检查报告，签字并在纸质报告下方备注“新型冠状病毒疫情期间，浦东海事局远程检查报告与原件具有相同效力”字样和联系电话，将扫描件通过微信发送给船方；⑤船方自行打印扫描件并签字盖章后回传给执法人员打印存档；或直接留言备注“检查报告符合船舶实际状况，＊＊轮船长＊＊确认”，执法人员对微信界面截图打印后存档。

2020 年 2 月 13 日，凌桥海巡执法大队执法人员按上述流程对辖区海滨油库码头作业船舶“宁＊＊＊”轮实施远程电子检查。首先，执法人员向船方进行廉政告知以及疫情期间远程电子检查的相关宣贯，并详细询问了船舶人员更换情况和近期动态，提醒船方继续做好疫情防控工作。在检查环节，执法人员要求船长出示部分船舶和船员证书，对船员在船情况进行了抽查，还对船舶开航前自查情况进行了检查。此外，本次远程检查重点内容为船载散装液体危险货物现场监督检查(油船)。执法人员着重检查了船舶防止油污证书、油污应急计划、油类记录簿等防污染文书以及船岸安全检查表和船舶应急拖缆配置情况。检查结束后，执法人员将检查结果告知船长，制作监督检查报告并由船长确认签字盖章后打印留档。至此，本次对该轮的远程电子检查结束。浦东海事局一线执法大队开展船舶远程电子检查见图 6 - 9。

图 6 - 9　浦东海事局一线执法大队开展船舶远程电子检查

本章小结

(1) 航运环境管理：环境管理的概念和分类，航运环境管理的概念(基本依据、基本原则、主要手段、管理对象、管理路径、管理目标)和重点内容(技术管理、质量管理、监督管理)，航运环境管理的主管部门(主要是生态环境部和交通运输部海事局)、主要职责和法律依据，航运环境管理策略——坚持四大原则(保护优先、预防为主和综合治理、公众参与、损害担责)、完善法律法规规章体系、完善环境标准体系(质量标准、风险管控标准、污染物排放标准、监测标准、基础标准、管理技术规范)、加强环境行政执法(环境行政许可、环境行政处理决定、环境行政监督检查、环境行政处罚)、推广航运清洁化技术、用好激励机制(补贴和奖励)。

(2) 港口国监督：监督依据——MARPOL 73/78、SOLAS 1974、BWM 2004 等，监督权限——检查项目(普通材料、安全相关材料、污染防治相关材料等)和处理权限(要求消除、扣留船舶、通知下一港口国和船旗国)，监督程序——5 次修订、主要内容包括 5 章正文和 19 个附录、附录 18 为基于 MARPOL 73/78 附则Ⅵ的检查内容和可滞留缺陷、推进电子记录簿使用。

(3) 远程监管：基本概念——“互联网＋海事监管”“远程电子检查”，典型应用场景——综合检查、污染物排放合规性检查、船舶清污作业合规性检查等，实施目的——降低疫情传播风险、提高监管效率、节省执法成本，实施策略——远程监管“六步法”(划、巡、盯、核、联、处)、典型支撑技术(智慧海事监管服务平台、CCTV 监控系统、无人机船舶尾气监测系统、“海事之眼”小程序、船上信息采集与传输系统)、远程监管实施案例——浦东海事局一线执法大队开展船舶远程电子检查。

思考题

(1) 什么是环境管理？一般有哪些分类？

(2) 你对航运环境管理是怎么理解的？

(3) 生态环境部和中国海事局在航运环境管理方面的职责有何区别？

(4) 航运环境管理工作该如何实施？

(5) 港口国监督的依据是什么？监督权限有哪些？

(6) 港口国监督一般遵循哪些程序？请举例说明。

(7) 什么是远程监管？请举例说明。

(8) 为什么要实施远程监管？

(9) 请举例说明如何实施远程监管？

(10) 请选择一个你感兴趣的海事局，对其在航运环境监管方面所做的一件事情进行分析，并提炼 2～3 个关键词加以概括。

第七章　航运环境评价

7.1　航运环境影响评价

专栏二十二：环保部开出今年首个环保罚单　上海同盛被罚 20 万元

据《中国证券报》2012 年 4 月 18 日报道，环保部发布公告称，上海同盛投资集团所属上海国际航运中心洋山深水港区四期工程报批的环评文件未经批准，擅自开工建设。鉴于此，环保部决定责令该工程停止建设，并处罚款 20 万元。环保部要求，在该工程环境影响评价文件经环保部批准后方可依法投入建设。

据《中国证券报》记者了解，上海国际航运中心洋山深水港区四期工程项目业主方是同盛投资，但项目运营方则是 A 股公司上港集团。根据上港集团(600018)此前发布的 2011 年报，公司 2010 年完成洋山深水港区二期、三期码头的资产收购，实现了对洋山深水港区的一体化运作。在上港集团"十二五"规划中，提升洋山深水港营运能力，推进洋山枢纽港在东北亚地区的国际竞争力是该公司重点推进的三大战略之一。

根据相关部门出具的该工程环境影响评价报告，工程施工及营运期均会对周边大气、海洋水体及生态环境造成影响。工程建设施工阶段，在海洋水体方面，港池疏浚、陆域吹填溢流将造成水体混浊水质下降。而工程为码头建设，主要是海上施工，陆域由炸山及吹填形成，因此需分析施工对水生生态和陆生生态环境影响。

来源：《中国证券报》

看完上述材料请思考下列问题：环境影响评价是什么？有什么用？如何开展？企业如何才能避免被处罚？

7.1.1　什么是航运环境影响评价

1）环境影响评价

环境影响评价是法律规定的一项预防优先的环境管理制度，它是指对规划和建设项目实施后可能造成的环境影响进行分析、预测和评估，提出预防或者减轻不良环境影响的对策和措施，进行跟踪监测的方法与制度。

根据评价对象不同，可将环境影响评价分为规划环境影响评价和建设项目环境影响评价。规划环境影响评价的对象包括两类：一类是土地利用规划和区域、流域、海域的建设、开发利用规划等综合性规划；另一类是工业、农业、林业、畜牧业、能源、水利、交通、旅游、城市建设、自然资源开发等专项规划。建设项目环境影响评价的对象主要是城市建设、能源、工业、农业、商业、住宅、交通等建设项目。

2）航运环境影响评价

航运环境影响评价是环境影响评价在航运领域的具体体现，它是指对航运相关规划和建设项目实施后可能造成的环境影响进行分析、预测和评估，提出预防或者减轻不良环境影响的对策和措施，进行跟踪监测的方法与制度。

航运环境影响评价主要包括两类：一类是港口总体规划、内河航道建设规划等规划环境影响评价；另一类是港口、航道等水运工程建设项目环境影响评价。

7.1.2　*为何开展航运环境影响评价*

1）法律要求

《中华人民共和国环境影响评价法》(2018年第二次修正)第七条规定，国务院有关部门、设区的市级以上地方人民政府及其有关部门，对其组织编制的土地利用的有关规划，区域、流域、海域的建设、开发利用规划，应当在规划编制过程中组织进行环境影响评价，编写该规划有关环境影响的篇章或者说明，并将其作为规划草案的组成部分一并报送规划审批机关。未编写有关环境影响的篇章或者说明的规划草案，审批机关不予审批。第八条规定，国务院有关部门、设区的市级以上地方人民政府及其有关部门，对其组织编制的工业、农业、畜牧业、林业、能源、水利、交通、城市建设、旅游、自然资源开发的有关专项规划，应当在该专项规划草案上报审批前，组织进行环境影响评价，并向审批该专项规划的机关提出环境影响报告书。第十二条规定，专项规划的编制机关在报批规划草案时，应当将环境影响报告书一并附送审批机关审查；未附送环境影响报告书的，审批机关不予审批。

第十六条规定，国家根据建设项目对环境的影响程度，对建设项目的环境影响评价实行分类管理，管理名录由国务院生态环境主管部门制定并公布(2021版建设项目环境影响评价分类管理名录航运相关内容见表7-1)，建设单位应当按照下列规定组织编制环境影响报告书、环境影响报告表或者填报环境影响登记表：①可能造成重大环境影响的，应当编制环境影响报告书，对产生的环境影响进行全面评价；②可能造成轻度环境影响的，应当编制环境影响报告表，对产生的环境影响进行分析或者专项评价；③对环境影响很小、不需要进行环境影响评价的，应当填报环境影响登记表。

表 7-1　2021 版建设项目环境影响评价分类管理名录航运相关内容

项目类别		报告书	报告表
138	• 油气码头 • 液体化工码头	• 新建 • 岸线、水工构筑物、吞吐量、储运量增加的扩建 • 装卸货种变化的扩建	其他
139	• 干散货(含煤炭、矿石)码头 • 件杂货码头 • 多用途、通用码头	• 单个泊位 1 000 吨级及以上的内河港口 • 单个泊位 1 万吨级及以上的沿海港口 • 涉及环境敏感区的	其他
140	• 集装箱专用码头	• 单个泊位 3 000 吨级及以上的内河港口 • 单个泊位 3 万吨级及以上的沿海港口 • 涉及危险品、化学品或涉及环境敏感区的	其他
141	• 滚装、客运码头 • 工作船、游艇码头	• 涉及环境敏感区的	其他
143	• 航道工程 • 水运辅助工程	• 新建、扩建航道工程 • 涉及环境敏感区的防波堤、船闸、通航建筑物	其他

注：环境敏感区包括两大类，一类是国家公园、自然保护区、风景名胜区、世界文化和自然遗产地、海洋特别保护区、饮用水水源保护区，另一类是重要水生生物的自然产卵场、索饵场、越冬场和洄游通道、天然渔场等生态保护红线管控范围。

第二十九条规定，规划编制机关未组织环境影响评价，或者组织环境影响评价时弄虚作假或者有失职行为，造成环境影响评价严重失实的，对直接负责的主管人员和其他直接责任人员，由上级机关或者监察机关依法给予行政处分。第三十一条规定，建设单位未依法报批建设项目环境影响报告书、报告表，或者未按规定重新报批或者报请重新审核环境影响报告书、报告表，擅自开工建设的，由县级以上生态环境主管部门责令停止建设，根据违法情节和危害后果，处建设项目总投资额 1%以上 5%以下的罚款，并可以责令恢复原状；对建设单位直接负责的主管人员和其他直接责任人员，依法给予行政处分。

2）法规要求

根据《规划环境影响评价条例》(2009 年发布)有关规定，国家建立规划环境影响评价信息共享制度，规划编制机关应当在规划编制过程中对规划进行环境影响评价，所需费用按预算管理规定纳入财政预算，严格支出管理，接受审计监督，审查意见应当经审查小组四分之三以上成员签字同意。规划编制机关、审查小组专家弄虚作假或有失职行为，对直接责任人依法给予行政处分。环评机构弄虚作假或有失职行为，予以通报，处所收费用 1 倍以上 3 倍以下罚款，甚至追究刑事责任。

根据《建设项目环境保护管理条例》(2017 年修改)有关规定，国家实行建设项目环境影响评价制度，对环境可能造成重大、轻度影响的建设项目(很小的填写登记表并备案)应当编制环境影响报告书/表，开工前报有审批权的环境保护行政主管部门审批。未经审批部门审查或者审查后未予批准，建设单位不得开工建设。未依法报批或者报请重新审核/未经批准或者重新审核同意擅自开工,或未依法备案登记表的按照《环境影响评价法》规定进行处罚。环境保护行政主管部门的工作人员徇私舞弊、滥用职权、玩忽职守,构成犯罪的,依法追究刑事责任;尚不构成犯罪的,依法给予行政处分。

3）航运环境影响评价的目的

总体而言,开展航运环境影响评价工作是贯彻落实国家环境保护基本原则的根本要求。一方面,加强对航运相关规划的环境影响评价工作,旨在提高规划的科学性,从源头上预防环境污染和生态破坏,促进航运与经济、社会、环境的协调发展。另一方面,加强对航运相关建设项目的环境影响评价工作,旨在防止航运相关建设项目产生新的污染、破坏生态环境,使其符合污染物排放标准和重点污染物排放总量控制要求。

7.1.3　如何开展航运环境影响评价

1）评价规范

评价规范在航运相关规划和建设项目环境影响评价工作中具有指导性作用,有利于提高航运环境影响评价的科学性。目前,航运环境影响评价相关的技术规范主要包括《交通运输专项规划环境影响评价技术规范第 2 部分：港口总体规划(JT/T 1146.2—2018)》《交通运输专项规划环境影响评价技术规范第 3 部分：内河航道建设规划(JT/T 1146.3—2018)》《水运工程建设项目环境影响评价指南(JTS/T 105—2021)》。

2）评价程序

以水运工程建设项目为例,其评价程序可分为准备、评价和审批三个阶段,水运工程建设项目环境影响评价工作程序见图 7－1。

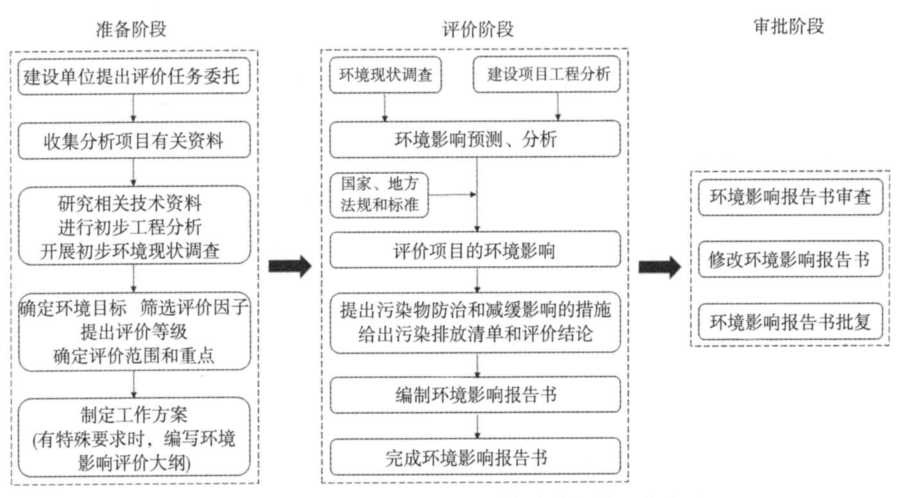

图 7－1　水运工程建设项目环境影响评价工作程序

3）评价等级

水运工程建设项目涉及的影响区域可分为自然保护地和生态保护红线、重要生境和一般区域。水环境、生态环境影响、大气环境、地下水环境、土壤环境、声环境和风险评价等级可分为三个影响评价等级。其中，水运工程建设项目的水环境和生态影响评价等级划分见表 7 - 2，其他评价等级按下列要求确定：①大气环境评价等级应按照《环境影响评价技术导则 大气环境（HJ 2.2—2018）》估算模式进行计算确定，最大污染物浓度 $P_{max} \geqslant 10\%$ 为一级，$P_{max} < 1\%$ 为三级，其余为二级；②地下水环境影响评价等级应根据建设项目影响和污染特征按照《环境影响评价技术导则 地下水环境（HJ 610—2016）》规定的评价等级要求确定；③土壤环境影响评价等级应根据建设项目影响和污染特征按照《环境影响评价技术导则 土壤环境（试行）（HJ 964—2018）》规定的评价等级要求确定；④声环境影响评价等级应根据建设项目影响按照《环境影响评价技术导则 声环境（HJ 2.4—2021）》规定的评价等级要求确定；⑤水运建设项目环境风险评价等级应按照《建设项目环境风险评价技术导则（HJ 169—2018）》规定的评价等级要求确定。

表 7 - 2 水运工程建设项目的水环境和生态影响评价等级划分

<table>
<tr><th rowspan="2">项目类别</th><th rowspan="2">工程特性</th><th rowspan="2">影响区域</th><th rowspan="2">生态影响评价等级</th><th colspan="3">水环境影响评价等级</th></tr>
<tr><th>水文动力环境</th><th>冲淤环境</th><th>水质和沉积物环境</th></tr>
<tr><td rowspan="4">干散货码头工程</td><td rowspan="2">新开港区</td><td>重要生境</td><td colspan="4">一</td></tr>
<tr><td>一般区域</td><td>二</td><td>一/二*</td><td>二</td><td>二</td></tr>
<tr><td rowspan="2">现有港区</td><td>重要生境</td><td>二</td><td>一/二*</td><td>一/二*</td><td>二</td></tr>
<tr><td>一般区域</td><td colspan="4">二/三*</td></tr>
<tr><td rowspan="4">油/气/化工码头工程</td><td rowspan="2">新开港区</td><td>重要生境</td><td colspan="4">一</td></tr>
<tr><td>一般区域</td><td>二</td><td>一/二*</td><td>二</td><td>二</td></tr>
<tr><td rowspan="2">现有港区</td><td>重要生境</td><td>二</td><td>一/二*</td><td>二</td><td>二</td></tr>
<tr><td>一般区域</td><td>二/三*</td><td>二/三*</td><td>三</td><td>二</td></tr>
<tr><td rowspan="4">集装箱、多用途、通用和件杂货码头等工程</td><td rowspan="2">新开港区</td><td>重要生境</td><td>一/二*</td><td>一</td><td>二/一*</td><td>二</td></tr>
<tr><td>一般区域</td><td>二/三*</td><td>二/一*</td><td>二/一*</td><td>二/三*</td></tr>
<tr><td rowspan="2">现有港区</td><td>重要生境</td><td>二</td><td>二</td><td>三/二*</td><td>三</td></tr>
<tr><td>一般区域</td><td colspan="4">三</td></tr>
<tr><td rowspan="4">滚装、客运和游艇码头工程</td><td rowspan="2">新开港区</td><td>重要生境</td><td colspan="3">一</td><td>一/二*</td></tr>
<tr><td>一般区域</td><td colspan="4">二</td></tr>
<tr><td rowspan="2">现有港区</td><td>重要生境</td><td colspan="4">二</td></tr>
<tr><td>一般区域</td><td colspan="4">三</td></tr>
<tr><td rowspan="2" colspan="2">航道工程</td><td>重要生境</td><td>一</td><td>二</td><td>一</td><td>二</td></tr>
<tr><td>一般区域</td><td colspan="4">二</td></tr>
</table>

表 7-2(续表)

项目类别	工程特性	影响区域	生态影响评价等级	水环境影响评价等级		
				水文动力环境	冲淤环境	水质和沉积物环境
航运枢纽工程		重要生境	一			
		一般区域	二	一	二	二
通航建筑物工程		重要生境	一			
		一般区域	二			

注：1. 自然保护地是指国家公园，自然保护区、世界自然遗产、风景名胜区、森林公园、地质公园、湿地公园、沙漠公园、水产种质资源保护区，海洋特别保护区等。

2. 重要生境是指既未纳入现有自然保护地范围内，也未纳入生态保护红线范围内，通过资料收集、专家咨询、初步野外调查等手段识别的国家及地方重点保护野生动植物，极危、危和易危物种，极小种群野生植物以及特有种的集中分布区、重要栖息地，重要经济水生生物的产卵场、索饵场、越冬场、游通道。

3. 一般区域是指除自然保护地、生态保护红线，重要生境等区域以外的区域。

4. 影响区域涉及到自然保护地和生态保护红线的建设项目生态影响评价等级均应为一级。

5. * 符号/前适用于海港建设项目，符号/后适用于河港建设项目。

4）评价范围

水运工程建设项目环境影响评价的时间范围应包括施工期和运营期，空间范围应根据水运工程建设项目功能定位、环境要素评价等级和所在地区的环境特征确定，具体评价范围可参照相关导则确定。一般情况下，港口水工建筑物陆域范围应包括建设项目区域、生产辅助区、疏港公路、铁路专用线，施工区域和涉及的环境保护目标；水域范围应包括施工区域、涉水建构筑物、港池、进港航道、锚地和涉及的环境保护目标。航道、防波堤、防沙堤和渠化建设项目陆域应包括建设项目区域、施工区域、临时工程或临时场地和涉及的环境保护目标；水域应包括施工区域、临时工程、涉水建构筑物和涉及的环境保护目标。航运枢纽和通航建筑物建设项目陆域应包括建设项目区域、专用道路、施工区域和涉及的环境保护目标；水域应包括库区淹没和回水区、下游影响区、影响的支流和涉及的环境保护目标。风险评价范围应包括影响的范围和涉及的环境保护目标。

5）评价方法和评价重点

现状评价时，可采用现场监测、现场调查和资料收集等方法。工程分析时，可采用模式计算、工程类比分析和现场测试计算等方法。污染预测计算时，可采用模式计算、数值模拟、模型实验、工程类比监测数据计算和现场实验等方法。

评价重点应包括下列内容：①工程建设对环境保护对象、水文动力、生物栖息环境、生态多样性等自然环境污染影响和生态环境的破坏影响应作为评价重点；②码头建设项目生态环境重点评价内容应为水生生物生境改变、洄游通道的阻碍、水生生物珍稀保护物种的保护和减缓影响及补偿措施，其他重点评价内容除船舶事故溢油或溢油风险外需要根据运输货种确定。例如，干散货码头的评价重点应为粉尘的污染预测和防尘除尘措施，对于有管控要求区域的颗粒物污染预测和防尘除尘措施作为评价重点。油气化工码头的评价重点应为挥发性有机物及其他特征污染物的污染、操作性和船舶碰撞风险事故，安全事故产生的次生和伴生污染事故的风险预测、环境保护和事故风险应急措施及应急预案。危险货物集装箱码头的评价重点应为事故风险预测和事故风险应急措施。航道、通航建筑物和航运枢纽建设项目评价重点应为水文情势变化分析、水生生物生境改变、洄游通道的阻隔、水生生物珍稀保护物种的保护和减缓影响及补偿措施。

6）主要评价工作

第一部分为工程分析，主要以建设项目设计文件为依据，说明建设项目概况，识别项目建设运营的主要环境影响因素、环节及程度，确定环境影响评价因子，重点核算影响强度大、历时长的主要污染物排放量。

第二部分为环境现状调查与评价，主要涉及生态环境、地表水环境、地下水环境、大气环境、声环境、土壤环境等内容。

第三部分为环境影响评价，主要包括生态影响评价、水环境影响评价、大气环境影响评价、声环境影响评价、土壤环境与固体废物影响分析、环境风险评价等内容。

第四部分为环境保护措施，主要根据项目环境影响（例如污染类型、影响程度等）和环境保护目标确定，一般包括具体措施和投资估算等内容。

第五部分为环境影响经济损益分析，主要估算环保设施设备、措施、管理和监测机构建设运行费用（需给出环保投资占建设项目总投资的比例），以及建设项目的直接经济效益、社会效益和环境效益。

第六部分为环境管理与监测计划，主要包括环境管理制度、环境保护机构设置、环境监测计划等内容。

第七部分为环境影响评价结论，主要包括下列内容：①建设项目概况；②环境现状评价主要结论；③环境影响评价主要结论；④建设项目建设与规划、规划环评和“三线一单”（生态保护红线、环境质量底线、资源利用上线和生态环境准入清单）符合性结论；⑤建设项目选址环境可行性结论；⑥环保措施及“三同时”环保竣工验收清单；⑦评价总结论。其中，评价总结论应重点给出建设项目与相关规划、规划环评和“三线一单”的符合性结论；同意推荐的工程方案及相关建议；环境影响评价对建设项目建设环境保护的总体要求；公众参与调查结论；建设项目从环境保护角度是否可行的结论。

7）环境影响评价报告书实例

环境影响报告书简称环评报告，它是由环境影响评价单位针对建设项目的环境影响进行全面评价并按国家有关标准和技术规范等编制的一种环境影响评价文件。本部分以宁波舟山港穿山港区 1＃集装箱码头工程为例，简要说明环境影响报告书的主要内容。本工程为新建项目，建设规模为 1 座 7 万 t 级集装箱码头（水工结构按靠泊 15 万 t 级集装箱船设计）、1 座 145 m 引桥，以及码头必要的配套设施。码头年设计吞吐能力为 60 万 TEU，占用岸线长度为 330 m。

环境影响评价报告书包括 10 部分内容，第 1 部分为概述，第 2 部分为总则，第 3 部分为现有工程回顾，第 4 部分为本项目工程分析，第 5 部分为区域环境概况，第 6 部分为环境影响预测与评价，第 7 部分为环境保护对策措施，第 8 部分为环境经济损益分析，第 9 部分为环境管理与监测计划，第 10 部分为环境影响评价结论。在 10.9 总结论中，报告书给出了以下结论：公众参与满足相关要求，无反对意见，本项目在该位置的实施从环保角度讲是可行的。

7.2　环境空气质量评价

专栏二十三：环境空气质量指数知多少

空气质量指数(AQI)是定量描述空气质量状况的无量纲指数，它是根据环境空气质量标准和细颗粒物(PM_{10})、可吸入颗粒物($PM_{2.5}$)、二氧化硫(SO_2)、二氧化氮(NO_2)、臭氧(O_3)、一氧化碳(CO)等污染物对人体健康、生态、环境的影响，将常规监测的空气污染物浓度简化成为单一的概念性指数值形式，来表示空气污染程度和空气质量状况的分级指数。

AQI 由中国环境监测总站根据《环境空气质量标准(GB 3095—2012)》和《环境空气质量指数技术规定(试行)(HJ 633—2012)》的有关规定发布。发布内容主要包括：评价时段、监测点位名称及位置、各监测项目的质量浓度、空气质量分指数、空气质量指数、首要污染物及空气质量级别。按照 AQI 数值大小区分空气质量为一至六级，也即我们常说的是优(AQI 为 0～50)、良(AQI 为 51～100)、轻度污染(AQI 为 101～150)、中度污染(AQI 为 151～200)、重度污染(AQI 为 201～300)和严重污染(AQI>300)。发布结果通常为每小时更新 1 次，由于数据传输需要一定的时间，发布的数据约有半小时延滞。上海市实时空气质量指数见图 7－2。

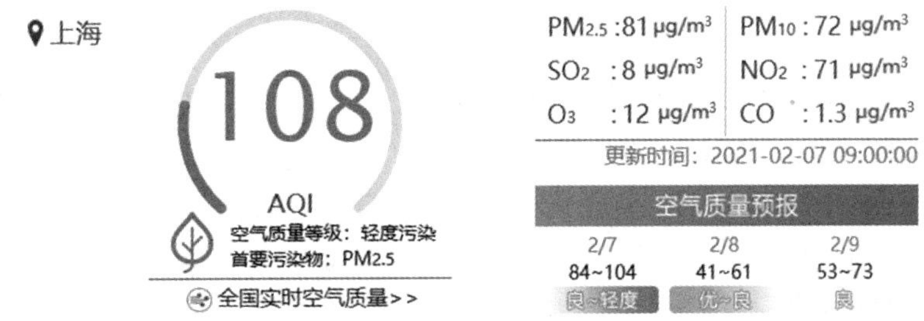

图 7－2　上海市实时空气质量指数

我国官方发布的优良天数就是 AQI 在 0～50 和 51～100 这两个级别的天数。通常情况下，AQI 在 50 以下，认为基本无空气污染；在 51～100 时，某些污染物会对易感人群健康有微弱影响；超过 100 以后，AQI 的数值越高，污染越重，对于普通人群的呼吸系统、心血管系统等都会产生不利影响。目前，多数空气质量实时监测平台或手机 App 都会在显示 AQI 数值时标注相应颜色，如果 App 界面出现红色、紫色或者褐红色时，一般人群都要做好防护措施，减少或避免长时间户外活动。实际上，有人每天醒来第一件事情，就是打开手机查看AQI，以距离自己最近的监测站点AQI数值决定是否要全副武装出门。

来源：中国环境监测总站、知乎

看完上述材料请思考下列问题：AQI是什么？有什么用？如何确定AQI？

7.2.1 什么是环境空气质量评价

1）概念及分类

环境空气质量评价是指以《环境空气质量标准》(GB 3095—2012)依据，对某一空间范围内的环境空气质量进行定性或定量评价的过程，包括环境空气质量的达标情况判断、变化趋势分析和空气质量优劣相互比较。评价范围包括点位、城市以及区域，根据评价范围不同，环境空气质量评价分为单点环境空气质量评价、城市环境空气质量评价和区域环境空气质量评价。

单点环境质量评价是指针对某监测点位所代表空间范围的环境空气质量评价。监测点位包括城市点（半径一般为500 m～4 km，必要时可扩大为4 km至几十千米）、区域点（半径一般为几十千米）、背景点（半径一般为100 km以上）、污染监控点（半径一般为100～500 m，必要时可扩大为500 m～4 km）和路边交通点（道路两旁及附近）。

城市环境空气质量评价是指针对城市建成区范围的环境空气质量评价。对地级及以上城市，评价采用国家环境空气质量监测网中的环境空气质量评价城市点（简称“国控城市点”）。对县级城市，评价采用地方监测网络中的空气质量评价城市点。

区域环境空气质量评价是指针对由多个城市组成的连续空间区域范围的环境空气质量评价，包括城市建成区环境空气质量状况评价和非城市建成区（农村地区及GB 3095—2012中的一类区）环境空气质量状况评价。其中城市建成区评价采用环境空气质量评价城市点进行评价，非城市建成区评价采用环境空气质量评价区域点进行评价。

2）评价项目

根据《环境空气质量评价技术规范（试行）（HJ 663—2013）》，评价项目分为基本评价项目和其他评价项目两类。基本评价项目包括SO_2、NO_2、CO、O_3、PM_{10}、$PM_{2.5}$共6项，其他评价项目包括总悬浮颗粒物（TSP）、NO_x、Pb和苯并[a]芘（BaP，燃料不完全燃烧产物，对眼睛、皮肤有刺激作用）共4项，环境空气质量评价项目及平均时间见表7-3。

表7-3 环境空气质量评价项目及平均时间

评价时段	基本评价项目	其他评价项目
小时评价	• SO_2、NO_2、CO、O_3的1 h平均	• TSP、BaP、NO_x的24 h平均
日评价	• SO_2、NO_2、PM_{10}、$PM_{2.5}$、CO的24 h平均 • O_3的日最大8 h平均	
季评价		Pb的季平均

表 7-3(续表)

评价时段	基本评价项目	其他评价项目
年评价	• SO_2、NO_2 的年平均和 24 h 平均第 98 百分位数 • PM_{10}、$PM_{2.5}$ 的年平均和 24 h 平均第 95 百分位数 • CO 的 24 h 平均第 95 百分位数 • O_3 的日最大 8 h 滑动平均值的第 90 百分位数	• TSP 年平均、TSP 24 h 平均第 95 百分位数 • Pb 年平均 • BaP 年平均 • NO_x 年平均、NO_x 24 h • 平均第 98 百分位数

3) 数据基础

评价数据主要来自国家环境空气质量监测网(网点布局请参考中国环境监测总站官网),国家环境空气质量监测网组成体系见图 7-3。目前,该监测网已涵盖国家、省、市、县四个层级,涉及城市环境空气质量监测(1 436 个点位)、区域环境空气质量监测(96 个区域站)、背景环境空气质量监测(16 个背景站)、试点城市温室气体监测(31 个试点站)、酸雨监测(440 个点位)、沙尘影响空气质量监测(82 个点位)、大气颗粒物组分/光化学监测(38 个点位)等多个方面,可满足几乎所有类型的环境空气质量评价需要。

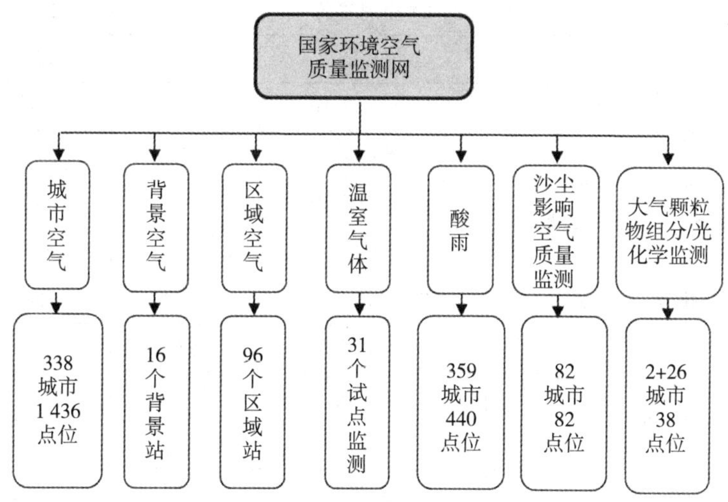

图 7-3　国家环境空气质量监测网组成体系

7.2.2　为何开展环境空气质量评价

1) 为管理者提供决策依据

通过开展环境空气质量评价,可以判定污染物浓度是否达标或者超标,从而为管理者决定是否采取以及如何采取管控措施提供决策依据。环境空气污染物浓度限值见表 7-4。

表 7－4　环境空气污染物质量浓度限值

序号	污染物项目	平均时间	质量浓度限值		单位
			一级	二级	
1	二氧化硫(SO_2)	年平均	20	60	μg/m³
		24 小时平均	50	150	
		1 小时平均	150	500	
2	二氧化氮(NO_2)	年平均	40	40	
		24 小时平均	80	80	
		1 小时平均	200	200	
3	一氧化碳(CO)	24 小时平均	4	4	mg/m³
		1 小时平均	10	10	
4	臭氧(O_3)	日最大 8 小时平均	100	160	μg/m³
		1 小时平均	160	200	
5	颗粒物(粒径小于等于 10 μm)	年平均	40	70	
		24 小时平均	50	150	
6	颗粒物(粒径小于等于 2.5 μm)	年平均	15	35	
		24 小时平均	35	75	
7	总悬浮颗粒物(TSP)	年平均	80	200	
		24 小时平均	120	300	
8	氮氧化物(NO_x)	年平均	50	50	
		24 小时平均	100	100	
		1 小时平均	250	250	
9	铅(Pb)	年平均	0.5	0.5	
		季平均	1	1	
10	苯并[a]芘(BaP)	年平均	0.001	0.001	
		24 小时平均	0.002 5	0.002 5	

注：一类区适用一级浓度限值，二类区适用二级浓度限值；一类区为自然保护区、风景名胜区和其他需要特殊保护的区域；二类区为居住区、商业交通居民混合区、文化区、工业区和农村地区。

2）为公众提供健康指引

通过开展环境空气质量评价，还可以判定空气质量等级，从而为社会公众决定是否采取保护措施、改变户外活动等提供健康指引。空气质量等级及健康指引见表 7－5。

表 7-5　空气质量等级及健康指引

AQI	AQI 级别	AQI 类别及表示颜色		对健康影响情况	建议采取的措施
0～50	一级	优	绿色	空气质量令人满意，基本无空气污染	各类人群可正常活动
51～100	二级	良	黄色	空气质量可接受，但某些污染物可能对极少数异常敏感人群健康有较弱影响	极少数异常敏感人群应减少户外活动
101～150	三级	轻度污染	橙色	易感人群症状有轻度加剧，健康人群出现刺激症状	儿童、老年人及心脏病、呼吸系统疾病患者应减少长时间、高强度的户外锻炼
151～200	四级	中度污染	红色	进一步加剧易感人群症状，可能对健康人群心脏、呼吸系统有影响	儿童、老年人及心脏病、呼吸系统疾病患者避免长时间、高强度的户外锻炼，一般人群适量减少户外运动
201～300	五级	重度污染	紫色	心脏病和肺病患者症状显著加剧，运动耐受力降低，健康人群普遍出现症状	儿童、老年人和心脏病、肺病患者应停留在室内，停止户外运动，一般人群减少户外运动
>300	六级	严重污染	褐红色	健康人群运动耐受力降低，有明显强烈症状，提前出现某些疾病	儿童、老年人和病人应当留在室内，避免体力消耗，一般人群应避免户外活动

7.2.3　如何开展环境空气质量评价

1) 评价方法

根据《环境空气质量评价技术规范(试行)》(HJ 663—2013)，环境空气质量评价可根据实际需要选择环境空气质量单项指数法、环境空气质量最大指数法或者环境空气质量综合指数法。环境空气质量单项指数法适用于不同地区间单项污染物污染状况的比较，环境空气质量最大指数法和环境空气质量综合指数法适用于对不同地区间多项污染物污染状况的比较。使用后两种方法时，需同时给出按各项污染物的环境空气质量单项指数法比较结果，为各地区环境管理提供明确导向。这里以 AQI 评价为例，说明最大指数法的基本原理。

AQI 评价与分析主要包括四个步骤：①基于拟评价污染物项目的浓度监测值及空气质量分指数与污染物项目浓度限值对照表(空气质量分指数与污染物项目浓度限值对照见表 7-6)，按公式 7-1 计算相应空气质量分指数(IAQI)；②按公式 7-2 确定 AQI；③按表 7-5 确定 AQI 等级；④确定首要污染物和超标污染物，当 AQI 大于 50 时，IAQI 最大的污染物即为首要污染物，若 IAQI 最大的污染物为两项或两项以上则并列为首要污染物，IAQI 大于 100 的污染物为超标污染物，其超标倍数 b_i 等于该污染物浓度 C_i 除以其浓度限

标准 S_i 的商再减 1，即 $b_i=(C_i/S_i)-1$；⑤按表 7－5 分析 AQI、首要污染物、超标污染物对人体健康的影响并提出合理建议。

$$IAQI_p=\frac{IAQI_H-IAQI_L}{BP_H-BP_L}\times(C_p-BP_L)+IAQI_L \quad (7-1)$$

式中：$IAQI_p$ 为污染物项目 p 的空气质量分指数；C_p 为污染物项目 p 的质量浓度值；BP_H 为表 7－6 中与 C_p 相近的污染物浓度限值的高位值；BP_L 为与 C_p 相近的污染物浓度限值的低位值；$IAQI_H$ 为表 7－6 中与 BP_H 对应的空气质量分指数；$IAQI_L$ 为表 7－6 中与 BP_L 对应的空气质量分指数。

$$AQI=\max\{IAQI_1, IAQI_2, \cdots, IAQI_n\} \quad (7-2)$$

式中：IAQI 为空气质量分指数；n 为污染物项目序号。

表 7－6　空气质量分指数与污染物项目浓度限值对照

IAQI	污染物项目平均浓度限值（除 CO 浓度单位为 mg/m^3）外，其余浓度单位均为 $\mu g/m^3$									
	SO_2 24 h	SO_2 ① 1 h	NO_2 24 h	NO_2 ① 1 h	PM_{10} 24 h	CO 24 h	CO ① 1 h	O_3 1 h	O_3 8 h 滑动	$PM_{2.5}$ 24 h
0	0	0	0	0	0	0	0	0	0	0
50	50	150	40	100	50	2	5	160	100	35
100	150	500	80	200	150	4	10	200	160	75
150	475	650	180	700	250	14	35	300	215	115
200	800	800	280	1 200	350	24	60	400	265	150
300	1 600	②	565	2 340	420	36	90	800	800	250
400	2 100	②	750	3 090	500	48	120	1 000	③	350
500	2 620	②	940	3 840	600	60	150	1 200	③	500

注：1. SO_2、NO_2 和 CO 的 1 h 平均浓度限值仅用于实时报，在日报中使用其 24 h 平均浓度限值。
2. SO_2 的 1 h 平均浓度值高于 800 $\mu g/m^3$ 时不再进行其 IAQI 计算，SO_2 的 IAQI 按 24 h 平均浓度计算的分指数报告。
3. O_3 的 8 h 平均浓度值高于 800 $\mu g/m^3$ 时不再进行其 IAQI 计算，O_3 的 IAQI 按 1 h 平均浓度计算的分指数报告。

2）评估示例

为简便起见，以长三角地区大型港口城市 A 的 3 类污染物为例（$PM_{2.5}$、SO_2、NO_2，某日 24 h 平均质量浓度分别为 260 $\mu g/m^3$、69 $\mu g/m^3$、10 $\mu g/m^3$），说明最大指数法的评估过程。

第一步，以 $PM_{2.5}$ 为例，首先根据其 24 h 平均质量浓度 260 $\mu g/m^3$ 查表 7－6，寻找临界质量浓度及其对应的 IAQI，临界浓度上限和下限分别 350 $\mu g/m^3$ 和 250 $\mu g/m^3$，对应的 IAQI 分别为 400 和 300，然后按公式 7－1 计算 $PM_{2.5}$ 对应的 IAQI。

$$IAQI_{PM_{2.5}}=\frac{400-300}{350-250}\times(260-250)+300=\frac{100}{100}\times10+300=310$$

重复上述过程,分别计算出 SO_2 和 NO_2 的 IAQI,分别为:

$$IAQI_{SO_2}=\frac{100-50}{150-50}\times(69-50)+50=\frac{50}{100}\times19+50=59.5$$

$$IAQI_{NO_2}=\frac{50-0}{40-0}\times(10-0)+0=\frac{50}{40}\times10=12.5$$

第二步,按公式 7-2 计算 AQI。

$$AQI=\max\{IAQI_{PM_{2.5}},IAQI_{SO_2},IAQI_{NO_2}\}=\max\{310,59.5,12.5\}=310$$

第三步,按表 7-5 判定 AQI 等级为六级。

第四步,确定首要污染物和超标污染物。因 $PM_{2.5}$ 对应的 IAQI 值最大且大于 100,故首要污染物和超标污染物均为 $PM_{2.5}$,其超标倍数 $b=\frac{260}{75}-1=2.47$。

第五步,分析 AQI 等级、首要污染物和超标污染物的影响,提出建议。AQI 为六级,严重污染,首要污染和超标污染物均为 $PM_{2.5}$,且超标倍数较大。$PM_{2.5}$ 超标易诱发呼吸系统疾病、心血管疾病等,使得健康人群运动耐受力降低,出现明显强烈症状,甚至使人中毒或提前出现某些疾病,长期超标可能致癌、导致婴儿发育缺陷等严重后果。在此条件下,建议儿童、老年人和病人留在室内,避免体力消耗,对一般人群也应避免长时间外出和运动。如果外出,建议戴口罩,回家后洗手、洗鼻。如果在家,建议减少开窗换气,有条件的可开启空气净化机。

7.3 航运排放清单估算

专栏二十四: 强化船舶排放污染治理　构建绿色航运体系

随着我国对外开放力度不断加大以及“一带一路”倡议的推进,我国船舶航运业取得长足发展。船舶运输具有运量大、成本低等优点,是国际贸易中最重要的运输方式之一,有80%以上的国际货物通过海运完成,我国更是高达90%以上。交通运输部发布的《2020年交通运输行业发展统计公报》显示,2020年末全国拥有港口生产用码头泊位22 142个,内河航道通航里程12.77万 km(其中三级及以上航道里程1.44万 km,占11.3%),拥有水上运输船舶12.68万艘,完成货物吞吐量145.50亿 t,有7个港口集装箱吞吐量排名进入全球前十,其中上海港以年吞吐量4 350万 TEU 连续11年位居世界第一。

航运污染呈明显的区域性。根据原环境保护部发布的《中国机动车环境管理年报》数据显示,2015年我国船舶排放 SO_2、HC、NO_x、PM 分别为78.8万 t、2.8万 t、121.4万 t、11.9万 t,其中 NO_x 和 PM 分别占移动源排放的10%和12%。上海、深圳、香港等港口城市大气源解析研究显示,航运排放已成为重要的排放源之一。上海市环境监测中心研究结果显示,2015年上海市船舶 $PM_{2.5}$、NO_x 和 SO_2 排放占上海市大气排放的比例分别为4.4%、29.4%和25.7%,其中船舶 NO_x 和 SO_2 是大气污染的重要来源。深圳市环境科学研究院研究结果显示,2013年

深圳船舶排放的 PM_{10}、NO_x 和 SO_2 占深圳市大气排放的比例分别为 5.2%、16.4%和 58.9%，船舶中的 NO_x 和 SO_2 是深圳大气污染的重要来源。香港环境保护署发布的 2015 年度香港空气污染物排放清单显示，航运 SO_2、NO_x、PM_{10} 和 $PM_{2.5}$ 排放量占香港大气排放的比例分别达到 59%、37%、34%和 39%，已成为城市空气污染的主要排放源。

虽然我国航运污染防治工作取得了一些积极进展，但也面临诸多问题。其中，最为重要的问题之一就是缺乏系统、全面的航运装备（主要是船舶和港口机械）保有量及活动水平统计数据，尚未能建立国家和地方层面的航运排放清单。2017 年 9 月，国务院办公厅印发《第二次全国污染源普查方案》，首次将船舶等非道路移动污染源纳入普查范围。未来，应尽快制定航运排放清单编制指南，通过测定航运装备排放因子，调查统计航运装备保有量、活动水平、技术状况等，建立航运装备排放基础数据统计监测及共享制度，编制国家和地方航运装备排放清单，准确评估航运污染现状，为精细化管控提供数据支撑。

来源：《中国环境报》

看完上述材料请思考下列问题：什么是排放清单？有什么用？如何编制？

7.3.1 航运排放清单概述

1）排放清单

排放清单是指各种排放源在一定时间跨度和空间区域内向环境中排放的各种排放物的数量集合。根据排放物类别不同，一般将其分为温室气体排放清单和大气污染物排放清单。温室气体清单应当覆盖能源活动、工业生产过程、农业、土地利用变化、林业、废弃物处置等排放源，包含 CO_2、CH_4、N_2O、HFCs、PFCs、SF_6 等温室气体。大气污染物排放清单应当覆盖化石燃料固定燃烧、工艺过程、移动源、溶剂使用、扬尘、生物质燃烧、农业等排放源，包含 SO_2、NO_x、CO、VOCs、NH_3、$PM_{2.5}$、PM_{10}、O_3 等大气污染物。

2）航运排放清单

航运排放清单是指航运相关排放源在一定时间跨度和空间区域内向环境中排放的各种排放物的数量集合。在航运排放清单估算实践中，往往将主要温室气体和大气污染物都纳入进来而不再对两者进行区分。以上海港为例，由上海市环境监测中心、上海市环境科学研究院和复旦大学 3 家单位共同编制的《上海市船舶及港口大气污染物排放清单》，包含了 CO_2、CH_4、N_2O 共 3 类主要温室气体，以及 HC、CO、SO_x、NO_x、$PM_{2.5}$、PM_{10}、DPM 共 7 类大气污染物。

3）航运排放清单的作用

宏观层面，有助于政府主管部门了解某一时空范围内航运相关各类排放主体、各类排放源的排放现状（包括总量、结构比例、增长率等），识别主要排放主体和主要排放源，为其制定宏观减排政策提供决策依据，增强航运污染防治工作的科学性、针对性和有效性。

微观层面，有助于航运相关企业了解各类排放源的排放现状（包括总量、结构比例、增长率等)，识别主要排放源，为其制定具体减排措施提供数据支撑。

7.3.2 航运排放清单估算方法

1) 温室气体排放量估算过程

MRV 是一种量化温室气体排放和保证数据质量的过程，具体包括监测、报告、核查。监测(monitoring，M)是指排放主体为获取与自身温室气体排放相关的数据所开展的一系列活动，包括监测计划的制定和监测的实施等。报告(reporting，R)是指由排放主体编制年度排放报告，并在规定时间内提交主管部门。核查(verification，V)是指由第三方核查机构按照规定程序对排放报告及支撑材料进行核查，其内容包括排放主体的基本情况、核算边界、核算方法、核算数据、质量保证和文件存档等。

2) 温室气体排放量估算方法

航运相关温室气体排放主体主要包括港口企业和航运企业。根据《上海市运输站点行业温室气体排放核算与报告方法》(SH/MRV－010—2012)，港口企业的温室气体排放量应按公式 7－3 至公式 7－5 进行计算，部分能源相关参数的缺省值见表 7－7。

$$G_{p} = G_{p1} + G_{p2} \tag{7-3}$$

$$G_{p1} = \sum_{i} (E_i \times Q_i \times C_i \times O_i) \times \frac{44}{12} \tag{7-4}$$

$$G_{p2} = \sum_{j} (E_j \times r_j) \tag{7-5}$$

式中：G_p 为港口企业的温室气体排放总量，单位为 t CO_2；G_{p1} 为港区装卸设备或场内运输车辆燃烧柴油、汽油、液化天然气等化石燃料产生的直接排放量，单位为 t CO_2；G_{p2} 为外购电力、热力的间接排放量，单位为 t CO_2；i 为燃料类型标记；E_i 为第 i 类化石燃料的实物消耗量，单位为 t 或 m^3；Q_i 为单位燃料消耗量的低位发热量，单位为 TJ/t 或 TJ/m^3；C_i 为单位低位发热量燃料所含碳元素的质量，单位为 t C/TJ；O_i 为燃料中的碳在燃烧中被氧化的比率，以%表示；j 表示二次能源(外购电力或热力)类型标记；E_j 为第 j 类二次能源的消耗量，单位为 10^4 kW·h 或 GJ；r_j 为外购二次能源的 CO_2 排放因子，单位为 t $CO_2/10^4$ kW·h) 或 t CO_2/GJ。

表 7－7 部分能源相关参数的缺省值

类别	含碳量①/(t C/TJ)	低位热值②	碳氧化率	密度③/(kg/L)	排放因子④
天然气	15.3	38.9×10^3 kJ/m^3	0.99①		
焦炉煤气	13.6	17.4×10^3 kJ/m^3	0.99②		
管道煤气	12.2	15.8×10^3 kJ/m^3	0.99②		
柴油	20.2	43.3×10^3 kJ/kg	0.98①	0.86	

表 7－7(续表)

类别	含碳量[①]/(t C/TJ)	低位热值[②]	碳氧化率	密度[③]/(kg/L)	排放因子[④]
汽油	18.9	44.8×10^3 kJ/kg	0.98[①]	0.73	
燃料油	21.1	40.2×10^3 kJ/kg	0.98[①]	0.92	
一般煤油	19.6	44.8×10^3 kJ/kg	0.98[①]	0.82	
无烟煤	27.5	23.2×10^3 kJ/kg	0.94[①]		
烟煤	26.1	22.4×10^3 kJ/kg	0.93[①]		
褐煤	28.0	14.1×10^3 kJ/kg	0.96[①]		
液化石油气	17.2	47.3×10^3 kJ/kg	0.98[①]		
液化天然气	17.2	41.9×10^3 kJ/kg	0.98[①]		
电力					7.88 t CO_2/(10^4 kW·h)
热力					0.11 t CO_2/GJ

注：1.《省级温室气体清单编制指南》(国家发展和改革委员会应对气候变化司，2011)。
2.《中国温室气体清单研究》(国家气候变化对策协调小组办公室、国家发展和改革委员会能源研究所，2007)。
3.《能源统计工作手册》(国家统计局能源司，2010)；④根据上海市 2010 年能源平衡表和温室气体清单编制数据计算获得。

根据《上海市水运行业温室气体排放核算与报告方法》(SH/MRV－011—2016)，航运企业的温室气体排放量应按公式 7－6 和公式 7－7 进行计算，部分能源相关参数的缺省值见表 7－7。

$$G_s=\sum_i\sum_j(E_{ij}\times f_i) \tag{7-6}$$

$$E_{ij}=\sum_k(E_{ijk}^0+E_{ijk}^1-E_{ijk}^2) \tag{7-7}$$

式中：G_s 为船舶燃烧化石燃料产生的 CO_2 排放量，单位为 t；i 为化石燃料的种类；j 为船舶航次；E_{ij} 为第 j 航次第 i 种燃料的消耗量，单位为 t；f_i 为第 i 种燃料的排放因子，燃料油为 3.05 t CO_2/t，柴油为 3.15 t CO_2/t，液化天然气为 2.59 t CO_2/t；k 为航段编号；E_{ijk}^0 为第 j 航次第 k 航段离港前油舱第 i 种燃料的存油量，单位为 t；E_{ijk}^1 为第 j 航次第 k 航段第 i 种燃料的加注量，单位为 t；E_{ijk}^2 为第 j 航次第 k 航段到港后油舱第 i 种燃料的存油量，单位为 t。

3) 大气污染物排放量估算方法

大气污染物排放量估算方法主要包括燃料法、运输里程法和发动机负载法。

如果能获取航运装备的燃油消耗量，可选择燃料法，其计算公式如式 7－8 所示。该方法准确度最低，一般用于宏观层面的排放清单估算，可从总体上了解大气污染物的排放情况，但难以对排放源的具体结构进行解析。

$$A = \sum_i (E_i \times e_i) \times 10^{-6} \tag{7-8}$$

式中：A 为大气污染物排放量，单位为 t；i 为燃料类别；E_i 为第 i 类燃料的消耗量，单位为 kg；e_i 为第 i 类燃料的大气污染物排放系数，单位为 g/kg。

如果能获取分类别、排放阶段的航运装备燃油消耗量，可选择运输里程法，其计算公式如式 7-9 所示。

$$A = \sum_n (N_n \times D_n \times p_n) \times 10^{-6} \tag{7-9}$$

式中：A 为大气污染物排放量，单位为 t；n 为航运装备类别，N_n 为第 n 类航运装备的年保有量（辆、台或艘）；D_n 为 n 类航运装备的年均行驶里程，单位为 km/辆、km/台或 km/艘；p_n 为第 n 类航运装备的大气污染物排放因子，单位为 g/km。

如果能获取分类别、功率段、排放阶段的航运装备保有量及活动水平，可选择发动机负载法，其计算公式如式 7-10 所示。

$$A = \sum_n \sum_\lambda \sum_\varphi (N_{n\lambda\varphi} \cdot P_{n\lambda\varphi} \cdot Z_{n\lambda\varphi} \cdot H_{n\lambda\varphi} \cdot w_{n\lambda\varphi} \cdot X_{n\lambda\varphi} \cdot K_{n\lambda\varphi}) \times 10^{-6} \tag{7-10}$$

式中：A 为大气污染物排放量，单位为 t；n 为航运装备类别标记；λ 为排放阶段标记；φ 为功率阶段标记；N 为年保有量（辆、台或艘）；P 为平均额定净功率，单位为 kW/辆、kW/台或 kW/艘；Z 为负载因子；H 为年运行时间，单位为 h；w 为大气污染物排放因子，单位为 g/(kW·h)；X 为燃料修正因子；K 为排放控制因子。

7.3.3　航运排放清单估算示例

本小节以上海港为例，说明航运排放清单的估算过程。上海港航运排放清单估算大致经历了四个阶段：2003 年，建立的基于燃油法的船舶大气污染物排放清单；2011 年，研究建立的基于船舶签证数的动力法船舶大气污染物排放清单；2013 年，开展典型船舶大气污染物排放实测；2016—2017 年，研究建立基于 AIS 信息的动力法船舶大气污染物排放清单，开展海船排放测试。考虑到资料可得性和相对完整性，下文选择上海市环境监测中心、上海市环境科学研究院和复旦大学于 2013 年完成的排放清单进行简要说明。

1）研究概况

估算的时间尺度为 2010 年，空间范围为上海港，排放源包括船舶、港作机械和集疏运车辆，排放物包括 3 类温室气体（CH_4、N_2O、CO_2）和 7 类大气污染物（HC、CO、SO_x、NO_x、DPM、$PM_{2.5}$、PM_{10}），上海港排放清单涵盖空间范围见图 7-4。

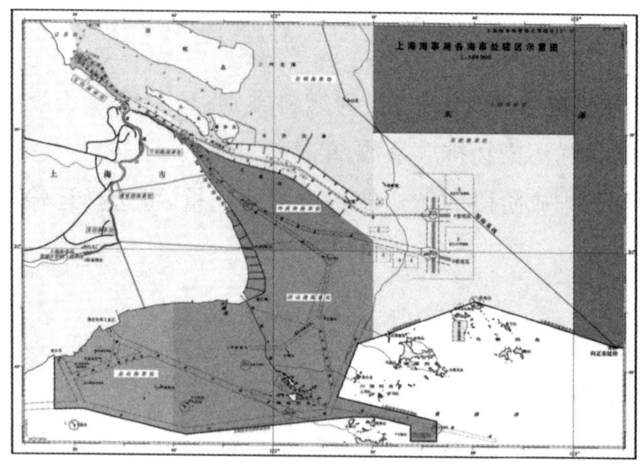

图 7－4　上海港排放清单涵盖空间范围

2）估算方法

排放清单估算主要采用燃油法（如式 7－6 所示）和发动机负载法（如式 7－8 所示）。其中，燃油法用于码头企业排放总量估算和空间分布分析，发动机负载法用于船舶排放物估算和海港码头企业排放的典型计算。

3）主要结果

2010 年上海港排放清单结构见图 7－5。温室气体排放以船舶为主，其他不明显；SO_x、DPM 排放以船舶为主，其他不明显；HC、CO、NO_x、$PM_{2.5}$、PM_{10} 排放以船舶为主，但港作机械较为明显，而集疏运车辆的 HC、CO、NO_x、PM_{10} 亦占有一定比例。

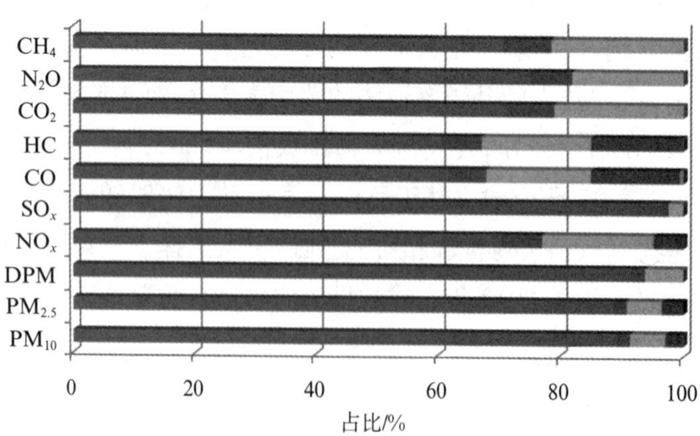

图 7－5　2010 年上海港排放清单结构

2010 年上海港进出港船舶共排放 0.004 万 t CH_4、0.01 万 t N_2O、288.55 万 t CO_2、0.21 万 t HC、0.49 万 t CO、3.54 万 t SO_x、5.73 万 t NO_x、0.44 万 t DPM、0.37 万 t $PM_{2.5}$、0.46 万 t PM_{10}，2010 年上海港船舶排放清单结构见图 7－6。其中，远洋船进出港艘次占比仅为 5.3%，但其各类排放物的排放量占比却大多超过 70%，SO_x 甚至超过 90%。

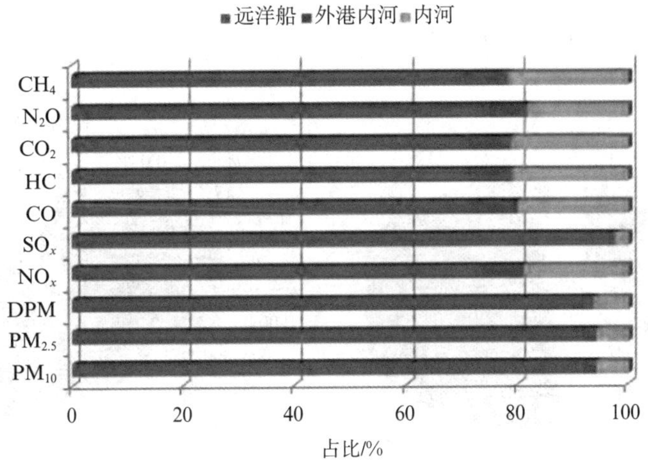

图 7－6　2010 年上海港船舶排放清单结构

2010 年上海港进出港远洋船共排放 29 t CH_4、102 t N_2O、198.7 万 t CO_2、1 513 t HC、3 536 t CO、34 255 t SO_x、42 431 t NO_x、3 989 t DPM、3 363 t $PM_{2.5}$、4 218 t PM_{10}，2010 年上海港进出港远洋船排放清单结构见图 7－7。从单一船型看，集装箱船占比最高为 30%，其排放量占比也最高，超过 50%；从设备结构看，主机贡献最大；从运行状态看，巡航贡献最大。

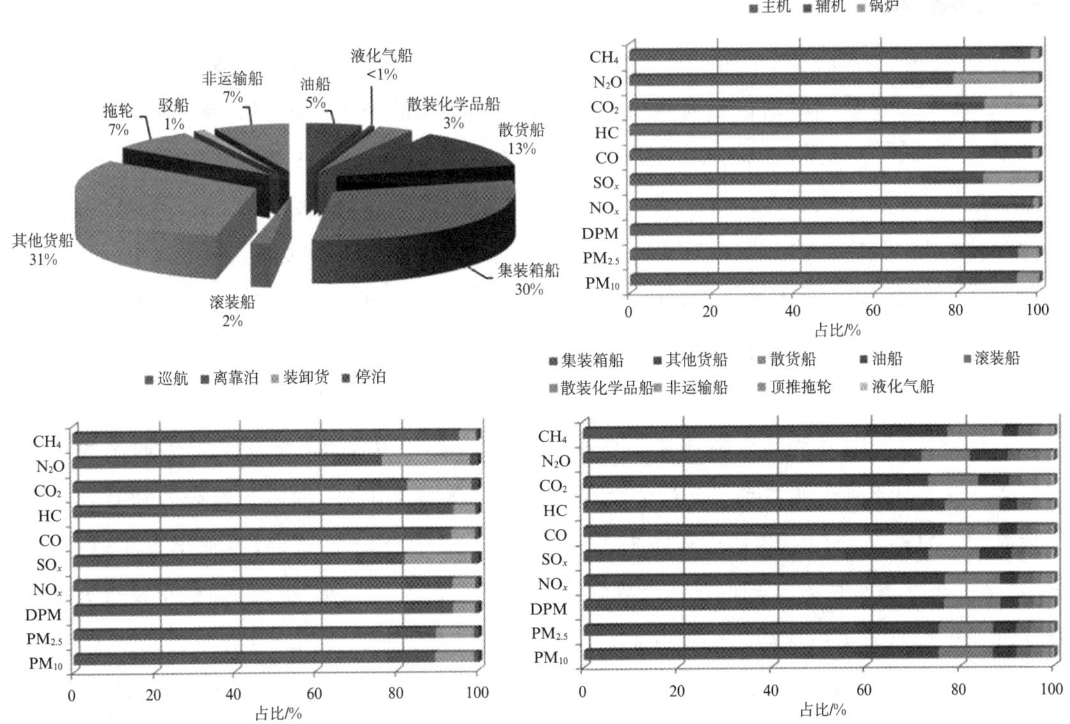

图 7－7　2010 年上海港进出港远洋船排放清单结构

2010年上海港码头排放清单结构见图7-8。从港区分布看，外高桥港区贡献最大；从码头类型看，公共集装箱码头的贡献最大。

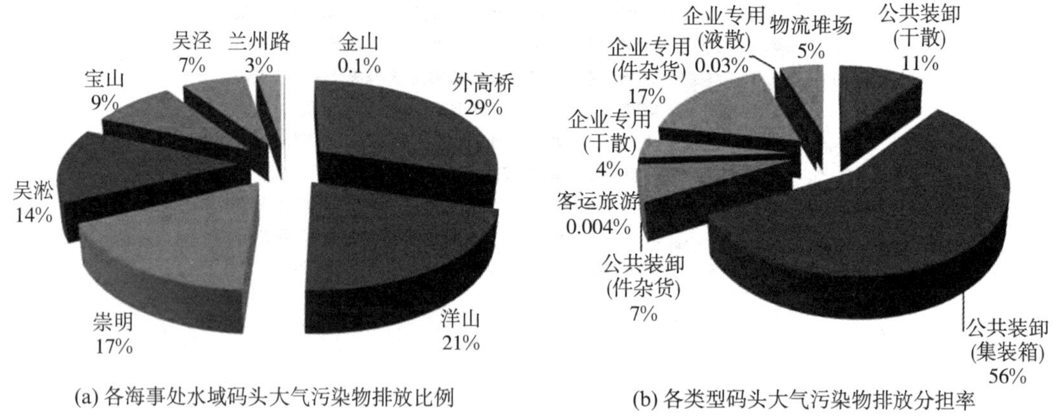

图7-8　2010年上海港码头排放清单结构

7.4　航运节能减排评价

专栏二十五：混合动力船年可节省油费15万元　节能减排效果明显

近年来，液化天然气(LNG)作为一种经济、绿色、环保、安全的新型能源逐渐为人所熟知，特别是在当今国际原油价格高位运行，国内成品油价格不断上涨的背景下，LNG大量在公共交通领域得以应用，并成为社会公认的首选绿色能源。交通运输部于2011年9月发布《"十二五"水运节能减排总体推进实施方案》，明确提出"十二五"期间将逐步增加新节能减排技术的应用试点，而内河柴油-LNG混合动力船舶技术正是五项试点新技术之一。山东首艘柴油-LNG混合动力船于2011年12月24日首航，揭开了山东省探索LNG混合动力船舶改造、打造绿色内河的新篇章。

实际上，南方几个内河水运大省早在2010年就开展了内河船舶柴油-LNG混合动力实船改造和航行试验，作为京杭大运河重要流域的山东自然不甘落后，积极探索船舶改造工作。2011年8月，山东省交通运输厅与昆仑能源有限公司签订了LNG项目战略合作协议，港航局积极推动LNG项目开展，选择山东省内河水运大市——济宁进行试点，而济宁市轮船公司则勇当"第一个吃螃蟹的人"，与山东昆仑胜利能源有限公司签下四艘"油改气"船舶改造合同，随后便开始了山东省第一艘柴油-LNG混合动力船——"鲁济宁货2535"号货轮的改造工作。

该货轮功率为380 kW，油舱可储存柴油3 t，常年航行于京杭运河及长江、钱塘江水系，年消耗柴油约60 t，每年的燃油费用约49万元(柴油价格按8 200元/t计算)。改造时将一个长约7 m，储量为10 m^3 的LNG储罐(可存储LNG约4.3 t)安装到船舶底舱。2011年12

月20日，改造完毕的“鲁济宁货2535”号货轮进行简单试航，4天后，这艘船满载880 t钢板，从济宁森达美港出发去往张家港，单次航程大约760 km，往返约1 500 km。如果柴油均价按8 200元/t、LNG均价按5 000元/t、LNG替代率按70%估算，一年大约可节省15万元。如果船舶改造约需30万元，那么两年左右就可收回改装成本。

据介绍，以前的柴油船舶只要加大马力就浓烟滚滚，刺鼻的柴油味十分熏人，发动机的轰鸣也让船舱里的人说话都听不清楚。使用LNG混合动力不仅可节省燃料费用，减少排放黑烟现象，而且机舱噪声明显下降，操作也更加平稳。至于安全问题，技术人员也作了充分考虑，加装了LNG监测报警装置和通风设备，一旦发生泄漏，就会自动报警并通风排气，保证万无一失。

来源：《大众日报》

看完上述材料请思考下列问题：报道中提及的航运节能减排措施是什么？节能减排效果如何？是如何评价的？为何要进行评价？

7.4.1　航运节能减排评价概述

1）节能减排评价

广义的节能减排是指节约物质资源和能量资源，减少废弃物和环境有害物排放，狭义的节能减排是指节约能源和减少环境有害物排放，即从能源生产到消费的各个环节，采取技术上可行、经济上合理以及环境和社会可以承受的措施，降低消耗、减少损失和污染物排放。节能减排评价是指对前述措施的节能减排效果进行分析、计算、比较并给出相应结论的过程，其评价对象为拟采用或已采用的节能减排措施，评价内容包括节能量(率)、减排量(率)、成本节省量(率)等。

2）航运节能减排措施

航运节能减排措施可分别从企业和政府视角进行说明。从企业视角看，主要包括减需求、调结构、提效率三大类。从政府视角看，主要包括推动型措施和抑制型措施两大类。从措施的性质看，既有技术类，例如降低船舶阻力、船舶安装岸电设备等；也有管理类，例如优化航运网络、优化航速；还有政策制度类，例如岸电补贴、碳排放交易等。企业和政府在推进航运节能减排中采取的一些措施，典型航运节能减排措施见表7-8。

表7-8　典型航运节能减排措施

视角	类别	内涵	典型措施	属性
企业	减需求	减少不必要的运输需求	推进信息共享 构建轴幅式网络(内陆港)	管理类
	调结构	将部分运输需求转移到整体效率更高的模式	优化船队结构(船舶大型化) 使用低硫油、船舶使用岸电 油改气、油改电、油改混合动力	技术类

表 7-8(续表)

视角	类别	内涵	典型措施	属性
企业	提效率	提高满足单位运输需求的生产效率	降低船舶阻力、提高推进效率 优化系统配置、使用节能设备	技术类
			能源管理、航速优化	管理类
政府	推动型	制定柔性政策(体现自愿性)加以引导	船型标准化补贴 岸电补贴 碳交易	政策制度类
	抑制型	出台刚性政策(体现强制性)加以限制	实施排放控制区	政策制度类

3) 航运节能减排评价

航运节能减排评价是指对政府或企业已采用(或拟采用)节能减排措施的实际效果(或预期效果)进行分析、计算、比较并给出相应结论的过程,其作用主要包括三个方面:①为企业申报、政府发放节能减排专项资金提供证据,例如《交通运输节能减排专项资金管理暂行办法》(财建〔2011〕374 号)要求将绩效(主要是节能减排效果)评价结果作为专项资金安排的重要依据;②为企业清缴、抵消碳排放配额提供证据,例如《温室气体自愿减排交易管理暂行办法》(2012 年 6 月 13 日发布)要求参与温室气体自愿减排交易的项目应采用经国家主管部门备案的方法学对其减排量进行计算并由经国家主管部门备案的审定机构审定;③为科学选择节能减排措施提供决策支持。

7.4.2 航运节能减排评价方法

与航运排放清单估算类似,航运节能减排评价主要根据数据可得性和数据质量选择具体方法。目前,常用的评价方法有两大类,一类主要根据能源消耗量进行评价,被称为自上而下方法,适用于能够直接获取能源消耗数据的情形;另一类主要根据活动数据进行评价,被称为自下而上方法,适用于无法直接获取能源消耗数据但可以通过调查获取相关活动数据的情形。为简便起见,本小节以年为时间尺度对航运节能减排评价方法进行说明。

1) 自上而下方法

(1) 节能量测算。航运节能减排措施的节能量可按公式 7-11 和 7-12 进行测算。

$$\Delta E_{\mathrm{n}} = E_{\mathrm{nb}} - E_{\mathrm{na}} \quad (7-11)$$

$$E_{\mathrm{n}} = \sum_i (e_i \cdot f_i) \quad (7-12)$$

式中:ΔE_{n} 为节能量,常用单位为 t ce;E 为能源消耗量,常用单位为 t ce;b 表示采取措施后;a 表示采取措施前;i 为能源类型;e_i 为第 i 类能源的消耗量,常用单位为 t;f_i 为第 i 类能源的标准煤折算系数,常用能源的标准煤折算系数见表 7-9。

表 7-9 常用能源的标准煤折算系数

能源名称	参考折标准煤系数
汽油	1.471 4 kgce/kg
柴油	1.457 1 kgce/kg
燃料油	1.428 6 kgce/kg
电力(当量值)	0.122 9 kgce/(kW·h)
天然气(气态)	1.330 0 kgce/m^3
液化天然气(液态)	1.757 2 kgce/kg

(2) 减排量测算。航运节能减排措施的减排量可按公式 7-13 和 7-14 进行测算。

$$\Delta E_{\mathrm{m}j}=E_{\mathrm{m}j\mathrm{b}}-E_{\mathrm{m}j\mathrm{a}} \tag{7-13}$$

$$E_{\mathrm{m}j}=\sum_i(e_i\cdot f_{ij})\times 10^{-3} \tag{7-14}$$

式中：$\Delta E_{\mathrm{m}j}$ 为第 j 类排放物的减排量，常用单位为 t；j 为排放物类别；$E_{\mathrm{m}j}$ 为第 j 类排放物的排放量，常用单位为 t；b 表示采取措施后；a 表示采取措施前；i 为能源类型；e_i 为第 i 类能源的消耗量，常用单位为 t；f_{ij} 为第 i 类能源第 j 类排放物的排放系数，船舶常用燃料的典型排放系数见表 7-10。

表 7-10 船舶常用燃料的典型排放系数 单位：g/kg

燃料类别	排放物类别				
	PM_{10}	$PM_{2.5}$	HC	NO_x	CO
柴油	3.81	3.65	6.19	47.60	23.80
燃料油	6.20	5.60	2.70	79.30	7.40

(3) 能耗成本节省量测算。航运节能减排措施的减排量可按公式 7-15 和 7-16 进行测算。

$$\Delta E_{\mathrm{nc}}=E_{\mathrm{ncb}}-E_{\mathrm{nca}} \tag{7-15}$$

$$E_{\mathrm{nc}}=\sum_i(e_i\cdot c_i)\times 10^{-4} \tag{7-16}$$

式中：ΔE_{nc} 为能耗成本节省量，常用单位为万元；E_{nc} 为能耗成本，单位为万元；b 表示采取措施后；a 表示采取措施前；i 为能源类型；e_i 为第 i 类能源的消耗量，常用单位为 t；c_i 为第 i 类能源的购入价格，常用单位为元/t。

(4) 排放成本节省量测算。航运节能减排措施的减排量可按公式 7-17 和 7-18 进行测算。

$$\Delta E_{\mathrm{mc}}=E_{\mathrm{mcb}}-E_{\mathrm{mca}} \tag{7-17}$$

$$E_{\mathrm{nc}}=\sum_{i}\sum_{j}(e_i \cdot f_{ij} \cdot c_j)\times 10^{-7} \tag{7-18}$$

式中：ΔE_{mc} 为排放成本节省量，常用单位为万元；E_{mc} 为排放成本，单位为万元；b 表示采取措施后；a 表示采取措施前；i 为能源类型；j 为排放物类别；e_i 为第 i 类能源的消耗量，常用单位为 t；f_{ij} 为第 i 类能源第 j 类排放物的排放系数；c_j 为第 j 类排放物的交易价格（或征税价格），常用单位为元/t。

（5）通用测算公式。公式 7－11 至 7－18 内容偏多。为简便起见，对其进行整合，整合后的通用公式如式 7－19 和 7－20 所示。

$$\Delta E_{\alpha,\beta}=E^{\mathrm{b}}_{\alpha,\beta}-E^{\mathrm{a}}_{\alpha,\beta} \tag{7-19}$$

$$E_{\alpha,\beta}=\sum_{i,(1-\alpha)\cdot(1-\beta)\cdot j}\left\{e_i \cdot \left\{\begin{array}{l}[\alpha \cdot f_i+(1-\alpha)\cdot f_{ij}\times 10^{-3}]\cdot \beta \\ +[\alpha \cdot c_i \times 10^{-4}+(1-\alpha)\cdot f_{ij}\cdot c_j \times 10^{-7}]\cdot(1-\beta)\end{array}\right\}\right\} \tag{7-20}$$

式中：$\Delta E_{\alpha,\beta}$ 为节能减排效果，常用单位与 $E_{\alpha,\beta}$ 相同；$E_{\alpha,\beta}$ 为能源消耗量（成本）或排放量（成本），指示符 α、β 不同取值时公式 7－20 的变形及其用途见表 7－11。α、β 为指示符，取值为 0 或 1；其他符号定义与式 7－11 至 7－18 相同。

表 7－11　指示符 α、β 不同取值时公式 7－20 的变形及其用途

序号	α	β	公式 7－20 变形	用途
1	1	1	$E_{1,1}=\sum_{i,0}(e_i \cdot f_i)$	计算能源消耗量，单位为 t
2	1	0	$E_{1,0}=\sum_{i,0}(e_i \cdot c_i)\times 10^{-4}$	计算能耗成本，单位为万元
3	0	1	$E_{0,1}=\sum_{i,0}(e_i \cdot f_{ij})\times 10^{-3}$	计算污染物排放量，单位为 t
4	0	0	$E_{0,0}=\sum_{i,j}(e_i \cdot f_{ij} \cdot c_j)\times 10^{-7}$	计算排放交易成本，单位为万元

（6）节能减排效益测算。航运节能减排措施的节能减排效益可按公式 7－21 和 7－22 进行测算。

$$\Delta C=C_{\mathrm{b}}-C_{\mathrm{a}}-\sum_{q}c_q \tag{7-21}$$

$$C=\sum_{ij}[e_i \cdot (c_i+f_{ij}\cdot c_j \times 10^{-3})]\times 10^{-4} \tag{7-22}$$

式中：ΔC 为采取节能减排措施净效益，常用单位为万元；C_{b}、C_{a} 为采取措施前、后的能耗和排放总成本，单位为万元；b 表示采取措施后；a 表示采取措施前；q 为节能减排措施类型；c_q 表示采取节能减排措施 q 的年均分摊成本，常用单位为万元；i 为能源类型；j 为排放物类别；e_i 为第 i 类能源的消耗量，常用单位为 t；c_i 为第 i 类能源的购入价格，常用单位为元/t；f_{ij} 为第 i 类能源第 j 类排放物的排放系数；c_j 为第 j 类排放物的交易价格（或征税价格），常用单位为元/t。

2）自下而上方法

如果无法直接获取能源消耗量数据 e_i，则可通过调查获取相关活动数据，进而按式 7－23 测算出能源消耗量 e_i。然后，将 e_i 代入式 7－19 至 7－22 即可测算节能减排效果。

$$e_i = \sum_{\rho,\kappa} A_\rho \cdot S_{\rho,i,\kappa} \cdot I_{\rho,i,\kappa} \tag{7-23}$$

式中：e_i 为第 i 类能源的消耗量，常用单位为 t；i 为能源类型；A_ρ 为航运物流环节 ρ 的作业量，常用单位 t；ρ 为物流环节类别；$S_{\rho,i,\kappa}$ 为航运物流环节 ρ 使用第 i 类能源的第 κ 类设备所完成的作业量占比；κ 为作业设备类别；$I_{\rho,i,\kappa}$ 为航运物流环节 ρ 使用第 i 类能源的第 κ 类设备的平均能耗强度，常用单位为 t 能源/t 作业量。

3）其他有关方法

强度指标按式 7－24 计算，节能减排率指标按式 7－25 计算。

$$e_{\alpha,\beta} = \frac{E_{\alpha,\beta}}{\sum_\rho A_\rho} \times 10^{-4} \tag{7-24}$$

$$\delta E_{\alpha,\beta} = \frac{\Delta E_{\alpha,\beta}}{E^{b}_{\alpha,\beta}} \times 100\% \tag{7-25}$$

式中：$e_{\alpha,\beta}$ 为强度指标，指示符 α、β 不同取值时 $e_{\alpha,\beta}$ 和 $\delta E_{\alpha,\beta}$ 的含义及单位见表 7－12；$E_{\alpha,\beta}$ 为能源消耗量（成本）或排放量（成本），常用单位如表 7－11 所示；α、β 为指示符，取值为 0 或 1；A_ρ 为航运物流环节 ρ 的作业量，常用单位 t；ρ 为物流环节类别；$\delta E_{\alpha,\beta}$ 为节能减排率指标，其含义如表 7－12 所示，单位为％；$\Delta E_{\alpha,\beta}$ 为节能减排效果，常用单位与 $E_{\alpha,\beta}$ 相同。

表 7－12　指示符 α、β 不同取值时 $e_{\alpha,\beta}$ 和 $\delta E_{\alpha,\beta}$ 的含义及单位

序号	α	β	相关指标	含义及单位
1	1	1	$e_{1,1}$	能耗强度，单位为 tce/万 t 作业量
			$\delta E_{1,1}$	节能率，％
2	1	0	$e_{1,0}$	排放强度，单位为 t 排放物/万 t 作业量
			$\delta E_{1,0}$	减排率，％
3	0	1	$e_{0,1}$	单位能耗成本，万元/万 t 作业量
			$\delta E_{0,1}$	能耗成本节省率，％
4	0	0	$e_{1,1}$	单位排放成本，万元/万 t 作业量
			$\delta E_{1,1}$	排放成本节省率，％

7.4.3 航运节能减排评价示例

本小节以宁波舟山港集装箱码头轮胎吊“油改电”为例，说明节能评价方法的应用过程，详细内容参见《宁波舟山港轮胎吊“油改电”的节能减排效益估算方法研究》(《交通与港航》，2019 年第 1 期)。

1) 案例概况

宁波舟山港位于我国南北沿海和长江航道“T”型结构的交汇处，面朝繁忙的太平洋主航道，背靠中国大陆最具活力的长三角经济圈，是中国沿海向各大洲港口运输的理想集散地。宁波舟山港由镇海、北仑、大榭、穿山、梅山、金塘、衢山、六横、岑港、洋山等 19 个港区组成，是一个集内河港、河口港和海港于一体，大、中、小泊位配套的多功能、综合性的现代化大港。2017 年，宁波舟山港共有 6 个集装箱码头，分布于 5 个港区(宁波舟山港集装箱码头概况见表 7－13)；拥有大型深水专业集装箱生产泊位 30 个，设计吞吐能力超过 2 300 万 TEU；全年完成集装箱吞吐量 2 461 万 TEU，比 2006 年(714 万 TEU)增加 1 747 万 TEU，年均增长 11.91%，比全国平均水平(8.92%)高出 2.99 个百分点。

表 7－13 宁波舟山港集装箱码头概况

港区	码头	岸线长度/m	泊位吨级/万 t	泊位数/个	桥吊/台	RTG/台	堆场面积/万 m^2
北仑	北仑第一集装箱码头	1 399	5～10	5	11	41	38.5
	北仑第二集装箱码头	1 258	15	4	18	58	70.0
穿山	北仑第三集装箱码头	3 410	15	10	45	136	183.7
大榭	大榭招商国际码头	1 500	10～15	4	14	51	84.0
梅山	梅山岛国际集装箱码头	1 800	10～15	5	20	24	42.0
金塘	舟山甬舟集装箱码头	575	7～10	2	6	17	26.0

宁波舟山港集装箱码头轮胎吊“油改电”始于 2007 年，2008 年全面铺开，2013 年全部完成，共投入 4 亿元资金，改造了 224 台柴油轮胎吊。在轮胎吊“油改电”过程中，该港因地制宜，采用低架滑触线和高架滑触线相结合的方式，共建成 21 条高架滑触线(总长度 33 425 m)和 36 条低架滑触线(总长度 9 570 m)。

由于无法直接获取轮胎吊“油改电”前后的详细能耗数据，因此以下评价工作选择自下而上方法。

2) 估算方法

宁波舟山港轮胎吊“油改电”的节能量和减排量估算方法见图 7－9，宁波舟山港轮胎吊“油改电”的节能减排效益估算方法见图 7－10。

$$E_{nk}^{\delta} = V_k \times r_k^{\delta} \times I_j^{\delta} \times t_j / 1000 \quad (1)$$

$$\Delta E_{nk} = E_{nk}^{b} - E_{nk}^{a} \quad (2)$$

式中：E_{nk}为拟（已）改造RTG的生产能耗（万tce）；k为年份编号，δ为指示符，取b表示改造前，a表示改造后；V_k为第k年的集装箱吞吐量（万TEU）；r_k为拟（已）改造RTG保有量占RTG总保有量的比例（%）；j为能源类型，dsl表示柴油，elec表示电力；I为拟（已）改造RTG的能耗强度（dsl-RTG：L/TEU，elec-RTG：kW·h/TEU）；t为能源的标煤转化系数（dsl：kgce/L，elec：kgce/(kW·h)）；ΔE_{nk}为RTG“油改电”的节能量（万tce）。

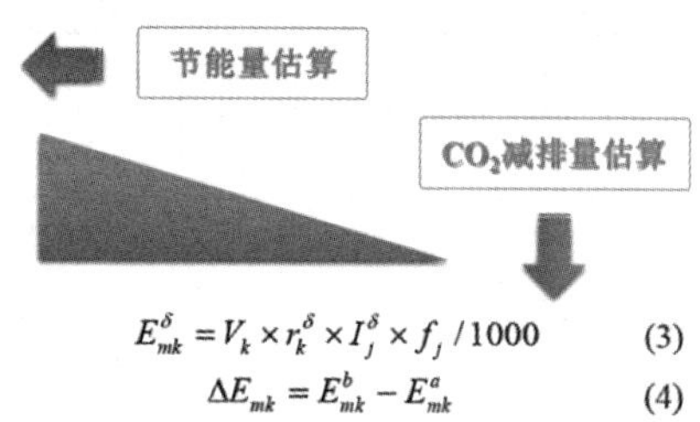

$$E_{mk}^{\delta} = V_k \times r_k^{\delta} \times I_j^{\delta} \times f_j / 1000 \quad (3)$$

$$\Delta E_{mk} = E_{mk}^{b} - E_{mk}^{a} \quad (4)$$

式中：E_{mk}为拟（已）改造RTG的CO_2排放量（万tCO_2）；f为能源的生命周期排放系数（dsl：$kgCO_2/L$，elec：$kgCO_2/(kW·h)$）；ΔE_{mk}为RTG“油改电”的CO_2减排量（万tCO_2）。

图 7－9　宁波舟山港轮胎吊“油改电”的节能量和减排量估算方法

节能减排的经济效益估算

$$C_k^{\delta} = \left[V_k \times r_k^{\delta} \times I_j^{\delta} \times c_{kj} + \left(E_{mk}^{\delta} - E_{mk}^{*}\right) \times c_{kt} + C_u^{\delta} \times N_k\right] / 10000 \quad (5)$$

排放额度

$$E_{mk}^{*} = V_k \times I_{hb} \times \varphi \quad (6)$$

历史排放强度基数

$$I_{hb} = \frac{\sum_l \left(R_{c[k-l]} \times I_{k-l} \times f_{ce}\right)}{\sum_l V_{k-l}} \quad (7)$$

拟改造设备排放占比

$$\varphi = \frac{E_{mk}^{b}}{R_{ck} \times I_k \times f_{ce}} \quad (8)$$

$$\Delta C_k = C_k^{b} - C_k^{a} \quad (9)$$

式中：C_k为拟（已）改造RTG作业活动产生的成本（亿元）；c_k为第k年能源的价格（dsl：元/L，elec：元/kW·h）；E_{mk}^{*}为第k年RTG的排放额度（万tCO_2）；c_{kt}为第k年的碳交易价格（元/t）；C_u为每台改造的RTG扣除残值（5%）后的年分摊额（万元/年）；N_k为第k年RTG“油改电”的数量（台）；I_{hb}为单位集装箱吞吐量历史排放强度基数（tCO_2/TEU），取前三年单位集装箱吞吐量CO_2排放的加权平均值；φ为第k年拟改造RTG集装箱装卸生产所排放CO_2占全部集装箱装卸生产所排放CO_2的比重（%）；$R_{c[k-l]}$和R_{ck}为第$k-l$年（$k \geq 4$，表示从第4年开始以前三年为基础计算排放配额，下同）和第k年的集装箱生产主营收入（亿元）；R_{k-l}和R_k为第$k-l$年和第k年的装卸生产主营收入（亿元）；I_{k-l}和I_k为第$k-l$年和第k年的装卸生产主营收入综合能源单耗（tce/万元）；l＝1、2、3为计算I_{hb}的基准年标记，表示计算当年排放额度的前1、2、3年；f_{ce}为标准煤的CO_2排放系数（kg/kgce）；ΔC_k为RTG“油改电”的经济效益（亿元）。

图 7－10　宁波舟山港轮胎吊“油改电”的节能减排效益估算方法

3）数据来源

根据对宁波舟山港的实地调研，以及查阅相关网站、统计资料、公开文献等，最终得到研究所需数据，宁波舟山港轮胎吊“油改电”节能减排效益估算数据来源见表 7－14。

表 7－14　宁波舟山港轮胎吊“油改电”节能减排效益估算数据来源

年份	2010	2011	2012	2013	2014	2015	2016	2017	备注
k	1	2	3	4	5	6	7	8	
V_k/万 TEU	1 315	1 418	1 617	1 735	1 945	2 063	2 156	2 461	宁波舟山港官网、中国港口协会
$r_{k\text{elec-RTG}}$/%				81.93	78.10	74.62	71.43	68.50	调研(DY)
$I_{\text{dsl-RTG}}$/(L/TEU)	1.14								柴油 RTG 平均能耗强度
$I_{\text{elec-RTG}}$/(kW·h/TEU)	1.69								电力 RTG 平均能耗强度

表 7 - 14(续表)

年份	2010	2011	2012	2013	2014	2015	2016	2017	备注
k	1	2	3	4	5	6	7	8	
t_{dsl}/(kgce/L)	1.25								港口能源消耗统计及分析方法
t_{elec}/(kgce/(kW·h))	0.12								
f_{dsl}/(kg/L)	3.76								陶学宗等(2018)
f_{elec}/(kg/(kW·h))	0.81								中国区域电网基准线排放因子
$c_{k dsl}$/(元/L)				7.21	6.90	5.53	5.56	5.98	浙江省物价局
$c_{k elec}$/(元/(kW·h))				0.91	0.82	0.90	0.86	0.82	国家电网浙江省电力有限公司
c_{kt}/(元/t)				29.71	36.41	23.75	10.21	34.30	中国环境能源交易网
I_{k-l}/(万 tce/亿元)	0.24	0.22	0.21	0.20	0.19	0.18	0.17	0.19	宁波舟山港履行社会责任报告
$R_{c[k-l]}$/亿元	12.51	13.52	15.50	16.56	19.14	22.27	26.53	36.44	宁波舟山港年度报告
f_{ce}/(kg/kgce)	2.49								Li 等(2016)
C_u/(万元/(年·台))	16.63								DY
N_k/台	124	177	204	224	224	224	224	224	DY

4) 评价结果

2013—2017 年宁波舟山港轮胎吊“油改电”的节能减排效益情况见图 7 - 11。5 年间,轮胎吊“油改电”平均每年为宁波舟山港节能 1.88 万 tce,减排 4.50 万 t CO_2,节省成本 0.51 亿元。就单台轮胎吊而言,平均每年可节能 84 tce,减排 201 t CO_2,节省成本 23 万元。

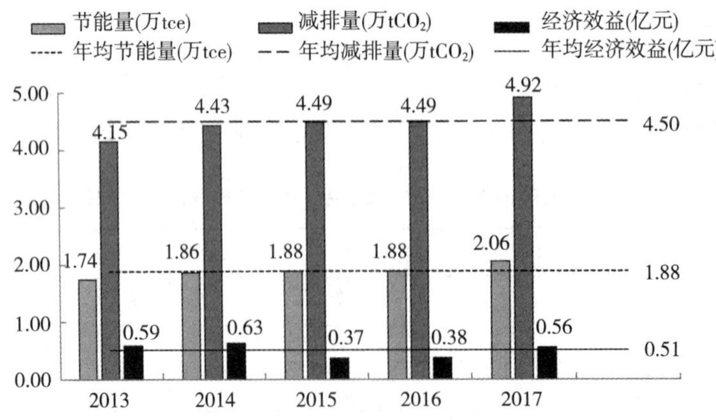

图 7 - 11　2013—2017 年宁波舟山港轮胎吊“油改电”的节能减排效益情况

根据现有研究,整理出了宁波舟山港轮胎吊“油改电”的平均节能减排效益,宁波舟山港集装箱码头轮胎吊“油改电”节能减排效果比较见表 7 - 15。总体而言,每台“油改电”轮胎吊每年可节能 41～122 tce，减排 103～313 t CO_2，节省成本 22～69 万元。具体来看，现有研究结果和本文存在一定差异。主要原因在于，这些研究中涉及的研究对象、轮胎吊"油改电"数量及其完成的集装箱年作业量各不相同，再加上各码头管理水平和作业效率不同所引起的轮胎吊能耗强度差异，最终使得年均节能量变化幅度较大。就减排量而言，由于现有研究均未考虑能源生命周期排放，因此单位节能量的减排强度(2.51～2.57 $kgCO_2/kgce$)普遍高于此项研究(2.39 $kgCO_2/kgce$)，导致其减排效果被高估。此外，现有研究均未考虑设备改造成本和碳交易成本，致使每台"油改电"轮胎吊的年均经济效益被高估 20 万元～47 万元。

表 7-15　宁波舟山港集装箱码头轮胎吊"油改电"节能减排效果比较

研究对象	改造数量/台	作业量/(万 TEU/年)	节能量/(tce/台·年)	减排量/(t CO_2/台·年)	经济效益/(万元/台·年)
宁波港吉集装箱码头	46	502	122	313	69
北仑第二集装箱码头	36	346	41	103	42
宁波港域 5 个集装箱码头	191	1 212	52	131	42
宁波舟山港 6 个集装箱码头	224	1 541	84	201	22

7.5　绿色港口等级评价

专栏二十六：中国港口协会开展"绿色港口"等级评价

随着资源环境压力的逐步加大，交通运输部不断加大对绿色港口建设的推进力度。2011 年，交通运输部发布《"十二五"水运节能减排总体推进实施方案》，提出"把建立绿色港口发展长效机制作为重要工作之一"。2013 年 4 月，交通运输部制定了《绿色港口等级评价标准(JTS/T 105-4—2013)》，对绿色港口的内涵、评价指标体系、评价方法等内容进行了详细界定。作为推进绿色港口建设的行业标准，《绿色港口等级评价标准》将成为推进港口节能减排工作的长效手段。2014 年 6 月，交通运输部发布《关于推进港口转型升级的指导意见》，进一步明确要"加强技术和管理创新，推动港口绿色发展""开展绿色港口等级评价"。

2015 年 5 月，中国港口协会决定在全国港口行业正式启动绿色港口等级评价试点。2016 年 1 月 27 日，中国港口协会发布了绿色港口等级评价试点受理情况，共有 10 个项目参加绿色港口等级评价试点。2016 年 5 月 19 日，中国港口协会公示了绿色港口等级评价试点的评审结果，共有 8 个项目获得四星级"绿色港口"称号。在这之后的 4 年中，中国港口协会未再组织开展过绿色港口等级评价工作。直到 2020 年 5 月，交通运输部发布《绿色港口等级评价指南(JTS/T 105-4—2020)》，自 2020 年 7 月 1 日起施行。《绿色港口等级评价标准(JTS/T 105-4—2013)》同时废止。《绿色港口等级评价指南》的发布，为我国继续开展绿色港口等级评价提供了基础和依据。

为贯彻落实《交通强国建设纲要》《关于建设世界一流港口的指导意见》等关于绿色交通、港口绿色发展的有关部署和要求，积极引导港口企业深化绿色港口创建，进一步发挥示范引领和带动作用，提升我国港口行业高质量绿色发展水平，中国港口协会于2020年7月30日发布通知，重启绿色港口等级评价工作。2020年10月29日，中国港口协会公布了2020年度16个通过初审的参评项目。2020年12月1日，中国港口协会公示了2020年度第一批绿色港口等级评价结果，共有5个项目获得“四星级绿色港口”称号。2021年4月13日，中国港口协会公示了2020年度第二批绿色港口等级评价结果，共有4个项目获得“四星级绿色港口”称号，2个项目获得“三星级绿色港口”称号。2021年9月，中国港口协会公布了2021年度25个通过初审的参评项目。

来源：中国港口协会

看完上述材料请思考下列问题：什么是绿色港口等级评价？为什么要评价？如何评价？

7.5.1 绿色港口等级评价概述

1）绿色港口

绿色港口又称“两型港口”“低碳港口”“生态港口”等，是指在生产运营过程中，秉承资源节约、环境友好发展理念，积极履行社会责任，综合采取有利于节约资源和能源、保护环境和生态、应对气候变化的技术和管理措施，达到相应等级标准的港口及码头，其本质是寻求满足环境要求和获得经济利益两者之间的平衡，最终目的是实现港口的可持续发展以及经济、社会和环境系统的共赢。

2）绿色港口等级评价

绿色港口评价等级表征港口、码头绿色发展水平差异的级别。绿色港口等级评价是指按照《绿色港口等级评价指南》确定的指标体系和评价方法，以综合得分为基础，结合必要条件的满足情况，确定参评单位相应绿色港口评价等级的过程。绿色港口的评价对象应为正式投产使用不少于2年，近2年内没有发生过一般及以上的突发性环境事件或一般及以上的生产安全事故，且没有因环境污染或生态破坏问题受到行政处罚行政强制的生产用码头。评价范围应为码头前沿水域、码头装卸作业区、后方库场堆场、辅助生产区域范围内的设施设备的配置与运用，以及港口经营人生产运营行为。评价结果应能够全面反映港口、码头的绿色发展水平和不同港口、码头之间的差异。绿色港口等级评价除应符合《绿色港口等级评价指南》的规定外，还应符合国家现行有关标准的规定。

3）绿色港口等级评价的作用

《交通强国建设纲要》提出要构建安全、便捷、高效、绿色、经济的现代化综合交通体系，绿色化水平位居世界前列。《关于建设世界一流港口的指导意见》提出要加快绿色港口建设，到2035年主要港口绿色发展达到国际先进水平，引领全球港口绿色发展。开展绿色港口评价和“绿色港口”创建工作，正是贯彻落实我国绿色交通、绿色港口有关部署和要求的重要举措，具有以评促建、以评促改、以评促管的作用，有利于积极引导港口企业向节能、减排、环保方向发展，提升我国港口行业高质量绿色发展水平。

7.5.2　绿色港口等级评价方法

1）评价指标体系

绿色港口等级评价指标体系应由项目层、内容层和指标层构成，绿色港口等级评价指标体系见表 7－16。

表 7－16　绿色港口等级评价指标体系

<table>
<tr><th colspan="2">项目</th><th>内容</th><th>指标</th></tr>
<tr><td rowspan="6">理念</td><td rowspan="6">指导绿色港口发展的思想</td><td rowspan="3">战略</td><td>战略规划</td></tr>
<tr><td>专项资金</td></tr>
<tr><td>工作计划</td></tr>
<tr><td rowspan="3">文化</td><td>企业文化</td></tr>
<tr><td>教育培训</td></tr>
<tr><td>宣传活动</td></tr>
<tr><td rowspan="6">行动</td><td rowspan="6">建设绿色港口采取的具体技术措施</td><td rowspan="2">环境保护</td><td>污染防治</td></tr>
<tr><td>资源利用与生态保护</td></tr>
<tr><td rowspan="4">节能低碳</td><td>主要设备</td></tr>
<tr><td>作业工艺</td></tr>
<tr><td>辅助设施</td></tr>
<tr><td>能源消费</td></tr>
<tr><td rowspan="5">管理</td><td rowspan="5">建设绿色港口采取的管理措施</td><td rowspan="2">体系</td><td>管理机构</td></tr>
<tr><td>审计认证</td></tr>
<tr><td rowspan="3">制度</td><td>目标考核</td></tr>
<tr><td>统计监测</td></tr>
<tr><td>激励约束</td></tr>
<tr><td rowspan="2">效果</td><td rowspan="2">绿色港口建设水平的体现，主要用于与其他码头的横向比较</td><td rowspan="2">水平</td><td>环保生态</td></tr>
<tr><td>节约低碳</td></tr>
</table>

2）计分方法

绿色港口等级评价综合得分满分应为 100 分。绿色港口等级评价指标体系中“理念”“行动”“管理”和“效果”4 类项目单项满分均应为 100 分，其计入综合得分的权重应分别为 10％、40％、15％和 35％，计算方法如式 7－26 所示。

$$G=\sum_{\gamma=1}^{4}(G_{\gamma}\cdot W_{\gamma}) \tag{7-26}$$

式中：G 为基于表 7－15 指标体系的综合得分；γ 为绿色港口等级评价指标体系项目序数；G_{γ} 为第 γ 个项目的得分；W_{γ} 第 γ 个项目的计分权重，全部项目的计分权重和等于 1。

各项目得分应为该项目下所有内容的得分之和，各内容得分应为该内容下所有指标的得分之和。指标计分方法中分值范围应体现满足计分条款的程度差异，最低限度满足计分条款要求的应取最小值；最大程度满足计分条款要求的应取最大值；满足计分条款程度位于最低限度和最大程度之间的，应按照满足计分条款要求的程度取最大值与最小值之间的值。

“行动”项目下各指标的计分应按照专业化集装箱码头、专业化干散货码头、专业化液体散货码头和邮轮码头等不同码头类型，分别根据《绿色港口等级评价指南》表 5.0.4－1 至表 5.0.4－4 确定。每有一个未列入表中现有计分方法且经实践证明是行之有效的绿色港口创新行动，均可纳入相应指标计算得分。为便于说明问题，这里以专业化集装箱码头行动项目环境保护内容的污染防治指标为例，说明其计分方法，专业化集装箱码头“行动”项目的计分表(节选)见表 7－17。

表 7－17　专业化集装箱码头“行动”项目的计分表(节选)

项目	内容	指标	计分项目
行动 (满分 100 分)	环境保护 (满分 50 分)	污染防治 (满分 40 分)	①具备靠港船舶岸电供应能力并合规利用； ②具备自有或可依托的靠港船舶污染物接收能力并合规利用； ③具备自有或可依托的船用低硫燃油供应能力并合规利用； ④具备自有或可依托的船(车)用液化天然气供应能力并合规利用； ⑤采取污水预处理或处理措施，或城市管网接入港区； ⑥配备固体废物分类收集贮存设施，或采取固体废物无害化处理措施； ⑦制定环境应急预案和防治船舶污染环境应急预案； ⑧配备防治污染环境的应急设备和器材； 满足①，得 1～10 分；满足②，得 1～10 分；除①和②之外，满足 6 条及以上，得 15～20 分；满足 5 条，得 10～14 分；满足 4 条，得 5～9 分；否则，不得分

3) 评价等级

根据《绿色港口等级评价指南》，绿色港口等级应分为 3 星级、4 星级和 5 星级，以评价指标体系综合得分为基础，结合满足必要条件的情况评价确定。绿色港口评价等级标准见表 7－18。

表 7-18　绿色港口评价等级标准

绿色港口等级		3 星级	4 星级	5 星级
综合得分 G/分		≥75	≥85	≥95
必要条件	1. 行动单项得分 G_2	≥70	≥80	≥90
	2. 港口经营人或其上级公司制定了绿色发展专项规划			√
	3. 港口经营人设立了绿色发展专项资金	√	√	√
	4. 港口经营人或其上级公司公开发布年度绿色发展报告		√	√
	5. 港口经营人建立了目标考核体系	√	√	√
	6. 具备自有或可依托的靠港船舶污染物接收能力并合规利用	√	√	√
	7.1 按规定比例的集装箱、邮轮和 5 万 t 级以上干散货专业化泊位具备靠港船舶岸电供应能力	√	√	√
	7.2 按规定比例的集装箱、邮轮和 5 万 t 级以上干散货专业化泊位具备靠港船舶岸电供应能力，且具备岸电受电设施靠港船舶实际使用岸电靠港次数占这类船舶按规定应使用岸电次数的比例大于 20%		√	√
	7.3 全部集装箱、邮轮和 5 万 t 级以上干散货专业化泊位均具备靠港船舶岸电供应能力，且具备受电设施的靠港船舶实际使用岸电次数占这类船舶按规定应使用岸电总次数的比例大于 80%			√
	8. 原油、成品油等装船作业码头，配备油气回收设施并为具备油气回收条件的船舶提供正常服务			√

7.5.3　绿色港口等级评价实践

1）第一轮中国绿色港口等级评价

第一轮中国绿色港口等级评价过程见图 7-12，最终共有 8 个项目荣获四星级“中国绿色港口”。其中，集装箱码头有 4 个，分别为天津港太平洋国际集装箱码头、南京港龙潭集装箱码头(一期)、宁波港股份有限公司北仑第二集装箱码头、蛇口集装箱码头；煤炭码头有 3 个，分别为日照港股份有限公司第一港务分公司煤炭码头、秦皇岛港股份有限公司第六港务分公司煤三期码头、秦皇岛股份有限公司第七港务分公司煤四期及扩容码头；矿石码头有 1 个，为大连港矿石码头。

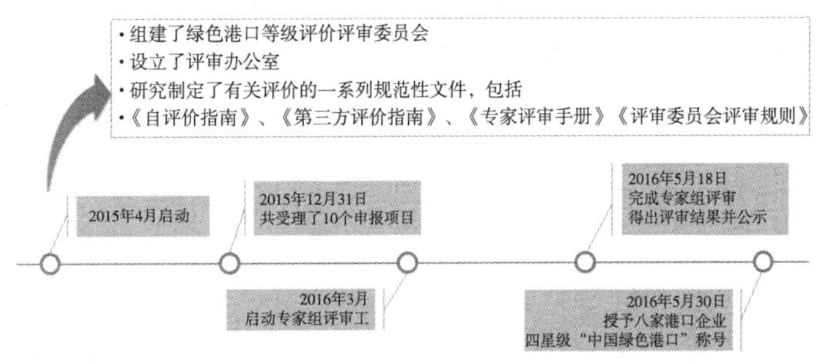

图 7-12　第一轮中国绿色港口等级评价过程

2）第二轮中国绿色港口等级评价

第二轮中国绿色港口等级评价过程见图 7－13，最终共有 11 个项目获得“中国绿色港口”称号，全部为集装箱码头。其中，四星级有 9 个，分别为天津港欧亚国际集装箱码头、天津港联盟国际集装箱码头、天津港集装箱码头、青岛前湾联合集装柏码头、南京港龙潭集装箱码头、宁波北仑第三集装箱码头、厦门海天码头、厦门海润码头、广州港南沙集装箱三期码头；3 星级有 2 个，分别为太仓港上港正和集装箱码头、太仓港正和兴港集装箱码头。

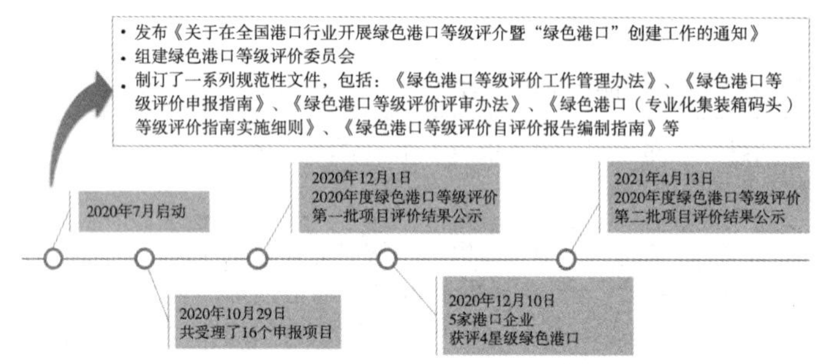

图 7－13　第二轮中国绿色港口等级评价过程

3）亚太绿色港口奖励计划

2011 年，亚太港口服务组织（APSN）开始研究制定绿色港口奖励计划（GPAS）。GPAS 是 APSN 为促进和激励亚太港口走绿色和可持续发展道路所推出的一项评估、认证和激励机制，它将为亚太港口提供全面、科学、合理和系统的绿色发展指南，搭建绿色港口最佳实践的国际交流平台。对于参与其中的港口，GPAS 将起到增强环境生态保护意识、升级可持续发展战略、协助履行社会责任与义务、塑造国际品牌与知名度、提升国际话语权和影响力的作用。

2016 年，GPAS 正式启动，任何≥2 年在建设绿色港口方面取得显著进展的港口都可以申请参评。GPAS 的指标体系与我国的绿色港口评价体系类似，包括绿色发展的意愿与决心、行动与实施、效果与表现。GPAS 实施流程主要包括 5 个环节：①港口自评估并向 APSN 秘书处提交申请材料；②APSN 秘书处对申请材料进行形式审查；③GPAS 专家评估；④APSN 理事会对获奖港口进行审批；⑤颁奖仪式。截至 2021 年底，共有 7 个国家的 37 个港口获得“亚太绿色港口”称号。在 37 个获奖港口中，我国有 19 个，其中有 14 个位于中国大陆，4 个位于中国台湾地区，1 个位于中国香港特别行政区。GPAS 获奖名单（截至 2021 年底）见表 7－19。

表 7-19 GPAS 获奖名单(截至 2021 年底)

年份	当年获奖数	序号	获奖港口	国家或地区
2016	7	1	曼谷港	泰国
		2	新加坡港	新加坡
		3	裕廊海港私人公司	新加坡
		4	巴生港	马来西亚
		5	丹戎帕拉帕斯港	马来西亚
		6	宁波舟山港北二集司	中国
		7	秦皇岛港六公司	中国
2017	7	1	民都鲁港	马来西亚
		2	赤湾集装箱码头	中国
		3	柔佛港务局	马来西亚
		4	八打雁港	菲律宾
		5	新加坡港务公司	新加坡
		6	蛇口集装箱码头	中国
		7	潭仓泰莱港	越南
2018	9	1	曼谷港	泰国
		2	裕廊港	新加坡
		3	启德邮轮码头	中国香港
		4	新加坡港	新加坡
		5	卡加延德奥罗港	菲律宾
		6	厦门海润集装箱码头	中国
		7	台北港	中国台湾
		8	上港尚东集装箱码头	中国
2019	7	1	连云港新苏港码头	中国
		2	林查班港	泰国
		3	台中港	中国台湾
		4	青岛新前湾集装箱码头	中国
		5	萨庞格湾集装箱港	马来西亚
		6	马塔拉尼港	秘鲁
		7	秘鲁液化天然气莫尔乔利塔港码头	秘鲁

表 7-19(续表)

年份	当年获奖数	序号	获奖港口	国家或地区
2020	8	1	启德邮轮码头	中国香港
		2	巴生港	马来西亚
		3	花莲港	中国台湾
		4	新加坡港	新加坡
		5	青岛港董家口矿石码头有限公司	中国
		6	新港盖梅国际码头	越南
		7	天津港联盟国际集装箱码头有限公司	中国
		8	张家港港务集团港盛散货码头	中国
2021	7	1	曼谷港	泰国
		2	国能黄骅港务有限责任公司	中国
		3	和平工业区专用港实业股份有限公司	中国台湾
		4	江苏江阴港港口集团股份有限公司	中国
		5	卡加延德奥罗港	菲律宾
		6	洛维托斯岬角港-安塔米纳矿业公司	秘鲁
		7	厦门远海集装箱码头有限公司	中国

本章小结

(1)航运环境影响评价：基本概念——环境影响评价、航运环境影响评价；分类——规划环境影响评价、建设项目环境影响；评价目的——源头预防、提高规划的科学性、防止建设项目产生新的污染或超出双控要求；评价规范——《交通运输专项规划环境影响评价技术规范(JT/T 1146.2—2018)》《第 2 部分：港口总体规划》《交通运输专项规划环境影响评价技术规范(JT/T 1146.3—2018)》《第 3 部分：内河航道建设规划》《水运工程建设项目环境影响评价指南(JTS/T 105—2021)》；评价程序——准备、评价和审批；评价等级——分为一级、二级、三级，具体与影响区域有关，可参照有关技术导则确定；评价时间范围包括施工期和运营期，空间范围应根据水运工程建设项目功能定位、环境要素评价等级和所在地区的环境特征确定，具体评价范围可参照相关导则确定；评级方法——现状评价时可采用现场监测、现场调查和资料收集等方法，工程分析时可采用模式计算、工程类比分析和现场测试计算等方法，污染预测计算时可采用模式计算、数值模拟、模型实验、工程类比监测数据计算和现场实验等方法；主要评价工作——工程分析、环境现状调查与评价、环境影响评价、环境保护措施、环境影响经济损益分析、环境管理与监测计划、环境影响评价结论；《环境影响报告书》——一种环境影响评价文件，又称环评报告，宁波舟山港穿山港区 1#集装箱码头工程环评报告一共包括 10 部分内容，分别为概述、总则、现有工程回顾、本项目工程分析、区域环境概况、环境影响预测与评价、环境保护对策措施、环境经济损益分析、环境管理与监测计划、环境影响评价结论。

(2) 环境空气质量评价：概念及分类——空气质量指数(AQI)、环境空气质量评价、单点环境质量评价、城市环境空气质量评价、区域环境空气质量评价；评价项目——基本评价项目包括 SO_2、NO_2、CO、O_3、PM_{10}、$PM_{2.5}$ 共 6 项，其他评价项目包括总悬浮颗粒物(TSP)、NO_x、Pb 和苯并[a]芘共 4 项；数据基础——国家环境空气质量监测网，环境空气质量评价结果的作用——为管理者提供决策依据、为公众提供健康指引；评级方法（以 AQI 为例）——最大指数法，计算 IAQI→确定 AQI→确定 AQI 等级→确定首要污染物和超标污染物→分析影响并提出建议。

(3) 航运排放清单估算：基本概念——排放清单、温室气体排放清单、大气污染物排放清单、航运排放清单；作用——识别主要排放主体（宏观）和主要排放源（宏观、微观）；估算方法——基于 MRV 体系的估算过程，基于能源消耗量的方法（用于温室气体排放清单估算），燃料法、运输里程法和发动机负载法（用于大气污染物排放清单估算）；估算示例——上海港航运排放清单——2010 年上海港 3 类温室气体(CH_4、N_2O、CO_2)和 7 类大气污染物(HC、CO、SO_x、NO_x、DPM、$PM_{2.5}$、PM_{10})，估算方法为燃料法和发动机负载法，船舶为主，远洋船排放量占比高（大多超过 70%），集装箱船贡献大（超过 50%），公共集装箱码头贡献大（超过 50%）。

(4) 航运节能减排评价：基本概念——节能减排（狭义、广义）、节能减排评价、航运节能减排评价；评价内容——节能量（率）、减排量（率）、成本节省量（率）；航运节能减排措施——减需求、调结构、提效率（企业），推动型、抑制型（政府）；航运节能减排评价的作用——为专项资金安排提供依据、为企业清缴和抵消碳排放配额提供证据、为科学选择节能减排措施提供决策支持；评价方法——自上而下方法（能够直接获取能源消费数据）、自下而上方法（无法直接获得能源消费数据）；评价实例——宁波舟山港集装箱码头轮胎吊“油改电”，采用自下而上方法，2013—2017 年平均每年为宁波舟山港节能 1.88 万 tce，减排 4.50 万 t CO_2，节省成本 0.51 亿元。

(5) 绿色港口等级评价：基本概念——绿色港口、绿色港口等级、绿色港口等级评价；绿色港口等级评价的作用——以评促建、以评促改、以评促管，引导港口企业向节能、减排、环保方向发展；评价指标体系——理念、行动、管理、效果；计分方法——“理念”“行动”“管理”和“效果”4 类项目单项满分均应为 100 分，其计入综合得分的权重应分别为 10%、40%、15%和 35%；评价等级——3 星级、4 星级和 5 星级，以评价指标体系综合得分为基础，满足必要条件；绿色港口等级评价实践——中国绿色港口等级评价，第一轮有 8 个项目获得 4 星级，第二轮有 9 个项目获得 4 星级、2 个项目获得 3 星级，亚太绿色港口奖励计划已开展 6 轮评价工作，共有 7 个国家的 37 个港口获得“亚太绿色港口”称号。

思考题

(1) 什么是航运环境影响评价？包括哪些类型？各有什么作用？

(2) 航运环境影响评价程序是什么？主要评价工作有哪些？评级方法该如何选择？

(3) 什么是环境空气质量评价？有何作用？包括哪些类型？

(4) 如何评价 AQI？评价结果有何用途？

(5) 什么是航运排放清单？有何作用？估算过程包括哪些环节？估算方法该如何选择？

(6) 什么是航运节能减排评价？有何作用？主要评价内容有哪些？评价方法该如何选择？

(7) 什么是绿色港口等级评价？有何作用？主要评价项目哪些？

(8) 7.3 节给出了上海港航运排放清单的估算方法和主要结果，如果你是上海市交通委主管航运减排的负责人，你会如何利用这些结果？

(9) 2020 年 8 月 4 日，IMO 发布了第四次温室气体研究报告。请选读该报告相关章节，对其估算方法、数据来源、主要结论等进行总结，并说明其在航运减排中的作用。

(10) 请查阅相关资料，建立一个航运相关作业设备(例如：港作机械、集疏运车辆、营运船舶等)的能耗强度和排放系数统计表格，标注好数据来源，比较同类参数不同来源取值的差异，并说明其原因。

(11) 请选择你感兴趣的一个港口企业或航运企业，采用适当的方法对其采取的某一或某些作业设备的排放清单进行估算，并对其采取的某一或某些节能减排措施的节能减排效果进行评价。

(12) 如果你是第三方环评机构某一建设项目环评工作的负责人，现有一码头建设单位委托你单位对其拟建设的集装箱码头进行环境影响评价，你该如何做好这项工作？(以 AQI 为例，从减少重复劳动角度考虑)

(13) 如果你是一个港口企业的负责人，你将如何做好绿色港口等级评价工作？如何使用评价结果？

(14) 除中国绿色港口等级评价和亚太绿色港口奖励计划(GPAS)外，国际上还有哪些类似的评价体系，请查阅相关资料，通过对比分析，描述其他评价体系与前述评价体系之间的异同。

(15) 实际工作中，环境空气质量评价应根据具体需求有针对性地进行，而通过对污染物浓度(可从类型、时间、空间三个维度下展开)、达标天数比例、重度及以上污染天数的分析基本可以满足绝大多数评价报告要求。请结合自己兴趣，选择某一时空范围对其环境空气质量进行评价，撰写一份评价报告。

第八章　绿色航运发展趋势

8.1　绿色航运实践发展趋势

专栏二十七：关于推进长江经济带绿色航运发展的指导意见

2017年8月4日，交通运输部印发《关于推进长江经济带绿色航运发展的指导意见》(交水发〔2017〕114号，以下简称《指导意见》)，要求有关单位全面贯彻党的十八大和十八届三中、四中、五中、六中全会精神，统筹推进"五位一体"总体布局和协调推进"四个全面"战略布局，牢固树立和贯彻落实新发展理念，坚持生态优先、绿色发展，以推进供给侧结构性改革为主线，以长江生态环境承载力为约束，以资源节约集约利用为导向，以绿色航道、绿色港口、绿色船舶、绿色运输组织方式为抓手，努力推动形成绿色发展方式，促进航运绿色循环低碳发展，更好发挥长江黄金水道综合效益，为长江经济带经济社会发展提供更加有力的支撑。

《指导意见》包括总体要求、主要任务和保障措施三部分。总体要求阐述了指导思想、基本原则，提出了总体目标及生态保护、污染排放控制、资源能源利用、运输组织四方面的具体目标，到2020年初步建成航道网络有效衔接、港口布局科学合理、船舶装备节能环保、运输组织先进高效的长江经济带绿色航运体系，航运科学发展、生态发展、集约发展的良好态势基本形成。主要任务提出了6个方面、17项任务要求，包括完善长江经济带绿色航运发展规划、建设生态友好的绿色航运基础设施、推广清洁低碳的绿色航运技术装备、创新节能高效的绿色航运组织体系、提升绿色航运治理能力、深入开展绿色航运发展专项行动。保障措施包括加强组织领导、加强政策支持、加强监督考核、加强宣传引导四个方面。推进绿色航运发展，关键是细化措施，统筹推进、狠抓落实。

《指导意见》是针对长江经济带绿色航运发展的顶层设计文件，贯彻了习近平总书记推动长江经济带发展系列重要讲话精神，落实了《大气污染防治法》《水污染防治法》等新规定要求，为未来一段时期长江经济带绿色航运发展指明了方向，明确了任务。《指导意见》的出台，将有力提升长江经济带11省市绿色航运发展水平，充分发挥航运在长江经济带综合立体交通走廊中的主骨架和主通道作用，并将在长江经济带生态文明建设中先行示范，引领全国绿色航运发展。

来源：交通运输部

看完上述材料请思考下列问题：长江经济带绿色航运发展的目标是什么？主要抓手有哪些？具体任务是什么？

8.1.1 绿色航运政策领域发展趋势

一方面，绿色航运相关政策涉及大气污染防治、水污染防治、海洋环境保护、固废污染防治、噪声污染防治等诸多方面，整个体系较为庞杂，难以在有限篇幅全部呈现。另一方面，大气污染防治又是当今政府部门、行业企业和社会公众共同关注的热点领域。因此，本小节重点聚焦航运大气污染防治领域，对其相关政策体系进行梳理、总结和展望。

1）现有政策体系

现有政策体系主要包括航运大气污染防治相关的国际公约、法律法规、规章、技术标准、技术规范以及规划、指导意见等规范性文件。航运大气污染防治现有政策体系（遴选）见表 8-1，它在一定程度上体现了绿色航运政策的发展方向，同时也反映了国际组织、国家和地方政府在推进航运大气污染方面作出的巨大努力。

表 8-1　航运大气污染防治现有政策体系（遴选）

序号	政策制定者	政策文件（施行日期）	政策要点
1	IMO	MARPOL 73/78 附则Ⅵ（2005.5.19/2006.8.23）	• 限制船舶的空气污染物的排放，主要包括 SO_x、NO_x、消耗臭氧物质； • 控制 VOCs 排放、船上废物焚烧
2	全国人大	海洋环境保护法（2017.11.5）	• 国家采取必要措施，防止、减少和控制来自大气层或者通过大气层造成的海洋环境污染损害； • 在我国管辖海域，任何船舶及相关作业不得违反本法向海洋排放污染物
3	全国人大	大气污染防治法（2018.10.26）	• 新建港口应当同步规划、设计和建设岸电设施； • 内河和江海直达船舶应当使用符合标准的普通柴油； • 远洋船舶靠港后应当使用符合大气污染物控制要求的船舶用燃油； • 进入排放控制区的船舶应当符合船舶相关排放要求
4	全国人大	港口法（2018.12.29）	• 港口经营人应当依照有关环境保护的法律、法规的规定，采取有效措施，防治对环境的污染和危害

表 8-1(续表)

序号	政策制定者	政策文件(施行日期)	政策要点
5	全国人大	长江保护法(2021.3.1)	• 长江流域县级以上地方人民政府应当统筹建设船舶污染物接收转运处置设施、船舶液化天然气加注站,制定港口岸电设施、船舶受电设施建设和改造计划,并组织实施; • 国务院和长江流域县级以上地方人民政府对长江流域内港口/航道/船舶升级改造、清洁能源/新能源船舶建造、港口绿色设计等按照规定给予资金支持或者政策扶持
6	财政部、交通运输部	交通运输节能减排专项资金管理暂行办法(2011.6.20)	• 支持公路水路交通运输行业推广应用节能减排新机制、新技术、新工艺、新产品的开发和应用; • 采取以奖代补方式,由财政部、交通运输部根据项目性质、投资总额、实际节能减排量以及产生的社会效益等综合测算确定补助额度
7	交通运输部	船舶与港口污染防治专项行动实施方案(2015.8.27)	• 推进设立船舶大气污染物排放控制区; • 各地区应制定船舶/港口污染防治专项规划,完善配套政策措施; • 积极推进 LNG 燃料应用; • 大力推动靠港船舶使用岸电; • 力争建立船舶/港口污染防治引导资金
8	交通运输部	靠港船舶使用岸电 2016—2018 年度项目奖励资金申请指南(2017.1.24)	• 提供奖励资金; • 支持港口岸电设备设施建设; • 支持船舶受电设施设备改造
9	交通运输部	港口岸电布局方案(2017.7.20)	• 督促企业积极申请中央财政 2016—2018 年靠港船舶使用岸电奖励资金; • 推动建立岸电供售电机制
10	交通运输部	关于推进长江经济带绿色航运发展的指导意见(2017.8.4)	• 以绿色航道、绿色港口、绿色船舶、绿色运输组织方式为抓手; • 制修订绿色航运发展相关的规章制度; • 充分利用好中央和地方已有的相关资金支持政策,并积极协商有关部门加大政策与资金支持力度; • 充分利用市场机制,引导社会资本进入绿色航运发展领域
11	交通运输部	港口和船舶岸电管理办法(2020.2.1)	• 对已建码头(油气化工码头除外)逐步实施岸电设施改造; • 支持码头岸电设施改造和船舶受电设施安装,鼓励船舶靠港使用岸电; • 船舶靠港使用岸电的用电量不计入港口能耗统计范围; • 鼓励有关单位对使用岸电的船舶实施优先靠泊、减免岸电服务费、优先过闸或者优先通行等措施

表 8-1(续表)

序号	政策制定者	政策文件(施行日期)	政策要点
12	交通运输部、发展改革委、生态环境部、住房城建部	关于建立健全长江经济带船舶和港口污染防治长效机制的意见(2021.3.27)	• 新建船舶严格按船舶技术法规要求配备防污染设施和安装受电设施; • 推进港作机械新能源/清洁能源代替; • 推进原油/成品油码头和船舶油气回收
13	交通运输部海事局	船舶大气污染物排放控制区实施方案(2019.1.1)	• 降低船舶 SO_x、NO_x、PM 和 VOCs 等排放,持续改善港口城市空气质量; • 适用于在排放控制区内航行、停泊、作业的船舶
14	交通运输部海事局	关于规范实施船舶大气污染物排放控制区监督管理工作的通知(2019.1.1)	• 明确船舶排放控制区有关要求; • 规范监督管理工作有关事项
15	上海市政府	上海港实施船舶排放控制区工作方案(2016.4.1)	• 在排放控制区航行、停泊、作业的船舶排放的大气污染物,不得超过国家和本市规定的排放标准
16	上海市交通委、上海市发改委、上海市财政局	上海市鼓励靠泊船舶使用岸电扶持办法(2019.6.4)	• 鼓励和支持在本市的专业化泊位建设岸电; • 推进靠港船舶使用岸电

2) 现有政策特点

一是覆盖面广,涉及设施、设备、燃油、运输组织、处罚规定、扶持资金等方方面面,自上而下,逐步细化,可操作性较强。二是控制手段多样,奖罚并用,违法者予以罚款,重点节能减排项目予以资金支持。三是部分要求不明确,例如 SO_x、NO_x 等排放控制要求相对比较明确,但对 PM、VOCs、CO_2 等排放控制尚未有明确规定。

3) 未来发展趋势

一是逐步健全,考虑制定 PM、VOCs、CO_2 等排放控制标准;时机成熟时,考虑引入排污权(碳排放)交易机制。二是动态调整,考虑政治、经济、社会、技术等外部环境变化,根据实际情况,及时调整政策目标、实施措施等。三是多措并举,既鼓励在设施建设、设备制造等方面创新技术,也鼓励在经营模式、生产组织等方面创新管理。

8.1.2 绿色航运技术领域发展趋势

1) 现有技术体系

与绿色航运政策体系类似,本小节仍以航运大气污染防治为例,梳理了主要的技术类别、污染控制原理和应用场景。航运大气污染防治现有技术体系(遴选)见表 8-2。

表 8-2　航运大气污染防治现有技术体系(遴选)

序号	类别	污染控制原理	应用场景
1	能源替代技术	利用 LNG、电力等替代石化能源实现节能减排	港口牵引车、港口机械、港口作业船、营运船舶
		利用氢能、风能、太阳能、生物质能等可再生能源来替代石化能源实现节能减排	
2	船舶优化技术	通过优化船舶型线、推进系统结构等实现源头性节能减排	营运船舶
3	发动机节能减排技术	通过涡轮增压、高压共轨、废气再循环、选择性催化还原等技术实现发动机燃烧、排放过程节能减排	航运相关动力设备
4	尾气处理技术	通过化学、物理作用吸收船舶废气中的主要污染物	营运船舶
5	自动化技术	通过通讯系统、岸基控制系统、优化技术等实现节能减排	自动化码头、智能船舶
6	能量回收技术	将下放货物产生的能量回收后用于起升货物	港口机械、营运船舶

2）现有技术特点

一是涉及面广，涵盖能源、设备、多设备组成的系统等。以发动机为例，涵盖输入环节的能源替代技术、转换环节的燃烧效率提升技术、输出环节污染物减排技术等。二是影响因素多，以岸电使用为例，它不仅受岸基供电和船舶受电技术本身的影响，还受排放控制政策、低硫油价格、岸电价格、补贴政策等非技术因素的影响。三是多种技术配合使用，以集装箱码头为例，往往综合利用能源替代技术(例如内集卡“油改气”、内集卡和轮胎吊“油改电”)、自动化控制技术(包括码头操作系统 TOS、设备控制系统 ECS、自动化桥吊、自动化轨道吊、自动导引车/智能集卡、自动化换电站等技术)、能量回收技术等多种技术，以实现系统整体的优化。

3）未来发展趋势

一是能源技术向可再生化、系统化方向发展，传统化石能源将逐渐减少，氢能、风能、太阳能、生物质能等可再生能源技术将逐渐增加。就可再生能源技术本身而言，其规模化应用也需要系列化的技术支撑。以氢能为例，其未来发展不仅需要大规模、低成本、高效率的制氢技术和高密度储氢技术，而且需要安全、便捷的氢能输运加注技术和经济、可靠的氢燃料电池制造技术等。二是装备技术向自动化、系统化方向发展。以自动化集装箱码头为例，未来要实现船舶装卸、水平运输和堆场作业的全流程高度自动化，既需要以智能装备、通信技术、大数据处理技术、决策技术为支撑的远程控制技术，也需要以感知技术(包括雷达、摄像头、传感器、高精度地图等)、AI 算法、控制技术为支撑的无人驾驶技术，还需要以电池包工艺、换电机器人、云平台监控等为支撑的自动换电技术。

8.1.3 绿色航运其他领域发展趋势

1）碳排放权交易领域发展趋势

2013年以来，北京、天津、上海、重庆、湖北、广东、深圳等7个碳排放权交易试点陆续投入运行。2021年7月，全国碳排放权交易市场启动上线交易，发电行业成为首个纳入的行业。截至2021年底，除上海试点先后将港口企业（2013年）、航运企业（2016年）纳入碳排放配额管理单位外，仅有深圳试点将港口企业纳入碳排放权交易管控单位，而其他试点省市和全国碳排放权交易市场尚未将航运业纳入管控范围。

未来，从纳入行业看，我国将在发电行业的基础上逐步扩大范围，根据上海经验，港口航运业极有可能被纳入试点省市或全国碳排放权交易市场。从纳入标准看，对企业温室气体排放量的门槛要求可能会有所降低，其他试点省市甚至全国碳排放权交易市场或将采用上海1万t CO_{2e} 的"门槛值"。从配额分配方式看，目前以免费分配为主，未来可能根据国家有关要求适时引入有偿分配。

从全球看，欧盟绿色新政"减碳55"（Fit for 55）提出在2023—2025年逐步将航运业纳入欧盟的碳排放权交易体系。届时，凡是5 000 GT及以上且活动范围涉及欧盟的船舶均需按要求在2023年支付船舶排放量20%的配额，逐年递增并在2026年达到每年排放量100%。如果在次年4月30日之前，未能支付相应配额，则必须为没有配额的碳排放量，支付118美元/t的罚款。连续两年未能遵守该规定的航运企业，可能会被拒绝进入欧盟港口，直到履行其义务。如果配额超过航运企业所需，可以将其出售给其他有需要的公司，或者将其保留至来年使用。为监督该规则在航运业的实施以及考虑到IMO层面的相关发展，"减碳55"还增加了一个报告和审查条款。

2）绿色金融领域发展趋势

（1）船舶融资全球框架倡议。2019年6月，11家大型航运银行机构发起船舶融资全球框架倡议——《波塞冬原则》，首次把环保因素作为航运贷款或者融资的决策条件之一。至2021年底，共有29家金融机构签约，代表了超过1 850亿美元的银行贷款组合，占全球船舶融资组合的近50%。《海上保险波塞冬原则》是《波塞冬原则》的姊妹计划，是在《波塞冬原则》方法论基础上的第二次拓展，它要求签署方承诺对其承保的船壳和主机组合的气候调整进行评估和披露。

未来，中资银行可能签约《波塞冬原则》和《海上保险波塞冬原则》，同时还可能引入第三种规则，使航运业的脱碳与全球的可持续发展保持一致，以实现相关联盟零碳排放承诺（如NZIA等）。届时，可充分借鉴《波塞冬原则》运作经验，择机将其引入到码头节能技术改造领域，包括传统煤炭、矿石等干散货码头的节能减排技术改造（例如煤码头防尘成套技术），传统集装箱码头的节能减排技术改造（例如无人驾驶新能源集卡规模化应用），以及港区源网荷储一体化技术改造等。

(2) 氮氧化物排放基金。2007年,挪威开始在本国领土及海域内对NO_x排放征收排放税,征税对象为750 kW及以上的推进系统(船、飞机等)和10 MW及以上的发动机、锅炉和汽轮机等,征税标准为15 NOK/kg NO_x。2008年,挪威企业联合会、挪威船东协会、挪威渔船船东协会、挪威油气协会等14个商业团体组织发起成立了NO_x基金,航运企业不必再向政府缴税,转而向这一独立基金交纳小额费用,2008年缴费标准为4 NOK/kg NO_x,2020—2025年预计将达到10 NOK/kg NO_x。企业进行NO_x减排的投资或技术研发,可以向NO_x基金申请资金支持,具体支持项目包括安装NO_x测量装置、加装SCR系统、加装EGR系统、使用LNG燃料、采用电力/混合动力等,以及电池组、LNG、电源管理等技术研发等。

其次,我国可借鉴挪威NO_x基金运作经验,择机将其引入到航运业碳减排领域,由中国船东协会、中国港口协会、中国船舶工业行业协会、中国节能协会等发起成立,充分考虑与征收碳排放税、实施碳排放交易等相结合,面向港口企业和航运企业逐步实施。

8.2 绿色航运研究发展趋势

专栏二十八:绿色港口与航运网络运营管理——综述与研究机会

船舶废气污染已成我国第三大大气污染源,仅次于机动车尾气污染和工业企业排放。IMO及一些国家先后出台了一系列政策限制船舶在港口以及近海区域的排放。对于航运企业而言,燃油成本在运营总成本中可占70%以上,这些船舶尾气排放管制措施给航运企业带来了很大的燃油成本负担。因此,研究如何优化港口与航运网络的资源管理和调度计划,在遵守相关排放规定的前提下,降低港口与航运企业运作成本的同时实现绿色港口和绿色航运的建设目标就显得尤为重要。另外,尽管航运碳排放对全球环境产生了越来越显著的影响,但由于船舶碳排放大多发生于公海上的航行期间,而且通常一艘船舶的船东、营运人、船旗国等分属不同国家,因此对其碳排放进行约束非常困难。因此,对航运排放分级与控制政策以及其他补贴政策的优化研究,将对我国乃至全球航运业的可持续发展具有重要意义。

随着管理科学理论和工程实践的发展,各国学者以提高生产效率和服务水平为目标,针对港口与航运网络的运营理论与方法开始深入研究。这些努力促进了港口与航运网络的科学化运营,但从绿色运营——港航活动中的排放控制的角度来看,目前学术界和业界还尚未展开相对集中和系统的研究,尚未形成完善的以港口与航运网络的运营效率、能耗和排放平衡为目标的运营管理理论与方法。对港口运营商而言,目前缺乏涉及港口内各类装卸、运输活动的排放足迹分析、负荷分级的综合评价体系,缺乏合理有效的集装箱港口排放负荷机制模型,缺少能耗、效率、排放协调的港口资源调度优化模型和求解方法,尚未形成信息不完全情况下港口排放控制与治理的科学机制。对航运公司而言,为满足ECA排放标准需投入相关成本,但其效果主要取决于日常航运活动,比如如何优化船舶航速减少低硫油消耗、如何调配装有脱硫设备的船队等等。因此，航运企业在绿色航运和ECA政策的大环境下，其面临的一类重要问题是如何定量优化航运网络的运营管理，使用定量化的决策方法来制定相应的绿色航运网络中各类资源调度、分配、排班等运营策略，从而降低航运企业在新环境下的运营成本，使其保持在市场中的竞争力。对政府监管部门而言，目前缺乏关于如何科学制定排放控制与补贴政策的相关研究，尤其是缺乏基于定量化决策方法与模型的研究，目前亟须进一步拓展航运业污染物排放监管及规范的研究领域，通过构造系统的排放分级政策及影响因素间的冲量模型，动态分析某一特定排放政策的实施或变化，对航运业整体污染物排放的正向及逆向影响，从而帮助政府监管部门的政策制定者权衡利弊，为国内及国际航运减排政策制定提供理论依据、为我国乃至全球航运减排任务提供更加实际的指导和建议。

因此，文章提出了未来针对绿色港航管理中一些优化决策问题，具体包含如下4个方面：①基于排放分级的港口运营动态评价与资源调度优化理论与方法；②排放控制政策下航运网络运营决策优化模型与算法；③排放分级与控制政策下港口投资与船队调配、技术升级决策优化理论与方法；④如何科学设计排放分级与控制政策以及其他补贴政策，降低港航活动中污染排放。如何实现港口与航运活动的节能减排的目标、提高港口与航运公司的服务水平、同时又能实现成本的控制，已成为众多港口城市、港口运营商、航运公司、政府监管部门等必须面对的重要问题，这与党的十九大报告中提出的生态文明建设、推动节能减排政策一脉相承。构建绿色港口与航运网络管理优化理论体系，不仅对发展管理科学、系统科学、决策优化理论具有重要的学术价值；另外，可以对航运公司如何优化航运网络与计划实现成本与排放控制的“双赢”提供一些管理优化模型；对港口运营商如何进一步改善现有的资源管理方式以应对绿色港口建设新要求提供一些新的决策支持工具；对政府监管部门如何合理设计监管策略提供决策参考建议；对相关港口与航运企业如何采纳绿色环保新技术提供科学依据；最后，在优化货物航运的同时，实现客运航运活动的绿色环保目标。本文所关注的“绿色港口与航运运营管理研究”对全面降低全球航运活动的污染排放、推动低碳经济、保障人类生活的安全健康、提高全球经济社会的可持续性发展能力具有非常重要的现实意义。

来源：《工程管理前沿》，镇璐、诸葛丹、慕容丽雯、鄢然、王帅安

看完上述材料请思考下列问题：目前绿色港航领域的研究热点有哪些？未来发展方向是什么？

8.2.1 绿色航运政策研究发展趋势

1）主要研究方向

一是政策设计与优化，具体包括选择何种政策手段、采取哪种策略和执行什么标准等。例如，政策手段是选择征税，还是选择收费，抑或补贴还是其他？征税策略是固定税率还是累进税率，收费策略是固定费率还是累进费率，补贴策略是直接补贴还是以奖代补？征税税

率、收费费率、补贴水平等具体多少最为合理?

二是政策评价,具体包括预评价、跟踪评价和后评价。预评价是指在实施前评价政策的预期效果以及是否能促进目标达成等,跟踪评价是指在实施中评价政策的阶段性投入与产出是否契合以及需要对政策进行调整等,后评价是指在实施后评价政策目标是否达到、效益如何以及相关利益方满意度如何等。

2) 典型研究成果

(1) 岸电补贴标准优化。大连海事大学匡海波教授团队(2020)研究了岸电补贴对海运二级供应链的影响。他们利用博弈论方法确定了最优补贴强度和政府减少补贴的临界点,采用系统动力学方法分析了多重博弈下政府补贴效率、信息不对称和决策周期不一致等实际问题的影响和演化规律,岸电补贴政策优化结果见表 8-3。当托运人绿色偏好为 1 000 时,岸电最优可靠性为 1.7,岸电码头的最优集装箱吞吐量为 16 5497 TEU。虽然政府补贴标准为 173.7 CNY/TEU,但扣除船舶变相提价 8.5%因素外,实际补贴标准仅为 27.3 CNY/TEU,船公司依靠政府补贴变相提价占了政府补贴的一定比例。从政府的角度看,每月补贴支出为 2 900 万元。在此条件下,1 万 CNY 补贴的效率为 55.8 TEU,即每补贴 1 万 CNY,集装箱吞吐量比未补贴时增加 55.8 TEU。在托运人绿色偏好不变的情况下,政府补贴托运人的有效范围为 17.0～354.6 CNY/TEU。当超出该范围时,补贴总额将超过财政上限或对托运人失效。当托运人绿色偏好达到 18 737 时,岸电补贴总额即达到财政上限,必须减少补贴。当技术进步的预期效率达到 2.01%时,政府可将补贴减少到 50%以内。

表 8-3　岸电补贴政策优化结果

变量	最优值	变量	最优值
岸电可靠性	1.7	变相提价率	8.5%
岸电码头集装箱吞吐量	165 497 TEU	港口收费	827.4 CNY
政府补贴标准	173.7 CNY/TEU	船公司的费率	1 854.9 CNY
托运人的实际补贴	27.3 CNY/TEU	补贴总额	2.9×10^{7}
政府补贴效率	55.8 TEU/10^{4} CNY	政府减少补贴的临界点	18737
有效补贴范围	17.0～354.6 CNY/TEU	技术进步的预期效率	2.01%

(2) 长江绿色港口发展资金政策评价。交通运输部规划研究院徐杏等(2019)对采用对比分析方法,对长江绿色港口发展资金政策的演变、实施前后差异等进行纵向对比分析,对不同层面(国家层面有关绿色港口的资金政策如表 8-4 所示)、不同用途的资金政策进行横向比较分析。结果发现,中央和地方各地用于岸电、内河船型标准化、集疏运通道和枢纽以及节能减排资金政策,较好地引导和促进了长江沿线绿色港口的发展,如国家发改委 2016—2018 年共投入 19 亿元资金,补助了 30 个长江港口的集疏运通道建设,较好地促进了内河港口多式联运的发展。交通运输部岸电资金政策三批共投入 7.4 亿元补助 247 个项目,其中

用于长江港口和船舶的补助共 93 个项目、约 1.3 亿元，占总补助金额的 17%，重点补助了重庆、武汉和南京以下港口岸电设施以及重庆、武汉游轮等船舶受电设施的改建，较好地提升了江苏和重庆等地码头岸电设施的利用率。同时，这些政策也存在政策分散、资金规模小、补助范围有待拓展、补贴方式有待完善，资金政策缺乏长期性、稳定性和针对性等问题，不利于实现长江经济带绿色港口的持续健康发展。

表 8-4　国家层面有关绿色港口的资金政策

政策	补助范围	补助方式	有效期
《长江经济带绿色发展专项中央预算内投资管理暂行办法》（发改投资〔2017〕1897 号）	针对长江经济带港口集疏运通道、综合交通枢纽建设项目、长江生态环境监测能力建设项目、长江岸线整治修复项目以及水体整治试点项目的建设	直接安排投资和切块下达投资两种方式予以相应的中央投资扶持	2018—2020
《节能减排补助资金管理暂行办法》（财建〔2015〕161 号）	针对节能减排体制机制创新、节能减排基础能力及公共平台建设、节能减排财政政策综合示范、重点领域、重点行业、重点地区节能减排以及重点关键节能减排技术示范推广和改造升级等项目	主要采用补助、以奖代补、贴息和据实结算等方式给予相应中央投资扶持	
《靠港船舶适用岸电 2016—2018 年度项目奖励资金申请指南》（交规划函〔2017〕100 号）	支持港口岸电设备设施建设和船舶受电设施设备改造项目	车辆购置税资金，以奖励方式补助	2016—2018
《内河船型标准化补贴资金管理办法》（财建〔2014〕61 号）	LNG 等清洁能源船舶改造	中央财政预算列支的船型标准化补助资金	延续到 2017 年底

3）未来发展趋势

关于碳税、碳基金、碳交易，三者之间存在什么样的作用关系？采取哪一种或哪几种措施能获得最佳效果？碳税税率、碳基金费率、碳交易配额等如何制定？是否需要设立针对 SO_x、NO_x、PM 的排放权交易或征税政策？如果设立，该采取何种方式和策略？

关于岸电补贴，其对设备改造成本、营运成本、岸电使用率、环境效益等有何影响？岸电补贴与燃料油价格存在什么样的关系？补贴标准如何与其挂钩？什么条件下可以考虑削减或者取消岸电补贴？

8.2.2　绿色航运技术研究发展趋势

1）主要研究方向

一是能源利用相关技术，包括内燃机燃烧及排放控制技术、可再生能源利用技术、能量回收存储技术等。二是设施建设和设备制造技术，包括绿色港航建设技术、绿色船舶技术、港口机械设备自动化技术、船用岸电技术等。三是现代信息技术，包括传感器、射频识别、摄像头、激光雷达、全球定位系统、物联网等感知技术，5G、人工智能、区块链、云计算、大数据等移动通信和信息处理技术，以及港口航道视频监控系统、船舶能效管理系统、AIS、VTS、TOS、APP 等应用技术。

2）典型研究成果

(1) 船舶排放控制技术。大连海事大学朱益民教授团队（2014）开发了镁基-海水 EGC 系统，镁基-海水法船舶废气脱硫系统处理流程见图 8-1。该系统主要包括 4 部分：氢氧化镁浆料高效制备单元、喷淋洗涤单元、脱硫废水处理单元以及测试和电控系统。系统工作时，氧化镁与水在混合罐中搅拌均匀，经压力水泵通入到汽水混合反应器，同时高压水蒸气由船上蒸汽管道引入与氧化镁浆料充分混合加热并水化。水化反应完成后，气液混合流经水冷单元后，获得氢氧化镁浆料吸收液。船舶废气在高温引风机的作用下，经设置在主烟道上的旁路进入脱硫塔初级喷淋冷却系统，冷却降温后进入脱硫塔。吸收液在循环泵作用下通过均布在喷淋层上的喷嘴喷洒，均匀覆盖塔内空间，与逆流烟气接触并吸收其中的 SO_2。脱硫废液经过 $MgSO_3$ 氧化、固液分离、油和 PAH 吸附、废渣储存、处理水调质等处理过程后排放。镁基-海水 EGC 系统先后在“冰河”号和“凌云河”号两艘集装箱船进行了试验，结果表明系统脱硫效率高（保持在 95%左右）、运行风阻低、节省能耗和成本，且 pH 值下降较平缓，不释放 CO_2，并具有一定固碳作用。该系统处理后的废气及洗涤水中的各项指标满足 MARPOL 73/78 规定的限值，可长期运行，适合在船舶上使用。使用该系统时，最佳液气比为 10 L/m^3，镁硫比为 1.0。

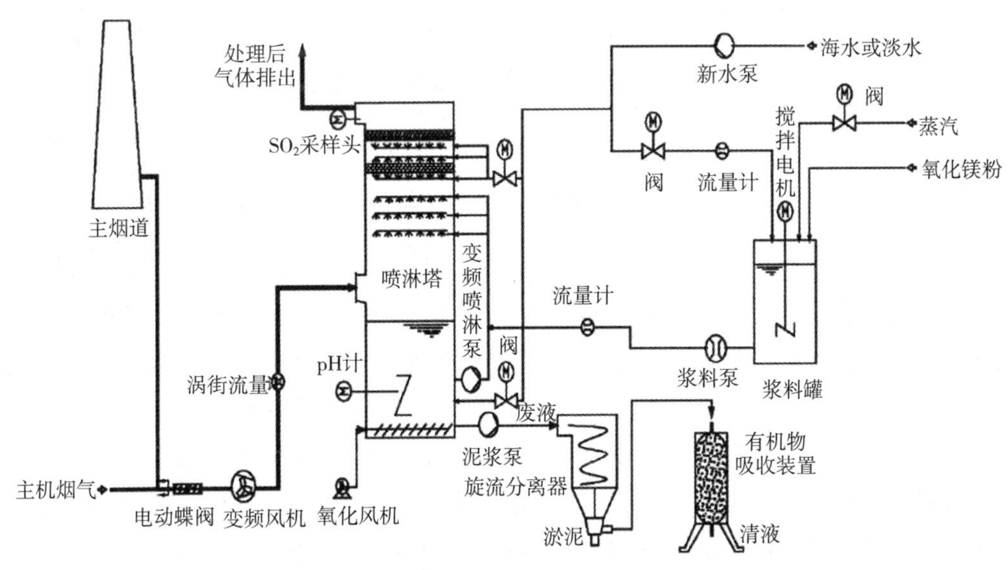

图 8-1　镁基-海水法船舶废气脱硫系统处理流程

(2) 船用岸电技术。国网大连供电公司毕长生团队（2017）总结了船用岸电系统的组成（船用岸电系统的组成见图 8-2）和供电方式（船用岸电供电方式比较见表 8-5），分析了船用岸电技术对电能替代的推进作用、对节能减排的促进作用以及对港口环境的改善作用。结果表明，采用岸电技术后，单泊位每年的减排总量最多可达 108.73 t，其中 CO 减排量 17.78 t，NO_x 减排量 1.02 t，烟气减排量 54.36 t；节省发电用燃油 101.6 万升，对应燃油费用 711.2 万元，产生电量 5 080.8 kW·h，对应电费 558.9 万元，创造经济效益 152.6 万元；船舶采用岸电后，NO_x 的排放量减少 97%，SO_x 排放量减少 96%，悬浮物排放量减少 96%，GHG 排放量减少 94%。

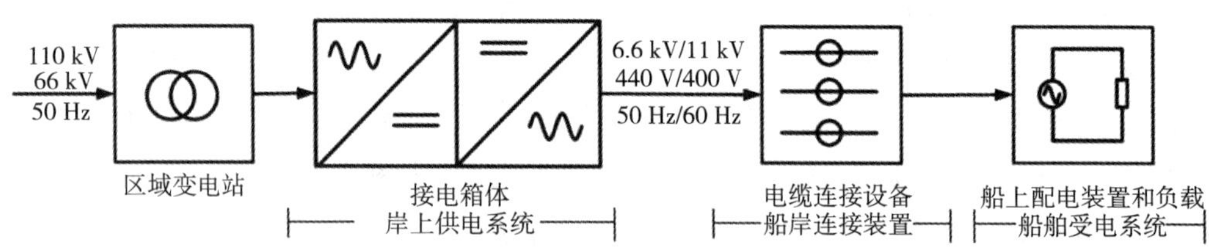

图 8-2　船用岸电系统的组成

表 8-5　船用岸电供电方式比较

项目	低压岸电/低压船舶	高压岸电/低压船舶	高压岸电/高压船舶
岸上系统电压/kV	0.44	6～20	6.6/11
船舶配电电压/kV	0.44	0.4	6.6/11
港口电网频率/Hz	60	50	60
船舶用电频率/Hz	60	50	60
岸电接入方式	港口提供电缆	港口提供电缆	船方提供电缆
船舶改造复杂性	较小	较复杂，需要船舶上安装降压变压器	较小
供电操作难易度	较复杂 需接驳船和多根电缆	较容易 仅需一根电缆	较容易 仅需少量电缆
代表案例	美国洛杉矶港	瑞典哥德堡港	美国长滩港

(3) 船舶能效管理系统。中国远洋海运集团和上海船舶运输科学研究所团队(2020)利用能效管理计划方法对船舶能效指标、能效系统功能进行论证分析，从系统架构(船舶智能能效管理系统架构见图 8-3)、数据库构建与功能优化设计(船舶智能能效管理系统平台设计思路见图 8-4)等进行研究，开发设计了一种可靠高效的船舶智能能效管理系统。该系统具有船舶营运状态实时在线监控、智能评估、能效优化以及历史报告管理等功能，可为船舶管理者提出能效辅助优化建议，有利于降低船舶营运能耗，提高能源利用率。目前，该系统已在中国远洋海运集团多型散货、集装箱和油船上得到了成功应用，并在实践中不断得以优化与完善。

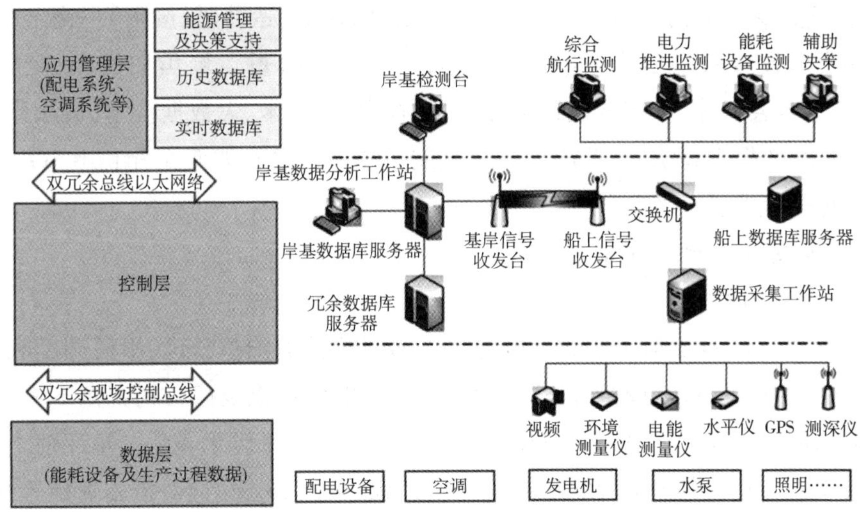

图 8-3　船舶智能能效管理系统架构

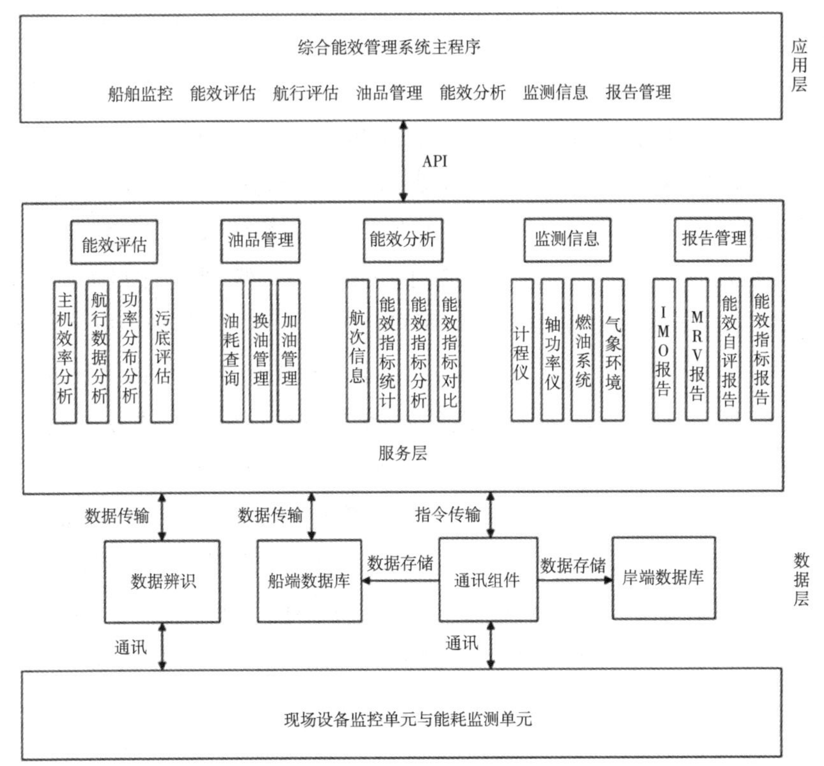

图 8-4　船舶智能能效管理系统平台设计思路

3）未来研究展望

能源利用相关技术方面，重点聚焦如何充分利用可再生能源？如何降低可再生能源的全生命周期成本？如何提高能源效率？如何将分布式发电技术、储能技术等与港航建设和船舶建造技术相结合？如何更加安全、高效地向大容量船舶提供岸电？设施建设和设备制造技术方面，重点聚焦如何从全生命周期视角（设计、建造、运营、报废等）提高节能减排水平？如何使岸电设备布局更为紧凑？现代信息技术方面，重点聚焦如何充分利用5G＋ABCDE等现代信息技术（人工智能技术、区块链技术、云技术、大数据技术、边缘计算技术）现代信息技术高效提供高质量、低成本的绿色航运相关信息？如何充分利用5G＋ABCDE技术提高绿色航运发展水平？

8.2.3 绿色航运管理研究发展趋势

1）主要研究方向

一是优化类研究，包括港口视角下考虑节能减排因素的泊位分配、岸桥调度和分配、场桥调度和分配、内集卡调度、岸桥-内集卡-场桥联合调度等，以及船公司视角下考虑节能减排因素的航运网络设计、船队规划、班期设计、航线配船、航速优化等。二是评估类研究，包括碳排放权交易（碳税）背景下的航线选择、ECA背景下的船公司应对措施选择等绿色航运技术经济评价，以及港口/船舶排放估算、港口/船舶技术改造绩效评价（能效、排放）、绿色港口等级评价等。

2）典型研究成果

（1）集装箱码头岸桥优化配置。大连理工大学郭子坚教授团队（2014）研究了低碳型集装箱码头的岸桥配置优化方法，在经典的从经济学角度考虑的岸桥配置优化方法基础上，增加了岸桥CO_2排放强度约束条件（不大于3.28 kg/TEU），并通过算例计算，验证碳排放约束条件对集装箱码头岸桥配置的影响，为建设低碳型集装箱码头提供理论依据。该方法以最小化年总损失费用（包括船舶待泊损失费和泊位闲置损失费）为优化目标，以岸桥CO_2排放强度为约束条件，以岸桥配置型号（备选岸桥参数见表8-6）和数量为决策变量，以拥有4个5万t级泊位（年吞吐能力为240万TEU）的集装箱码头为例进行算例分析，岸桥配置优化结果见表8-7。可以看出，考虑碳排放约束后，岸桥的最优配置方案为8座A型岸桥和4座C型岸桥，码头年总损失费用为5 039万元，岸桥CO_2排放强度为3.21 kg/TEU，年CO_2减排量为192 t。从表8-6还可看出，随着CO_2排放强度约束值的下降，各最优方案年总损失费用有所增加。当排放强度约束值取2.90或以下时，则模型无满足要求的最优配置方案。因此，码头应合理选择CO_2排放强度约束值（一般不应大于3.28 kg/TEU，且不宜小于2.91 kg/TEU），在满足CO_2排放强度约束的情况下，提高港区生产作业效率。

表8-6 备选岸桥参数

参数	小型(A)	中型(B)	大型(C)
同时装卸集装箱数量/TEU	1	2	4
额定起重量/t	42	61	80
单价/万元	4 500	6 500	8 500

表 8-6(续表)

参数	小型(A)	中型(B)	大型(C)
前伸距/m	40	55	65
台时效率/(TEU·d^{-1})	800	1 600	2 600

表 8-7　岸桥配置优化结果

模型		最优配置	年总损失费用/万元	碳排放强度/(kg/TEU)
无碳排放约束		BC	4 450	3.29
有碳排放约束/(kg/TEU)	3.28	AAC	5 039	3.21
	3.17	ABB	5 144	3.09
	3.06	AAAB	5 764	3.00
	2.95	AAAAA	6 191	2.91
	2.90	无		

(2) 船舶航速优化。汪传旭教授团队(2018)综合考虑航速降低带来的碳排放量减少和船舶投入增加带来的碳排放量增加,建立三种碳排放调控政策(定额征收碳税、按量征收碳税以及基于碳排放权交易处理碳排放)下基于船舶运输成本最小的航速优化模型,以原中远集运公司美东一线(AWE1)4 250 TEU 集装箱船为对象进行算例分析,比较不同碳排放控制政策下的航速水平,并针对不同碳排放控制政策分别分析碳排放限额、碳税水平、碳交易价格对班轮公司成本的影响,不考虑碳排放与不同碳排放政策调控下的模型结果对比见表 8-8。可以看出,无论选择哪种调控政策都能达到降低碳排放的目的,但同时也会导致平均航速降低和船公司成本增加,三种调控政策所引起的碳排放减少比例分别为 0.79%、1.30%、2.52%,相应总成本增加比例分别为 1.35%、2.46%、4.34%。但是,从单位减排成本看,定额征收碳税政策低于其他两种政策,但如果政府采用定额征收碳税这一政策,也要注意额度的合理性,否则将会起到反作用。

表 8-8　不考虑碳排放与不同碳排放政策调控下的模型结果对比

最优值	不考虑碳排放	定额征收碳税	按量征收碳税	基于碳权交易处理碳排放
速度/kn	18.55	17.88	18.31	18.09
碳排放量/(t/d)	214.6	212.9	211.8	209.2
总成本/(美元/h)	3 617	3 666	3 706	3 774
碳排放变化率/%		0.79	1.30	2.52
总成本变化率/%		1.35	2.46	4.34
单位减排成本/(美元/t)		692	763	698

(3) 船用燃料技术经济评价。上海交通大学胡昊教授团队(2020)综合考虑燃料成本、资金成本、运河成本、港口收费、运营成本和碳税成本,以单位运输成本(美元/TEU)为技术指标,以中远海运上海至鹿特丹航线 5 089～21 237 TEU 集装箱船为研究对象,对 2 种碳税政策(定额税率和累进税率)情景下 2 条亚欧航线(苏伊士航线和北极航线)使用不同燃料(重质油、轻质油、液化天然气)的经济可行性进行分析,固定税率下不同航线和燃料组合的单位运输成本变化见图 8-5、累进税率下不同航线和燃料组合的单位运输成本变化见图 8-6。通过对比发现,无论是采用哪种税率和燃料组合,苏伊士航线单位成本均低于北极航线。从单位运输成本看,累进税率低于固定税率,LNG 燃料低于其他燃料。

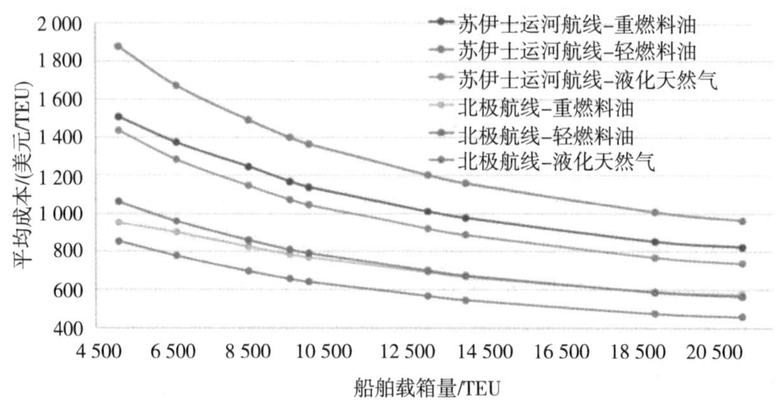

图 8-5 固定税率下不同航线和燃料组合的单位运输成本变化

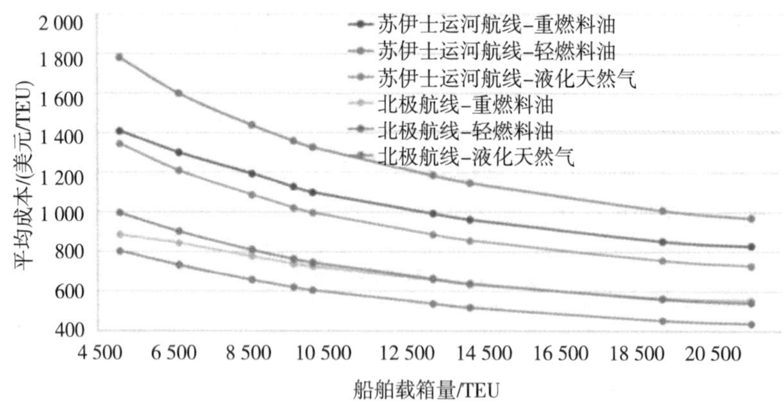

图 8-6 累进税率下不同航线和燃料组合的单位运输成本变化

(4) 港口机械排放清单估算。华南理工大学郑君瑜教授团队(2017)在对珠三角港口实地调研基础上,提出了基于单位作业量油耗的分作业方式、分机械类型的精细化港口机械排放清单估算方法,并对该方法油耗估算值与港口油耗统计值、其他估算方法油耗值之间的差异进行对比分析,以验证其可靠性与适用性,最后利用该方法建立了 2014 年珠三角港口机械排放清单(2014 年珠三角港口机械排放清单见表 8－9、2014 年珠三角各类码头机械、各城市码头机械的排放贡献率见图 8－7)。结果显示,2014 年珠三角港口机械排放的 SO_2、NO_x、CO、PM_{10}、$PM_{2.5}$ 和 HC 分别为 633.6 t、4 610.6 t、3 391.2 t、226.9 t、216.0 t 和 728.8 t。其中,集装箱码头是最主要的港口机械使用场所,集装箱专用机械因使用频率高,机械功率相对较大,是集装箱码头的最大贡献源,其次为水平运输机械,装卸搬运机械和岸边装卸机械贡献较小。以 NO_x 为例,广州、深圳为主要贡献城市,其排放分担率分别为 35.4%和 30.1%;东莞、珠海作为重要港口城市,其排放分担率分别为 7.9%和 6.8%;肇庆为非沿海城市,港口货运吞吐量较小,故港口机械排放比例小;而惠州港货物运输多为石油等油品,文中研究的港口机械估算范围不包含油品码头,故惠州的港口机械污染物排放量相对较少。通过清单的横向对比和不确定性分析,表明该方法具有较好的可靠性与适用性。

表 8－9　2014 年珠三角港口机械排放清单

项目	SO_2	NO_x	CO	PM_{10}	$PM_{2.5}$	HC
集装箱码头	380.2	2 754.7	2 083.2	149.9	142.8	419.7
过程①	66.7	483.4	365.6	26.3	25.1	73.7
过程②	66.3	480.7	363.5	26.2	24.9	73.2
过程③	174.8	1 266.2	957.6	68.9	65.7	192.9
过程④	30.2	218.9	165.5	11.9	11.3	33.3
过程⑤	42.2	305.4	231.0	16.6	15.8	46.5
散货码头	253.4	1 856.0	1 308.0	77.0	73.2	309.1
合计	633.6	4 610.6	3 391.2	226.9	216.0	728.8

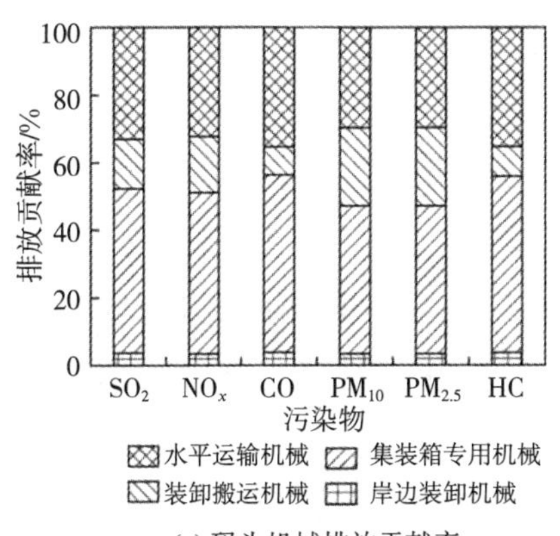

(a) 码头机械排放贡献率

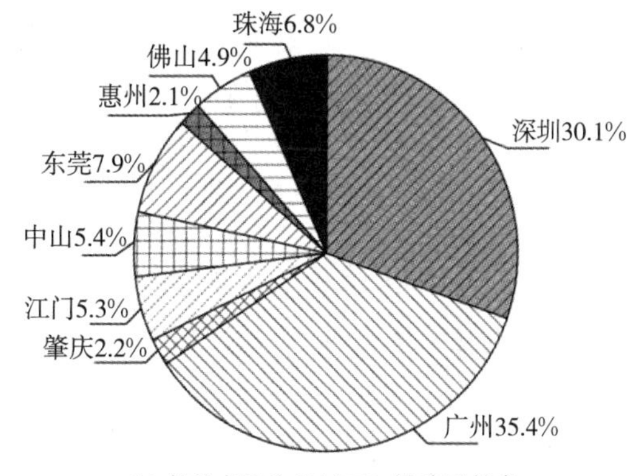

(b) 各城市码头机械NO_x排放贡献率

图 8－7　2014 年珠三角各类码头机械、各城市码头机械的排放贡献率

3) 未来发展趋势

优化类研究方面,重点聚焦双重条件下(如 ECA 和船舶减速鼓励、碳税和碳交易等)或多重条件下(如 ECA、EU-ETS、绿色航运走廊等)的航运网络优化,ECA 内外不同控制要求下的航速优化,以及自动化码头多设备协同优化等。评估类研究方面,重点聚焦基于大数据技术的排放清单估算、ECA 政策绩效评价,基于半生命周期、全生命周期的港口设备排放量估算,以及考虑油价变动的减排措施选择等。

本章小结

(1) 绿色航运实践发展趋势:政策领域,政策体系——国际公约、法律法规、规章、技术标准、技术规范以及规划、指导意见等,政策特点——覆盖面广、手段多样、部分要求不明确,未来趋势——逐步健全、动态调整、多措并举;技术领域,技术体系——能源替代、船舶优化、发动机节能减排、尾气处理、自动化、能量回收等,技术特点——涉及面广、影响因素多、多种技术配合使用,未来趋势——能源技术向可再生化和系统化方向发展、装备技术向自动化和系统化方向发展;其他领域,碳排放权交易——扩大范围、降低门槛、有偿分配,绿色金融——中资银行签约《波塞冬原则》和《海上保险波塞冬原则》引入港口设备升级改造领域、氮氧化物排放基金运作经验引入航运碳减排领域并考虑与碳税、碳交易等结合起来。

(2) 绿色航运研究发展趋势:政策研究,主要方向——政策设计与优化、政策评价,典型研究成果——岸电补贴标准优化、长江绿色港口发展资金政策评价,未来发展趋势——碳税、碳基金、碳交易等政策选择、岸电补贴政策优化等;技术研究,主要研究方向——能源利用相关技术、设施建设和设备制造技术、现代信息技术,典型研究成果——船舶排放控制技术(大连海事大学镁基-海水 EGC 系统)、现代船用岸电技术、船舶能效管理系统,未来发展趋势——能源降本增效、设施建设和设备制造的全生命周期节能减排、船上设备紧凑布局、现代信息技术对绿色航运发展的支撑作用强化;管理研究,主要研究方向——优化类、评估类,典型研究成果——集装箱码头岸桥优化配置、船舶航速优化、船用燃料技术经济评价、港口机械排放清单估算,未来发展趋势——考虑双重条件、多重条件、不同区域、大数据、半(全)生命周期、油价变动等因素。

思考题

(1) 请从航运大气污染及防治相关政策、技术、金融等细分实践领域当中选择你感兴趣的某一领域,查阅国内外相关公约、法律法规规章、专业媒体报道等资料,对其未来发展趋势做更为详细、更为深入的分析。

(2) 请从航运水污染及防治、航运固废污染及防治、航运噪声污染及防治、拆船污染及防治等主题当中选择你感兴趣的一个主题,查阅相关资料,撰写一份相对完整的绿色航运实践专题发展趋势分析报告。

(3) 请从航运大气污染及防治相关政策、技术、管理等细分研究领域当中选择你感兴趣的某一领域,查阅国内外相关论文、图书、研究报告等资料,对其未来发展趋势做更为详细、更为深入的分析。

(4) 请从航运水污染及防治、航运固废污染及防治、航运噪声污染及防治、拆船污染及防治等主题当中选择你感兴趣的一个主题,查阅相关资料,撰写一份相对完整的绿色航运研究专题发展趋势分析报告。

(5) 以岸电为例,是否补贴、补贴多少,这是政府要考虑的问题;是否优惠/收费、优惠/收费多少,这是电力/港口企业要考虑的问题;是否使用、什么条件下使用,这是船公司层面要考虑的问题。就补贴水平而言,如何考虑电价、收费、油价等因素的动态变化进行建模,以得到补贴效率最高的补贴水平和补贴预算?

(6) 根据欧盟绿色新政"减碳 55",2023 年进出欧洲的船舶需按要求支付碳排放配额,这将导致亚欧航线的船公司改变其航线配置,可能在中途某地设立转运基地,以减少支付给欧洲当局的碳排放配额。在此背景下,船公司如何选择船型和转运基地才能最大可能降低船舶进出欧洲的碳排放成本?

附　录

附录A　拆船污染及防治

A.1　拆船污染概述

1）拆船污染现象

废船是指丧失航运能力或使用价值、可供拆解的船舶及其他浮动金属结构体。拆船是在拆船设施内进行的旨在对废船船体结构及设备进行拆卸、解体以及回收船舶各类可再生利用材料，并对有害物质材料及其他材料进行妥善处置的活动。根据拆解地点不同，可将拆船活动分为两大类：一类是岸边拆船，即对停靠在拆船码头、船坞或者冲滩（海难事故中的船舶冲滩除外）的废船进行拆解；另一类是水上拆船，即对完全处于水上的废船进行拆解。拆船污染是指在拆船过程中排放的废气、废水、固体废物、噪声等，超出污染物排放控制标准，造成环境质量下降、生态环境破坏、人体健康甚至生命安全受损等负面影响的现象。

2）拆船污染的原因

船舶拆解典型工艺流程见图A-1。其中，拆解环节最重要的一项工序就是使用电石产生的乙炔气体对废船进行切割。在废船拆解过程中，一般会产生大气污染、水污染、固废污染和噪声污染（拆船主要污染源见表A-1）。例如，拆解1万LDT（轻吨）废船约产生100～150 t消防废水、10 t电石渣、2 t废机油。

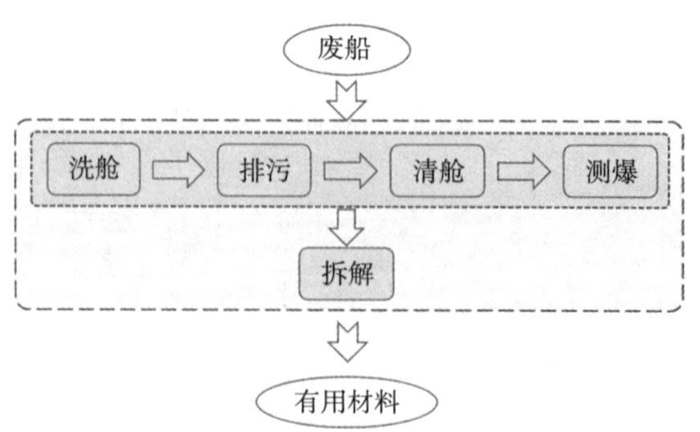

图A-1　船舶拆解典型工艺流程

表 A-1　拆船主要污染源

污染类型	污染源
大气污染	切割废气，电石废气，氟利昂，燃烧废气，火灾爆炸废气
水污染	含油污水，压载水，洗舱水，消防废水，电石废水，事故排油
固废污染	电石渣，废机油和废油渣，废水处理油泥，石棉，剥落的油漆和涂料碎片，重金属，多氯联苯，聚氯乙烯，玻璃纤维、隔热材料、铁锈、各种船舱残存物和生活垃圾等废弃物
噪声污染	切割噪声

此外，废船在拆解前一般自身都带有一定数量的污油和含油污水，如机舱中的残剩重油、柴油、润滑油、压载水、洗舱水、舱底水、粘有油污的固体废物。其次是各种非油废弃物，包括石棉、玻璃纤维、瓷砖、水泥、瓦砾、耐火砖、木屑、纸屑、泡沫塑料、生活垃圾等。这些污染物的数量因船而异，但种类大致相同，废船自带污染物见表 A-2。

表 A-2　废船自带污染物

<table>
<tr><th>船名
项目</th><th>门斯特</th><th>伊未佛斯</th><th>新城</th><th>新丝</th><th>伊纳雅码</th></tr>
<tr><td>船舶种类</td><td>杂货船</td><td>散货船</td><td>客货船</td><td>冷藏船</td><td>油船</td></tr>
<tr><td>轻吨/LDT</td><td>6 003</td><td>5 801</td><td>4 632</td><td>5 051</td><td>16 514</td></tr>
<tr><td>残油废油/t</td><td>100</td><td>110</td><td>81</td><td>27</td><td>430</td></tr>
<tr><td>压载水/t</td><td>3 740</td><td>4 300</td><td>1 000</td><td>117</td><td>26 300</td></tr>
<tr><td>机舱水/t</td><td>2.0</td><td>3.0</td><td></td><td></td><td>2.5</td></tr>
<tr><td>舱底水/t</td><td></td><td></td><td>120</td><td></td><td></td></tr>
<tr><td>石棉/t</td><td rowspan="2">4</td><td rowspan="2">6</td><td>8</td><td></td><td rowspan="2">0.58</td></tr>
<tr><td>玻璃纤维/t</td><td>1</td><td>192</td></tr>
<tr><td>泡沫塑料/t</td><td></td><td></td><td>2</td><td></td><td></td></tr>
<tr><td>水泥废物/t</td><td></td><td></td><td>120</td><td></td><td></td></tr>
<tr><td>生活垃圾/t</td><td>1.6</td><td>1.6</td><td>3.0</td><td>72.0</td><td>1.3</td></tr>
</table>

3）拆船污染的危害

洗舱过程危害。清洗机舱产生的废水含有碳氢化合物，危害水生生物、食品安全等。

切割过程危害。高温切割产生有毒铅蒸气（油漆平均含铅量：100.9 mg/kg），长期导致慢性铅中毒；电石废气含有硫化氢、磷化氢，长期影响呼吸道健康；电石废水呈碱性（pH 值为 7.8～9.3），腐蚀鱼尾、鳍叉，黏结鱼鳃，阻塞呼吸道，使鱼窒息而死。

焚烧过程危害。聚氯乙烯燃烧产生氯化氢、二噁英等有毒化合物，危害人体健康；聚氨酯发泡塑料、沥青纸等火灾产生一氧化碳，导致缺氧、窒息、急性中毒等。

拆解过程危害。较大量、较长时间吸入石棉，引发石棉沉着、间皮瘤、肺癌等疾病。拆船业的金属污染以铁(船体铁锈)和钙(电石废水)为主。其中，铁锈对底栖性鱼类有致命危险，斑尾复虾虎鱼在高浓度铁锈水里半小时即死亡；铁锈沉淀后地质变硬，变硬的底质再加上重金属离子的毒性可对底栖的穴居动物产生危害，破坏生物多样性。铁和钙的氢氧化合物都是碱性物质，能改变海水的 pH 值，从而进一步对生物造成危害。pH 值过高会使鱼鳃黏膜凝结，影响呼吸；pH 值过低会使水中的某些酸透过鱼体表面改变血液的 pH 值，降低整个机体的呼吸代谢功能。含有机锡的油漆或涂料碎片，会引起荔枝螺变性、牡蛎壳畸变，有可能进入食物链进而危害人体健康。

事故危害。首先，废船可能遗留有液氨瓶、氟利昂瓶、卤化剂灭火器等高压容器(瓶)，一旦发生爆裂事故可能会造成急性中毒。其次，由于拆船设备简陋、手工操作多、作业环境恶劣、管理制度不健全、工人素质不高、违规作业等原因，在拆船过程可能会发生各种事故(例如溢油、火灾、爆炸、高空坠落等)，不仅会造成环境污染、生态破坏和经济损失，而且可能危及身体健康和人身安全。

A.2 拆船污染防治要求

1) 国际相关要求

(1)《巴塞尔公约》。《巴塞尔公约》是《控制危险废料越境转移及其处置巴塞尔公约》的简称，于 1989 年 3 月 22 日在联合国环境规划署于瑞士巴塞尔召开的世界环境保护会议上通过，并于 1992 年 5 月 5 日生效。中国于 1990 年 3 月 22 日在该公约上签字。1995 年 9 月 22 日，100 多个国家的代表在日内瓦通过了《巴塞尔公约》修正案，在全球范围内禁止有毒贸易，限制欧洲、美国、日本等经济发达国家把有毒废料输出到其他非工业化国家，该修正案于 2019 年 12 月 5 日生效。2019 年 5 月 10 日，缔约方大会第十四次会议通过了《巴塞尔公约》塑料废物附件修正案，该修正案于 2021 年 1 月 1 日生效。

《巴塞尔公约》要求各国把危险废料(国际上普遍认为具有爆炸性、易燃性、腐蚀性、化学反应性、急性毒性、慢性毒性、生态毒性和传染性等特性中一种或几种特性的生产性垃圾和生活性垃圾)数量减少到最低限度，用最有利于环境保护的方式尽可能就地储存和处理。公约明确规定，如确有必要越境转移废料，出口国必须事先向进口国和有关国家通报废料的数量及性质；越境转移危险废料时，出口国必须持有进口国政府的书面批准书。

由于废船通常由发达国家向发展中国家出口，发展中国家拆解废船涉及废物的越境转移。因此国际社会注意到废船拆解对发展中国家可能造成的环境污染，在 1999 年 4 月日内瓦召开的巴塞尔公约第 15 届技术工作组会议和在 1999 年 6 月召开的巴塞尔公约特设工作组委员会议上通过了关于废船拆解的决议涉及的主要内容为废船进出口拆解的法律问题和废船拆解环境无害化技术导则。拆解废船进入《巴塞尔公约》的主要原因有：废船含有的石棉、废油、油漆、重金属属于公约管理中的危险废物名录 A，船体废钢铁属名录 B，伴随出售废船而造成的越境转移及这些危险废物的处置，均是公约的主要内容；拆解废船场地对上述危险废物处置不当，而对环境造成破坏。拆船工人的劳保措施也需加强等；大量退役船舶待拆，引起有关国家和国际组织的关注。

(2)《香港公约》。《香港公约》是《2009年船舶安全与环境无害化回收再利用香港国际公约》的简称，于2009年5月15日在IMO香港外交大会正式通过，其适用范围为500 GT及以上任何类型的海船，不包括内河船、军舰或其他国有或国营并暂时只用于政府非商业服务的船舶，以及自始至终从事国内营运并最终在本国拆解的国内航行船舶。《香港公约》将环保理念应用到船舶的整个生命周期，对船舶的要求包括了船舶设计和建造、营运、拆解三方面，实现了对船舶从出生到坟墓的全程监管。《香港公约》从多方面提出了相关的要求，《香港公约》相关要求见表A-3。

《香港公约》的生效条件为不少于15个国家批准、接受、认可或加入《香港公约》，这些国家的商船总吨位超过全球商船总吨位的40%，且这些国家在过去10年的最大年度总拆船量合计不少于其商船总吨位的3%，满足以上条件之日起24个月以后生效。截至2021年2月19日，加入《香港公约》的国家有挪威、刚果、法国、比利时、巴拿马、丹麦、土耳其、荷兰、塞尔维亚、日本、爱沙尼亚、马耳他、德国、加纳、印度和克罗地亚共16个国家，其商船总吨位接近30%，总拆解量约占2.6%，尚未达到生效条件。为使《香港公约》尽快生效，MEPC陆续通过了《有害材料清单制定导则》《安全与无害环境拆船导则》《拆船计划导则》《批准拆船设施导则》《船舶检验和发证导则》和《船舶检查导则》等6个导则，目前《香港公约》文本及其附则已经全部完成。

表A-3 《香港公约》相关要求

责任主体	要求
缔约国政府	• 对拆船厂进行审核发证《国家授权拆船证书》； • 建立审核发证机制及汇总统计所辖船舶的拆船情况
船舶所有人	• 营运阶段：为船舶制订"有害材料清单"第1部分，安排船舶接受初次检验并获得《国际船舶有害材料清单》证书，维护更新"有害材料清单"，在船舶维修保养中禁止/限制使用公约禁止/限制使用的有害物质，安排船舶进行换证检验/附加检验； • 拆解及准备阶段：选择经批准的拆船厂，制订"有害材料清单"第2和第3部分，向主管机关报告，接受最终检验并获得《准备拆解证书》，对船上废弃物进行预先清除，船舶所有人还有义务配合拆船厂制订拆船计划
造船厂及船用产品供应商	• 造船厂负责"有害材料清单"第1部分的制订； • 船用产品供应商提供材料声明，表明所供应材料符合《香港公约》要求

表 A-3(续表)

责任主体	要求
拆船厂	• 获得拆船国主管机关批准,并持有相应证书,新建拆船厂的设计与建造应满足相关要求,制订《拆船设施管理计划》,建立应急计划,向工人提供培训与防护装备; • 选择符合公约要求的船舶,并制订拆船计划报主管机关,经其同意后开始拆船作业; • 在确保"热工作业除气"状态的前提下,实施船舶切割作业; • 将有害材料加以确认、标记、清除干净、妥善储存,并最终加以安全无害化处置; • 拆船作业完毕,拆船厂签发拆船作业完成声明,并向本国主管机关报告

(3)欧盟新拆船法案。2013年11月20日,《欧盟新拆船法案》(EU1257/2013号)出台。该法案的目的是防止、降低减少、最大程度减少及在切实可行范围内尽量消除拆船对人体健康和环境造成的事故、伤害和其他不利影响,在船舶整个寿命周期内促进安全、保护人体健康和欧盟海洋环境,特别是确保拆船产生的有害废料进行环境无害化管理,确保对船上有害物质的妥善管理,为《香港公约》的批准提供便利。该法案适用于悬挂欧盟成员国国旗的船舶,以及悬挂第三国国旗、停靠欧盟成员港口或锚地的船舶。

《欧盟新拆船法案》对相关概念进行了定义,提出了有害物质清单,对船东提出了相关要求,对应制订的拆船计划提出了要求,对船舶检验、签发有害物质清单证书、证书有效期限等提出了要求,对成员国进行相关港口国控制提出了要求,对悬挂第三国国旗的船舶在停靠成员国港口或锚地时应携带要求的有害物质清单等提出了要求,对待列入欧盟清单的拆船厂提出了必要要求,对位于成员国内的拆船厂的授权提出了相关要求,对第三国内的拆船厂(拆船公司在第三国内拥有拆船厂并拟拆除悬挂成员国国旗的船舶)提出了相关要求。此外,对编制和更新欧盟清单以及总体管理性规定等提出了相关要求。该法案全文具有约束力,直接适用于所有欧盟成员国。

分析对比《欧盟新拆船法案》和《香港公约》,两者主要存在以下不同:

适用范围。《欧盟新拆船法案》除了调整悬挂欧盟成员国国旗的船舶外,也适用于停靠在欧盟成员国港口或错地、悬挂第三国国旗的船舶。而《香港公约》则仅适用于悬挂缔约国国旗的船舶。

有害物质清单。《欧盟新拆船法案》对污染物的要求比《香港公约》更严格。具体体现在前者于附则中对有害物质"消耗臭氧物质"的概念界定范围广于后者,并在后者的基础上又增加了"HCFC-22""二氟一氯甲烷""溴化阻燃剂""全氟辛烷磺酸"等有害物质。

拆船方式。在传统的拆船作业中,大部分拆船厂采用冲滩的方式进行船舶拆解,这在给拆船作业带来无尽便利的同时,也会因冲滩式拆船安全性和环保性差的特点,对沿岸环境造成破坏。《欧盟新拆船法案》表明,欧盟欲全面禁止悬挂欧盟成员国国旗的船舶以冲滩的形式拆船。而在《香港公约》中,冲滩拆船行为并没有被禁止。《香港公约》虽然对拆船厂、拆船证书等均做出了较为明确的规定，但是，对拆船设施的监管问题一直都是公约制定过程中利益相关方争论的焦点。《欧盟新拆船法案》更为严格的要求能够保证在没有建立起外部审核机制的情况下，欧盟可以通过法案的约束力实现对拆船设施的监管目的。

拆船激励政策。《欧盟新拆船法案》规定："为了保护人体健康和环境，本法案应遵循'污染者付费'原则，委员会应评定所有停靠于欧盟成员国港口或锚地船舶建立金融机制的可行性。"法案要求在生效日起三年内，由欧盟委员会负责研究给予依法案拆船企业财政激励的相关问题。《香港公约》中没有要求造成污染的一方支付损害赔偿费用的规定。如果"污染者付费原则"不加以适用，对污染的赔付责任就将转嫁到船舶所有人身上，船舶所有人需要在交付待拆解船舶之前，对船舶进行预清理和预除污。实际上，对船舶的一系列处理、清污活动会降低待拆解船舶的适航性，对船舶本身以及航行安全均不利。

实施《欧盟新拆船法案》并非否定《香港公约》。作为防治拆船污染的法案，二者均有存在的合理价值及意义。目前来讲，作为拆船大国的发展中国家没有足够的资金、技术、设备以及管理的实力支撑起其庞大的拆船业。对于污染，各国在治理方面难免力不从心。欧盟对环境的要求本就较高，对于具有污染隐患的拆船业，《欧盟新拆船法案》似乎更有对污染行为严抓严打的趋势。随着时间的推移，基于两个公约的冲突，将来很有可能出现部分国家加入《香港公约》，部分国家加入《欧盟新拆船法案》的局面。

从短期看，发展中国家很难达到欧盟的环保标准，《香港公约》则能促使暂时不能满足欧盟要求的拆船厂积极进行环境治理，其存在的必要性不言而喻。从长期看，《欧盟新拆船法案》能够为环境和安全提供更大的保障。因此，加大力度推进《欧盟新拆船法案》的施行，能够提高拆船效率，达到更绿色、环保的拆船效果。

(4) 拆船业安全卫生指南。拆船业是世界上最危险的职业之一。《拆船业安全卫生指南》(以下简称《指南》)明确了雇主、工人、承包商以及政府部门在保护工人免遭与工作有关的伤害、健康不良、疾病和事故中的责任和义务，提供了许多工作方法，以确保拆船业的安全生产符合国际劳工组织的相关要求。该指南旨在帮助拆船人员和主管机构落实国际劳工标准的相关条款、实用规程、指南以及国际组织文书中有关职业安全卫生以及作业环境的规定，以不断改善工作条件。指南中的建议是为所有从事拆船业职业安全和卫生工作的人员使用。该指南不具有法律约束力，旨在为没有制订有关条款、建立有效机制、程序和企业规章制度的机构提供指导。

该《指南》包括总则，行业特点分析，责任、义务和权利以及立法框架，职业安全与健康管理，与工作有关的伤害、健康不良、疾病和事故的报告、记录和通报，职业卫生服务，操作计划，预防和保护措施，危险物管理，物理危害预防措施，生物危害预防措施，人机工程和社会心理危害，工具、机器和设备的安全要求，资格和培训，个人防护用品和防护服，应急预案，特殊保护，福利设施，以及工人健康监测、工作环境监督、建立职业安全与健康管理体系、国际海事组织制定的有关船上潜在危险物质清单、风险评价示范实例共 5 个附录。

2）我国相关要求

1988 年 5 月 18 日，国务院发布《防止拆船污染环境管理条例》。之后，国务院分别于 2016 年 2 月 6 日和 2017 年 3 月 1 日对其进行了两次修订，对拆船厂的设置和关闭、拆船前和拆船过程的污染防治以及处罚规定提出了明确要求。

（1）拆船厂设置与关闭要求。在饮用水源地、海水淡化取水点、盐场、重要的渔业水域、海水浴场、风景名胜区以及其他需要特殊保护的区域，不得设置拆船厂。设置拆船厂，必须编制环境影响报告书（表），其内容包括拆船厂的地理位置、周围环境状况、拆船规模和条件、拆船工艺、防污措施、预期防治效果；未依法进行环境影响评价的拆船厂，不得开工建设；环境保护部门在批准环境影响报告书前，应当征求各有关部门的意见。拆船单位关闭或者搬迁后，必须及时清理原厂址遗留的污染物，并由监督拆船污染的主管部门检查验收。

（2）拆船前的防污要求。防污设施设备要求。拆船单位必须配备或设置拦油装置、废油接收设备、含油污水接收处理设施或者设备、废弃物回收处置场等，并经批准环境影响报告书（表）的环境保护部门验收合格，取得验收合格证。

环保制度要求。拆船单位应当健全环境保护规章制度，认真组织实施。

治理要求。对严重污染环境的拆船单位，限期治理。

拆船准备工作要求。拆船单位在废船拆解前，必须清除易燃、易爆和有毒物质，关闭海底阀和封闭可能引起油污水外溢的管道；废油船在拆解前，须进行洗舱、排污、清舱、测爆等工作；在水上进行拆船作业的拆船单位和个人，必须事先采取有效措施，严格防止溢出、散落水中的油类和其他漂浮物扩散。

（3）拆船过程的防污要求。垃圾、残油、废油、油泥、含油污水和易燃易爆物品等必须送到岸上集中处理，不得采用渗坑、渗井的处理方式。排放洗舱水、压舱水和舱底水，必须符合国家和地方规定的排放标准，排放未经处理的洗舱水、压舱水和舱底水必须经主管部门批准。拆下的船舶部件或者废弃物，不得投弃或者存放水中；带有污染物的船舶部件或者废弃物，严禁进入水体；未清洗干净的船底和油柜必须拖到岸上拆解；拆船作业产生的电石渣及其废水，必须收集处理，不得流入水中。船舶拆解完毕，拆船单位和个人应当及时清理拆船现场。发生拆船污染损害事故时，拆船单位或者个人必须立即采取消除或者控制污染的措施，并迅速报告监督拆船污染的主管部门。拆船发生污染损害事故后，拆船单位必须向监督拆船污染的主管部门提交《污染事故报告书》，报告污染发生的原因、经过、排污数量、采取的抢救措施、已造成和可能造成的污染损害后果等，并接受调查处理。

（4）相关处罚规定。拆船厂未依法进行环境影响评价擅自开工建设，依照《中华人民共和国环境保护法》的规定处罚。拆船污染相关处罚规定求见表 A－4。

表 A-4 拆船污染相关处罚规定求

违规情形	处罚规定
• 发生污染损害事故，不向监督拆船污染的主管部门报告也不采取消除或者控制污染措施； • 废油船未经洗舱、排污、清舱和测爆即行拆解； • 任意排放或者丢弃污染物造成严重污染	责令限期纠正，并根据不同情节给予警告或处以 1 万元以上 10 万元以下的罚款
• 拒绝或者阻挠主管部门进行现场检查或在被检查时弄虚作假； • 未按要求配备和使用防污设施、设备和器材，造成环境污染； • 发生污染损害事故，虽采取消除或者控制污染措施，但未向监督拆船污染的主管部门报告； • 拆船单位关闭、搬迁后，原厂址的现场清理不合格	责令限期纠正，并根据不同情节给予警告或处以 1 万元以下的罚款
• 逾期未完成治理任务	责令停业整顿或者关闭
• 造成污染损害后果负有责任； • 拒绝或者阻挠主管部门进行现场检查或在被检查时弄虚作假的拆船单位负责人和直接责任者	根据不同情节由所在单位或上级主管机关给予行政处分

A.3 拆船污染防治措施

1）总体思路

拆船污染防治的总体思路包括强化防污措施，完善应急措施，科学合理拆解，以及发展绿色拆船等，拆船污染防治总体思路见图 A-2。

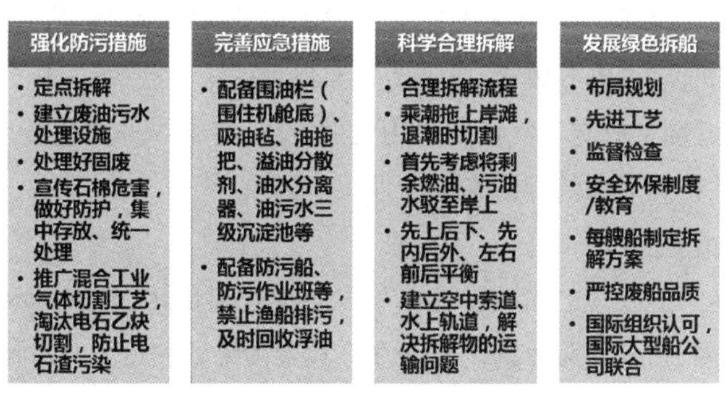

图 A-2 拆船污染防治总体思路

2）示范拆船船坞布局及流程

示范拆船船坞根据拆解作业工序及所处理废物不同可分为初次拆解区（A 区）、二次拆解区（B 区）、分类清理和检修区（C 区）、贮存区（D 区）、应急设施区（E 区）和废物处理区（F 区），示范拆船船坞布局及流程见图 A-3。其中，在 A 区主要开展准备工作、基本拆解和移走拆卸材料等工作，在 B 区主要切割大部件、存放剩余液体和废弃材料、整理零件和较小部件并将其运走，在 C 区进一步拆卸、整理、修正并将有害材料和普通材料隔离放置，在 D 区将有害废物、无害材料和加工过的材料和设备分离并妥善贮存，在 F 区通过焚烧、填埋或将废物运至其他处理场所。

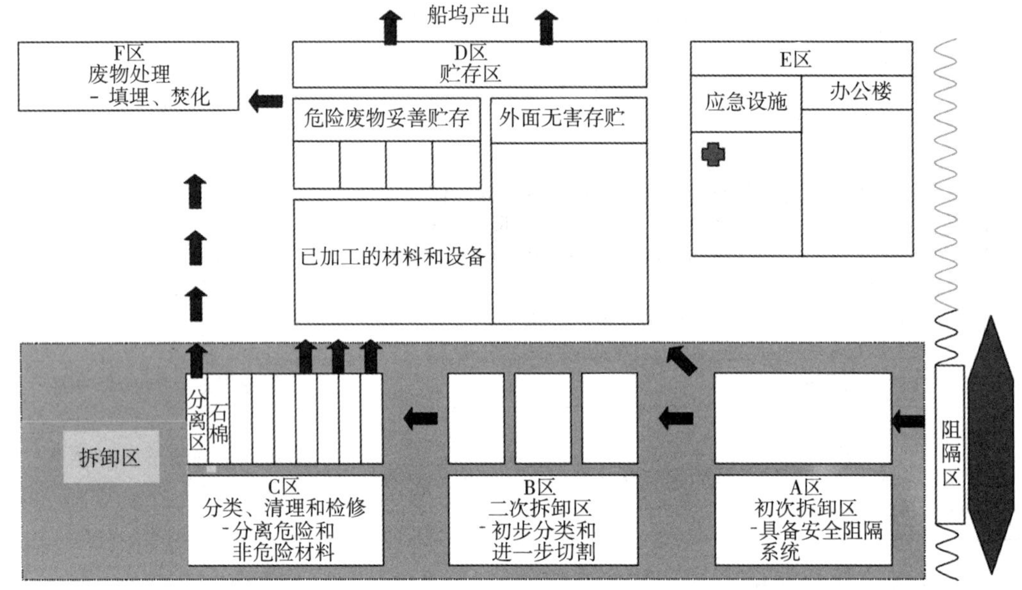

图 A－3　示范拆船船坞布局及流程

3）拆船大气污染防治措施

防止电石反应生成有害气体。电石含有少量钙的硫化物和磷化物，致使生成的乙炔中混有 H_2S、PH_3 等。使用丙烷混合气代替乙炔，天冷时预热速度慢，安全性能好、成本低，避免有害气体生成，同时解决电石废水、电石渣污染问题。

防止导线外皮燃烧生成有害气体。采用机械方法，将绝缘外皮与金属线芯剥离，分送专业工厂回收利用，并将拆下来的导线送至专业工厂回收。

4）拆船水污染防治措施

拆船过程中，在岸上收集的污油水可以采取序批式活性污泥法(SBR)处理，相应的污油水处理工艺流程见图 A－4。聚合氯化铝(PAC)和聚丙烯酰胺(PAM)同属絮凝剂，其溶解后与水中杂质悬浮物等形成胶体絮团，并絮凝沉淀。在处理油污水时，一般会将 PAC 与 PAM 搭配使用，不但能达到最佳的处理效果，而且两种药剂的用量都会降低，有利于降低成本。SBR 的主体构筑物是 SBR 反应池，污油水可在反应池中完成反应、沉淀、排水及排除剩余污泥等工序，使处理过程大为简化，是目前世界上采用较多的污水处理工艺。该工艺在部分拆船厂的实际应用表明，能够保证较好的处理效果。

目前一些拆船厂也采取了其他不同的方案进行污油水处理，达到防止污染的效果。如福建省福安拆船厂采取三级过滤，再用污油水分离装置进行分离，废水汇入蓄水池。剩余废水排放时需经环保监测站化验，达到标准后方准排放。厂内还规定每天排放量不得超过

1 t,这样不致影响附近的大黄鱼保护区。有些厂如广东番禺、舟山定海以及马岭拆船厂,则自行设计污油水处理系统,效果良好。广东省金属加工厂将废船上的污油水通过长 400 m 的管道和明渠使油水基本分层,再经过第三级过滤后用油水分离器将油分出,处理后的污水经过储存、再次沉淀过滤,最后排到四周砌了石墙的 1 600 m^2 的大水塘内作为玩具厂的冷却水。经该系统处理的污油水中油类物质含量可降低到 1 mg/L,大大低于国家规定的排放标准。而江阴一带的拆船厂大多采用土法进行油水分离,他们用树脂吸附油类,达到同样效果,含油量可降至 5 mg/L 左右。

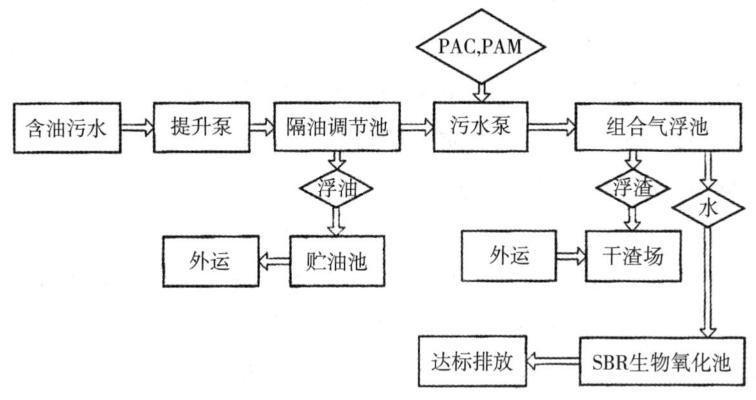

图 A-4　污油水处理工艺流程

5) 拆船固废污染防治措施

油漆碎片不可随意倾倒、掩埋,应定期收集并送至专业工厂回收利用或危险废物填埋场填埋。木制件、纺织品可制成木屑或碎布待清洁船底时使用,使用后送至专用焚烧炉焚烧,温度不低于 1 200 ℃。石棉、玻璃纤维制品用袋封好后运至废矿井内深埋,或送至专业工厂处置、危险废物填埋场填埋。荧光灯、镇流器等再利用,不可随意破碎丢弃,集中送至专业工厂、危险废物填埋场。电石渣主要成分为 $Ca(OH)_2$,可作为熟石灰的替代品用于刷墙或铺路。

附录B 英文缩略语一览表

[1] 2W1H,What－Why－How,是什么-为什么-怎么做

[2] ABS,American Bureau of Shipping,美国船级社

[3] AFS 2001, International Convention on the Control of Harmful Anti-fouling Systems on Ships in 2001,2001 年控制船舶有害防污底系统国际公约

[4] AIS,Automatic Identification System,船舶自动识别系统

[5] API,Application Programming Interface,应用程序接口

[6] APP,Application,应用

[7] APSN,APEC Port Services Network,亚太港口服务组织

[8] AQI,Air Quality Index,空气质量指数

[9] BaP,Benzoapyrene,苯并(a)芘

[10] BC,Black Carbon,黑炭

[11] BHET,Bis(2－Hydroxyethyl) Terephthalate,苯二甲酸双羟乙酯

[12] BIPV,Building Integrated Photovoltaic,建筑光伏一体化

[13] BOD,Biochemical Oxygen Demand,生化需氧量

[14] BOD_5,Biochemical Oxygen Demand after 5 days,5 日生化需氧量

[15] BUNKERS 2001, International Convention on Civil Liability for Oil Pollution Damage in 2001,2001 年国际燃油污染损害民事责任公约

[16] BV,Bureau Veritas,法国船级社

[17] BWM 2004,2004 International Convention for the Control and Management of Ships' Ballast Water and Sediments,船舶压载水和沉积物控制与管理国际公约

[18] BWMP,Ballast Water Management Plan,压载水管理计划

[19] BWMS,Ballast Water Management System,压载水管理系统

[20] BWRB,Ballast Water Record Book,压载水记录簿

[21] CCER,Chinese Certified Emission Reduction,国家核证自愿减排量

[22] CCS,China Classification Society,中国船级社

[23] CCTV,Closed Circuit Television,闭路电视监控系统

[24] CDM,Clean Development Mechanism,清洁发展机制

[25] CEA,Carbon Emission Allowance,碳排放配额

[26] CFCs,Chlorofluorocarbons,氯氟烃

[27] CFU,Colony Forming Unit,菌落形成单位

[28] CH_2O,Formaldehyde,甲醛

[29] CH_4,Methane,甲烷

[30] CII,Carbon Intensity Indicator,碳排放强度指标

[31] CLC 1969,International Convention on Civil Liability for Oil Pollution Damage in 1969,1969 年国际油污损害民事责任公约

[32] COD,Chemical Oxygen Demand,化学需氧量

[33] COLREG 1972,International Convention on the Rules of Collision Avoidance by Sea in 1972,1972 年国际海上避碰规则公约

[34] CO_x,Carbon Oxide,碳氧化物

[35] CO_2,Carbon Dioxide,二氧化碳

[36] CO_{2e},Carbon Dioxide Equivalent,二氧化碳当量

[37] CRB,Cargo Record Book,货物记录簿

[38] CSI 1969,Circular relating to International Convention Relating to Intervention on the High Seas in Cases of Oil Pollution Casualties, 1969,1969 年国际干预公海油污事故公约

[39] CTC, Tetrachloromethane,四氯化碳

[40] DMT,Dimethyl terephthalate,对苯二甲酸二甲酯

[41] DNV,Det Norske Veritas,挪威船级社

[42] DPM,Diesel Particulate Matter,柴油颗粒物

[43] DWT,Dead Weight Tonnage,载重吨

[44] ECA,Emission Control Area,排放控制区

[45] ECS,Equipment Control System,设备控制系统

[46] EEDI,Energy Efficiency Design Index,能效设计指数

[47] EEOI,Energy Efficiency Operational Index,船舶能效营运指数

[48] EEXI,Energy Efficiency Existing Ship Index,现有船舶能效指数

[49] EG,Ethylene Glycol,乙二醇

[50] EGC,Exhaust Gas Cleaning,船舶废气清洗系统

[51] EGR,Exhaust Gas Re-circulation,废气再循环

[52] EIAPP,Engine International Air Pollution Prevention Certificate,国际防止发动机大气污染证书

[53] ET,Emission Trade,排放贸易

[54] ETS,Emission Trade System,碳排放权交易

[55] EU ETS,European Union Emission Trading Scheme,欧盟碳排放权交易机制

[56] EUAs,European Union Allowances,欧盟碳排放许可额度

[57] FAME,Fattyacid Methyl Esters,脂肪酸甲酯

[58] GDP,Gross Domestic Product,国内生产总值

[59] GHG,Greenhouse Gas,温室气体

[60] GPAS,Green Port Award System,绿色港口奖励计划

[61] GT,Gross Tonnage,总吨

[62] GWP,Global Warming Potential,全球变暖潜能值

[63] HCFCs,Hydrogen Containing Chloro Fluoro Carbond,含氢氯氟烃

[64] HDPE,High Density Polyethylene,高密度聚乙烯

[65] HFCs,Hydrofluorocarbon,氢氟碳化物

[66] HFO,Heavy Fuel Oil,重燃料油

[67] HFOe,Heavy Fuel Oil Equivalent,重燃料油当量

[68] HFOs,Hydrofluoroolefins,氢氟烯烃

[69] HSSC,Harmonized System of Survey and Certification,检验和发证协调系统

[70] H_2S,Hydrogen Sulfide,硫化氢

[71] IAPP,Internationa Air Pollutions Prevention Certificate,国际船舶防止空气污染证书

[72] IAQI,Individual Air Quality Index,空气质量分指数

[73] IBC CODE, International Code for the Construction and Equipment of Ships Carrying Dangerous Chemicals in Bulk,国际散装运输危险化学品船舶构造和设备规则

[74] IBWMC,International Ballast Water Management Certificate,国际压载水管理证书

[75] IMO,International Maritime Organization,国际海事组织

[76] IOPP,International Oil Pollution Prevention Certificate,国际防止油污证书

[77] IPCC,Intergovernmental Panel on Climate Change,联合国政府间气候变化专门委员会

[78] ISPP,International Sewage Pollution Prevention Certificate,国际防止生活污水污染证书

[79] ITOPF,The International Tanker Owners Pollution Federation,国际油轮船东防污染联合会

[80] JI,Joint Implementation,联合履约

[81] LDT,Light Displacement Tonnage,轻吨

[82] LED,Light Emitting Diode,发光二极管

[83] LL 1966,The International Convention on Load Lines in 1966,1966 年国际载重线公约

[84] LNG,Liquefied Natural Gas,液化天然气

[85] LPG,Liquefied Petroleum Gas,液化石油气

[86] LR,Lloyd's Register of Shipping,英国劳氏船级社

[87] LRIT,Long Range Identification and Tracking,船舶远程定位和跟踪系统

[88] MARPOL 73/78,Protocol of 1978 Relating to the International Convention for the Prevention of Pollution from Ships, 1973,经 1978 年议定书修订的《1973 年国际防止船舶造成污染公约》

[89] MBR,Membrane Bio Reactor,膜生物反应器

[90] MCR,Maximum Continuous Rating,最大持续功率(额定功率、标定功率)

[91] MDO,Marine Diesel Oil,船用柴油

[92] MEPC,Maritime Environment Protection Committee,海洋环境保护委员会

[93] MPN,Most Probable Number,最大可能数

[94] MRV,Monitoring-Reporting-Verification,监测、报告、核查

[95] NAIROBI WRC 2007,The Nairobi International Convention on the Removal of Wrecks in 2007,2007 年内罗毕国际船舶残骸清除公约

[96] NF,Nanofiltration,纳滤(别名:低压反渗透、疏松反渗透)

[97] NF_3,Nitrogen Trifluoride,三氟化氮

[98] NK,Nippon Kaiji Kyokai,日本船级社

[99] NLS,International Pollution Prevention Certificate for the Carriage of Noxious Liquid Substances in Bulk,国际防止散装运输有毒液体物质污染证书

[100] NO_2,Nitrogen Dioxide,二氧化氮

[101] NO_x,Nitrogen Oxide,氮氧化物

[102] NZIA,Net－Zero Insurance Alliance,净零保险联盟

[103] ODP,Ozone Demand Potential,臭氧消耗潜能值

[104] ODS,Ozone Depleting Substances,消耗臭氧层物质

[105] ORB,Oil Record Book,油类记录簿

[106] O_3,Ozone,臭氧

[107] P&A Manual,Procedures and Arrangements Manual,程序和布置手册

[108] PAC,Poly Aluminium Chloride,聚合氯化铝

[109] PAHs,Polycyclic Aromatic Hydrocarbons,多环芳烃

[110] PAM,Cpolyacrylamids,聚丙烯酰胺

[111] PAN,Peroxyacetyl Nitrate,过氧乙酰硝酸酯

[112] PCBs,PolyChlorinated Biphenylc,多氯联苯

[113] P－C－D－A,Phenomenon－Cause－Damage－Action,现象-原因-危害-防治措施

[114] PE,Polyethylene,聚乙烯

[115] PET,Polyethyleneterephthalate,聚对苯二甲酸乙二醇酯(聚酯)

[116] PFCs,Perfluorochemicals,全氟化碳

[117] PM,Particulate Matter,颗粒物

[118] $PM_{2.5}$,Particulate Matter 2. 5 Micrometers or Less in Diameter,细颗粒物

[119] PM_{10},Particulate Matter 10 Micrometers or Less in Diameter,可吸入颗粒物

[120] PP,Polypropylene,聚丙烯

[121] PSC,Port State Control,港口国监督

[122] PVCs,PolyVinyl Chloride,聚氯乙烯

[123] RO,Reverse Osmosis,反渗透

[124] ROV,Remote Operated Vehicle,水下机器人

[125] SBR,Sequencing Batch Reactor,序批式活性污泥法

[126] SCR,Selective Catalytic Reduction,选择性催化还原

[127] SEEMP,Ship Energy Efficiency Management Plan,船舶能效管理计划

[128] SFWI,Stratified Fuel - Water Injection,燃油-水分层喷射

[129] SF_6,Sulfur Hexafluoride,六氟化硫

[130] SIPG,Shanghai International Port (Group) Co. , Ltd. ,上海国际港务(集团)股份有限公司

[131] SOLAS 1974,International Convention for the Safety of Life at Sea-Articles of the International Convention for the Safety of Life at Sea in 1974,1974 年国际海上人命安全公约

[132] SO_2,Sulfur Dioxide,二氧化硫

[133] SO_x,Sulfur Oxide,硫氧化物

[134] SS,Suspended Solids,悬浮固体量

[135] STCW 1978/95, International Convention on Standards of Training, Certification and Watchkeeping for Seafarers in 1978, as amended in 1995,经 1995 年修正的 1978 年海员培训、发证和值班标准国际公约

[136] TEU,Twenty-foot Equivalent Unit,标准箱

[137] TONNAGE 1969,International Convention on Tonnage Measurement of Ships in 1969,1969 年国际吨位丈量公约

[138] TOS,Terminal Operating System,码头操作系统

[139] TPA,Terephthalic Acid,对苯二甲酸

[140] TRO,Total Residual Oxidant,残余氧化剂

[141] TSP,Total Suspended Particulate,总悬浮颗粒物

[142] UNEP,United Nations Environment Programme,联合国环境规划署

[143] UNFCCC,United Nations Framework Convention on Climate Change,联合国气候变化框架公约

[144] USCG,United States Coast Guard,美国海岸警卫队

[145] USD,United States Dollar,美元

[146] VECS,Vapour Emission Control System,油蒸气排放控制系统

[147] VHF,Very high frequency,甚高频

[148] VLCC,Very Large Crude Carrier,超大型原油船

[149] VOCs,Volatile Organic Compounds,挥发性有机物

[150] VTS,Vessel Traffic Service,船舶交通管理系统

附录C 本书提及的国际公约(协定)生效一览表

公约	生效日期	缔约国数量	世界商船总吨位/%	中国批准或加入
UNFCCC	1994.03.21	197①		1992.11.07②
Kyoto Protocol	2005.02.16	192①		2002.08.30③
Paris Agreement	2016.11.04	191①		2016.09.03
MARPOL 73/78 (Annex Ⅰ)	1983.10.02	158	99.01	1983.07.01
MARPOL 73/78 (Annex Ⅱ)	1987.04.06	158	99.01	1983.07.01
MARPOL 73/78 (Annex Ⅲ)	1992.07.01	148	98.47	1994.09.13
MARPOL 73/78 (Annex Ⅳ)	2003.09.27	143	96.27/96.33	2006.11.02
MARPOL 73/78 (Annex Ⅴ)	1988.12.31	153	98.62	1988.11.21
MARPOL Protocol 1997(Annex Ⅵ)	2005.05.19	95	96.71	2006.05.23
BWM 2004	2018.09.08	81	80.76	2018.10.22
SOLAS 1974	1980.05.25	165	99.04	1980.01.07
STCW 1978/1995 Amendments	1997.02.01	165	99.03	
LL 1966	1968.07.21	163	99.03	1973.10.05④
TONNAGE 1969	1982.07.18	158	98.94	1980.04.08
CLC 1969	1975.06.19	34	2.86	1980.01.30⑤
COLREG 1972	1977.07.15	160	99.03	1980.01.07
BUNKERS 2001	2008.11.21	95	92.99	2008.12.09
AFS 2001	2008.09.17	89	96.09	2011.03.07
NAIROBI WRC 2007	2015.04.14	48	73.25	2016.11.11

注：1. 截至2021年7月底。
2. 自1994年3月21日起对中国生效，自1994年3月21日起适用于中国澳门特别行政区，自2003年5月5日起适用于中国香港特别行政区。
3. 自2005年2月16日起对中国生效，自2005年2月16日起适用于中国香港特别行政区，自2008年1月14日起适用于中国澳门特别行政区。
4. 特区有不同加入和生效时间。
5. 中国于2000年1月5日退出。
6. 除①外，本表其他数据统计截至2019年11月25日。

附录D　本书提及的国内主要法律法规规章一览表

编号	法律法规	备注
1	中华人民共和国环境保护法	1989年通过,2014修订
2	中华人民共和国海洋环境保护法	1982年通过,2017年第3次修正
3	中华人民共和国水污染防治法	1984年通过,2017年第2次修正
4	中华人民共和国大气污染防治法	1987年发布,2018年第2次修正
5	中华人民共和国港口法	2003年通过,2018年第3次修正
6	中华人民共和国固体废物污染环境防治法	1995年通过,2020年第2次修订
7	中华人民共和国长江保护法	2020年通过,2021年3月1日起施行
8	中华人民共和国环境影响评价法	2002年通过,2018年第2次修正
9	中华人民共和国噪声污染防治法	2021年通过
10	中华人民共和国航道法	2014年通过,2016年修正
11	规划环境影响评价条例	2009年发布
12	建设项目环境保护管理条例	1998发布,2017年修订
13	防治船舶污染海洋环境管理条例	2009年发布,2018年第6次修订
14	防止拆船污染环境管理条例	1988年发布,2017年第2次修订
15	中华人民共和国防治船舶污染内河水域环境管理规定	2015年发布
16	中华人民共和国船舶及其有关作业活动污染海洋环境防治管理规定	2010年发布,2017年第4次修正
17	中华人民共和国海上海事行政处罚规定	2021年发布
18	中华人民共和国船员违法记分办法	2015年发布
19	船舶压载水和沉积物管理监督管理办法(试行)	2019年发布
20	交通运输节能减排专项资金管理暂行办法	2011年发布
21	港口和船舶岸电管理办法	2019年发布,2021年修正

附录 E 本书提及的主要标准一览表

编号	法律法规
1	《船用燃料油(GB 17411—2015)》
2	《营运船舶燃料消耗限值及验证方法(JT/T 826—2012)》
3	〈营运船舶 CO_2 排放限值及验证方法(JT/T 827—2012)》
4	《船舶发动机排气污染物排放限值及测量方法(中国第一、二阶段)(GB 15097—2016)》
5	《非道路移动机械用柴油机排气污染物排放限值及测量方法(中国第三、四阶段)(GB 20891—2014)》
6	《大气污染物综合排放标准(GB 16297—1996)》
7	《挥发性有机物无组织排放控制标准(GB 37822—2019)》
8	《煤炭矿石码头粉尘控制设计规范(JTS 156—2015)》
9	《重型柴油车污染物排放限值及测量方法(中国第六阶段)(GB 17691—2018)》
10	《船舶水污染物排放控制标准(GB 3552—2018)》
11	《声环境质量标准(GB 3096—2008)》
12	《建筑施工场界环境噪声排放标准(GB 12523—2011)》
13	《内河船舶噪声级规定(GB 5980—2009)》
14	《海洋船舶噪声级规定(GB 5979—1986)》
15	《水运工程建设项目环境影响评价指南(JTS/T 105—2021)》
16	《环境影响评价技术导则 大气环境(HJ 2.2—2018)》
17	《环境影响评价技术导则 地下水环境(HJ 610—2016)》
18	《环境影响评价技术导则 土壤环境(试行)(HJ 964—2018)》
19	《环境影响评价技术导则 声环境(HJ 2.4—2021)》
20	《建设项目环境风险评价技术导则(HJ 169—2018)》
21	《环境空气质量标准(GB 3095—2012)》
22	《环境空气质量评价技术规范(试行)(HJ 663—2013)》
23	《上海市运输站点行业温室气体排放核算与报告方法(SH/MRV - 010—2012)》
24	《上海市水运行业温室气体排放核算与报告方法(SH/MRV - 011—2016)》
25	《绿色港口等级评价指南(JTS/T 105 - 4—2020)》

参考文献

[1] ANDERSSON K,BRYNOLF S,LINDGREN J F,et al. Shipping and the environment: improving environmental performance in marine transportation[M]. Heidelberg: Springer,2016.

[2] BERGQVIST R, MONIOS J. Green ports: inland and seaside sustainable transportation strategies[M]. Amsterdam: Elsevier,2019.

[3] DING W,WANG Y,DAI L,et al. Does a carbon tax affect the feasibility of Arctic shipping? [J]. Transportation Research: Part D,2020,80: 102257.

[4] LI X,KUANG H,HU Y. Using system dynamics and game model to estimate optimal subsidy in shore power technology[J]. IEEE Access,2020,8: 116310-116320.

[5] LUN Y, LAI K, WONG C, et al. Green shipping management[M]. Heidelberg: Springer,2016.

[6] THEO NOTTEBOOM T,PALLIS A,RODRIGUE J. Port economics, management and policy[M]. New York: Routledge,2022.

[7] WANG S, ZHEN L, PSARAFTIS H, et al. Implications of the EU's inclusion of maritime transport in the emissions trading system for shipping companies[J]. Engineering,2021,7(5): 554-557.

[8] ZHEN L,ZHUGE D,MURONG L,et al. Operation management of green ports and shipping networks: overview and research opportunities[J]. Frontiers of Engineering Management,2019,6(2): 152-162.

[9] 阿德菲咨询公司. 碳排放交易：基本原理以及欧洲和德国的实践经验[R]. 柏林：德国排放交易管理局,2016.

[10] 白景峰,刘殊. 干散货港口粉尘污染控制成套技术研究[M]. 北京：海洋出版社,2021.

[11] 包甜甜,连峰,杨忠振. 航运管理研究综述[J]. 交通运输工程学报,2020,20(4): 55-69.

[12] 毕大强,郜克存,戴瑜兴. 船舶岸电技术[M]. 北京：科学出版社,2015.

[13] 毕长生,尚亚男,赵志远,等. 船用岸电技术综述[J]. 交通节能与环保,2017,13(2): 16-20.

[14] 蔡厚平,杨海燕. 船舶防污染技术[M]. 哈尔滨：哈尔滨工程大学出版社,2019.

[15] 蔡薇. 绿色船舶技术[M]. 武汉：武汉理工大学出版社,2013.

[16] 邓健，黄立文，刘敬贤. 内河船舶防污染技术与理论[M]. 武汉：武汉理工大学出版社，2019.

[17] 杜尊峰，余建星，闫宏生. 船舶与海洋工程装备绿色拆解回收：法规、技术及实践[M]. 天津：天津大学出版社，2019.

[18] 范小莉，夏泽群，李成，等. 港口机械排放清单估算方法改进及应用[J]. 环境科学研究，2017，30(4)：628－635.

[19] 付钧，曹亮. 船舶安全与防污染管理[M]. 上海：上海浦江教育出版社，2014.

[20] 葛颖恩，温馨. 环境可持续集装箱班轮运输管理研究综述[J]. 交通运输系统工程与信息，2021，21(4)：6－22.

[21] 郭韦佟，张体超. 绿色港口评价体系综述[J]. 水运管理，2020，42(7)：28－31.

[22] 郭子坚，孙文博，唐国磊，等. 低碳型集装箱码头岸桥优化配置研究[J]. 港工技术，2014，51(3)：11－13，33.

[23] 国家电网有限公司营销部. 电能替代工作指导手册 港口岸电领域[M]. 北京：中国电力出版社，2019.

[24] 贺林林，焦钰祺，贾瑞，等. 绿色港口建设中港区大气污染物排放研究综述[J]. 重庆交通大学学报：自然科学版，2021，40(8)：78－87.

[25] 胡以怀. 新能源与船舶节能技术[M]. 北京：科学出版社，2015.

[26] 黄忠秀. 船舶与港口水域防污染[M]. 北京：人民交通出版社，1999.

[27] 江彦桥. 海洋船舶防污染技术[M]. 上海：上海交通大学出版社，2000.

[28] 鞠美庭，方景清，邵超峰，等. 港口环境保护与绿色港口建设[M]. 北京：化学工业出版社，2010.

[29] 雷孝平. 船舶防污染管理[M]. 大连：大连海运学院出版社，1994.

[30] 李海波，李睿瑜，贾远明. 靠港船舶使用岸电技术及应用[M]. 武汉：武汉理工大学出版社，2019.

[31] 刘翠莲. 辽宁省港口群绿色发展研究[M]. 北京：人民交通出版社股份有限公司，2018.

[32] 刘兴宇. 港口船舶岸电技术与实践[M]. 北京：中国电力出版社，2019.

[33]《内河港口岸电标准化建设指南》编委会. 内河港口岸电标准化建设指南[M]. 北京：中国电力出版社，2018.

[34] 彭传圣，于秀娟. 亚太绿色港口实践精选[M]. 北京：人民交通出版社，2019.

[35] 彭传圣. 我国船舶排放控制区政策的发展与完善[J]. 水运管理，2020，42(1)：1－6.

[36] 乔鸣忠，于飞，张晓峰. 船舶电力推进技术[M]. 2 版. 北京：机械工业出版社，2019.

[37] 史建刚. 海洋环境保护概论[M]. 北京：中国石油大学出版社，2010.

[38] 孙永明. 海洋与港口船舶防污染技术[M]. 北京：人民交通出版社，2010.

[39] 汪守东，程金香，徐洪磊. 船舶和港口污染防控技术与政策研究[M]. 北京：人民交通出

版社，2019.
[40] 王明雨. 船舶防污底[M]. 大连：大连海事大学出版社，2020.
[41] 王伟，邢建旭. 内河港口岸电系统建设与管理[M]. 北京：中国电力出版社，2020.
[42] 王晓华. 岸电系统[M]. 上海：上海财经大学出版社，2018.
[43] 吴国强，李亮宽. 船舶防污染技术[M]. 哈尔滨：哈尔滨工程大学出版社，2018.
[44] 吴宛青. 船舶防污染技术[M]. 2 版. 大连：大连海事大学出版社，2020.
[45] 吴宛青. 船舶防污染技术[M]. 大连：大连海事大学出版社，2010.
[46] 吴小芳，张珞平. 航运物流绿色战略规划研究[M]. 北京：海洋出版社，2020.
[47] 邢玉伟，杨华龙，马雪菲. 差异化定价策略下的远洋洲际班轮航速与航线配船优化[J]. 系统工程理论与实践，2018，38(12)：3222-3234.
[48] 邢玉伟，杨华龙，张燕. 考虑碳税成本的班轮航线配船与航速优化[J]. 上海海事大学学报，2017，38(4)：1-5.
[49] 徐敏，东海救助局. 船舶防污染管理[M]. 大连：大连海事大学出版社，2014.
[50] 徐杏，黄力，冯宏琳. 长江绿色港口发展的资金政策评价[J]. 中国港口，2019(9)：24-26.
[51] 严新平. 船舶清洁能源技术[M]. 2 版. 北京：国防工业出版社，2015.
[52] 严新平. 船舶清洁能源技术[M]. 北京：国防工业出版社，2012.
[53] 杨发财，李世安，沈秋婉，等. 绿色航运发展趋势和燃料电池船舶的应用前景[J]. 船舶工程，2020，42(4)：1-7.
[54] 杨献朝. 内河船舶污染综合防治技术[M]. 北京：人民交通出版社，2015.
[55] 杨忠振，郭利泉，董夏丹. 不同市场环境下的班轮航线配船与航速优化[J]. 中国航海，2015，38(4)：110-115.
[56] 殷佩海. 船舶防污染技术[M]. 大连：大连海事大学出版社，2000.
[57] 于航，白景峰. 绿色低碳港口建设理论与实例[M]. 北京：海洋出版社，2019.
[58] 俞姗姗，汪传旭. 不同碳排放调控政策下的船舶航速优化[J]. 大连海事大学学报，2015，41(3)：45-50.
[59] 张东生，徐静琦，王震. 环境工程[M]. 北京：人民交通出版社，1998.
[60] 张光玉. 港口散货粉尘污染防治理论与技术方法[M]. 北京：人民交通出版社，2010.
[61] 张连丰. 船舶防污染管理[M]. 2 版. 大连：大连海事大学出版社，2021.
[62] 张连丰. 船舶防污染管理[M]. 大连：大连海事大学出版社，2014.
[63] 张明霞，林焰，冷阿伟. 船舶与海洋工程全生命周期的防污染控制技术[M]. 北京：科学出版社，2018.
[64] 赵科，丁琦. 船舶智能能效管理系统设计[J]. 舰船科学技术，2020，42(21)：143-147.
[65] 赵亚鹏. 内河航运绿色低碳发展机理、测度与政策研究[M]. 北京：经济科学出版社，2018.

[66] 镇璐，吕文雅，诸葛丹，等. 面向绿色航运的邮轮废弃物排放随机优化[J]. 系统工程理论与实践，2021，41(2)：345 - 357.

[67] 镇璐，孙晓凡，王帅安. 排放控制区限制下邮轮航线及速度优化[J]. 运筹与管理，2019，28(3)：31 - 38.

[68] 镇璐，诸葛丹，汪小帆. 绿色港口与航运管理研究综述[J]. 系统工程理论与实践，2020，40(8)：2037 - 2050.

[69] 中国船级社. 水运行业碳排放核查员培训教程[M]. 北京：中国标准出版社，2017.

[70] 中国人民解放军海军海道测量局. 国际防止船舶造成污染公约(2021 年综合文本)[M]. 北京：中国航海图书出版社，2021.

[71] 中华人民共和国交通运输部. 绿色港口等级评价指南[S]. 北京：人民交通出版社，2020.

[72] 周在青，王海红. 船舶防污染法规与技术[M]. 上海：上海浦江教育出版社，2014.

[73] 周在青. 船舶防污染法规与实务[M]. 大连：大连海事大学出版社，2006.

[74] 朱益民，郭琳，唐晓佳，等. 镁基-海水法船舶废气脱硫技术性能分析[J]. 环境工程学报，2016，10(12)：7173 - 7178.

[75] 朱益民，唐晓佳，张仁平，等. 船舶硫氧化物排放控制研究进展[J]. 环境工程，2014，32(8)：68 - 71.

[76] 朱元清. 船用柴油机超低排放控制技术[M]. 北京：化学工业出版社有限公司，2019.

[77] 郑庆功. 船舶减速对其温室气体排放的控制研究[D]. 大连：大连海事大学，2008.

[78] 陈伟杰，宋炳良，张婕姝. 基于 AIS 数据的中国沿海集装箱港口碳排放[J]. 中国环境科学，2022，42(7)：3403 - 3411.

[79] 薛凯丽，贾鹏，匡海波. 考虑 CO_2 排放的中国港口动态网络效率研究[J]. 运筹与管理，2022，31(7)：152 - 160.

[80] 董岗，管敏. "双碳"目标下我国船舶减排技术创新知识图谱分析[J]. 交通运输系统工程与信息，2022，22(4)：43 - 52.

[81] 彭云，李相达，王文渊，等. 绿色集装箱港口节能减排策略综述[J]. 交通运输工程学报，2022，22(4)：28 - 46.